교육쟁점으로 풀어쓴

교육학개론

교육쟁점으로 풀어쓴

교육학개론

황규호 · 한유경 · 김안나 · 서경혜 · 김남희 ·
오인수 · 정제영 · 이선복 · 조경원 · 김경희 지음

이화여자대학교출판문화원

머리말

교육학은 교육현상을 탐구하는 학문이다. 따라서 교육학을 공부한다는 것은 곧 교육현상을 탐구하는 방법을 공부하는 것이다. 그럼에도 불구하고 그동안 교육학 교육은 탐구의 결과를 가르치고 배우는 데에 치중해왔다. 대부분의 교육학개론 서적들은 교육학자들이 여러 영역에 대해 각 영역별로 교육현상을 탐구한 결과들을 요약하여 정리하는 형식을 취한다. 예컨대 교육철학, 교육심리, 교육사회, 교육행정, 교육과정, 교육평가, 교육상담, 교사교육, 평생교육 등 하위분야별 주요 이론들을 추려서 제시한다. 선대의 교육학자들이 축적해놓은 지식을 배우고 익히면 현재의 교육현실을 깊이 이해할 수 있고, 당면한 교육문제를 지혜롭게 해결해갈 수 있으리라고 기대하는 것이다. 그러나 배우는 입장에서는 그와 같은 지식이 어떠한 맥락에서, 어떠한 이유로, 어떻게 생성된 것인지, 그리고 어떠한 과정을 거쳐 발전되어왔는지를 알기 어렵다. 그 의미와 의의를 이해하지 못한 상황에서 교육학 지식은 '쓸모'를 찾지 못하게 되고 결국 교육학개론서 안에 죽은 지식으로 남겨진다.

이 책은 독자들이 교육학 탐구에 참여하여 교육현상에 관심을 갖고, 교육학의 전문지식을 활용하며, 나아가 스스로 교육적 안목을 형성해갈 수 있도록 구성되었다. 교육학 탐구에서 다루어지는 주요 질문들을 선별해서 과연 무엇이 문제인지를 확인하게 하고, 질문을 둘러싼 논쟁들을 고찰함으로써 그 문제를 어떻게 풀어가야 할 것인지 교육학자들과 함께 고민하도록 했다. 답을 아는 것도 중요하지만, 그에 앞서 질문을 갖게 하는 것이 더 중요하다. 말하자면 이 책은 그동안 교육학자들이 씨름해온 문제들을 해결하는 데 독자들이 함께 참여해줄 것을 요청하는 초청장인 셈이다.

선별된 주요 질문들은 다음과 같다. 교육의 목적은 무엇인가? 학교에서 무엇을 가르치고 배울 것인가? 좋은 수업이란 무엇인가? 무엇을 어떻게 평가할 것인가? 학교에서 어떻게 효과적으로 상담할 것인가? 학교조직은 어떻게 구성·운영되는가? 학교는 위대한 평등장치인가? 교직은 전문직인가? 교직의 여성화는 우려할 현상인가? 인공지능이 학생들을 가르칠 수 있을까? 사교육 확대는 학교교육 실패의 증거인가? 평생교육은 지금 어디까지 와 있는가? 이 질문들은 우리 교육의 난제이기도 하다. 각각의 교육쟁점에 대한 탐구를 통해 독자들이 우리 교육문제에 관심을 갖고 기존 교육학자들의 노력을 바탕삼아 새로운 통찰과 해법을 제시할 수 있기를 기대한다.

마지막으로 이 책을 집필하는 데 도움을 주신 분들께 감사의 인사를 드린다. 특히 이화여자대학교 교육학과 학생들과 교육학개론 수강생들에게 감사를 전한다. 학생들의 다양한 의견이 이 책을 구상하고 집필하는 데 큰 원동력이 되었다. 아울러 이 책의 출판을 위해 힘써준 이화여자대학교 출판문화원의 이승아 원장님과 편집주간 이혜지 선생님, 그리고 이 책의 편집자인 이지예 선생님께 감사드린다.

2020년 7월

집필진 일동 씀

차례

1장

교육의 목적은 무엇인가[1]

한 사회의 이상이 무엇이냐에 따라, 또 교육이 실현하고자 하는 가치 있는 상태가 무엇이냐에 따라 교육의 목적은 달라진다. 이러한 사실은 교육의 목적에 관한 논의가 다양하고 어수선하게 나타나도록 만드는 이유이기도 하다. 즉 '교육의 목적은 무엇인가'라는 질문에 하나의 정답을 기대할 수는 없을 것이다. 따라서 이 장은 포괄적인 교육목적을 논의하는 것이 아니라, 전통적 교육사상에 나타난 교육목적을 탐색해보고, 나아가 대조되는 현대적 교육개념에 내포된 교육목적을 분석하는 일에 국한하여 논의를 전개할 것이다. 전자에서는 교육목적에 대한 통찰을 보여주는 플라톤Platōn, 장자크 루소Jean-

1 이 장의 내용은 필자의 다음 졸고, 즉 조경원·이기숙·오욱환·이귀윤·오윤경(2001)의 제1장 '교육의 본질'과 제2장 '교육사상의 발달', 그리고 조경원·김미환·최양미·장선희·정광희(2004)의 제7장 '그리스 교육'과 일부 중복된다.

Jacques Rousseau, 존 듀이John Dewey의 교육사상을 고찰하면서 그들의 교육목적이 무엇이고 어떤 특성을 가지고 있는지 검토할 것이다. 또한 후자에서는 현대 교육학과 교육철학에 영향을 미쳤을 뿐 아니라 교육학을 이해하는 데 있어 대조를 이루는 두 관점인, 교육의 공학적(행동과학적) 개념과 성년식 개념을 소개하면서 각각의 교육적 사고가 어떻게 대조되는 교육목적을 말하게 되는지 살펴보고자 한다. 이 두 논의에 앞서 교육목적 탐구의 필요성을 간략하게 다루고, 그 과정에서 교육과 학교교육의 관계에 대해서도 언급할 것이다.

1. 교육목적 탐구의 필요성

1) 학교교육과 교육의 관계

오늘날 학교에서는 일정한 발달 수준에 있는 학생들에게 교사가 일련의 교육내용을 계획적이고 조직적으로 교육하고 있다. 초·중등학교는 국가교육과정을 따라야 하고, 국가가 부여한 교사자격증을 소지한 사람만이 교사가 될 수 있다. 학교교육에 대한 이와 같은 국가사회적 통제는 교육이 국민 전체의 복지에 미치는 공공성에 기인한다. 과도기적 절대왕정 시대의 계몽군주들도 국민교육에 관심을 표방했지만, 학교가 다음 세대의 국민에게 필요한 자질, 주로 지식 및 기능과 태도를 조직적으로 교육하기 시작한 것은 산업혁명 이후 자본주의 경제체제의 발달과 근대적 통일국가의 형성에 따른 것이다. 민주주의와 교육의 관계가 강조되면서 교육은 개인의 권리로서 추구된다. 이런 맥락에서 애들러(Adler, 1982; 이미숙 옮김, 1999)는 『교육적 제안 *The Paideia Proposal*』에서, 첫째, 개인적 발달과 지속적 성장, 둘째, 시민의 의무와 책임, 셋째, 생계수단이라는 세 가지 차원에서 모든 학생에게 기본 공통의 동일한 학교교육을 실시할 것을 주장한다.[2] 현재 국가마다 정도의 차이는 있지만 많은 국가들이 제도적·재정적 지원하에 공교육체제의 학교교육을 의무·무상 교육의 형태로 실시하고 있다.[3]

학교에서 이루어지는 교육은 학습자, 교육자, 교육내용이라는 교육의 세 구성요소를 갖춘 형식교육formal education이다. 학교에서 의도적이며 체계적인 형태로 이루어지는 교육은 넓은 의미의 교육과 구분하여 학교교육이라 칭해지기도 한다. 문명이 발전한 현대사회에서 그와 같은 학교교육 없이는 다음 세대에게 사회의 모든 자원과 업적을 전달할 수가 없다. 이에 대부분의 학교교육은 자연 상태에 방치되어서는 접근하기 어려운 교육내용을 교사가 체계적으로 학생에게 제공하는 수업의 형태로 이루어져왔다. 이때 학생에게 제공되는 교육내용의 대부분이 책이나 문자로 전수된다. 이와 같이 상징문자로 전수되는 "형식화된 수업은 현실과 멀리 떨어진 죽은 교육"으로 전락하기 쉽다(Dewey, 1916; 이홍우 옮김, 2008: 48). 화이트헤드도 그와 같이 무기력한 관념inert ideas을 주입하는 교육은 해롭다고 비판한다(Whitehead, 1929; 오영환 옮김, 2004).[4] 이처럼 학교교육은 직접적이고 의도적으로 이루어질 수 있는 반면에

---

2 항존주의 교육자인 애들러는 동일한 교육을 강조하는 반면에 진보주의 교육자들은 민주주의와 교육을 위해 개인차에 따라 다른 교육을 해야 한다고 주장한다.

3 의무교육은 법에 의거하여 강제성을 갖는 교육이다. 국가는 학교를 세워 국민교육을 담당할 의무가 있으며, 부모는 자녀에게 교육을 받게 할 의무가 있다. 우리나라는 헌법 제29조에서 의무교육을 무상으로 한다고 밝히고 있고, 초등학교와 중학교에 이어 2019년 고등학교 입학생부터 무상교육을 실시하고 있다. 지금까지 많은 국가들은 의무·무상 교육 연한을 늘리는 데 관심을 가졌다. 그러나 근래 선진국들 사이에서는 원하는 사람을 위한 교육기회를 늘리기 위해서라면 무상교육의 연한을 늘리되, 학교 공부에 완전히 흥미를 잃은 사람들을 너무 오랫동안 강제로 학교에 묶어두는 의무교육 연한은 줄여야 한다는 주장이 제기된다.

4 화이트헤드의 'inert ideas'를 오영환은 '생기 없는 관념'이라고 번역했으나 여기서는 '무기력한 관념(혹은 지식)'을 사용했다. 화이트헤드는 교육의 목적이 활기찬 삶을 살아가는 학생들의 자기능력 개발을 북돋아주고 이끌어주는 데 있다고 본다. 그는, 전문교육은 '사고활동이며, 아름다움과 인도적 감정에 민감한 감수성'을 길러주는 교양교육과 조화를 이뤄야 한다고 말한다.

제한적이고 인공적이 되기 쉽다.

학교교육은 다음 세대의 교육을 담당한다는 면에서 매우 중요하지만, 한편으로는 하나의 교육방법일 뿐이기도 하다. 학교교육을 올바른 맥락에서 파악하기 위해서는 "보다 근본적이고 지속적인 교육의 방식"과 함께 인식하는 일이 필요하다(Dewey, 1916; 이홍우 옮김, 2008: 43). 근본적이고 지속적인 교육이란 인간이 사회에서 함께 살아가는 과정 자체로서의 교육이다. 이 비형식적 교육은 실제 삶 속에서 "너무나 미묘하게, 또 모든 부분에 걸쳐서 광범하게 작용"한다(Dewey, 1916; 이홍우 옮김, 2008: 60). 듀이는 그 예로 언어적 습관, 몸가짐 또는 예절, 고상한 취향이나 심미적 감상력 등을 언급한다. 삶 속에서 이루어지는 그러한 교육은 대부분 부수적이고 비형식적으로 이루어진다. 가정교육과 사회교육 등이 이에 속할 것이다.

듀이는 의식적이고 형식적인 학교교육과 부수적이고 비형식적인 삶 속의 교육을 엄밀히 분리하기보다는 연속선상에서 보아야 한다고 주장한다. 왜냐하면 학교의 의도적 학습도 학교 밖 일상생활의 경험으로부터 나온 비형식적인 배경들과 연결되어 있기 때문이다. 인위적이고 형식적 특성을 지니는 학교교육이 죽은 교육이라는 위험에 빠지지 않고 어떻게 생기 있는 교육이 되어 학습자의 삶에 유의미하게 통합되느냐 하는 문제가 핵심이다. 이 문제에 대해 듀이는 "비형식적인 교육과 형식적인 교육, 우연적인 것과 의도적인 교육 사이에 적절한 균형을 유지하는 길을 강구하는 것"이 필요하고, 그 과제가 교육철학이 해결해야 할 중요한 문제라고 주장한다(Dewey, 1916; 이홍우 옮김, 2008: 49).

그러나 학교교육으로서의 형식교육과 삶의 비형식교육의 균형을 찾는 일은 쉽지 않다. 이 문제에 대한 해결책을 찾아도 일시적이고 선택적이며 불완전할 것이다. 비형식적이고 우연적인 교육과 형식적이고 의도적인 교육 간의 균형을 유지하기 위해서, 우리는 지나치게 학교교육의 효과를 말하는 식으로 한쪽의 약점 앞에서 다른 쪽을 과대평가하지 않도록 조심해야만 한다. 아무리 교육적인 가치를 고려하여 계획적으로 잘 구성된 학교교육이라 해도 교육활동 전체가 다 교육적으로 실행되기는 어렵다. 더구나 현대사회의 아동은 자신의 의지와 상관없이 학교라는 특정한 공간에서 일정한 시간 동안 정해진 교육내용을 규칙에 따라 교육받는다는 측면에서 볼 때, 학교교육은 강제성과 획일성을 갖는다. 또한 학교교육은 소규모의 이상적인 교육 형태보다 공교육제도 아래 대규모의 대중교육체제로, 관료적 교육행정체제로 이루어지는 경우가 대부분이어서 수많은 비교육적 요소와 제한점들이 함께 존재한다. 이와 같은 학교 여건 속에서 우리는 교육이라고 명명되는 제반활동이 얼마나 교육적으로 이루어지는지 묻게 된다.

현대사회에서 교육을 전문적으로 담당하는 학교의 역할이 크게 확대되면서 교육은 학교교육과 동의어처럼 일상적으로 사용되고 있다. 넓은 의미의 교육은 학교교육을 포함하여 삶의 과정에서 이루어지는 교육 전반을 말하므로 엄밀한 의미에서 양자는 동일하지 않다. 그러나 다수의 학자들은 이와 같이 양자를 구분하기보다는 진정한 교육이 어떠해야 하는가에 초점을 둔다. 예를 들어 리처드 피터스Richard S. Peters가 학교교육을 전제하며 교육개념을 논하면서 교육적 가치를 분석한다면, 루소는 가정교육이라는 표현으로 진정한 교육을 탐구한다. 루소가 말하는 교육은 오늘날 학교교육을 포함하여 삶의 과정으로서의 넓은 의미의 교육일 것이다. 이 장에서도 교육적 경험과 가치에 초점을 두고 교육과 학교교육을 혼용하여 사용할 것이다.

2) 교육목적 탐구의 의의

학교가 생긴 이후 학교의 교육목적은 시대마다, 국가마다 조금씩 다르게 강조되어왔다. 국가사회는 전통적으로 교육을 통해 경제발전이나 부국강병을 도모하고 시민을 육성하는 것을 목적으로 했다. 최근까지는 첨단 과학기술 시대의 세계경쟁에 필요한 창의적 인간 육성을 주요 교육목적으로 해야 한다는 논조가 강했다. 그런가 하면 개인주의 시대의 지나친 고립과 경쟁을 우려하며 함께 더불어 살 줄 아는 공동체적 인간 육성을 강조하기도 했다. 개인적 차원에서 학교의 교육목적을 말할 때도 한편에서는 지적 능력의 배양이나 자율성 함양을 강조하는가 하면, 다른 한편에서는 학교폭력 등의 문제가 대두되면서 인성이나 도덕성 혹은 감성의 함양을 주장한다. 또, 개인과 사회가 뗄 수 없는 관계임에도 역사를 통해 보면 교육의 사회적 목적이 더 강조되는 때가 있었는가 하면, 교육의 개인적 목적이 더 강조되는 때가 있었다. 이처럼 특정 교육목적에 대한 강조는 그 시대의 결핍된 부분을 드러내는 일이기도 하다.

교육목적이 무엇인가를 묻는다는 것은, 우리는 주의를 집중해서 이룩하고자 하는 활동이 어떤 것이며 그것이 어떤 가치의 목적을 지향하고 있는가를 묻는 것이다. 이에 대해 피터스는 다음과 같이 말한다.

> 그러므로 교육과 관련하여 '목적'이 그토록 자주 입에 오르내리는 것은 지극히 당연하다. 교육이라는 활동은 사람들이 아주 심각하게 하고 있으면서도 그것을 통해 성취하고자 하는 바를 언제나 명확하게 파악하고 있지는 못할 뿐만 아니라 제대로 된 성취를 실제로 이룩하기가 또한 그다지 쉽지 않은 활동 영역이기 때문이다. 그러므로 교육의 목적이 무엇인가를 묻는 것은 사람들로 하여금 성취할 가치가 있는 것에 관하여 명확한 인식을 가지게 하고 그것에 주의를 집중하게 하는 한 가지 방법이다(Peters, 1966; 이홍우 · 조영태 옮김, 2003: 29).

다음 세대의 교육을 담당하는 교사, 학부모, 정책 수립자로서 우리는 교육목적을 무엇이라고 보는가? 오늘날 많은 학부모, 교사 그리고 학생들은 학교교육을 통해 좋은 대학이나 좋은 직장에 가려는 목적을 가지고 있다. 피터스는 학교교육을 이와 같은 외재적 목적을 위한 수단으로 생각하는 데에서 교육목적을 정의하는 데 혼란이 빚어진다고 말한다. 듀이도 미래 준비와 같은 외재적 교육목적이 학교의 교육활동을 수단으로 전락시키거나, 교육의 과정에서 가지는 흥미와 성장의 경험을 빼앗아버리게 되는 경우를 문제라고 본다. 역사를 통해 보면 학교의 교육활동이 그러한 외재적 교육목적에 종속될 때 교육은 왜곡되어왔다. 교육이 정치적 목적을 위한 수단으로 전락할 때도, 학교교육이 부수적 결과에 종속될 때도 우리는 교육의 목적이 무엇인가를 묻지 않을 수 없다.

교육목적 탐구에서 듀이는 일반적이고 포괄적인 교육목적과 구체적인 교육목적을 구분한다. 구체적인 교육목적이 특정 상황에 필요한 것이라면, 일반적이고 포괄적인 교육목적은 그러한 특정 상황에 관계 없이 탐구할 수 있는 것이다. 듀이는 일반적이고 포괄적인 교육목적을 경계하면서도 그러한 목적 탐구의 필요성과 의의를 말한다. 교육목적 탐구를 통해 단 하나의 궁극적 목적을 수립하는 일은 가능하지도 않고 부질없는 짓일 것이라고 주장하면서, 듀이는 일반적 또는 포괄적 교육목적이 즉각적이고 구체적인 다양한 목적들을 이해하는 데 도움을 준다고 설명한다. "구체적인 장면에서 행동을 할 때 우리는 특정한 시기에 특정한 행동을 선택해야 하지만, 그 사태에는 포괄적인 목적이 몇 개이든지 상호모순 없이 공존할 수 있다. 그러한 포괄적인 목적은 동일한 사태를 보는 상이한 관점에 지나지 않기 때문이다." 그것은 달리 말하자면, "하나의 목적은 이러이러한 질문과 관찰을 일으키며, 다른 목적은 그와는 다른 질문과 관찰을 요구한다. 그렇기 때문에 목적은 일반적인 것일수록 더 좋다. 하나의 목적은 다른 목적에서 간과하는 것을 강조할 수도 있기 때문이다"(Dewey, 1916; 이홍우 옮김, 2008: 185-186). 듀이에 따르면, 지금까지역사를 통해 나타난 여러 일반적 교육목적에는 당시 사회의 필요에 의하여 강조하지 않으면 안 되었던 그 시대의 가치들이 반영되어 있다.[5] 일반적인 목적은 우리의 안목을 넓혀주고 더 넓은 범위의 결과를 고려하게 하여 행동과 선택의 자유를 더해준다는 것이다. "이것은 곧 수단에 대한 관찰이 넓은 범위에 걸치고 융통성을 띠게 된다는 뜻이다"(Peters, 1966; 이홍우 · 조영태 옮김, 2003: 185). 대다수의 일반적 목적은 교육하는 사람들이 성취하고자 하는 것에 대하여 더 풍부한 생각을 가지게 할 수 있고, 선택의 가능성을 넓힐 수 있어 도움이 된다.

양은주(2017: 107)는 듀이의 일반적 교육목적이 "전승된 이념들에 내포된 개념적 혼란을 분별하고 교육적 가치를 명료화하는 일뿐 아니라, 공식적 교육목적이 다양한 일반적 교육목적들과 조화롭게 추구될 수 있고, 구체적 실천의 상황에서 마음에 그리는 목적으로 번역될 수 있는 것인지 검토하는 일"을 하게 한다고 말한다. 나딩스(Noddings, 2003; 이지헌 옮김, 2008: 142)는 이런 일반적 교육목적들이 서로 정합성을 가지는지 고려해보아야 할 뿐만 아니라 각각의 구체적 목적을 포괄적 목적에 비추어서 모두 검토해야 한다고 말한다. 성장을 일반적 교육목적으로 볼 때, 예를 들어 "목적 x를 채택하는 것이 성장을 증진시킬 것인가, 아니면 지연시킬 것인가? 어떤 조건에서 그러한가?"를 묻는 일이 교육목적 논의에서 필요하다고 본다.

지금까지 많은 교육목적에 관한 탐구와 논의가 학교교육을 변화시키지 못했다는 이유로 그 필요성을 부인하는 사람들을 향하여 나딩스는 다음과 같이 말한다.

---

5 듀이에 의하면, "완전한 삶, 더 효과적인 고전적 학습, 언어가 아닌 실물에 의한 교육, 사회적 효율성, 개인의 교양, 사회봉사, 퍼스낼리티의 완전한 발달, 백과사전적 지식, 훈육, 심미적 관조, 유용성 등 여러 가지 목적이 역사상 상이한 시대에 받아들여져 왔다"(Dewey, 1916; 이홍우 옮김, 2008: 188).

교육에서 목적이 차지하는 비중은 민주주의에서 자유가 차지하는 비중과 같다고 할 수 있다. 자유가 없다면 민주주의는 자유민주주의와는 전혀 다른 형태로 퇴보하고 말 것이다. 이와 마찬가지로 지속적이고 성찰적인 목적 논의가 없다면 교육은 최고의 비전에서 멀어지고 빈약한 것으로 전락하고 말 것이다. 그뿐만 아니라 자유가 시대의 변화에 따라 더 새롭고 더 풍부한 의미를 갖게 되는 것과 마찬가지로 교육의 목적도 그렇게 변해야 한다. 비록 교육의 목적이 일반적 용어로 비교적 변함없이 진술된다고 하더라도 그런 용어의 의미는 상황의 변화에 따라 새로운 뉘앙스를 띨 수 있을 것이다. 예컨대 오늘날 우리가 사용하는 '문해력'이라는 용어의 의미는 샤를마뉴 대제 시대의 문해력(쓸 줄 모르고 읽을 줄만 아는 것)이나 식민지 시대의 미국에서의 문해력과 다르다. 이때의 미국인들은 현대의 미디어가 요구하는 시각적 문해력과 같은 것들을 필요로 하지 않았다(Noddings, 2003; 이지헌 옮김, 2008: 132-133).

나아가 나딩스는 현대교육이 교육목적을 측정 가능한 목표치로 환원하거나 학습목표로 한정시킴으로써 교육이 최종적으로 지향하는 가치에 관한 탐구를 놓치게 된다고 비판한다. 교육의 목적을 묻는 것은 교육에서 가치 있는 것이 무엇인가를 분명히 하고, 그것에 우리의 노력을 집중시키기 위한 일이다. 이 장에서는 다루지 않지만, 우리나라의 교육법과 교육과정에 나타난 교육목적에 대한 탐구가 요청된다. '홍익인간'이라는 추상적 교육이념과 교육과정 개정 시 등장하는 교육적 인간상, 그리고 2015년 개정교육과정이 도입한 핵심역량 등에 대해 교육목적론적 논의가 필요할 것이다. 급변하는 사회에서 우리는 교육목적에 대한 논의 없이 평가에만 익숙하다. 그러나 그 평가가 무엇을 평가할 것인지, 즉 교육목적이 무엇인지에 대한 치열한 논의가 반드시 선행해야 할 것이다.

2. 전통적 교육사상에 나타난 교육목적

오랜 역사에 걸쳐 여러 철학자 내지 사상가들이 교육에 관한 다양한 의견을 펼쳐왔다. 전통적인 교육철학에서 대표적인 학자로 다뤄지는 플라톤, 루소, 듀이는 누구보다도 교육 전반과 교육목적을 통찰력 있게 다루고 있다. 각각의 교육사상은 교육 명저로 알려진 플라톤의 『국가*Politheia*』(B.C. 380?), 루소의 『에밀*Émile*』(1762), 듀이의 『민주주의와 교육*Democracy and Education*』(1916)에 잘 나타나 있다. 이들은 당시 사회의 교육문제에 대한 비판적 시각에서 출발하여 자신이 바라는 교육을 이야기한다. 이 절에서는 이 세 학자의 교육사상을 살펴보고, 거기에 나타나는 각 교육목적의 의미와 한계를 찾아보고자 한다.

1) 플라톤의 교육사상과 교육목적

플라톤Platōn(B.C. 427~B.C. 347)은 교육의 문제를 다룬 가장 영향력 있는 철학자 중 한 사람이다. 귀족 가문 출신이었던 플라톤은 소피스트들에 대항하여 거리에서 대화로 교육하던 소크라테스를 만난 이후 그를 존경했고, 그 훌륭한 스승을 사형에 처한 아테네 민주정의 어리석음을 목격한다. 플라톤의 눈에 비친 대부분의 소피스트들은 당시 보수를 받고 아테네 젊은이들에게 정치적 출세를 위해 논쟁에 이기는 방법이나 설득 기술, 즉 웅변술과 처세술 등을 가르칠 뿐이었다.[6] 이들은 '정의는 강자의 것이다'와 같은 상대주의적이고 개인주의적인 관점을 취했다. 플라톤은 이와는 정반대의 철학적 입장에서,

6 피타고라스Pythagoras(B.C. 580?~B.C. 500?)는 예외였고, 플라톤은 기하학과 관련하여 그의 영향을 받는다.

물질세계의 불안정성과 변화를 넘어 존재하는 불변의 이데아 혹은 형상이 진정한 실재reality라고 본다. 예를 들어 꽃의 아름다움은 시간이 지나면 시들지만, 아름다움이라고 하는 관념은 변하지 않고 존재한다는 것이다. 보이지 않는 이데아의 세계는 감각이 아니라 지성 내지 사유로만 알 수 있다. 그는 변화에 대하여 부정적인 시각을 갖는다. 반면 불변하는 이데아의 절정인 선의 이데아는 좋음(선) 자체이며 이데아의 존재를 가능하게 하는 것으로 본다.

교육에 관한 논의는 주로 그의 저서 『국가』를 통해서 잘 나타난다. 루소는 『에밀』에서 이 플라톤의 대화편이야말로 "지금까지 쓰인 적 없는 가장 훌륭한 교육론"이며 사회적 공공公共교육의 이념을 잘 드러낸다고 말한다(Rousseau, 1762; 정봉구 옮김, 1995: 31). 『국가』에서 플라톤은 소크라테스라는 인물을 통해 '정의dikaiosynē, 正義란 무엇인가'를 대화하며 탐구한다. 박종현(1987: 97-98)은 대개 정의로 번역되어온 'dikaiosynē'는 실제 '올바름'으로 번역하는 것이 더 적합하다고 주장한다. 플라톤은 그 개념이 국가를 구성하는 계층들의 관계, 그리고 개인의 혼(마음)을 구성하는 세 요소의 관계가 갈등이나 분쟁 없이 바람직하게 조화로운 상태, 즉 올바른 상태를 의미한다고 보았기 때문이라는 것이다. 『국가』 I~X권 전체를 관통하는 큰 주제는 '어떻게 사는 것이 잘(훌륭하게) 사는 것인가?'의 문제이다. 이 문제가 '올바름'과 연관되어, '올바르게 사는 것이 잘(혹은 훌륭하게) 사는 것인가, 아니면 부정하게 사는 것이 잘 사는 것인가?'의 문제를 대화를 통해 논한다. '하고 싶은 대로 하는 사람이 행복하다'는 주장에 대해 결국 '올바른 사람이 행복하다'는 논리를 전개한다. 즉 사람은 이성에 의해 무엇이 옳은지 알고 기개와 욕구를 통제할 때 행복하다는 것이다.

소크라테스를 통해 플라톤은 개인 차원에서 정의(혹은 올바름)를 탐구하다가, 작은 글씨보다 큰 글씨가 잘 보이듯이 사람보다는 국가에서의 정의가 커서 찾기 쉬울 것이라며 정의로운 국가, 즉 이상국가에서 정의를 탐색한다. 최선의 국가인 이상국가에서 정의(혹은 올바름) 자체의 특성을 찾을 수 있다면 그것을 개인의 영혼에도 적용할 수 있다는 논리이다.

플라톤은 사람마다 다른 천성적 능력과 적성을 가지고 태어난다고 보았고, 그 천성을 세 유형, 즉 욕구, 기개, 이성으로 최소화했다. 따라서 타고난 개인의 능력과 적성을 발견하여 그것에 맞게 교육한 후 각각이 자신의 고유한 일에 종사하게 된다면, 그 국가는 공동체적 조화를 이루어 정의로운 국가가 될 것이라고 말한다. 인간은 천성적으로 이성이 지배적이어서, 지혜를 사랑하는 사람들은 통치를 하고(통치자 계층), 기개와 용기가 강하여 명예를 사랑하는 사람들이 국가를 지키고(방위자 혹은 조력자 계층), 욕망이 강하여 이득을 사랑하는 사람들이 생산활동을 하게 한다(생산자 계층). 그럴 때라야 개인도 행복하고 국가 전체도 행복하고 정의롭다는 것이다(박종현, 1987: 269). 다시 말하면 각 계층이 각자의 고유 기능에 충실하여 국가 전체가 하나처럼 결합될 때, 그래서 각 계층 간의 갈등이나 알력이 없을 때 국가의 총체적 기능이 올바른 상태에 있게 된다. 국가의 통치자들이 제 기능을 못한다든가, 생산자나 방위자 계층이 통치자 계층으로 이동하려 하면 그 국가는 질서가 무너지고 국가 전체가 부정의하게 된다. 따라서 플라톤은 통치자 계층이 다스리고 나머지 계층들이 다스림을 받는 것에 대하여 각 계층이 모두 받아들이는 믿음의 일치가 필요하다고 보고, 그것을 절제 혹은 분별의 덕이라고 하여 강조한다.

이상국가의 교육을 좀 더 구체적으로 살펴보면, 출생신분에 상관없이 모든 아이들은 2년의 군대생활을 포함하여 20년의 시가詩歌교육 및 신체교육을 받는다. 시가교육은 기초적인 3R's과 함께 도덕교육이 내포된 음악교육이라 할 수 있다. 이처럼 플라톤의 이상국가에서는 영혼 단련을 위한 음악교육(시가교육)과 신체 단련을 위한 체육교육(신체교육)으로 심신의 조화로운 발달을 강조한다. 한편 6세 이후부터 아동은 국가가 운영하는 학교교육을 받는다. 그리고 교육 기간 동안 여러 평가를 거쳐 생산자와 수호자를 구별하며, 생산자 집단은 여기서 교육을 마치고 생산활동에 종사하게 된다. 이때까지의 교육은 공동체 속에서 조화롭게 함께 살아가는 데 필요한 도덕적 습관을 형성하고 심신의 조화를 이루는 교육이 주된 것이었다.

한편 생산자 계층을 제외한 나머지 수호자들(방위자 계층과 통치자 계층)에게는 산수, 기하학, 천문학을 중심으로 10년간 교육을 더 실시한다. 이러한 수학적인 것들의 교육은 일상세계, 즉 가시可視계의 그림자나 억견을 넘어서 추상적으로 사고하는 가지可知계 교육의 한 단계이다. 수학적인 것들이야말로 모든 인간이 동의할 수 있는 보편적이며 영원한 진리를 내포할 수 있다는 것을 보여주는 학문 영역인 셈이다. 예를 들어 우리가 그리는 원은 다 불완전하지만, 그럼에도 우리의 마음속에는 둘레의 모든 점이 중심에서 같은 거리에 위치하는 것으로서의 완전한 원에 대한 관념이 있다. 이 교육은 감각이 아니라 이성 혹은 지성으로 알 수 있는 가지계의 교육으로 이데아교육 이전에 필요한 교육이다.[7] 이러한 10년의 수학교육 후, 관찰과 평가를 거쳐 국가에 이득이 되는 것을 해야 한다는 신념을 갖고 행하는 사람들을 통치자로 선발한다. 남은 수호자들인 방위자(조력자) 계층의 전사들은 전쟁에서 국가를 지키고 평상시 국가의 질서를 수호하도록 한다.

선발된 통치자들은 최상의 고등교육에 적합한 천성을 지닌 소수의 사람들이다. 플라톤에 의하면 이들의 천성은 이성이 지배적이어서, 이들은 지혜를 사랑하며 진리를 찾고 그에 따라 살고자 한다. 이들은 다시 5년간 변증법(혹은 철학)을 공부한다. 변증법은 단순히 논쟁에 이기기 위한 토론이 아니다. 플라톤은 30세까지의 교육이 끝나기 전에는 변증법 교육을 하지 않았다. 그때까지의 학습자는 변증법을 제대로 교육하기에 덜 성숙하고 경험도 부족하다

7 플라톤의 아카데미 입구에 써 있었다고 하는 '기하학을 모르는 사람은 들어오지 마시오'라는 문구를 연상시킨다.

고 보았기 때문이다. 변증법은 "지혜를 사랑하는 자유로운 사람들의 가장 중대한 학문"이었다(박종현, 1987: 66). 통치자들은 변증법을 통해 궁극적으로 알아야 할 선(좋음)의 이데아, 좋음 그 자체로 나아가도록 올바로 철학하는 방법을 배운다. 이처럼 배우기를 좋아하고 이성적 능력을 가진 자들이 최상 수준의 고등교육을 받아 철인통치자가 된다. 이렇게 교육된 철학자가 통치자가 될 때(혹은 통치자가 철학자가 될 때), 국가를 올바로 통치하게 되어 정의로운 국가가 된다는 것이다. 이들은 이후 15년의 현장실습을 거쳐 실제 철인통치자가 되고 교대로 국가를 다스리는 책임을 맡아 다음 세대의 교육을 담당한다. 남성이든 여성이든 모두가 평등하게 철인통치자가 될 수 있으며, 이들은 국가공동체 통치에 전념해야 하기 때문에 사적 재산 및 가정을 소유할 수 없다. 따라서 통치자 계층은 자신의 자식이 누구인지 알 수 없다. 철인통치자의 자식이라도 타고난 적성과 능력이 생산자 계층에 적합한 것이라면 그에 맞는 교육을 받아 생산자로 살아가게 된다. 반면에 생산자 계층의 자녀라도 선천적 능력과 적성이 이성이 지배적이라면 그에 적합한 교육을 받고 철인통치자로서의 일을 하게 된다. 이처럼 오늘날 우리 사회와는 달리, 플라톤의 이상사회는 교육이 부모의 사회경제적 영향을 받지 않도록 구성되어 있다.

이상의 내용을 통해 보면 플라톤의 일차적 교육목적은 정의로운 국가의 적재적소에서 일할 개인을 타고난 적성과 능력에 따라 길러내는 데 있다. 교육은 개인의 타고난 능력을 잘 신장시킴으로써 사회 속에서 개인이 자신의 기능을 감당하게 한다. 즉 교육목적의 개인적 측면과 사회적 측면이 하나로 통합되는 것이다. 이 측면에 대해 듀이는 다음과 같이 말한다.

> 교육의 사회적 관련성을 플라톤 이상으로 잘 표현한 사람은 없다. 즉 사회는 개인이 각각 천성으로 타고난 적성에 따라 다른 사람에게 유용한 일을 할 때(다시 말해 그 개인이 속하고 있는 전체에 공헌할 때) 안정된 조직을 이룰 수 있다

는 것과, 교육은 그런 적성을 발견하여 그것을 사회에 유용하도록 점차 훈련하는 데 그 과제가 있다는 것이다(Dewey, 1916; 이홍우 옮김, 2008: 156).

교육은 사회적 과정이므로 사회적 측면에서 교육의 목적을 고려하는 것은 중요하다. 문제는 질서정연한 사회에 대한 플라톤의 관심에 있다. 그 질서정연한 사회는 통치자, 방위자, 생산자가 각각의 위치에 고정되어 있다. '개인이 공동체 안에서 고유의 기능을 하며 올바르게(잘) 살아야 공동체가 정의로워져서 그가 행복하다'는 플라톤의 확신은 유기체적 사회관에 기인한다. 유기체의 각 부서가 각각 제 기능만을 잘해야 건강하거나 훌륭한 상태인 것이다. 플라톤은 이때 개인 및 공동체가 변화하거나 다양한 활동을 할 수 없도록 질서정연한 이상국가를 상정한다. 그는 따라서 세 계층 간에 갈등이 없는, 조화로운 공동체의 삶을 위한 도덕교육을 강조한다. 모든 아동은 시민이 되기 전에 공공의 교육을 받으며, 이는 국가의 안녕과 질서에 중요한 역할을 담당한다. 오직 소수의 철인통치자만이 무엇이 옳은지 판단할 수 있다. 그런 까닭에 높은 단계의 통치자 교육에서는 선의 이데아 및 진리 자체를 추구하는 이성적 능력의 발달을 교육목적으로 강조하게 된다. 이와 같은 측면 때문에 혹자는 플라톤을 엘리트주의자로 비판한다. 생산자 계층과 통치자 계층이 각각 받는 교육의 성격과 목적이 다를 뿐 아니라, 낮은 단계의 기초적인 도덕교육에 비해 높은 단계의 지력 및 이성 함양 교육이 질적으로 우수한 것으로 평가되기 때문이다.

이러한 이성 우위의 측면은 개인의 영혼 상태에서도 나타난다. 플라톤은 이상국가의 정의를 이루는 세 요소(지혜, 명예, 욕구)가 개인 영혼의 세 부분인 이성, 기개, 욕구에 상응한다고 보고, 영혼의 각 부분이 조화롭게 제 기능을 잘 수행하는 사람이 올바르게 사는 사람이라고 강조한다. 그러나 세 요소의 조화로운 영혼 상태는 이성 부분이 욕망과 기개의 비이성 부분을 다스리는 상태이다. 그래야 진정한 지혜, 진정한 명예, 진정한 이득을 추구할 수 있으므로 기쁨을 크게 누리고 행복하다고 말한다. 예를 들어 당장의 욕구 만족의 즐거움을 좇을 때보다는 이성에 의해 장기적인 판단을 내려 행동할 때 진정한 이득을 추구할 수 있다는 것이다. 이처럼 이성에 의해 인도되는 올바른(혹은 정의로운) 행동이 영혼의 올바른 상태를 만들어내고 유지시키는 행동이다. 올바른 사람이 일반적으로 행복하다고 말하는 플라톤은 건강한 행동이 건강을 만들 듯이 올바른 행동이 올바른 상태를 유지함으로써 올바른 사람을 만든다고 본다. 결과적으로 영혼의 올바른 상태는 이성이 인도하는 상태인 것이다. 여기서도 혹자는 플라톤의 교육목적이 이성 혹은 지적 능력의 배양을 더 높게 평가하는 것을 비판한다.

이상에서 보면, ① 개인의 천성적 능력과 적성의 발달 그리고 사회적 배치, ② 시가교육과 체육교육에 의한 심신의 조화로운 발달 그리고 기초적 도덕교육, ③ 이성적 부분이 비이성적 부분을 지도함으로써 보다 올바른 행동과 영혼의 상태, ④ 진리 추구와 선의 이데아를 알고 행하는 삶의 네 가지가 모두 플라톤의 교육목적이다. 이 요소들이 개인에게 통합된 교육목적으로 제시되기보다는 이상국가의 세 계층의 시민들에게 각각 다르게 적용된다는 점에서 플라톤의 교육은 개인이 소홀히 되고 국가사회적 관점이 우선할 뿐만 아니라, 엘리트중심의 교육이라는 비판을 받는다. 플라톤의 이상국가에서 개인은 오늘날의 개인이 아니라 시민계층의 대표들이다. 그의 이상국가 모형은 교육의 사회적 목적을 더 강조한다는 점에서 당시 아테네보다는 스파르타 모형과 유사하다. 이와 관련해 듀이는 이상적 국가사회가 세 계층 간의 자유로운 상호작용을 허용하지 않는 것을 문제라고 본다. "모든 성원이 서로 주고받는 기회를 균등하게 가지고 있어야 한다. 그 성원들이 아주 다양한 활동과 경험에 공동으로 참여해야 한다는 것이다. 그렇지 않으면 어떤 사람들은 주인으로 만드는 교육이 또 다른 어떤 사람들은 노예로 만드는 결과를 낳는다"는 것이다(Dewey 저, 이홍우 역, 2007: 151).

다른 한편 플라톤의 교육론을 옹호하는 사람들은 '다른 것은 다르게' 취급해야 정의로우며, 그 다른 것은 오직 천부적으로 부여받은 능력과 적성에만 근거하기 때문에 엘리트교육이 아니라고 주장한다. 이들은 능력 있는 사람에게 더 교육받게 하여 좋은 직장에서 일하게 하는 능력주의meritocracy는 현재의 우리 사회도 받아들이는 것으로, 문제가 되지 않는다고 말한다. 물론 사람의 능력과 계층을 단순하게 셋으로 제한하는 한계는 오늘날 문제가 될 것이다. 그러나 모두에게 평등한 기회를 제공하여 다른 능력을 다르게 교육해야 한다는 플라톤의 주장은 여전히 유효하다는 것이다. 우리 사회는 플라톤의 이상국가처럼 학교교육에서 온전하게 균등한 교육기회를 보장하지 못하기 때문이다. 플라톤주의자들은 현대인들이 능력과 적성에 부합하지 않음에도 사회적 인정과 높은 경제적 수입을 위한 외재적 교육목적을 좇아 교육에 전념하는 것을 비판한다. 그들 눈에는 심화된 빈부의 격차가 자녀교육에 커다란 부정의를 초래하는 오늘날의 교육이 오히려 정의롭지 못하다. 이들에 따르면, 천부적 능력과 적성에 따라 교육해야 한다는 교육의 기능을 플라톤만큼 확실히 이해하고 있는 사람도 없는 것이다.

2) 루소의 교육사상과 교육목적

장자크 루소Jean-Jacques Rousseau(1712~1778)는 인간 이성에 대한 무한한 신뢰의 시대인 18세기를 살았지만 합리론자들과 달리 협소한 의미의 이성에 의해 놓치는 감성 내지 느낌을 중시했다. 당시 사람들 간의 차이를 교육과 경험에 의한 것으로 본 존 로크John Locke(1632~1704)의 백지설을 따랐던 계몽주의자들은 이성과 교육의 힘을 과신하여 후천적 교육이 모든 것을 이룰 수 있다는 입장을 견지했다. 루소는 이러한 관점이 전제하는 협소한 의미의 이성에 저항하면서 자연에 따른 교육을 할 것을 주장했다. 다른 한편으로 루소는 봉건사회가 낳은 여러 모순과 불평등의 문제에 대한 답을 자연이라는 이상적 기준에 근거하여 찾고자 하고, 인간의 자유와 평등을 주장한다는 측면에서 분명 계몽사상가 중 한 명이었다. 상류계층 및 계몽주의 지식인들과도 교류해보았으나, 그는 인위적이고 부자연스러운 상류계층 문화에 맞지 않았다. 다방면에 걸친 저술활동을 통해 루소는 귀족과 상류층의 가식적 문화와 허영, 그리고 18세기의 불평등한 정치사회적 질서와 부조리를 비판하고, 인간의 자유와 평등과 행복을 주장한다.[8]

루소의 나이 50세에 출판된 『에밀』은 가상의 고아 제자의 이름을 제목으로 한 책으로, 루소 스스로 자신의 사상이 망라된 최고의 책으로 보았다. 즉 이 책은 가정교사가 에밀이라는 아이를 일대일로 가정교육하며 어떤 교육을 해야 하는지 이야기하는 형식으로 쓴 교육소설로서, 『사회계약론』이 나온 후 2개월 만에 출판되었고 사회계약에 임할 자유롭고 평등한 시민을 육성하는 내용을 골자로 한다. 이 책이 나온 후, 루소는 23년간 동거하다 늦게야 결혼

8 스위스 제네바에서 시계공의 아들로 태어난 루소는 자신의 출생으로 어머니가 사망하면서 자신의 불행이 시작되었다고 고백록에 쓰고 있다. 아버지가 어린 루소를 방치된 환경에 놓이게 하여 불행한 시간을 보낸 것을 시작으로, 이신론 논쟁으로 『에밀』이 금서가 되고 체포령이 내려져 도피했던 말년까지도 루소는 불안정한 생활을 했다. 16세에 방랑의 길을 떠난 이후 만나게 된 바랑 부인은 루소에게 어머니로서, 나중에는 연인으로서 경제적 안정과 안식을 주었다. 이 시기에 루소는 많은 책을 읽었다고 한다. 30세에는 파리에서 음악가로 생계를 유지하기도 했고 상류계층 및 계몽주의 지식인들과의 교류도 있었으나 인간관계의 어려움을 겪었다. 그는 인위적이고 부자연스러운 상류계층 문화에 맞지 않았으며, 그것을 비판하고 공격했다. 그가 목도한 귀족이나 상류계층의 실체는 가식적 교양과 허영으로 그에게 경멸을 안겨줬다. 드니 디드로 Denis Diderot가 있던 감옥에 다녀오다가 보게 된 디종 학술원의 현상논제 '학문과 예술은 인간의 도덕을 타락시키는 데 기여했는가, 아니면 순화하는 데 기여했는가?'에 응모해 당선된 『학문예술론*Le Discours sur les sciences et les arts*』(1750)을 비롯하여, 그는 『인간불평등기원론*Discours sur l'origine et les fondements de l'inégalité parmi les hommes*』(1755), 『신神엘로이즈*La Nouvelle Héloïse*』(1761), 『사회계약론*Du Contrat Social ou Principes du droit politique*』(1762), 『에밀*Émile*』(1762), 『고백록*Les Confessions*』(1782), 『고독한 산책자의 몽상*Les Rêveries du Promeneur solitaire*』(1782) 등 다방면의 저술활동을 했다.

한 마리테레즈와의 사이에서 얻은 다섯 아이들을 모두 고아원에 보냈다는 사실이 폭로되면서 그의 교육적 주장과 실제 삶이 이중적이라는 이유로 비판을 받았다. 그러나 그 이중성 때문에 교육에 대한 루소의 깊은 통찰을 부정할 필요는 없을 것이다. 「생트 마리를 위한 교육안」이라는 제목의 논문으로도 나온 짧은 가정교사 경험, 그의 후원자였던 슈농소 부인의 부탁으로 시작된 자녀교육에 관한 조언의 경험, 고아원에 보낸 자신의 자녀들에 대해 가졌던 회한의 경험, 루소 자신의 어린 시절 경험, 그리고 상류층 귀부인들이 자녀교육을 하는 실제 모습을 목격한 경험 등이 그의 자연적 계몽주의 사상과 함께, 그가 어린이교육을 주의 깊게 관찰하고 사유하는 배경이 되었을 것이다.

『에밀』은 5부로 구성되어 있다. 1부에서는 책 속의 인물에 대해 개괄적으로 소개하고, 교육 일반과 영유아의 신체발달 및 훈련교육에 대해, 그리고 2부에서는 3세부터 12세까지의 아동을 대상으로 하는 자연 속 감각경험을 통한 소극적 교육에 대해 이야기한다. 3부에서는 12세가 된 에밀이 15세까지 유용한 지식교육을 받으며 소유와 노동에 대해 배우고 직업교육을 받는 내용을, 또 4부에서는 15세가 된 에밀이 22세가 될 때까지 도덕과 종교에 대한 가르침을 받고 시민으로서 살아가는 데 필요한 교육을 받는 내용을 다룬다. 마지막으로 5부에서는 성인이 된 에밀의 정치교육 및 성교육, 그리고 에밀의 아내가 될 소피의 교육을 다룬다.[9]

루소는 당시의 봉건질서가 낳은 불평등하고 부조리한 사회제도와 관습을 비판하고 그 해결책을 자연에서 찾는다. 그는, 인간은 조물주의 손에서 선하게 태어났으나 사회에 의해 본래적인 심적 상태가 비뚤어지고 악하게 된다고

9 에밀의 배우자 소피는 순종하고 상냥하고 부지런해야 하며, 에밀을 기쁘게 해야 하는 존재로 묘사된다. 루소는 남녀가 자연적으로 다르다고 보기에 소피의 교육과 에밀의 교육을 다르게 다룬다. 따라서 5부는 페미니즘이 문제시하는 젠더 및 자연의 문제와 관련되어 있으나, 여기서는 지면상 다루지 않는다. 이와 관련한 자세한 내용은 Martin(1985)을 참조하기를 추천한다.

본다. 루소는 “이 비뚤어지기 이전의 심적 상태를 우리 인간 속에 있는 자연성이라고 부른다”(Rousseau, 1762; 정봉구 옮김, 1995: 28). 이 자연성은 선하다. 그의 인간의 본래적 선성에 대한 주장은 당시 인간의 본성이 악하다고 본 기독교사회의 성악설에 정면으로 반대된다. 『에밀』은 이렇게 시작한다.

> 모든 것은 조물주의 손으로부터 나올 때는 더할 나위 없이 선하나 인간의 손에 들어오면서 타락한다. …… 편견과 권위와 필요한 모범 등과 같은, 우리들이 처해 있는 오늘날의 그 모든 사회제도가 합세하여 인간 속에 있는 자연성을 질식시켜버릴 뿐이면서도 …… 그 자연성은 …… 마침내 그것은 시들어 죽고 말 것이다(Rousseau, 1762; 정봉구 옮김, 1995: 23).

루소는 에밀이 장차 무슨 직업을 가질 것인지를 중요하게 생각하지 않는다. 그의 관심은 에밀을 먼저 인간으로 키우는 일이다. 여기서 인간은 앞서 언급한 ‘자연성’을 회복한 인간이고, 자연인이다. 자연인으로서의 인간은 감성적 존재로 태어난다. 루소는 자연 상태에서 인간이 자기보존을 위하여 필요한 자연적 감정, 즉 자기애amour de soi를 가지고 있다고 본다. 다시 말해 본래적·자연적 인간은 이성적이기보다 감성적 존재이며, 허영심이 아닌 자기애와 연민의 정을 자연 감정으로 지닌다. 그는 남과 자신을 비교하는 것이 아니라, 자신의 자연적이고 내면적인 욕구를 충족하며 자기만족을 할 줄 알고 자기를 사랑하는 인간이다. 자기애는 평화롭고 호혜적인 관계 내지 공감적 관계를 창출한다. 자기애를 바탕으로 한 욕구와 능력 간의 균형을 맞춘 사람이라면, 그는 자유롭고 독립적이고 평등한 인간이다. 성장하여 이성의 인도를 받은 자기애와 동정심은 양심과 덕이라는 숭고한 감정에 이르게 된다는 것이다. 이러한 자기애는 사회 상태에서 경쟁이나 비교의식을 바탕으로 형성되는 이기심amour-propre과는 구별된다. 자기보존을 위한 욕구와 그의 능력이 균형을 이룰 때 그 사람은 자유롭고 강하며 행복한 반면에, 양자가 불균형을 이룰 때는 그와 반대의 상태에 이른다.

> 모든 행복 중에서 제일은 권력이 아니고 자유라고 할 수 있다. 진정으로 자유로운 사람은 스스로 할 수 있는 일만을 원하며 자기 마음에 드는 일밖에는 하지 않는다. 이것이 나의 기본준칙이다. 단지 이것을 유년시절에 적용시키는 일이 문제인 것이며, 교육의 모든 규칙은 이 이념에서 비롯된다. …… 어른은 자기 스스로 제 할 일을 하는 데 비해 어린이는 보다 많은 환상을 지니게 마련이다. 여기서 환상이라는 말은 참다운 욕망이 아닌 타인의 도움을 통해서만이 충족될 수 있는 욕망을 가리킨다. …… 어린이가 지니고 있는 본래적인 욕망보다도 큰 욕망을 어린이에게 부여함으로써 그 어린이가 지니는 약한 점을 감싸주기는커녕 오히려 증가시킨다(Rousseau, 1762; 정봉구 옮김, 1995: 120).

욕구만 커지고 능력이 따라오지 못하는 사람은 불행하고 약하며 자유롭지 못하고 독립적일 수가 없다. 사회에서 남과 비교하고 경쟁관계를 형성하여 획득되는 이기심의 욕구는 자꾸 커지는데 능력은 그에 미치지 못한다면, 그 사람은 약하고 자유롭지 못하며 불행하다. 루소는 이처럼 자기애를 지닌 사람을 자연인이라고 부르고, 이기심을 지닌 사람을 사회인(혹은 문명인이나 시민적 인간)이라 한다. 자연인이 자신을 위해서 자신에게 적합한 삶을 사는 사람이라면, 사회인은 자신의 판단이 아니라 다른 사람들의 판단에 종속된 삶을 사는 사람이라는 것이다. 자연성을 회복한 인간, 즉 자연인은 타락하지 않은 순수하고 선한 인간성을 그대로 간직하고 타인의 의견에 쉽사리 흔들리지 않으며 자신의 잠재적 가능성을 실현시키는 인간으로 발전할 수 있을 것이다. 루소에게 이러한 인간을 형성하는 교육의 세 원천은 자연교육, 인간교육, 사물교육이다. 세 가지 교육이 동일한 목적을 향해 함께 조화되어 이루어져야 하는 것에 대해 루소는 다음과 같이 말한다.

> 우리는 연약한 존재로 태어나 힘을 필요로 한다. 우리는 빈손으로 태어나 남의 도움을 필요로 한다. 우리는 어리석은 존재로 태어나 판단력을 필요로 한다. 태어나면서 지니지 못한 모든 것을 교육에 따라 부여받는다. …… 그 교육은 자연이나 인간에 의해서, 또는 사물에 의해서 우리들에게 주어진다. 우리의 능력과 우리의 기관의 내부적 발육은 곧 자연의 교육이다. 이 발육을 어떻게 사용할 것인가를 우리에게 가르쳐주는 것은 인간의 교육이다. 우리들을 자극하는 갖가지 사물에 관해서 우리들 자신의 경험에 따라 얻는 것은 사물의 교육이다. …… 이 세 가지 종류의 스승의 각기 다른 가르침이 서로 모순될 경우 제자는 제대로 교육받지 못한다. ……그 각기 다른 교육이 모두 다 동일한 목적을 향해서 합쳐질 경우에만 오로지 자기의 목적을 향해서 뻗어나가는 제자일 것이며, 그는 모순 없이 살아갈 것이다. 이와 같은 제자만이 제대로 된 교육을 받은 제자이다(Rousseau, 1762; 정봉구 옮김, 1995: 26).

앞서 살펴본 바와 같이 자연교육은 '우리의 기관과 능력이 자발적으로 발달하는 것'이라면, 인간교육은 이렇게 발달한 '기관과 능력을 어디에 쓰는가' 하는 것이고, 사물교육은 '주위의 사물에서 개인이 각자 경험을 얻는 것'이다. 루소가 자연이라는 말을 여러 의미로 혼용해서 쓰고 있어 그때마다 설명이 요구되는 측면이 있다.[10] 여기서 루소는 자연교육을 인간의 능력과 기관의 내부적 발육에 따른 교육이라고 분명히 하고 있다. "교육의 완전을 기하기 위해

10 루소에게 자연을 따르는 교육에서 '자연'은 자연적 본성 혹은 내적 발달로서의 자연이라는 의미 외에도 사물의 자연적 질서를 따르라는 의미의 자연("자연에 눈을 맞추라. 자연이 가는 길을 따르라"), 그리고 자연현상으로서의 자연("세계가 가장 위대한 책이며 실물이 가장 위대한 교사이다")의 의미를 모두 포함한다.

서는 세 가지 교육의 협력이 필요하므로, 우리 힘으로는 어떻게도 할 수 없는 자연의 교육으로 다른 두 가지 교육을 이끌어가야만 할 것이다"(Rousseau, 1762; 정봉구 옮김, 1995: 27). 이렇게 보면 세 교육이 협력하여 이뤄지는 전체 교육은 자연의 목적에 따라야 한다. 자연의 목적에 따르는 교육은 결국 인간의 기관과 능력의 내면적 발달을 따르는 교육이 된다.

루소에 따르면 인생 초기에는 기억력이나 상상력이 아직 활동하고 있지 않기 때문에 어린이는 지금 현재 자기 감각으로 직접 느끼는 것에 주의를 기울이는데, 무엇이건 만져보고 싶어 하며 또 손으로 붙잡으려 하는 불안한 행동을 어른들은 여러 이유로 방해한다는 것이다. 이에 반대하며 루소는 "유년시절을 존중하라. …… 자연을 대신하여 그대가 교육에 손을 대기에 앞서서 오래도록 자연이 하는 대로 내버려두라. …… 여러분은 잘못 교육된 어린이는 교육을 전혀 받지 못한 어린이보다 훨씬 더 지혜로부터 멀어진다는 것을 모르고 있다"고 말한다(Rousseau, 1762; 정봉구 옮김, 1995: 170-171). 자연이 하는 대로 오래 내버려두는 식으로 이루어지는 교육이 소극적 교육이다. 그는, 어린이는 구체적인 생득적 능력과 발달이 다 다른데도 불구하고 어른들은 그들을 모를 뿐 아니라 연구조차도 하지 않는다고 비판한다. 이 어린 시기에는 이성의 기관이 아니라 감각의 기관을 통한 충분한 훈련이 중요하다. "우리들 속에서 형성되고 완성되는 최초의 능력은 오감五感이다. 그러므로 최초의 능력인 오감을 시초에 가꾸어나가야만 한다"(Rousseau, 1762; 정봉구 옮김, 1995: 227). 루소에게는 인간의 오성 속으로 들어오는 모든 것이 감각을 통해 들어오기 때문에 인간 최초의 이성은 감각적 이성이다. 이것은 지적 이성의 기초로 작용한다는 것이다. 루소는 이 어린 시절을 '이성의 수면 시기'로 보고 이 시기에 책이나 학문을 통한 지적 교육을 금한다. 루소는 소극적 교육으로 원래의 인간성 혹은 자연성을 회복하게 하는 교육을 보장하고자 한다. 충분한 연령이 되기 전의 어린이에게 미덕이나 진리를 가르치는 교육이 아닌, 마음을 악덕으로부터, 또 정신을 과오로부터 지켜주는 교육이 소극적 교육인 것이다. 어린 시기에 자연성을 거슬러 어린이의 마음에 섣불리 주입하거나 훈련을 하고, 또는 미덕을 가르치는 교육을 가리켜 루소는 적극적 교육이라 부르고 비판한다. 자연교육에 의해 루소가 강조하는 것은 자유롭고 평등한 인간, 즉 자연인의 모습을 잃지 않은 인간으로서의 시민을 길러내는 일이다.

루소는 앞에서 자연교육, 사물교육, 인간교육의 세 가지 교육이 협력하여 자연의 목적에 따라야 한다고 주장하면서 교육목적으로서 자연적 발달을 말했다. 즉 인간의 기관과 능력의 내부적 발달에 따른 교육을 주장한 것이다. 이에 대해 듀이는 다음과 같이 비판한다.

> 루소는 교육에 절실히 요청되는 개혁 방안으로서 신체기관의 구조와 활동과 관련하여 그 기관을 사용하도록 가르치는 것, 즉 일체의 교육에 '조건'을 부여한다는 점에서는 옳았다. 그러나 그러한 구조와 활동이 '목적'까지지도 제시한다고 시사한 점에서는 루소는 근본적으로 그릇되었다(Dewey, 1916; 이홍우 옮김, 2008: 191).

듀이에 따르면, 루소가 의도하는 뜻이 "생득적 활동을 억지로 강요하거나 왜곡해서는 안 되며, 그 자체에 합치되는 방향으로 사용해야 한다고 말하는 것"이라면 옳다. 그러나 그 의미가 "생득적 활동은 사용과는 무관하게 정상적인 발달을 이룩할 수 있으며 그 자연적인 발달이 모든 학습(모든 학습은 사용에 의해 이루어진다)의 표준과 규범을 제시한다고 말하는 것"이라면 잘못이라고 분석한다(Dewey, 1916; 이홍우 옮김, 2008: 190). 즉 듀이는 루소가 고립적·원자적 개인이 자연적으로 발달한다고 보고 사회적 사용의 맥락을 소홀히 한 점을 비판한다.

다른 한편으로 인간의 능력과 기관의 내부적·자연적 발달로서의 교육목적은 학습자의 여러 조건에 대해 구체적으로 지시해준다. 일반적이고 포괄적인 교육목적은 구체적인 지시를 가능하게 하고 열려 있어야 한다는 점에서 볼 때, 자연적 발달로서의 교육목적은 의의를 지닌다. 그 당시 교육에 의해 길러지던 사회인의 여러 가지 폐단을 시정할 뿐 아니라 바람직한 구체적 목적을 지시한다는 면에 있어서 교육목적으로서의 자연적 발달이 가지는 장점을 듀이는 다음과 같이 열거한다.

> ① 교육의 목적으로서의 자연적 발달은 신체기관, 그리고 건강과 힘의 중요성에 우리의 주의를 환기시킨다. …… ② 자연적 발달이라는 목적은 몸을 움직이는 것의 존중이라는 목적에 즉각적으로 연결된다. …… 자연을 따른다는 목적은, 구체적으로 말하자면 사물을 탐색하는 데, 자료를 취급하는 데, 또 놀이와 게임을 하는 데 신체기관을 사용하는 것이 실제로 어떤 위치를 차지하는가를 올바르게 존중해주어야 한다는 뜻으로 해석될 수 있는 것이다. …… ③ 자연적 발달이라는 일반적 목적은 아동의 개인차 존중이라는 목적을 시사한다. …… ④ 마지막으로 자연을 따른다는 목적은, 아동의 기호와 흥미가 어디서 생기며 어떻게 성장·소멸하는가에 주의를 기울여야 한다는 것을 뜻한다(Dewey, 1916; 이홍우 옮김, 2008: 192-194).

인간의 능력과 기관의 내부적·자연적 발달로서의 일반적 교육목적은 학습자의 여러 조건에 대해 구체적인 지시를 가능하게 하고 열려 있어야 한다는 점에서 의의를 지닌다. 루소의 교육은 자연인으로서의 개인의 온전한 발달을 목적으로 한다. 이러한 교육을 위하여 에밀의 가정교사는 그에게 그림자처럼 붙어 주위 환경을 교육적으로 구성하여 경험하게 한다. 그러나 자연적 발달을 강조하고, 가정교사의 존재를 고려하지 않은 채 자연 속의 우발적인 환경에 어린이 교육을 맡기는 식이 된다면 진정한 교육이 이루어지기는 어려울 것이다. 끝으로 지적하고 넘어가야 할 것은 여성의 자연성 및 자연적 발달과 관련된 소피의 교육으로, 이는 페미니스트들이 크게 비판하는 난제이다.

3) 듀이의 교육사상과 교육목적

존 듀이John Dewey(1859~1952)는 미국의 가장 영향력 있는 철학자요, 교육학자이다. 그가 출생하던 해에 찰스 다윈Charles R. Darwin의 『종의 기원*On the Origin of Species*』(1859)이 출간되어 사회적으로 커다란 영향을 미쳤다. 하지만 미국 버몬트의 한 중산층 가정에서 태어난 듀이는 어머니에게서 복음주의적 신앙교육을 받았다. 듀이는 대학 졸업 후 교사로 근무하며 철학을 공부하다가 교수와 학생 간의 연구 기능을 강조하던 존스홉킨스대학교에서 박사학위를 받았다. 이후 미네소타, 미시건, 시카고, 컬럼비아대학교에서 오랫동안 철학과 교육학 교수로 재직하며 연구와 여러 활동에 참여한다. 번스타인(Bernstein, 1966; 정순복 옮김, 1995: 51-52)은 부끄러움을 잘 타던 듀이가 진보적 교육자이자 사회개혁가로 변하는 데 영향을 미친 경험으로 다음 세 가지를 든다. 첫째, 계획에 그쳤지만 그를 진보지 편집자로 세우려 했던 프랭클린 포드Franklin Ford와의 만남이다. 포드와 교류하며 듀이는 철학을 현실적인 것과 연결시키는 데 관심을 갖게 된다. 둘째, 미국의 사회운동가였던 제인 애덤스Jane Addams가 이민노동자들의 사회활동을 제도적으로 지원하기 위해 세운 시카고의 '헐 하우스Hull House'에의 참여와 연구활동이다. 셋째, 시카고대학교에서 실험학교를 설립하고 운영한 일이다.

듀이가 살았던 시대는 미국이 강대국 반열에 오르고 물질적 풍요로움과 진보의 분위기가 커지던 시기이다. 그러나 19세기 후반 미국사회는 산업화와 도시화에 따라 도시로 몰려든 사람들, 그리고 새로이 유입된 유럽 이민자들로 도시에 슬럼가가 형성되고 아동교육은 방치되는 상태에 있었다. 그와 같은 사회문화적 혼란을 민주주의의 이상에 입각하여 극복하고 미국사회의 발전을 추구하고자 듀이는 교육과 민주주의의 관련성에 더 관심을 갖게 된다. 그는 보편적인 학교교육을 통해 개인의 다양한 문화적 배경을 넘어서 사회의 갖가지 요소를 균형 있게 결합한 더 넓은 사회적 환경을 제공할 수 있다고 믿었다. 듀이는 민주주의의 열쇠가 자유롭고 창의적이며 비판적인 학습에 있다고 믿었다. 또 그와 같은 학교교육이 대중화되면 민주주의가 더 많이 성취될 수 있을 것이며, 역으로 생활방식으로 보장된 자유롭고 평등한 민주사회는 개인의 경험을 보다 풍부하고 자유롭게 이루어지게 함으로써 인간적인 경험의 질을 보다 증진시킬 것이라고 보았다. 이러한 의미에서 듀이에게 민주주의와 교육은 긴밀하게 연관되어 있고, 나아가 교육은 사회의 진보와 개혁의 근본적인 방법이 된다.

듀이는 대중을 위한 민주주의를 주장하면서도 학교에 존재하는 힘이 이차적이며, 산업과 사업체 등 사회적 기관에 존재하는 힘이 훨씬 더 강함을 분명히 인식한다(Dewey, 1937: 457-467). 그러나 그는 사회구조와 제도의 혁명으로부터 답을 찾지 않고, 일상적 삶에서의 사회 구성원의 능동적 참여와 의사소통을 통해 사회공동체의 가치를 형성해나가는 방식의 민주주의 사회 건설을 추구한다. 비판자들로부터 사회적 관계에서의 힘power을 적절히 이해하지 못한다는 비난을 받기도 하지만, 듀이는 혁명이 아니라 그 길을 통해 사회 구성원에 미치는 사회제도의 영향을 변화시킬 수 있다고 보았던 것이다.

듀이 철학의 핵심 개념은 잘 알려진 바와 같이 경험이다. 그에 의하면, "교육은 경험 내에서의, 경험에 의한, 경험을 위한 발달"이다(Dewey, 1936; 박철홍 옮김, 2002: 113). 듀이가 주장하는 경험의 개념을 좀 더 명확히 할 필요가 있다. 우선 인간의 삶은 자연과 인간 간의 끊임없는 역동적인 상호교류작용 혹은 교변작용transaction으로서 경험의 연속이다. 이 상호교류작용은 그의 철학 전반에서 경험과 자연의 관계를 보여주는 중요한 개념이다. 또 교변작용은 초기에 그가 사용한 상호작용interaction이라는 용어보다 유기체와 환경 간의 상호침투적이고 역동적인 교류작용의 과정을 잘 드러내는 용어이다. 즉 듀이에게 있어 자연(혹은 세계)과 유기적 통합을 이루고 있는 인간경험은 늘 변화하며 구성 중에 있다.

경험은 인간이 능동적인 측면에서 해보는 것trying과 수동적 측면에서 당하는 것undergoing으로 이루어진다. 해보는 것은 세상이 어떻게 되어 있는가를 알아내기 위한 실험을 하는 것이라면, 당하는 것은 배우는 것, 즉 사물들 사이의 관련을 알게 되는 것이다. 이처럼 경험은 일차적으로 신체감각을 지닌 인간이 세계에 능동적으로 '해보고' 수동적으로 '당하는' 관계이다. 이러한 의미에서 듀이는 경험을 일차적으로 지적인 것이라고 생각하는 것은 잘못이라고 본다. '행함에 의한 학습learning by doing'이라는 표현으로 듀이는 안다는 것knowing이 하나의 행함이며, 그것은 정신과 신체가 분리될 수 없는 학습자의 일상적 경험에 기초해야 함을 말한다.

교육적으로 가치 있는 경험과 그렇지 않은 경험을 구별하려고 할 때 경험의 계속성의 원리가 적용된다. "경험의 가치를 재는 척도는 경험에 들어 있는 관계성 또는 경험에 연결되는 계속성의 지각 여부에 있다"(Dewey, 1916; 이홍우 옮김, 2008: 228). 지금 하고 있는 경험이 앞으로 올 경험을 보다 깊이 있게 하고 보다 확대할 수 있도록 기여할 가능성을 가지고 있어야 한다. 예를 들어 학습자가 그 학습내용이나 활동에 흥미를 느꼈다 하더라도 그것이 이후의 성장을 막거나 왜곡시킨다면 교육적으로 가치 있는 경험이라고 할 수 없다. 듀이에게 인간행위는 충동 혹은 본능, 습관, 지력이라는 세 요소로 설명된다. 본능의 에너지가 환경과의 만남에서 행위로 분출되는 통로가 습관이다. 여기서 듀이가 말하는 습관은 인간이 "삶에서 부딪치는 모든 상황에 대처하고 반응하는 기본적인 반응양식"이다. 이 "습관은 단순히 고정된 행동양식을 훨씬 넘어서서 태도, 즉 정서적이고 지적인 태도를 형성하는 것을 포함한다"(Dewey, 1936; 박철홍 옮김, 2002: 125). 현재 경험을 통해 일단 형성된 습관은 뒤에 오는 경험에 영향을 미친다.

경험의 계속성으로서의 성장은 그것이 전체로서의 성장을 촉진하도록, 다른 방향으로 발달할 가능성을 확대시켜주는 태도와 습관을 형성하도록 이루어져야 한다. 일상의 생활에서 습관은 세계에 효과적으로 반응하는 경향을 띠지만 문제 상황에 직면했을 때 습관은 문제를 해결하지 못한다. 이때 지력이 작용하게 된다. 문제해결을 위한 지력 혹은 반성적 사고는 경험의 이차적 성격으로 듀이의 경험 개념에서 중요한 위치를 차지한다. 듀이에게 있어서 교육의 핵심은 경험 속에서 바로 이러한 지력에 의한 사고 습관을 형성하는 일이다. 그는 반성적 사고, 과학적 방법 등으로 이러한 교육을 강조한다. 이 습관은 정서적이고 지적인 태도의 형성을 다 포함한다. 무엇인가를 배울 때 우리들은 어떤 것을 좋아하거나 싫어하는 태도를 동시에 배운다. 이러한 동시학습을 통해 배우게 되는 태도는 미래에 중요한 역할을 한다. "교육을 통해서 길러야 할 가장 중요한 태도는 계속해서 배우려는 열망"이다(Dewey, 1936; 박철홍 옮김, 2002: 148). 이런 습관들은 동시에 사고를 촉진할 수도 있고 차단할 수도 있다. 경험의 성장이나 경험의 재구성은 현재의 경험이 앞으로 올 경험을 보다 깊이 있게 하고 보다 확대하도록 기여하게끔 하는 것이다. 경험의 씨줄과 날줄로서의 계속성의 원리와 상호작용의 원리는 경험의 교육적 가치를 평가한다.

듀이가 전통적인 교육에 대해 비판하고자 했던 점은, 전통적 학교에서의 교사와 학생의 많은 경험이 바로 이 상호작용과 계속성의 원리에 근거하여 볼 때 비교육적이라는 점이다. 중요한 것은 학생들의 경험의 질이다. 학생들이 교육적 경험을 하려면 그들의 현재 능력과 필요에 적절히 상호작용할 수 있는 교육환경이 필요하다. 교사는 그러한 교육적 환경을 제공해야 한다. 많은 교육 현장에서처럼 학생이 학습내용에 대해 무감각하거나 냉담하고 의욕이 상실된 상태라면, 이 상호교류작용은 이루어지지 않을 것이고 그만큼 학생의 경험은 비교육적인 것이 될 것이다. 또한 교사는 지금 형성될 학생의 지적·정서적 태도나 습관이 그의 계속적인 성장을 위하여 바람직한 것인지, 아니면 바람직하지 못한 것인지 판단하여 지도해야 한다.

듀이는 『민주주의와 교육』과 『경험과 교육*Experience and Education*』(1938)에서 교육목적에 대한 상당한 논의를 전개한다. 그가 많은 지면을 할애하여 비판하는 것은 목적 그 자체end-in-itself 혹은 궁극적 목적이고, 그 대안으로 예견된 목적end-in-view을 주장한다. 궁극적 목적은 구체적인 교육활동을 이끄는 데 도움이 되지 않을 뿐 아니라, 외재적으로 부과되어 학생을 소외시키고 교사와 학생의 일을 기계적이게 만든다는 것이다. 듀이는 외부에서 목적 자체로 부과된 목적이 지니는 특성을 다음과 같이 서술한다.

> 후자의 목적(외재적 목적—필자주)은 고정되고 경직되어 있으며, 주어진 사태에서 지력을 발휘하는 자극이 되는 것이 아니라 이러저러한 일을 하라는, 외적으로 내려진 명령이다. 그러한 목적은 현재의 활동과 직접 관련을 맺지 않고, 현재의 활동에서 멀리 떨어져 있으며 그 목적을 달성하는 데 필요한 수단과 유리되어 있다. 보다 자유롭고 균형 있는 활동을 유발하는 대신에, 그것은 활동에 제한을 가한다. 교육에 있어서 이런 외적으로 부과된 목적이 널리 퍼져 있는 것은 교육이 먼 장래를 위한 준비라는 생각과 관련이 있으며, 교사와 학생의 일이 기계적이고 노예적인 것이 되는 것도 그러한 목적 때문이다(Dewey, 1936; 박철홍 옮김, 2002: 186).

듀이가 비판하는 교육목적 그 자체 중 하나는 외부에서 부과된 외재적 교육목적인 '장래에 대한 준비'이다. 이것이 학교에서 중요한 목적이 될 때 현재의 경험이 가지고 있는 잠재가능성, 즉 현재 경험을 활용하여 바람직한 방향으로 성장·발달을 이룩하게 될 가능성이 무시된다고 듀이는 주장한다. 그는 장래의 준비로서의 교육은 동기가 충분하지 않아 교육활동의 추진력을 잃고 긴박성과 구체성이 없다고 한다. 따라서 교육자는 학습자가 잘하면 상을 주고 못하면 벌을 주는 식의 외적 동기를 이용하게 된다. 듀이에 의하면, 미래 준비를 갖출 필요가 크면 클수록 현재의 경험을 될 수 있는 대로 풍부하고 의의 있게 하도록 노력하는 일이 중요하다(Dewey, 1916; 이홍우 옮김, 2008: 113).

듀이는 밖으로부터 부과된 목적 그 자체 대신에 예견된 목적을 주장한다. 예견된 목적이란 충동이나 욕망을 충족시키기 위하여 어떤 행위를 할 때 어떤 결과가 나타나리라고 예상되는 결과, 혹은 마음속에 그리고 있는 결과를 의미한다. 그것은 가변적이고 실험적이며 다음의 예견된 목적에 대해서 수단이 된다. 일체의 목적은 그것이 달성되는 순간, 그 이후의 다른 활동을 수행하는 수단이 된다. 즉 우리가 하고 있는 활동의 장차 방향을 나타내려고 할 때 우리는 그것을 목적이라고 부르며, 현재 활동의 방향을 나타내려고 할 때 그것을 수단이라고 부른다. 이처럼 듀이는 예견된 목적에서 목적과 수단은 편의상 구분에 지나지 않음을 분명히 한다. 교육목적이 바깥에서 주어지는 게 아니라, 활동 내부에서 나와야 함을 강조하는 것이다. 이때 교육자는 학습자의 현재 조건을 교육목적에 맞도록 해야 한다. "교육목적은 교육받은 사람들의 구체적인 삶의 경험과의 관련 속에서 계속적으로 재해석되고 재구성될 때 진정한 목적으로 작용"하게 된다(Dewey, 1936; 박철홍 옮김, 2002: 182). 목적을 구성하고 실행에 옮기기 위한 적절한 수단을 동원하는 것은 주변 상황을 신중히 살피고 관찰하며, 관찰된 사물에 특정한 행위를 가할 때 나타나는 결과들의 의미를 파악하는 것을 필요로 한다. 이러한 일련의 과정이 가능한 것은 지력 혹은 지성이 작용하고 있다는 것을 보여주는 것이다. 이렇게 되면 목적에 융통성이 있다.

요약하자면 예견된 교육목적은 학생들의 능력을 이끌어내고 조직하는 데 필요한 환경이 어떤 것인가를 시사하는 것이어야 하고, 구체적인 교육의 절차를 마련하는 데 도움이 되는 것이어야 한다. 이러한 측면에서 듀이는 교육의 과정이 그 자체 이외에 다른 목적을 가지지 않는다는 의미로 교육의 내재적 목적을 주장한다. 학교의 교육목적은 '성장'하는 힘을 조직적으로 길러줌으로써 교육을 계속해나갈 수 있도록 하는 데 있다. 이러한 성장능력의 증대가 사회의 모든 구성원에게 적용되기 위해서는, 듀이에 의하면 인간과 인간의 교섭이 상호적인 것이어야 하며, 관심의 공평한 분배와 그로 말미암은 광범위한 참여에 의하여 사회적 습관과 제도를 구성하는 적절한 조치가 취해져야 한다. 이것은 곧 사회가 민주적이어야 한다는 뜻이다.

교육목적에 관한 듀이의 통찰이 다른 누구의 이론보다 깊고 풍성함에도 그의 교육목적에 관한 이해와 오해는 여전히 논란거리가 되고 있다. 특히 교육의 목적으로서의 성장 혹은 경험의 계속적 재구성은 궁극적 방향이 부재하다는 비판을 받고 있으며, 예견된 목적에서 목적과 수단의 도치 관계에 대해서도 많은 비판이 제기된다. 그러나 많은 비판은 듀이를 이해하는 것의 어려움으로 인한 오해에서 나오기도 한다. 이원론을 반대하고 일원론적 입장에서 듀이가 추상적이고 불분명하게 서술한 부분들이 상반된 이해와 오해를 불러일으키기도 하기 때문이다. 예를 들어 듀이가, 특수한 방향의 성장이 교육적 가치를 지니려면 그것이 다른 방향의 성장을 확대하거나 전체 성장을 도모해야 한다고 설명한 것, 혹은 성장의 핵심에는 지력의 작용이나 경험의 실험적 성격이 있어 쉽게 그것이 생활적응교육이라고 말하기 어렵다고 설명한 것 등이다. 진보주의 교육운동의 중심에 선 교육이론가인 듀이는 또한 비非지적인 교육을 전개한 교육자로 비판받기도 한다. 여기서는 이에 대한 많은 비판적 연구를 다 망라할 수 없지만, 듀이가 일반적·포괄적 목적과 구체적 목적을 나누어 설명하고 있어 예견된 목적은 후자의 범위에 속하는 것으로 볼 수 있다는 점은 확인할 수 있다. 즉 두 수준을 구분하여 비판할 필요가 있을 것이다.

3. 현대 교육개념 논의와 교육목적

지금까지는 플라톤, 루소, 듀이가 각각 자신이 살던 시대의 교육을 비판하며 그들이 바라는 교육을 통찰력 있게 서술한 저서를 통해 그들의 교육사상을 살펴보고 교육목적이 의미하는 바를 탐색했다. 이 절에서는 20세기 교육학과 교육철학에 큰 영향을 미친 두 교육개념을 살펴본다. 이 두 교육개념의 교육목적은 좋은 대조를 이룬다. 첫째는 공학적(행동과학적) 관점[11]을 대표하는 정범모의 교육개념이고, 둘째는 문명화된 삶의 형식에의 입문을 강조하는 피터스의 성년식 교육개념이다. 이 두 교육개념에 관한 소개는 정범모의 『교육과 교육학』(1968), 피터스의 『윤리학과 교육Ethics and Education』(1966), 그리고 두 학자의 교육개념을 분석한 이홍우의 『교육의 개념』(2015)에 근거하여 서술하고자 한다.

1) 정범모의 공학적 교육개념과 교육목적

이홍우는 정범모의 교육개념이 다른 어느 학자보다도 교육에 대한 공학적 혹은 행동과학적 관점을 잘 대표한다고 본다. 교육은 "인간행동을 계획적으로 변화시키는 일"이며, 인간행동, 변화, 계획이라는 세 부분으로 구성되어 있

11 인간행동을 과학적으로 포착한다는 의미에서 행동과학적 관점이라고도 하고, 공학처럼 '의도적 변화'를 목표한다는 점에서 공학적 관점이라고도 말한다.

다(정범모, 1968: 27). 인간행동이란 외현적인 행동과 "'지식, 사고, 가치관, 동기체제, 성격특성, 자아개념 등' 인간의 모든 심리적 특성", 즉 내현적인 행동을 둘 다 포함한다(이홍우, 2015: 56). 이홍우는 정범모의 문제의식이, 교육이 인간을 기르는 일이라고 정의할 때 그 의미가 구호나 허구에 그칠 뿐이라고 보는 데에서 출발했다고 분석한다. 이러한 문제의식에서 출발한 공학적 교육개념은 기르고자 하는 인간의 행동특성을 구체적으로 포착하여 나타내기 위해 인간행동이라는 용어를 사용한다.

인간행동의 계획적 변화를 목적으로 하는 공학적 교육개념은 관찰되는 사태를 중요시한다. 따라서 조작적 정의로 분류된다.[12] "조작적 정의는 '한 개념이 관찰되는 사태를 정의의 한 부분으로 포함하는 정의'를 뜻한다"(이홍우, 2015: 62). 예를 들어 성취동기의 함양이라는 변화를 도모하려면, 성취동기의 개념이 '관찰되도록 사태를 만드는 일', 즉 '조작'을 포함하고 있어야 한다는 의미이다. 교육이 인간행동의 변화를 가져와야 한다고 할 때, 정범모는 그 변화가 반드시 과학적으로 확인되거나 관찰될 수 있어야 한다고 본다. 길러내야 할 인간특성이 과학적으로 관찰될 때라야 그것을 만드는 데 동원되어야 할 이론과 처방을 결정할 수 있다고 보기 때문이다.[13]

행동의 변화를 위해서는 프로그램에 해당하는 '계획'이 중요하다. 정범모에게 "교육 프로그램은 무엇보다도 실증된 이론과 원칙의 뒷받침"을 가지고 있어야 하는 것이다(정범모, 1968: 25). 교육은 프로그램이 의도하는 인간행동의 변화가 실제로 관찰되는가 아닌가에 달려 있기 때문에 그와 관련해 실증된

---

12 이홍우는 셰플러Israel Scheffler의 교육에 관한 정의definition를 따라 과학적인 정의(관찰할 수 있는 것에 국한되며 조작적 정의가 이에 속한다)와 일상적인 정의로 나누고, 다시 일상적인 정의를 강령적 정의('교육은 ……이어야 한다' 식의 규범적 정의), 약정적 정의('90점 이상을 '수'라고 정한다'와 같이 약속에 의해 내려지는 정의), 기술적 정의(사전적 정의)로 나누어 설명한다.

13 이때 인간행동의 변화를 일으키는 실제적 활동을 교육이라 하고, 인간행동의 변화에 관한 법칙을 발견하는 이론 영역을 교육학이라 한다(이홍우, 2015: 66).

이론과 원칙에 근거하여 프로그램을 만들어야 한다는 것이다. 물론 인간행동의 관찰은 자연과학에서보다는 복잡하고 어렵다. 하지만 하나의 교육 프로그램이 과학이나 의학 프로그램과 같이 과학적 이론과 원칙에 의하여 뒷받침된다면 언젠가 자연과학에서처럼 인간행동과학 분야에서도 인간행동의 정확한 관찰이 가능해질 것이라고 가정한다. 정범모에게 학교교육의 문제는 바로 이와 같이 실증된 이론과 원칙에 근거한 교육프로그램을 확보하지 못하는 것이다. 그는 실증된 이론과 원칙에 근거한 교육 프로그램으로 "'인간행동을 계획적으로 변화시킬' 수 있을 때, 교육은 실로 '가공할 힘'을 가지게 된다"고 본다 (이홍우, 2015: 60).

교육의 공학적 개념은 이처럼 인간행동의 변화라는 목적에는 충실한 반면, 그 목적 달성의 결과로 나오는 교육적 가치나 교육받은 인간상에 대해서는 말하지 않는다. 이홍우는 교육받은 인간상이 어떤 모습인가를 아무리 상상해봐도 수포로 돌아갈 수밖에 없는 것은 "그 질문이 공학적 개념의 논의 속에 들어와 있지 않기 때문"이라고 한다. 어떤 인간상인지는 문제되지 않고 강력한 행동 변화를 가져오면 좋은 교육인 것이다. "'교육은 뜻하는 바가 무엇이건, 게릴라건, 성자건, 창의적 성격이건, 민주적 자질이건 유효하고 강력성이 있어야 한다'는 정범모 교수의 말은 이 점을 보여주고 있다"(이홍우, 2015: 88). 이홍우는 여기서 정범모가 교육받은 인간상이 어떤 인간상인가에는 관심이 없으며 논의의 문제로 보지 않음을 지적한다. 교육의 공학적 관점에서는, 한 사회의 교육적 인간상이나 교육목적이 무엇인가는 교육에서 정해질 문제가 아니라고 본다는 것이다. 교육이 지향해야 할 가치는 교육이 아닌 다른 차원에서 사회적으로 결정할 사항인 것이다. 따라서 공학적 교육개념은 "교육의 목적에 대하여 중립적인 위치"에 있으며, 이 점이 "공학적 개념의 근본적 애매성"을 드러낸다(이홍우, 2015: 90). 즉 공학적 교육개념은 이미 주어진 교육목적을 따를 뿐, 교육의 목적이나 가치에 대한 논의를 요구하지 않는다.

이홍우는 정범모가 교육목적이론을 철학적·가치관적인 고찰과 논의 수준에서 다루지 않고 과학적 이론으로 다루게 되는 것도 이러한 배경 때문이라고 본다(이홍우, 2015: 78). 공학적 관점에서 교육목적론의 임무는 "'이미 주어진 목적'을 교육활동의 실제적 요건에 맞추어 상세화하는 일"이다(이홍우, 2015: 85). 그와 같은 교육목적론의 임무는 성격상 의사가 병을 치료하거나 토목기사가 다리를 놓는 일에서 주어진 목적을 세분화하는 일과 같다고 이홍우는 분석한다. 즉 어떤 상태가 건강한 상태이고 어떤 다리가 좋은 다리인가 하는 것은 이미 결정되어 받아들여지고 있는 상태에서, 의사나 토목기사는 이미 주어진 목적을 전문적으로 상세화한다. 결과적으로 정범모의 공학적 교육개념은 가치나 방향으로서의 교육목적 논의를 처음부터 배제한다.

공학적 교육개념이 근거하는 인간행동과학의 패러다임은 자연과학에서와 같이 인간행동의 관찰로 이루어진 실증연구를 수행하여 법칙과 이론을 발견하며, 이는 다시 계획적인 프로그램을 만드는 기초가 된다. 여기에서는 철학적·가치관적 수준의 교육목적 논의가 처음부터 배제되어 있다. 이와 반대로 교육목적을 처음부터 포함하는 피터스의 교육개념을 다음에서 살펴보자.

2) 피터스의 성년식 교육개념과 교육목적

피터스는 『윤리학과 교육』에서, 사람들이 일상적 의미에서 교육이라고 말할 때 이미 그 의미 안에는 가치 있는 것이 붙박여 있는 상태임을 언어분석을 통해 설명한다. 예를 들어 "어떤 사람이 교육받았으나 하등 좋은 방향으로 달라진 것이 없다고 말한다든지, 자기 아들을 교육하면서 아무런 가치 있는 것도 가르쳐주지 않았다고 말하는 것은 논리적으로 모순이라는 것이다"(Peters, 1966; 이홍우·조영태 옮김, 2003: 23). 다시 말하자면 교육은 이미 그 개념에 '붙박여 있는 가치 있는 것을 전달한다'는 의미가 내포되어 있다는 것이다. 피터스에게 가치 있는 것으로서 교육은 다음 세대를 문명화된 삶의 형식에로 입문시키는 일, 즉 성년식initiation의 의미를 지닌다.[14] 그에게 문명화된 삶의 형식은 사고의 형식이며, 지식의 형식이라고도 표현된다. 여기서 사고의 형식이 가지는 내용(혹은 지식)과 절차는 개인적인 것이 아니라 공적인 성격을 갖는다.

> 그러한 사고의 형식들은 각각 독특한 '내용'(이른바 '지식'이라고 하는 것)과 그 내용을 축적하고 비판하고 수정하는 방법으로서의 '공적 절차'를 가지고 있다. 다시 말하면 그것들은 각각 특유의 개념군과 검증방법을 가지고 있다. 예컨대 과학을 배우는 경우에는 '질량', '힘', '속도', '중력' 등의 개념을 이해해야 하며, 그와 함께 그런 개념으로 성립된 가설을 검증하기 위한 수단으로서의 실험이나 관찰의 방법을 배우지 않으면 안 된다. 이 내용과 방법은 모두 공적인 성격을 가지고 있다(Peters, 1966; 이홍우 · 조영태 옮김, 2003: 69).

영유아는 언어를 배우면서 부모와 교사를 포함한 주변 사람들의 세계관을 공유하며 공적인 세계에 들어간다. 피터스에 의하면 "교육이라는 것은 본질상 한 집단의 언어와 개념에 의하여 규정되는 공적인 세계로 사람들을 입문시키며 분화된 사고의 형식에 상응하는 경험 영역들을 탐색하는 일에 참여하도록 이끄는 일"이다(Peters, 1966; 이홍우 · 조영태 옮김, 2003: 72). 피터스는 분화된 사고의 형식이 학교교육의 교육과정인 과학, 역사, 도덕, 수학 등에 해당된다고 본다. 그리고 교육은 공적인 성격을 지니는 사고의 형식에 들어가는 것과 그 방향으로 노력하는 것을 둘 다 포함한다고 본다.

14 원시사회에서 미성년자는 사회가 요구하는 의식, 의례, 그리고 역경 극복의 의지 등에 대한 통과의례인 성년식을 거쳐 성인 구성원이 되었다.

피터스의 성년식 교육개념은 기존의 교육이론인 교육의 주형 모형moulding model(만드는 교육)과 성장 모형growth model(자라는 교육)이 공통으로 갖는 결함을 문제시하는 데에서 출발한다. 주형 모형은 세밀한 계획에 의하여 교육내용을 아동의 마음에 날인해 만들어가는 교육을 주장한다면, 성장 모형은 아동이 자신의 발달법칙에 따라 성장해가는 것을 강조한다. 두 가지 모형의 공통된 결함은 교육의 내용과 방법이 가진 비인칭적 성격impersonality을 간과한다는 점에 있다. 즉 교육내용이나 교육방법의 비인칭적 성격은 '너'나 '나'와 같은 개인에 의한 것이 아니라, 개인들 사이에 공유되는 삶의 세계의 간주관성intersubjectivity을 통해 추구되는 객관성을 의미한다. 이것은 앞에서 논의한 삶의 형식의 공적 성격을 나타내는 또 다른 표현이라고 하겠다.

교육이라는 개념에 붙박인 내재적 가치를 피터스는 규범적 · 인지적 · 과정적 준거에 의해 다음과 같은 방식으로 설명한다. 먼저 규범적 준거에 의해 "교육은 무엇인가 가치 있는 것이 도덕적으로 온당한 방법으로 의도적으로 전달되고 있거나 전달되었다는 것"을 말한다(Peters, 1966; 이홍우 · 조영태 옮김, 2003: 23). 이처럼 규범적 준거는 교육내용과 교육방법의 가치를 규정한다. 한편 인지적 준거는 사물을 보는 안목이나 틀을 말한다. 사고 혹은 지식의 형식에 입문된 사람, 즉 교육받은 사람은 단순히 여러 정보를 많이 아는 사람이 아니다. 교육받은 사람이 가지고 있는 지식과 이해는 파편화된 것이 아니라 서로 연결되어 있어 전체적으로 사물을 보는 안목을 형성한다. 이 안목을 가진다는 것은 또한 당연히 거기에 따라오는 헌신을 내포한다는 것이다. 예를 들어 과학자라면 과학현상을 이해하는 안목을 가질 뿐만 아니라, 과학적 방법의 공적 절차를 소중히 여기고 따른다. 나아가 교육받은 사람은 과학현상을 이해하는 안목을 가질 뿐 아니라, 그것이 인간사와의 관계에서 지니는 의미를 볼 수 있는 '폭넓은 안목'을 지닌 전인의 모습을 띠게 된다. 끝으로 과정적 준거는 하나의 교육활동이 지니는 가치 있는 교육내용이, 방법 면에서도 학습자의 의식과 자발성을 존중하고 윤리적 바탕 위에 구현해내는 방법으로 이루어져야 한다는 것이다. 결론적으로 "교육은 그 개념 안에 붙박여 있는 세 가지 기준을 모두 충족시키는 방향으로, 가치 있는 활동 또는 사고와 행동의 양식으로 사람들을 입문시키는 성년식이라고 할 수 있다"(Peters, 1966; 이홍우·조영태 옮김, 2003: 77). 교육이란 다음 세대를 내재적 가치를 지닌 활동에 입문시켜 그런 활동 자체에 몰두할 수 있게 하는 것이고, 이를 통해 교육받은 사람이라면 폭넓은 안목을 가지고 사물과 세계를 인식할 수 있어야 한다.

이상에서 보면, 피터스에게 교육목적은 교육의 성년식 개념에 붙박여 있는 내재적 가치의 추구가 된다. 그는 교육이 다른 목적을 위한 수단이어서는 안 된다고 본다. 교육에서 구체적인 외재적 목적을 염두에 둘 때, 우리는 보통 교육이라는 말보다는 '훈련'이라는 말을 쓴다고 주장한다(Peters, 1966; 이홍우·조영태 옮김, 2003: 27). 구체적·외재적 목적인 일자리를 얻는 데 필요한 기술을 훈련하는 것이 아니라, 교육이라면 그것을 넘어 관련된 개념구조와 지식을 이해하는 내용이 있어야 한다는 것이다. 이러한 내용이 없는 교육은 잡다한 사실과 정보를 조직하여 사물을 보는 안목을 형성하지 못한다. 이홍우는 과학과 목공 같은 활동이 교육활동이 되려면 생산성, 주택, 건강과 같은 외재적 목표에 기여하기 위해서가 아니라 그 자체의 내재적 가치로 인해 활동이 이루어져야 한다는 것이 피터스의 교육철학이라고 지적한다. 결국 외재적 결과와 무관하게 그 자체로 바람직한 가치로서 피터스가 강조하는 교육의 내재적 목적은 폭넓은 안목을 형성시키는 지식의 이해와 개념구조(사물을 보는 틀)라는 것이다.

예를 들어 '빛의 직진'에 대해 이해하는 것은 빛이라는 현상을 과학적 개념에 의해 볼 수 있는 내적 안목을 형성하는 것이다. '보는 지식'의 내재적 가치 실현을 이홍우는 '퓨즈를 갈아 끼우는 것'과 같은 '하는 지식'과 구분하여 설명한다. '하는 지식'은 깜깜한 방이라는 문제 사태를 해결하여 그 결과로 어두운

방을 밝게 하는 일이라는 외재적 가치를 실현한다. 반면에 '보는 지식'으로서 빛의 직진에 대한 이해 내지 안목 형성은 학습자 자신을 통해서만 가능하고 그 혜택도 학습자 자신에게 국한되는 내재적 가치라는 것이다.

이와 같이 외재적 목적과 내재적 목적을 구분하는 논리는 교육방법 면에서도 적용된다. 방법 면에서 외재적 · 내재적 목적을 설명하기 위해 이홍우는 피터스를 따라 '설득을 위한 교육'과 '이해를 위한 교육'을 구분한다. 전자가 학습자로 하여금 교육내용을 받아들이거나 받아들이지 않도록 하는 외적 결과에 주안점이 있다면, 후자는 그 외적 결과에 상관없이 학습자가 교육내용을 스스로 사고하거나 이해하게 하여 마음의 발달을 도모한다는 것이다. 이러한 차이는 근래 가르치는 일의 의미 분석에서 부각되어온 (바람직하지 않은 수업의 형태인) 교화와 (바람직한 수업의 형태인) 수업의 차이에 해당된다고 본다. 이홍우는 교사가 전자에서 외적 결과를 실현하려는 의도를 드러내는 반면에, 후자에서는 학습자의 내적 변화를 통해 마음의 발달로 나아가게 하려는 의도를 지닌다고 해석한다. "교화와 수업의 차이는 결국 학생을 수단으로 보는가, 목적으로 보는가의 차이로 연결된다"(Peters, 1966; 이홍우 · 조영태 옮김, 2003: 95). 수업에서라야 교사는 학습자가 스스로 왜 그런가 생각해보게 하여 내면적 변화를 도모한다는 것이다. 학생을 수단으로 보는 교화에서는 이런 내면적 변화로서의 마음 발달이 일어나지 않는다.

피터스의 성년식 교육개념에서는 교육활동과 교육목적이 별개로 분리되지 않고 있다. 문명화된 삶의 형식 혹은 지식의 형식으로 입문하는 교육활동은 그 자체로 내재적 가치를 가지고 있다고 보기 때문이다. 피터스는 "교육받는다는 것이 무엇인가를 이해한다면 그것 자체가 목적이지 다른 어떤 것을 위한 수단이 아님을 인정하지 않을 수 없다"고 본다(Bailey, 2010; 이지헌 옮김, 2011: 73). 결국 성년식 교육개념에서 교육목적은 그와 같은 내재적 가치를 추구하고 실현하는 일이다. 그 교육목적이야말로 교육활동의 초점이 되는 것으로, 교사는 이에 주의를 집중해야 한다. 그 교육목적은 학습자 자신의 안목 형성이며 마음 발달이고, 인간됨이며 인격적 성숙을 지향하는 것이다.

피터스는 민주주의적 사고를 따라 말하여지는 대부분의 교육목적이, 결국 개인이 "하나의 사회적 존재로서 전통에 입문한 결과 성취될 수 있는 것"이라고 본다. 예를 들어 개인의 창의성이나 독창성 개발은 "공적 전통을 배경으로 하여 비로소 나타나는 것이며, 이 공적 전통은 문제를 낳게 한 원천이 되기도 하고, 그 해결의 절차를 제시해주기도 한다"(Peters, 1966; 이홍우·조영태 옮김, 2003: 81). 마찬가지로 개인의 잠재능력의 개발, 자아실현, 인격 개발과 같은 여타 교육목적도 결국 공적 전통에 입문된 결과로 개인이 독자적으로 형성하는 것이다. "개인의 잠재능력을 개발한다고 할 때 그 '잠재능력'은 사회적으로 구조화된 틀에 의하여 범위가 제한될 수밖에 없으며, 그 사회에서 태어난 개인은 누구나 이 틀로 입문되지 않으면 안 된다"(Peters, 1966: 79).

피터스는 교육의 내재적 가치가 그 자체로 바람직한 가치를 넘어 정당화를 요한다는 사실을 인식한다. 문제는 그가 교육의 내재적 가치를 선험적 논리로 정당화한다는 점이다. 선험적 논리란 어떤 것이 진지하게 논의될 때 이미 그 안에 그것의 가치가 논리적으로 가정되어 있다는 것이다. 예를 들어 정의正義가 왜 가치 있는가를 진지하게 묻고 답하는 사람들이라면, 그들의 실제적 논의 안에는 이미 정의에 대한 모종의 믿음이 논리적으로 전제되어 있다. 또 '왜 저렇게 교육하지 않고 이렇게 교육하는가'를 심각하게 묻고 답하는 경우에는 그 실제적 논의 안에 교육의 내재적 가치에 대한 모종의 믿음을 전제하고 있다. 이처럼 피터스는 특히 교육내용의 내재적 가치를, 가치 있는 것을 넘어서 선험적으로 정당화함으로써 보편적 가치로 그 의미를 확대했다. 여기서 보편적 가치는 지식의 형식으로 불리는 이론적 학문이나 이홍우의 '보는 지식'에 해당되는 것이다. 이와 같은 내재적 가치의 추구라는 교육목적은 전통적인 학교 교과교육의 가치를 잘 설명해준다. 왜 교과를 가르쳐야 하는지,

어떻게 가르쳐야 하는지를 잘 설명해준다는 것이다.

그러나 선험적으로 정당화될 때, 그 내재적 가치는 "학생의 경험이 만족시켜야 하는 활동의 궁극적인 준거로서 학생의 경험과 별개로 존재하는 객관적인 것"이 된다(홍은숙, 2007: 270). 선험적으로 정당화된 객관적 가치는 학습자의 경험 밖에 있는 것이라는 점에서 듀이가 주장하는 내재적 가치와 다르다. 듀이는 "학습자의 현재 발달 상태나 필요와는 무관하게 그 자체로 소위 내재적인 교육적 가치를 가지고 있는 교육내용"은 없다고 주장한다(Dewey, 1936; 박철홍 옮김, 2002: 144). 내재적 교육목적에 대해 듀이가 학습자의 경험 과정에 내재하는 가치나 목적이라고 이야기한다면, 피터스는 지식의 형식으로서의 교과내용이 가지는 내재적 가치라고 이야기하는 것이다.

피터스의 관점이 객관성의 이름으로 이론적 삶의 형식을 가치 있게 여기는 것에 대해 비판하는 시각도 있다. 이러한 맥락에서는 피터스의 성년식 교육개념이 말하는 교육목적을, 이성과 감성의 조화보다는 마음의 발달을 강조하면서 상아탑 속의 냉정한 이성적 인간상만을 대표한다고 비판한다. 더 나아가 이들 비판적인 입장에서는, 피터스의 교육개념이 학문의 세계에서 배제되어온 여성의 삶을 반영하지 못한다고도 주장한다(Martin, 1985: 1982).

• 참고문헌 •

김상섭(2009), 『현대인의 교사 루소: 루소는 에밀을 어떻게 가르쳤는가』, 서울: 학지사.

박종현(1987), 『플라톤』, 서울: 서울대학교출판문화원.

양은주(2017), "사회적 삶과 교육에서 목적의 문제: 듀이의 수단-목적 연속성에 기초한 탐색”, 『교육의 이론과 실천』, 22(2), 101-123.
이홍우(2015), 『교육의 개념』, 서울: 문음사.
정범모(1968), 『교육과 교육학』, 파주: 교육과학사.
조경원(2014a), “듀이의 ‘행함에 의한 학습(learning by doing)’의 의미 탐구”, 『교과교육학연구』, 18(4), 1163-1182.
_______(2014b), “생활방식으로서의 민주주의’에 대한 오천석 사상 탐구: 듀이 철학을 바탕으로”, 『교육과학연구』, 45(4), 21-42.
조경원 · 김미환 · 최양미 · 장선희 · 정광희(2004), 『서양교육의 이해: 역사와 사상』, 서울: 과학교육사.
조경원 · 이기숙 · 오욱환 · 이귀윤 · 오은경(2001), 『교육학의 이해』, 서울: 이화여자대학교출판문화원.
조용기(2005), 『교육의 쓸모』, 파주: 교육과학사.
홍은숙(2007), 『교육의 개념: 실천전통에의 입문으로서의 교육』, 파주: 교육과학사.
_______(2010), “실천전통 교육관을 위한 교육과정 설계: 교육의 목적에 관한 연구”, 『교육철학』, 47, 225-247.

Adler, Mortimer J. (1982), *The Paideia Proposal: An Educational Manifesto*, 이미숙 옮김(1999), 『학교교육 개혁의 문제와 가능성』, 서울: 원미사.
Bailey, Richard (Ed.). (2010), *The Philosophy of Education: An Introduction*, 이지헌 옮김(2011), 『철학이 있는 교육, 교육을 찾은 철학』, 서울: 학이당.
Bernstein, Richard J. (1966), *John Dewey*, 정순복 옮김(1995), 『존 듀이 철학 입문』, 서울: 예전사.
Dewey, John (1916), *Democracy and Education: An Introduction to the Philosophy of Education*, 이홍우 옮김(2008), 『민주주의와 교육』, 파주: 교육과학사.

_______(1936), *Experience and Education*, 박철홍 옮김(2002), 『아동과 교육과정 경험과 교육』. 서울: 문음사.

_______(1937), "Democracy and Educational Administration", *School and Society*, 45, 457-467.

Martin, Jane R. (1981), "The Ideal of the Educated Person", *Educational Theory*, 31(2), 97-109.

_______(1985), *Reclaiming a Conversation*, New Haven, CT: Yale University Press.

Noddings, Nel (2003), *Happiness and Education*, 이지헌 옮김(2008), 『행복과 교육』, 서울: 학이당.

Peters, Richard S. (1966), *Ethics and Education*, 이홍우 · 조영태 옮김(2003), 『윤리학과 교육』, 파주: 교육과학사.

Rousseau, Jean-Jacques (1762), *Émile*, 정봉구 옮김(1995), 『에밀』, 서울:범우사.

White, John (2011), *Exploring Well-Being in Schools*, 이지헌 · 김희봉 옮김(2014), 『잘 삶의 탐색: 학교교육의 새로운 목적』, 파주: 교육과학사.

Whitehead, Alfred N. (1929), *The Aims of Education and Other Essays*, 오영환 옮김(2004), 『교육의 목적』, 서울: 궁리.

2장

학교에서 무엇을 가르치고 배울 것인가

"학교에서 무엇을 가르치고 배워야 할 것인가?" 이 질문은 학교교육에 관심을 갖고 있다면 누구도 피할 수 없는 근본적인 질문의 하나로, 교육과정 영역의 논의와 연구에 있어서 핵심적인 질문이다. 그러나 이 질문이 여기에 진술된 형태와 같이 단도직입적으로 제기되는 경우는 드물다. 대체로 학교에서는 국어, 수학, 사회, 과학, 외국어, 음악, 미술, 체육, 도덕, 실과 등 정형화된 교과를 틀로 하여 여러 가지 교과지식을 가르치고 배우고 있으며, 교사나 학생 또는 학부모 모두 이러한 상황을 큰 의문 없이 당연한 것으로 받아들이기 때문이다. 이러한 사정은 우리나라에만 국한되는 것은 아니다. 교과목의 종류나 교과목의 명칭, 각 교과목에서 다루는 지식의 내용과 범위, 그리고 가르치는 학년이나 교과목별로 배당되는 수업 시간의 기준 등에 있어서는 나라에 따라 적지 않은 차이가 있지만 대체로 대부분의 나라에서 가르치는 교과목은 우리의 그것과 크게 다르지 않다.

우리가 '학교에서 무엇을 가르치고 배워야 하는가?'라는 질문을 조금이나마 진지하게 따져보게 되는 것은 현재 학교에서 가르치고 있는 교육내용에 대해 모종의 불만을 갖게 될 때이다. 그 대표적인 예는 아마도 늦은 밤까지 시험공부에 시달리면서 누구든지 한 번쯤은 떠올려보았을 "도대체 이것들을 알아서 어디에 써먹는단 말인가?" 하는 불만일 것이다. 미적분과 같은 '어려운' 수학문제 풀이에 골치가 아프다보면 사칙계산 이상의 수학적 연산능력이 나의 현재의 일상생활이나 앞으로의 삶에 도대체 왜 필요한 것인지 의문을 품게 되지 않을 수 없다. 지금은 사용하지 않는 고문법을 내가 꼭 알아야 하는 이유가 무엇인지, 옷을 스스로 지어 입을 가능성이 거의 없어 보임에도 불구하고 한복의 구성요소에 대한 다양한 명칭들을 기억해야 할 이유가 무엇인지 등에 대해 따져 묻지 않을 수 없을 것이다.

학교교육의 내용에 대한 불만은 시험공부에 지친 학생들의 푸념에서만 찾아볼 수 있는 것은 아니다. 자녀교육을 위해 온갖 희생을 아끼지 않는 학부모나 학생들을 직접 가르치고 지도하는 교사들 역시 학교교육의 내용에 대해 각양각색의 불만을 분출해내고 있으며, 이러한 불만과 문제의식은 국가나 사회 수준에서도 제기된다. 예를 들어 현재의 학교교육은 지나치게 지식 위주로 흘러 인성교육이 제대로 이루어지지 못하고 있다는 비판, 이론적인 지식 위주의 문제풀이 중심 학교교육에 의해 4차 산업혁명 시대가 필요로 하는 창의적 사고력, 문제해결력 같은 실제적인 능력이나 '미래역량'을 올바르게 길러주지 못하고 있다는 비판, 또는 학교에서 가르치는 지식이 특정 집단이나 이념에 편향되어 객관성을 상실하고 있다는 비판 등이 대표적이다.

학교에서 가르칠 교육내용에 대한 이와 같은 다양한 불만과 문제의식의 이면에는 나름대로의 바람직한 교육, 이상적인 교육의 모습에 대한 그림이 가정되어 있으며, 이러한 바람직한 교육의 모습에 비추어 봐야만 그 불만과 문제의식의 의미를 올바르게 이해할 수 있다. 불만과 문제의식은 곧 이상적인 교육의 모습에 대한 적극적인 주장의 다른 표현이라고 볼 수 있다. 그렇다면 과연 학교에서 가르치고 배워야 할 것은 무엇인가? 현행 학교교육과정이 안고 있는 문제점들을 개선하여 이상적인 교육과정을 만든다면 그 구체적인 모습은 어떠해야 하는가? 학교에서 가르칠 것을 규정하고 있는 교육과정에 포함되어야 할 것과 포함될 필요가 없는 것, 또는 포함되어서는 안 되는 것은 각각 무엇이며, 이를 구분하기 위한 기준은 무엇인가?

이 장에서는 '학교에서 무엇을 가르쳐야 할 것인가'라는 질문을 중심으로 가치 있는 교육내용의 성격이나 조건에 대한 다양한 관점들을 살펴보고자 한다. 먼저 무엇을 가르쳐야 할 것인지에 대한 대표적인 관점들의 주요 내용과 특징 및 제한점들을 확인한 후, 서로 다른 관점들의 관계를 어떻게 이해해야 하는지 살펴볼 것이다. 이와 함께 이 질문과 관련하여 앞으로 계속 검토되고 논의되어야 할 몇 가지 쟁점과 탐구 주제들을 확인해볼 것이다.

1. 몇 가지 대답의 검토

학교에서 가르쳐야 할 것이 무엇인지에 대한 관점을 몇 가지 유형으로 구분할 수 있는지는 학자마다 의견이 다르지만, 대체로 이러한 관점들은 크게 전통적 접근, 생활중심 접근, 아동중심 접근, 사회개량주의의 네 가지 유형으로 구분해볼 수 있다(Jackson, 1992; Kliebard, 1998).

1) 전통적 접근

전통적 접근은 가장 오래된 역사를 갖는 접근이요, 여러 비판에도 불구하고 현재의 학교교육과정에서도 그 틀이 유지되고 있는 접근으로서, 서로 구분되는 교과별 지식을 가르치는 것을 교육의 근본 과제로 간주하는 접근이다. 이러한 교육과정은 서구의 교육사에서 자주 나타나는데, 영국이나 미국의 경우 19세기의 교육과정은 대체로 라틴어 등의 고전언어와 고전문학 또는 수사학 등을 중심으로 하는 인문학중심의 교과로 구성되어 있었다. 이들 교과들은 판단력이나 논리적 사고력 등 인간이 갖추어야 할 정신능력을 길러주는 데 기여할 뿐만 아니라 고상한 인격을 함양하는 데에도 필요한 교육내용으로 간주되었다.

전통적 접근의 중요한 이론적 근거 중 하나는 정신도야이론theory of mental discipline이다. 이 이론에 의하면 인간의 정신 또는 마음은 기억력, 추리력, 상상력 등 서로 구분되는 능력들로 구성되어 있으며, 신체적 근육을 단련하듯이 이들 정신능력들을 발달시켜주면 그러한 일반적인 능력이 여러 상황에 전이되어 발휘될 수 있다. 교육의 목적은 이와 같이 '마음의 근육'으로서의 정신능력을 길러주는 데 있으며, 교과의 가치는 그것이 정신능력을 길러주는 데 얼마나 적합한지에 의해 판단된다. 예컨대 수학이나 고전어 등은 기억력이나 추리력을 기르는 데 적합하며, 이들 교과가 중요한 이유는 그것에 담겨 있는 내용 때문이 아니요, 그 교과의 형식이 특정 정신능력을 길러주는 데 적합하기 때문이다.

하지만 이러한 전통적 관점에 대해서는 다양한 비판이 제기되었다. 일차적으로는 그 이론적 기초인 형식도야이론이나 능력심리학에 대한 비판이 제기되었고, 다른 한편으로는 전통적 관점에 근거하여 이루어지는 교육의 실제 모습에 대해 여러 가지 문제점들이 지적되었다. 능력심리학과 관련해서는 에드워드 손다이크Edward L. Thorndike 등의 심리학자들이 여러 유형의 전이실험을 통해 전이효과는 형식에 의해 일어난다기보다는 관련되는 상황들 사이에 동일한 요소들이 존재할 때 일어난다는 점을 밝히고자 했다(이홍우, 2010:

91-97). 즉 학교에서 공부한 교과가 학교 밖의 삶에 전이되어 도움이 되려면, 그 교과의 형식이 아닌 내용 자체가 실제 삶과 같은 요소를 가지고 있어야 한다는 것이다. 이러한 비판은 교과내용을 삶의 내용과 더욱 일치시켜야 한다는 생활중심 교육운동으로 이어지게 된다.

이처럼 형식도야이론이나 능력심리학의 타당성은 오랫동안 비판의 대상이 되어왔으나, 오늘날에도 교과의 가치를 모종의 정신능력 함양에 비추어 설명하는 경우를 자주 볼 수 있다. 수학 교과의 가치를 논리적 사고력의 함양에 근거하여 설명하는 것, 또는 음악이나 미술 교과의 가치를 정서의 함양이나 정의적 영역의 발달로 설명하는 것이 그 예이다. 최근 들어 역량교육에 대한 관심이 높아지면서 교과의 내용 자체보다는 교과를 통해 길러줄 수 있는 사고역량에 교육의 초점을 맞추어야 한다는 주장도 종종 찾아볼 수 있는데, 이러한 사례들을 보면 형식도야이론에 대한 비판들이 교과의 도야적 가치를 완전히 부정하는 데 성공했는지는 불분명하다(황규호, 2017). 그 구체적인 설명 방식의 적절성에 대해서는 여러 가지 문제를 제기할 수 있다고 할지라도 교과교육을 통해 어떤 방식으로든 학습자의 정신능력을 계발할 수 있고 발달시킬 수 있을 것이라는 기대는 교육활동의 가장 기본적인 가정이라고 보아야 할지 모른다(이에 대해서는 이 절의 마지막 부분에서 다시 살펴볼 것이다).

전통주의에 근거한 교과중심 교육이 이루어지는 실제 모습에 대한 더욱 직접적인 비판은 이러한 교과교육이 실제 생활에 도움이 되지 못하며, 더 나아가 학생들이 교육의 과정에서 재미를 느끼지 못하고 오히려 불필요한 고통을 경험하게 된다는 것으로, 전자는 생활중심 교육으로 이어졌고 후자는 아동중심 교육으로 이어지게 되었다. 그리고 이와 같은 비판의 배경에는 19세기에 이루어진 과학의 발달이 중요한 역할을 수행했다.

2) 생활중심 접근

영국의 사상가인 허버트 스펜서Herbert Spencer는 '어떤 지식이 가장 가치 있는가?'라는 질문을 제기하면서 전통적인 인문학중심의 교육과정을 과학중심으로 개혁할 것을 제안했다. 스펜서는 과학의 발달, 특히 다윈의 진화론에 크게 영향을 받은 것으로 알려져 있는데, 그는 종의 진화에 대한 원리가 윤리나 경제 또는 교육의 진화에도 적용될 수 있다고 보았다.

> 어떤 지식이 가장 가치 있는가? 한결같은 대답은 과학이다. 무엇을 고려해도 판단은 같다. 직접적인 자기보존, 즉 생명과 건강의 유지를 위해 가장 중요한 지식은, 과학이다. 덜 직접적인 자기보존, 즉 우리가 생계를 꾸려가는 일이라고 부르는 것을 위해 가장 가치 있는 지식은, 과학이다. 부모 역할을 제대로 수행하는 데 적절한 지침의 원천은, 과학이다. 시민으로서 바르게 행동하는 데 없어서는 안 될 과거 또는 현재의 국민 생활에 대한 해석에 있어서 빼놓을 수 없는 열쇠는, 과학이다. 마찬가지로 모든 종류의 예술을 가장 잘 만들어내거나 최대한으로 즐길 수 있도록 하는 데 필요한 준비는, 역시 과학이다. 지적이거나 도덕적이거나 종교적이거나 훈육을 목적으로 할 때 가장 효과적인 공부는, 다시 한 번 과학이다(Spencer, 1860: 84-85; Kliebard, 1998: 23에서 재인용).

스펜서는 교육내용 선정의 가장 중요한 기준은 자기보존에의 기여 여부라고 보았다. 시를 읽는 것이 고상한 취향을 길러줄 수는 있을지라도 건강이나 자녀 양육 등 종의 보존에 도움을 주는 과학과 비교하면 그 가치는 덜 중요하다고 보아야 한다.

교육에 관한 스펜서의 또 다른 혁신적인 생각은 교육과정 자체가 과학에 근거하여 개발되어야 한다는 것이다(Kliebard, 1998). 즉 무엇을 가르칠 것인지에 대한 결정은 단순한 심사숙고의 결과가 되어서는 안 되며 과학적 법칙에 따른 결과가 되어야 한다는 것이다. 그가 중시한 과학적 법칙은 '개체는 종의 역사를 반복한다'는 명제로서 이를 기초로 그는 인류 지식의 발달 과정에 따라 학생들이 배워야 할 내용의 순서를 결정할 수 있다고 보았다. 현재의 관점에서 보면 그 타당성이 의심되는 명제이지만 교육과정이 과학적 방법에 따라 결정되어야 한다는 생각은 이후의 교육과정 개발에 큰 영향을 미친 혁신적인 아이디어였다.

생활중심 교육 접근이 인문학중심의 교육과정을 비판하면서 실제 생활에의 유용성만을 강조하는 데 대응하여 지성 함양의 중요성을 강조하거나 서구 문명의 위대한 전통의 가치를 옹호하고자 하는 보수적인 반발도 나타나긴 했으나, 교육과정 개혁에의 요구는 더욱 높아지게 되었다. 이러한 맥락에서 나타난 교육과정 개혁의 대표적인 노력은 '사회적 효율성social efficiency'을 중시하는 입장으로서, 한편으로 사회 변화에 적극적으로 대응함은 물론, 다른 한편으로 교육에서의 낭비 요소를 제거하는 것을 교육과정 개혁의 주요 과제로 제시했다(Kliebard, 1998: 26-27). 이러한 맥락에서 나타난 것이 교육과정에 대한 '과학적 연구'로서, 이 연구에서는 성인의 삶의 실제적인 모습에 대한 '과학적 분석'을 통해 교육과정의 세부 구성요인들을 결정할 수 있다고 보았다. 예를 들어 미국의 교육과정 학자 존 보비트John F. Bobbitt는 성인의 활동영역을 언어활동, 건강활동, 시민활동, 사교활동, 여가활동, 지적활동, 종교활동, 부모활동, 직업 이외의 직업활동, 실제적 활동 등으로 범주화하고 각각의 범주별로 길러주어야 할 실제적인 활동능력들을 교육의 목표로 제시했다(이홍우, 2010: 97-110). 교육과정은 이들 목표를 낭비 없이 가장 효율적으로 달성할 수 있는 활동으로 구성된다. 사회적 효율성을 중시하는 입장은 교육과정의 내용 구성에서의 변화와 함께 학습자 개개인의 진로에 따라 적합한 교육과정을 달리 적용해야 한다는 교육과정 차별화 논의로도 이어지게 된다.

사실상 학교에서 가르치고 배우는 것이 살아가는 데 무엇인가 쓸모가 있어야 한다는 생각은 누구나 공감할 수 있는 가장 상식적이요 일반적인 생각이라고 볼 수 있으며, 이 점에서 사회적 효율성을 중시하는 생활중심 교육의 동향에는 누구도 반론을 제기하기 어렵다. 교육개혁에 대한 논의에서 지속적으로 강조되어온 것이 곧 사회 변화에 대한 대응이며, 이러한 개혁 논의의 핵심에는 삶과 괴리된 교육, 실생활의 문제해결에 도움이 되지 않는 교육과정에 대한 비판과 문제의식이 자리 잡고 있다고 하겠다.

그러나 다른 한편으로 교육의 과제를 일상생활에의 적응으로 규정하는 것이 적절한지에 대한 비판도 지속적으로 제기된다. 생활중심 교육은 말하자면 인간의 삶의 의미와 영역을, 먹고 사는 문제 또는 눈앞의 삶으로 지나치게 좁게 규정하면서 인간으로서 갖추어야 할 품성과 소양의 측면을 간과하거나 더 넓은 새로운 삶의 세계를 소홀히 취급할 수 있다는 것이다. 생활중심 교육을 옹호하는 사람들 역시 시민활동, 지적활동, 도덕적 성품, 심미적 욕구의 표현, 여가활동 등 인간으로서의 품성에 해당하는 요인들을 빠트리지 않고 있다고 항변할 것이지만, 생활적응에 필요한 것을 기초로 하여 교육과정을 구성하고자 하는 접근이 소홀히 다루거나 누락하는 요인들이 무엇인지 검토하는 것은 생활중심 교육의 한계를 확인하는 데 있어서 중요한 과제가 된다.

3) 아동중심 접근

교육과정에 대한 과학적 연구가 제시하는 교육과정 개혁의 방향은 두 가지이다. 하나는 앞에서 살펴본 생활중심 접근으로서 성인의 활동영역에 대한 과학적 분석을 기초로 교육과정의 내용을 구성하고자 하는 개혁 방안이고, 다른 하나는 학습자로서의 아동의 특성에 대한 과학적 연구를 교육과정 구성의 기초로 삼아야 한다는 입장이다. 후자의 입장에서 보면 아동 자신의 본능이나 사고의 과정, 또는 아동의 관심사나 발달단계에 대한 과학적인 기초자료가 수집된다면 이를 기초로 하여 교육과정을 개발할 수 있다. 아동의 발달단계를 중시했다는 이유에서 이러한 접근을 옹호하는 입장을 '발달주의'라고 칭하기도 한다. 이 관점에 의하면 기존 교육과정의 문제는 그것이 아동의 발달단계를 온전하게 고려하지 못함으로써 발달의 수준에 맞는 교육을 실시하지 못했다는 데 있다. 학습내용에 재미를 느끼지 못한다거나 관심을 보이지 않는 것은 그것이 아동의 발달 수준 및 아동의 특성에 부합하지 않기 때문이다.

아동중심 접근에서 교육과정 개발의 출발점은 교사나 성인이 가르치고자 하는 것이 무엇인지가 아니라 학습자로서의 아동이 어디에 관심이 있고 흥미를 보이고 있는지 확인하는 데 있다. 아동이 하고 싶어 하는 활동(또는 프로젝트)이 결정되면 그 목적을 위해 전통적 교과의 관련 내용들이 수단적 도구로 활용되며, 이 점에서 교과의 학습은 부차적인 지위에 머물게 된다. '우리는 교과를 가르치는 것이 아니라 아동을 가르친다'는, 문자적 의미로는 명백히 말이 되지 않는 진보주의 교육자들의 표어는 이와 같은 생각을 집약적으로 보여준다.

교육의 과정에서 학습자의 관심과 흥미를 존중해주어야 한다는 말은 한편으로 중요한 의미를 갖는다. 관심과 흥미는 학생들의 적극적이고 능동적인 수업참여를 위한 중요한 전제조건이며, '학습방법의 학습learning how to learn'에 기초가 된다고 볼 수 있다. 문제기반학습 등은 이와 같은 아이디어에 기초한 수업방법으로서, 학생들이 스스로 관심을 가질만한 실제적인 문제를 중심으로 문제의 선택부터 그 해결에 이르기까지의 과정에 주도적으로 참여하게 된다면 이 과정을 통해 학생들은 사고의 습관을 형성할 수 있게 되고, 이를 여러 맥락에서 활용할 수 있게 된다. 이러한 학습방법의 학습은 교과의 내용 학습보다 더 중요한 의미를 갖는다.

이와 같은 긍정적인 설명과 해석에도 불구하고 아동중심주의에 대해서는 여러 가지 비판이 제기되어왔다. 가장 큰 비판은, 이러한 교육은 아동의 즉각적인 관심과 흥미에만 주목할 뿐 그들이 성인이 되었을 때 필요로 하는 능력들을 학습할 기회를 갖지 못하게 만든다는 비판이다. 아동의 관심은 자주 변하거나 사소한 것에 머물 수 있기 때문이다. 전통주의에 대해 비판의식을 갖는다는 점에서는 생활중심 접근과 아동중심 접근이 같은 입장을 취한다고 말할 수 있지만, 생활중심 교육은 그나마 진지하게 미래의 삶을 준비시켜주는 반면 아동중심 교육은 유약한 교육, 또는 경박한 교육으로 전락할 위험이 있다는 비판을 받는다. 이러한 문제는 근본적으로는 아동이 흥미를 갖는다는 사실 자체로부터 그러한 흥미의 대상이 교육적인 가치가 있다는 규범적 판단이 도출되기 어렵다는 데에서 기인한다.

다른 하나의 중요한 비판은 아동중심주의가 가정하고 있는 '활동을 통한 학습learning by doing'이라는 아이디어에 대한 비판이다. 아동중심 교육은 학습자의 능동적 활동과 그 과정에서 얻게 되는 경험이 의미 있는 학습의 기초가 된다는 생각을 전제로 한다. 이러한 생각은 대체로 경험론적 인식론을 따르는 것이라고 볼 수 있는데, 과연 의미 있는 학습이 오직 직접 경험 그 자체로부터 발생한다고 볼 수 있는지에 대해서는 비판적인 논의가 제시되어왔다. 개념(또는 지식)이 경험을 통해 형성되는 것은 사실이지만, 그것이 반드시 경험으로부터 나오는 것은 아니라는 것이다. 영국의 철학자 데이비드 햄린David W. Hamlyn은 대상을 경험한다는 사실 그 자체로부터는 개념이 도출되거나 획득될 수 없으며, 이 과정에는 반드시 성인에 의한 교정의 과정이 필요하다는 점을 강조하는데, 이러한 설명은 곧 활동을 통한 학습, 또는 경험을 통한 학습론의 한계를 잘 지적해준다고 볼 수 있다(Hamlyn, 1978; 이홍우 옮김, 2010).

4) 사회개량주의

사회개량주의는 교육의 핵심과제를 사회의 개선으로부터 찾는 입장으로서 전통적 접근에 대해 생활중심 접근이나 아동중심 접근과는 다른 관점에서 문제를 제기한다. 이 관점에서 보면 전통적 접근은 지력의 함양 등 개인의 발달에 초점을 맞추며 빈부격차의 문제, 불평등의 문제, 인종차별주의와 성차별의 문제, 부패 등 사회가 안고 있는 문제점들에 대해 응분의 관심을 기울이지 않는다는 것이 가장 큰 한계이다. 이러한 한계는 전통주의를 비판해온 생활중심 접근이나 아동중심 접근에서도 마찬가지로 나타나는데, 이들 접근 역시 사회의 변화에 대해서는 큰 목소리를 내지 않기 때문이다.

이렇게 보면 세 가지 비판적 접근은 비록 전통주의를 비판한다는 점에서는 같은 입장인 것처럼 보이지만 무엇을 문제로 규정하는지, 그리고 그러한 문제의 개선을 위한 과제가 무엇인지에 대해서는 서로 강조점이 다르다고 볼 수 있다. 일반적으로 전통주의에 대한 비판적 입장은 기존의 교육을 유지하는 것보다는 새로운 변화를 추구한다는 점에서 진보주의로 불렸지만, 추구하는 새로운 변화의 내용이 다양하다는 점을 감안하면 진보주의를 동일한 생각을 갖는 하나의 통일성을 갖춘 관점으로 규정하기는 어렵다. 아동중심 접근은 주로 학습자 개인의 발달에 관심이 있었다면 생활중심 접근과 사회개량주의는 사회의 발달에 관심을 기울였다고 볼 수 있다. 그리고 다시 생활중심 접근은 기존의 사회질서를 대체로 유지하는 데 관심을 기울였다면 사회개량주의는 기존 사회의 문제점을 개선하여 사회 자체를 변화시키는 데 관심을 기울였다고 볼 수 있다.

사회개량주의자들은 다양한 사회문제들에 대하여 학생들이 관심을 갖고 이를 비판적으로 이해하며, 더 나아가 그러한 문제해결에 적극 참여하도록 하는 데 기여할 수 있는 교육과정을 개발하고자 했다. 예컨대 산업화의 부정적 측면들에 대한 이해를 확대함으로써 새 세대의 학생들이 사회를 더 공정하고 평등하게 발전시켜갈 수 있도록 하는 것을 교육의 주요 과제로 본 것이다. 가장 대표적인 노력의 하나는 해럴드 러그Harold O. Rugg가 개발한 사회과 교과서로서 빈곤, 인종차별, 성차별 등 사회적 문제점을 중점적으로 다루었고, 이 교과서는 많은 학교에서 채택되어 큰 성공을 거두기도 했다. 그러나 이러한 사회개량주의의 입장에 대하여 보수적인 입장을 취하는 사람들은 미국을 사회주의 국가화하려는 시도라고 비판하기도 했는데, 이러한 사회개량주의 운동은 2차 세계대전을 계기로 하여 점차 힘을 잃게 된다(Kliebard, 1998: 30-31).

그러나 사회적 불평등과 교육의 불평등, 그리고 이 두 가지 불평등의 상호 관련성 문제는 교육 분야의 중요한 연구와 논의의 주제로 계속 다루어져왔다. 사회적 불평등이 교육을 통해 어떻게 재생산되는지에 대해서는 특히 교육사회학이 관심을 기울여왔다고 볼 수 있는데, 초기의 연구들은 주로 교육기회의 불평등 문제가 학업성취도의 불평등과 사회적 불평등으로 이어진다는 점에 초점을 맞추었다. 이러한 연구를 기초로, 어린 학생들을 대상으로 하는 조기개입을 통해 교육기회의 불평등 문제를 해소한다면 이와 같은 사회적 불평등의 재생산을 억제할 수 있을 것으로 기대했다.

그러나 불평등을 해소하고자 하는 노력은 크게 성공을 거두지 못했으며, 그 원인에 대한 분석의 과정에서 기회의 불평등과 함께 교육과정의 편파성에 주목하게 되었다. 학교에서 다루어지는 지식 자체가 주류집단의 문화를 반영하고 있으며, 그 결과 비주류 집단에 속한 학생들의 성취도가 낮아지게 되고 부당한 차별을 받게 된다는 것이다. 즉 제도만이 문제가 아니요, 그동안 검은 상자로 간주하여 세밀한 검토를 피해갔던 교육과정 자체가 불평등을 유지하는 중요한 요인임을 주목해야 한다는 것이다. 사회제도에 의한 기회불평등에 관심을 기울였던 기존의 교육사회학에 대비하여 '신新교육사회학'이라고 불리는 이와 같은 새로운 동향은 그동안 교육과정학자나 교육철학자들의 주된 관심 영역으로 간주되어온 교육과정 영역을 사회학적 관점에서 재해석하고자 한다는 점에서 '교육과정 사회학'으로 불리기도 한다.

교육과정 사회학의 관점에서 보자면 '어떤 지식을 가르칠 것인가' 하는 질문보다 더 의미 있는 질문은 '누구의 지식을 가르칠 것인가' 하는 질문이다. 일반적인 생각으로는(또는 전통주의의 관점에서는) 학교에서 가르쳐지는 지식은 합리성과 객관성을 기초로 하고 있으며 이 점에서 모두에게 가치 있는 중립적인 지위를 갖고 있다고 간주하지만, 교육과정 사회학에서는 학교지식이 결국 누군가에 의해 선택된 지식이요, 이러한 선택의 과정을 통해 특정 집단의 문화와 이데올로기가 당연한 것으로 모두에게 받아들여지게 된다고 본다. 이것이 곧 기득권 집단이 학교교육을 통해 불평등한 사회구조를 지속적으로 유지해가는 방법이다.

교육과정 사회학의 논의들은 문화상대주의에 근거하고 있으며, 이에 따라 무엇을 가르칠 것인가에 대한 직접적인 대답, 또는 대안적인 대답을 제시하는 데 초점을 맞추기보다는 기존의 학교지식이 갖고 있는 편파성 문제를 지적하고 비판하는 데 더 큰 관심을 보인다고 말할 수 있다. 이 점에서 비판만 있고 대안은 없다는 반론이 제기되기도 하는데, 미국의 교육과정학자인 마이클 애플Michael W. Apple 등이 기존의 교육체제에 대한 비판을 근거로 학교교육의 민주화를 위해 실천적인 노력을 함께 기울여왔다는 점을 감안하면 대안이 없다는 식의 비판은 부적절할 수 있다(Apple, 2013; 강희룡·김선우·박원순·이형빈 옮김, 2014 등 참조).

그러나 문화상대주의를 근거로 지식의 객관성과 보편성 자체를 부정할 경우, 교육의 필요성이나 가능성에 대한 논의 자체가 불가능해지며, 이 점에서 교육과정 사회학의 논의에 대해서는 세밀한 분석이 필요하다. 1970년대에 영국의 교육과정 사회학 논의를 이끌어왔던 마이클 영Michael Young이 2000

년대에 접어들면서 자신의 과거 입장이 그릇된 문화상대주의에 근거했다는 점을 반성하면서, 지식은 사회적 성격을 갖고 있으며 이 점에서 고정된 것도, 주어진 것도, 절대적인 것도 결코 아니지만 그렇다고 해서 더 나은 지식, 더 신뢰할 수 있는 지식, 진리에 더 가까운 지식의 가능성을 부정하는 것은 잘못이라고 말한다. 그는 사회적 실재론social realism이라는 인식론을 제안하면서 교육은 더 나은 지식, 더 힘 있는 지식을 세대에서 세대로 전달하는 일을 포함해야 함을 주장하고 있다(Young, 2008).

5) 전통적 접근의 재해석

이상으로 교과지식의 교육을 중시하는 전통적 접근에 대한 주요 비판들을 살펴보았다. 생활중심 접근은 교과를 중심으로 가르쳐지는 지식들이 실생활에 직접 도움이 되지 않는다는 점을 비판하는 것이요, 아동중심 접근은 그러한 지식에 대해 아동들이 관심과 흥미를 보여주지 못해 학습이 재미없는 고통의 과정이 되고 있음을 비판하는 것이다. 사회개량주의는 사회의 유지보다는 사회의 변화와 개혁에 관심을 기울이면서 불평등과 같은 사회문제 해결에 더 적극적인 관심을 기울일 것을 요구하는 한편, 학교에서 가르쳐지는 내용들이 특정 집단, 특히 지배적인 지위를 갖는 집단들에 편파적이라는 점을 비판하고 있다.

이러한 비판들은 곧 교과지식 교육의 문제점을 지적하는 것으로서, 비판의 내용만을 두고 보자면 교과지식을 가르쳐야 한다는 전통주의적 관점은 더 이상 주장하기가 어려워 보인다. 모든 교육문제들이 곧 교과지식 교육에서 기인하는 것처럼 보이기 때문이다. 그러나 이러한 비판들이 교과지식을 강조하는 전통적 접근을 완전히 폐기했다고 보기는 어렵다. 우선 여러 나라에서 실시되고 있는 교육의 실제 모습은 여전히 교과를 중심으로 하여 이루어지고 있다는 점에서 그렇고, 더 나아가서는 다양한 비판들에도 불구하고 교과지식의 가치를 적극적으로 옹호하고 정당화하는 논리들이 여전히 유지되고 있기 때문이다.

전통적 관점은 교육의 일차적인 과제를 지식의 학습을 통한 마음의 자유로운 발달로 규정하는 자유교육liberal education의 이념에서 찾아볼 수 있다. 전통적 관점은 지식교육의 가치를 정신도야이론에 근거하여 설명하지만, 이러한 정신의 도야가 곧 능력심리학만을 기반으로 한다고 보기는 어렵다. 자유교육의 이념과 관련해 보자면 능력심리학과는 다른 방식의 설명도 가능하기 때문이다.

자유교육이론의 옹호자인 마이클 오크쇼트Michael Oakeshott는 학교에서 다루어지는 교육내용은 인간이 세계를 이해하기 위해 발전시켜온 지적 유산으로서의 다양한 언어voices들로 구성되어 있다고 본다(Oakeshott, 1971; 차미란 옮김, 1993). 인간이 거주하는 세계는 '사물'이 아니라 '의미'로 이루어져 있는 바, 이러한 의미는 세계에 대한 우리의 이해의 결과이다. 각각의 의미에 의해 우리는 세계를 특정한 방향에서 경험하게 되며, 또한 그 세계 안에서의 인간의 위치를 파악하게 된다. 이러한 의미들은 다양한 종류의 언어가 사용되는 '대화'에 의해 공유되고 전승되는데, 시, 역사, 철학, 과학, 예술 등은 그러한 대화에서 사용되는 언어들이다. 각각의 언어는 반성과 논의, 비판과 상상적 사색을 통해 발전해왔으며, 이러한 과정을 통해 언어는 더욱 정련되고 다듬어진다. 따라서 오늘날 우리가 전수받고 있는 지적 유산은 그야말로 이제까지 생각되어지고 말해진 것 중 가장 뛰어난 것들을 선별해놓은 것이라고 볼 수 있다. 그리고 이러한 최상의 전통은 구체적인 하나하나의 '삶의 현실'을 재조명하도록 하는 '삶의 이상'을 나타낸다.

이와 같은 지적 유산으로서의 언어는 사물과 달리, 물건을 전해주는 것과 같은 방식으로 전달될 수 없으며, 또한 단순한 정신 상태의 변화와 같이 최면

등의 방법에 의해 전달될 수도 없다. 인간의 지적 유산은 이해를 그 내용으로 하고 있으며, 이해를 통해서만 향유될 수 있다. 다시 말하여 지적 유산은 오직 학습이라는 행위를 통해서만 전수받을 수 있는 것이다. 오크쇼트에 의하면 가장 일반적인 의미에서의 교육은 바로 이 일, 즉 한 세대와 다음 세대 사이에서 새로 태어나는 사람들을 그가 장차 거주할 이해의 세계 안으로 입문시키기 위한 인위적인 교섭transaction을 가리킨다.

지식의 형식론을 근간으로 하는 폴 허스트Paul H. Hirst의 자유교육이론 역시 오크쇼트와 같은 전통을 이어받고 있다. 허스트에 의하면 마음의 발달이란 무엇보다 우리의 의식이 여러 가지 '개념의 틀conceptual scheme'을 통해 일정한 방향으로 분화되어감을 뜻하며, 이때 의식의 분화란 곧 여러 가지 개념의 틀을 통해 세계에 대한 우리의 경험이 구조화되고 조직되어 우리에게 유의미한 경험으로 인지되어가는 과정을 뜻한다(Hirst, 1974: 39). 허스트가 말하는 자유교육의 내용, 즉 지식의 형식이란 세계에 대한 우리의 경험을 구조화하고 조직하는 데 필요한 개념의 틀을 지칭하며, 자유교육의 과정은 곧 이러한 지식의 형식의 내면화를 통해 세계를 특정한 관점에서 경험하고 이해할 수 있도록 하는 과정이다. 각각의 지식의 형식은 세계에 대한 우리의 경험 중 올바른 것과 올바르지 않은 것을 구분하는 나름대로의 진위 판단의 틀을 제공해주며, 이 점에서 지식의 형식의 내면화 과정은 가장 기본적인 의미에서의 합리성의 발달 과정으로 이해될 수 있다.

그렇다면 이와 같은 다양한 언어, 또는 지식의 형식의 가치는 어떻게 정당화될 수 있는가? 이러한 언어들의 학습, 다시 말하여 다양한 학문에 의해 대표되는 이론적 지식을 배우는 것이 중요한 이유는 무엇인가? 피터스의 '선험적 정당화 논의'는 이 질문에 대해 앞서 검토한 외재적 정당화 논의와는 다른 종류의 대답을 제시한다. 피터스의 논의를 간단하게 요약하자면, '지식의 형식이 어째서 가치가 있는가'라는 질문이 심각하고 의미 있는 질문이 되기 위해서는 그 질문을 제기하는 사람이 이미 '옳은 것이 무엇인가를 따져보는 것', 즉 지식의 형식을 추구하는 것의 가치를 인정하고 있어야 한다는 것이다(Peters, 1973). 진리에 대한 관심과 헌신이 없다면 정당화 활동은 의미가 없다. 이 점에서 정당화를 요구하는 사람은 언제나 진리 탐구의 가치를 이미 인정하고 있다고 보아야 하며, 따라서 진리 탐구를 그 활동의 일부로 포함하고 있는 이론적 탐구활동의 경우에는 정당화를 요구하는 것이 더 이상 의미를 가질 수 없게 되는 것이다.

전통적 접근에 대한 다양한 비판에도 불구하고 교육의 실제 모습이 전통적 접근으로부터 크게 벗어나지 않고 있는 중요한 이유 중 하나는 자유교육을 옹호하는 오크쇼트나 허스트와 피터스, 그리고 최근 들어 힘 있는 지식을 강조하는 영 등의 논지가 여전히 설득력을 갖고 있기 때문일 수 있다. 즉 비판적 논의들에 의해 지적되는 문제점들에도 불구하고 교과지식의 중요성을 전적으로 부정할 수는 없다고 보아야 한다.

2. 관점들의 관계 이해

앞에서는 '학교에서 무엇을 가르쳐야 하는가'라는 질문에 대한 여러 관점들의 대답을 간략하게 살펴보았다. 이들 네 가지 주요 접근들이 무엇을 가르칠 것인가에 대한 모든 대답을 포괄하는 것은 물론 아니다. 예를 들어 학생들의 사고능력이나 판단력, 창의력 등 다양한 역량을 길러주는 데 도움이 되는 내용이어야 한다거나 성숙한 인간으로서 성장하는 데 도움이 되어야 한다거나, 또는 책임감 있는 주체적인 세계시민으로 성장시켜줄 수 있어야 한다는 등의 대답들은 앞에서 살펴본 접근들과 부분적으로는 연계가 되더라도 그 강조점의 차이가 있다고 볼 수 있다. 대답방식에 있어서도 다양한 유형들이 가능한

데, 실생활에 도움이 될 것, 재미있을 것, 거짓이 아닌 진리를 포함할 것 등 내용이 갖추어야 할 속성을 중심으로 하는 대답이 있는가 하면 교과목 수준에서의 대답도 찾아볼 수 있다. 더 나아가 교과목이나 교과지식의 내용과 범위보다는 그러한 내용들이 실제로 가르쳐지는 방식에 문제를 제기하면서, 단편적인 암기교육을 벗어나 학생들이 스스로 지식을 탐구하고 사고하며 이를 비판적으로 검토해보거나 창의적으로 새로운 지식을 생성해낼 수 있도록 해야 한다는 점을 강조하기도 한다. 더욱 근본적으로는 지식중심의 교육 자체를 비판하는 논의도 찾아볼 수 있다. 교육의 과제는 건전한 인성의 함양에 있다고 보아야 하는 바, 현재의 교육은 지식교육에만 편중되어 학생들의 인성과 인격을 함양하는 데에는 한계를 보여주고 있다거나, 정서교육, 도덕교육, 직업·기술 교육, 안전교육 등 지적 측면 이외의 교육적 과제를 소홀히 하고 있다는 비판들이 그 예이다.

그렇다면 앞에서 살펴본 네 가지 주요 접근을 포함하여 그 밖의 다양한 유형의 대답들을 어떻게 바라보아야 할 것인가? 이러한 여러 유형의 대답들 중 가장 타당하고 적합한 대답은 무엇인가? 그 접근을 가장 타당하다고 생각하는 이유는 무엇이며, 다른 사람들도 나의 생각에 공감할 것인가? 만일 다른 사람들의 생각이 나와 다를 경우, 나는 나의 판단이 더 옳다는 것을, 또는 더 타당하다는 것을 다른 사람들에게 설득할 수 있을 것인가? 도대체 학교에서 무엇을 가르쳐야 할 것인가를 묻는 질문에 대하여 사회적·문화적·역사적 배경과 무관하게, 또는 개개인이 처해 있는 상황이나 생각, 관점과 무관하게 보편적으로 받아들여질 수 있는 하나의 관점을 선정하는 것은 과연 필요한가? 또는 가능한 일인가?

이와 같은 질문들이 학생들에게 무엇을 가르쳐야 할 것인지 탐구하고 논의하는 교육과정 연구에서 마주하게 될 질문들이다. 이 절에서는 각 대답의 타당성이나 한계점을 직접 비교하고 논의하기보다는 이러한 질문들에 대한 답을 찾아가는 과정에서 검토해야 할 몇 가지 추가적인 질문들을 살펴보고자 한다. 이러한 질문들은 앞에서 제시한 근본적인 질문, 즉 '학교에서 무엇을 가르쳐야 할 것인지에 대한 여러 대답들 중 가장 타당하고 적절한 대답은 무엇인가?' 하는 질문을 탐구하는 데 있어서 그 질문의 성격을 좀 더 명료화하는 데 도움을 줄 수 있을 것이다.

1) 관점들의 차이는 어디에서 오는가

먼저 살펴볼 질문은 학교에서 가르쳐야 할 것이 무엇인가에 대하여 상이한 답변이 제시되고 있는 이유가 무엇인지를 묻는 것이다. 이는 곧 관점 차이의 원천이 무엇인지 묻는 것으로, 교육 현실에 대한 불만과 문제의식이 나타나게 된 배경이 무엇인지 묻는 것이기도 하다.

그 요인으로는, 첫째, 학교교육의 의미나 학교교육의 목적에 대한 관점의 차이를 들 수 있다. 쉽게 짐작할 수 있듯이 학교교육의 의미나 목적을 무엇으로 규정할 것인가에 따라 학교교육의 내용을 무엇으로 구성할 것인지가 달라질 수 있다. 예를 들어 학교교육의 목적을 사회가 요구하는 인적자원의 양성과 공급으로 규정할 경우 현재의 학교교육이 시대가 요구하는 다양한 능력과 자질들을 충실하게 길러주고 있는지에 관심을 갖게 될 것이며, 만일 사회가 요구하는 능력들을 길러주는 데 필요한 내용들이 간과되고 있다거나 현대사회에서 더 이상 중시될 필요가 없는 능력과 관련된 내용들이 필요 이상으로 강조되고 있다고 판단될 경우 학교교육의 내용에 대한 불만이 제기될 수 있다. 또 학교교육의 주된 목적을 인간으로서의 성장, 즉 인성과 품성의 함양에 두는 경우라면 무엇을 할 줄 아는가보다는 어떤 사람이 되는가에 더 큰 관심을 기울이게 될 것이다.

둘째, 교육의 목적에 대한 논의가 일반적으로 그러하듯이 올바른 삶, 바람직한 삶의 모습에 대한 생각의 차이가 교육의 목적에 대한 관점의 차이를 야기하고, 이것이 다시 무엇을 가르쳐야 할 것인지에 대한 생각의 차이로 이어질 수 있다. 앞에서 살펴본 네 가지 접근에 가정되어 있는 바람직한 삶의 모습은, 예컨대 다양한 세계에 대한 폭넓은 이해를 중시하는 교양인의 삶, 자신의 진로 영역에서 능력을 발휘하는 유능한 전문인의 삶, 사회로부터 주어지는 고정관념의 틀을 벗어나 좋아하는 것을 즐기는 자유로운 삶, 더 공정하고 정의로우며 평등한 사회를 만들어가고자 노력하는 비판적인 삶의 자세 등으로 요약할 수 있다.

셋째, 개인 수준의 바람직한 삶의 이상에 대한 생각의 차이와 함께 바람직한 사회의 모습에 대한 생각의 차이, 예를 들어 질서정연한 가운데 각각의 사회 구성원이 자기에게 부여된 역할을 충실하게 수행하는 사회와, 모든 구성원이 더욱 평등한 관계를 유지하는 가운데 격차가 심화되지 않는 사회 중 어느 측면을 더 중시하는지에 대한 생각의 차이도 학교교육의 내용에 대한 관점의 차이로 이어질 수 있다. 마찬가지로 세계관의 차이, 정치적 이념의 차이, 그리고 지식의 성격에 대한 인식론적 관점의 차이 등도 무엇을 가르칠 것인지에 대한 생각의 차이를 가져오게 될 것이다.

넷째, 가장 직접적으로는 개개인의 이해관계의 차이도 교육내용에 대한 관점 차이의 중요한 배경이 된다. 가장 대표적으로, 교육과정을 개정할 때마다 나타나는 교과들 사이의, 그리고 교과 내 하위 영역 사이의 기준 시수에 대한 갈등은 곧 이해관계에 의해 야기되는 갈등이라고 볼 수 있다. 다문화교육의 맥락에서 서로 다른 문화들이 교육과정에 어떻게 반영되어야 할 것인지를 두고 벌어지는 갈등의 양상 역시 넓은 의미에서 이해관계의 차이에 의한 갈등으로 볼 수 있다.

이렇듯 무엇을 가르쳐야 할 것인지에 대한 관점의 차이를 가져오는 배경들을 몇 가지 유형으로 구분하여 살펴보았지만, 이들 배경들을 확인한다고 해서 무엇을 가르쳐야 할 것인지에 대한 가장 적절하고 타당한 대답을 찾아낼 수 있는 것은 물론 아니다. 다만 이러한 배경을 이해하는 것은 서로 다른 관점들의 생각의 차이가 무엇에 의해 야기되는 것이며, 그것은 어떤 종류의 차이인지, 그리고 그러한 의견 차이를 조율하는 데 있어서는 어떠한 점을 중점적으로 고려해야 할 것인지를 이해하는 데 도움을 줄 것으로 보인다.

2) 관점들의 관계는 상호배타적인가, 상호보완적인가

무엇을 가르쳐야 할 것인지에 대한 관점들의 관계를 이해함에 있어서 살펴보아야 할 또 하나의 중요한 질문은 이들 여러 관점들의 양립 가능성 문제이다. 예컨대 각 교과에서 제시되는 이론적 지식의 학습을 강조하는 전통적 접근과, 실제 생활에서 쓸모 있는 실용적 지식이나 실제적 지식을 중시하는 생활중심 접근을 동시에 수용하는 것이 가능한가?

각각의 관점을 상호대립의 관계로 파악하는 데에는 대체로 다음과 같은 생각 중 어느 하나가 전제되어 있다고 보아야 한다. 즉 교육내용에 대한 여러 관점들 중 어느 한 가지만 옳고 다른 것은 그릇되었다는 생각, 또는 비록 각각의 관점이 옳음과 그름으로 구분될 수 있는 것은 아니지만, 사회적 상황이나 개개인이 처한 여건을 고려할 때 어느 하나의 관점이 다른 것들에 비하여 더 적절하다고 볼 근거가 있다는 생각, 그리고 어느 하나의 관점을 취할 경우 다른 관점을 함께 수용하는 것이 논리적으로 불가능하다는 생각 등이 그것이다. 만일 이와 같이 여러 관점들의 관계를 상호배타적인 것으로 규정해야 한다면 각 관점의 특징을 명료하게 드러내고 이를 세밀하게 비교·분석하는 일은 교육과정 연구에서 더욱 중요한 과제가 되어야 할 것이다. 예컨대 이들의 관계를 옳고 그름의 관계나 논리적 모순의 관계로 규정할 경우, 다양한 관점들을 절충하여 수용한다는 것은 불가피한 타협일지언정 옳은 일은 아닐 것이기 때문이다.

이와는 달리 여러 관점들의 관계를 양립 가능하다고 볼 경우, 즉 어느 하나의 관점과 다른 관점을 함께 수용할 수 있다고 생각하는 경우에도 몇 가지 상이한 방식이 취해질 수 있다. 그 하나는 여러 관점들 중 어느 것을 취할 것인지를 개개인의 취사선택의 문제로 규정하는 것이다. 개개인의 교육관이나 세계관, 인생관, 사회관, 지식관 등의 차이에 따라 선호하는 교육과정의 유형에도 차이가 있을 수 있으며, 이러한 관점의 다양성을 존중한다면 각각의 관점을 서로 배타적인 것으로 규정하여 어느 하나만을 고집할 필요는 없다고 볼 수 있다. 물론 국가교육과정이나 학교교육과정 등을 개발하는 맥락에서는 어쩔 수 없이 하나의 산출물을 만들어내야 할 것이지만, 다른 상황에서도 그러하듯 참여자들이나 이해당사자 등 여러 관계자들의 다양한 생각을 민주적 절차나 원리에 근거하여 조율하고 합의함으로써 만들어간다면 갈등을 최소화하면서 공동의 결과물을 만들어갈 수 있게 될 것이다. 이 경우 특히 각각의 관점에 기초한 내용들이 적절한 균형을 유지하도록 반영된다면, 그것은 서로의 강점과 부족함을 상호보완해주는 균형 있는 교육과정으로 간주될 수 있을 것이다.

관점의 다양성을 수용하는 다른 방식은, 사회적 여건에 따라, 또는 개개인의 진로나 적성에 따라 가장 적합한 교육의 모습이 서로 다를 수 있음을 인정하는 방안이다. 이러한 해석을 따르자면 각 사회에, 또는 각 개인에 최적화된 교육과정을 어느 정도 객관적으로 확인할 수 있으나, 결과적으로 사회와 개인의 여건에 따라 최적화된 교육과정의 모습은 서로 다르며 따라서 다양한 교육과정들이 양립할 수 있다고 보아야 하는 것이다. 최근 강조되는 개별화된 맞춤형 교육은 곧 이와 같은 생각을 전제한다고 볼 수 있다.

여러 관점들의 다양성을 인정하되 양립 가능성을 수용하는 또 하나의 방식은 각 관점의 양립 가능성을 논리적 수준에서 분석하고 해명해주는 것이다.

예를 들어 전통적 접근과 생활중심 접근의 대립적 관계를 논의함에 있어서는 이론적 지식과 실용적 지식의 구분이 중요한 논의 주제로 부각되는데, 하나의 지식(공학적 지식, 의학적 지식 등)이 맥락에 따라서는 이론적 지식으로 간주될 수 있으되 동시에 실용적 지식으로 활용될 수도 있음을 설명할 수 있다면 두 가지 접근을 양립 불가능한 대립 관계로 규정할 필요는 없게 된다(황규호, 1996; 2012 참조).

여러 관점들의 관계를 상호배타적이요, 따라서 양립 불가능한 관계로 보아야 할 것인지, 또는 상호보완적인 관계로 보아야 할 것인지에 대해서는 계속적인 탐구가 필요할 것이다. 결론을 내리기 어려운 이유의 하나는 여러 접근이나 관점들의 관계를 그중 어느 하나만이 절대적으로 옳다는 식으로 규정하는 것도 문제이지만, 그렇다고 하여 모두가 옳다거나, 또는 관점들 사이의 비교 혹은 비판이 논리적으로 불가능하다고 보는 극단적 상대주의적 입장 역시 문제점을 안고 있기 때문이다. 클리버드(Kliebard, 1998)는 미국의 다양한 교육과정 사조들을 검토하면서 현재의 미국 교육과정은 결국 이들 대립하는 다양한 관점들의 혼합물potpourri로 보아야 한다고 결론짓고 있는데, 이는 곧 실제 교육과정은 여러 관점과 접근에서 제시되는 올바른 교육에 대한 다양한 생각들을 혼합적으로 수용하고 있음을 보여주는 것이라고 해석할 수 있다.

* * *

이 장에서는 교육과정 연구의 가장 핵심이라고 할 수 있는 '무엇을 가르칠 것인가?'라는 질문을 중심으로 교육과정의 주요 관점들을 전통적 접근, 생활중심 접근, 아동중심 접근, 사회개량주의의 네 가지 유형으로 구분하여 살펴보았다. 교과지식, 실생활에 유용한 지식과 기술, 아동이 흥미를 갖는 것, 사회문제의 이해와 개선능력 등 각 접근에서 강조하고 있는 교육내용이 무엇인지 이해하는 것과 함께, 왜 그러한 내용이 중요하다고 보아야 하는지에 대한 이유와 근거를 확인하는 것도 교육과정 연구에서 중요한 학습내용이 된다. 교육내용의 가치에 대한 설명과 논의는 일반적으로 '정당화 논의'라고 부르는데, 이렇게 보면 앞서 살펴본 네 가지 접근은 곧 교육내용의 가치에 대한 상이한 유형의 정당화 방식들이라고 볼 수 있다.

관점들의 관계에 대한 논의에서 언급했듯이 교육내용의 가치를 어떤 방식으로 정당화할 것인가에 대한 대립되는 견해들은, 기본적으로 바람직한 삶의 모습을 어떤 방식으로 규정할 것인가 하는 문제와 직결된다. 이 점에서 교육내용의 가치정당화 문제는 근본적으로 삶의 가치를 규정하는 문제라고 말할 수 있으며, 교육내용의 가치에 대한 다양한 견해들의 타당성은 각각의 견해가 상정하고 있는 '인간다운 삶의 모습'의 타당성에 비추어 검토될 필요가 있다. 물론 인간다운 삶의 모습에 대한 논의에서 모두가 합의할 수 있는 하나의 결론을 기대하기 어려운 것과 마찬가지로, 교육내용의 가치에 대한 논의에서도 성급한 결론을 기대하기는 어렵다. 바람직한 삶의 모습에 대한 견해가 다양한 만큼 가치 있는 교육내용에 대한 견해 역시 다양하다. 그러나 이러한 사실이 곧 모든 견해가 동등한 타당성을 갖는다는 점을 보여주는 것은 아니다. 이와 관련하여 "교육내용의 가치는 오직 그 내용을 올바르게 배운 이후에야 비로소 알 수 있다"는 주장은 깊이 음미해볼 가치가 있다.

'학교에서 무엇을, 왜 가르쳐야 할 것인가'라는 질문을 다루는 데 있어서는 좀 더 세부적인 질문들도 함께 따라오게 된다. 예를 들어 어떻게 가르치는지, 또는 어떻게 학습하는지에 따라 같은 교육내용이라고 할지라도 그 가치가 다르게 설명되는 것은 아닌가? 흔히 단편지식의 암기교육 문제를 들어 지식교육을 비판하지만 이는 올바르지 못한 교육방법의 문제일 뿐이요, 지식교육 자체에 대한 비판이 될 수는 없는 것이 아닌가? 만일 그렇다면 지식을 올바르게 가르치고 배운 상태는 어떠한 상태를 지칭하며, 그와 같은 맥락에서 지식의 가치는 어떻게 설명되는가? 또한 '무엇을 가르쳐야 할 것인가'라는 질문은 항상 모든 학생에게 동등하게 가치 있는 것만을 확인하기 위한 질문인가? 과연 모든 학생에게 공통적으로 가치 있는 공통교육과정이 존재하는가? 아니면 학습자의 다양한 특성들을 고려하여 각각에게 적합한 상이한 교육과정을 제공해주어야 하는가? 공통교육과정과 개별화 교육과정에 각각 포함되어야 할 내용은 무엇인가? 다른 한편으로, 가치 있는 교육내용은 그 대상이 되는 학생들에게 필수로 부과되어야 하는가? 아니면 학생들의 선택에 따라 학습 여부를 결정해야 하는가? 무엇인가를 필수로 지정해야 한다는 주장의 이면에 자리 잡고 있는 조바심, 즉 이러저러한 내용을 필수로 가르치지 않으면 이러저러한 문제가 발생할 것이라는 조바심들은 어느 정도나 타당성을 갖는 것인가? 이러한 질문들이 곧 교육과정에 대해 탐구해야 할 질문들로서, 여기에 예시된 질문들을 검토함에 있어서는 이 장의 주제, 즉 '학교에서 무엇을 가르치고 배워야 할 것인가'라는 질문에 대한 다양한 대답들이 논의의 출발점을 제공해줄 것이다.

• 참고문헌 •

이홍우(2010), 『교육과정 탐구증보(한글판)』, 서울: 박영사.

황규호(1996), "공통필수 교육과정의 가능성과 한계", 『교육과정연구』, 14(1), 189-211.

_______(2012), "교육과정의 질 개념화 방향 탐색", 『교육과정연구』, 30(3), 97-121.

_______(2017), "일반역량 교육 논의의 쟁점 분석". 『교육과정연구』, 35(3), 247-

271.

Apple, Michael W. (2013), *Can Education Change Society?*, 강희룡 · 김선우 · 박원순 · 이형빈 옮김(2014), 『교육은 사회를 바꿀 수 있을까?』, 서울: 살림터.

Hamlyn, David W. (1978), *Experience and the Growth of Understanding*, 이홍우 옮김(2010), 『교육인식론: 경험과 이해의 성장』, 파주: 교육과학사.

Hirst, Paul H. (1974), *Knowledge and Curriculum*, London: R.K.P.

Jackson, Philip W. (1992), "Conceptions of curriculum and curriculum specialists", In Philip W. Jackson(Ed.), *Handbook of Research on Curriculum: A Project of the American Educational Research Association*, New York: Macmillan.

Kliebard, Herbert M. (1998), "The efforts to reconstruct the modern American curriculum", In Landon E. Beyer & Michael W. Apple (Eds.), *The Curriculum: Problems, Politics, and Possibilities*, New York: SUNew York.

Oakeshott, Michael (1971), "Education: The engagement and its frustration", *Journal of Philosophy of Education*, 5(1), 43-76, 차미란 옮김(1993), "교육: 영위와 그 좌절", 『교육진홍』, '93(겨울)-'94(여름).

Peters, Richard S. (1973), "The justification of education", In Richard S. Peters (Ed.), *The Philosophy of Education*. Oxford: Oxford University Press.

Spencer, Herbert (1860), *Education: Intellectual Moral and Physical*, New York: Appleton.

Young, Michael (2008), *Bringing Knowledge Back in: From Social Constructivism to Social Realism in the Sociology of Education*, London: Routledge.

3장

좋은 수업이란 무엇인가

좋은 수업이란 무엇인가? 졸거나 자거나 딴짓하는 학생 없이 학생들이 학습활동에 열심히 참여하면 좋은 수업인가? 여러 다양한 교수·학습 방법, 자료, 매체 등을 효과적으로 활용하여 학생들이 재미있게 배우면 좋은 수업인가? 또는 교과내용이 머릿속에 쏙쏙 들어오도록 잘 가르쳐주면 좋은 수업인가? 학생들의 성적을 올려주면 좋은 수업인가? 좋은 수업을 한마디로 정의하기는 어렵다. 그만큼 수업이라는 것이 여러 다양한 요인들이 복합적으로 작용하는 복잡한 현상이고, 수업을 어떠한 관점에서 보느냐에 따라 좋은 수업에 대한 정의가 달라질 수 있기 때문이다. 이에 더하여 '좋은' 수업이라는 가치판단적 정의를 내려야 하기에 더욱 그러하다. 먼저 좋은 수업의 개념에 대한 여러 다양한 관점과 정의들을 살펴보자.

1. 좋은 수업의 개념

좋은 수업에 대한 담론은 학교 수업과 그 역사를 같이한다 해도 과언이 아닐 정도로, 학교라는 교육기관에서 수업이 시작된 이래 좋은 수업에 대한 관심과 논의 및 논쟁은 계속되어왔다. 그리고 학교 수업을 어떻게 보느냐에 따라, 즉 학교 수업이란 무엇이며 어떠해야 하는지 그 관점에 따라 좋은 수업에 대한 개념 정의도 달라졌다.

예컨대 학교 수업을 인류의 지혜를 축적·체계화한 학문을 교과의 형태로 다음 세대에게 전수하는 장으로 보았을 때, 좋은 수업은 학생들에게 교과지식을 잘 전달해주어서 학생들이 교과지식을 습득하고 지혜로운 지식인으로 성장할 수 있도록 가르치는 수업을 의미했다. 이와 달리 지식은 전달될 수 있는 것이 아니라 인식의 주체가 구성하는 것이라는 구성주의적 관점에서 학교 수업을 보았을 때, 좋은 수업은 학생들이 자기주도적으로 지식을 구성하는 수업을 의미했고, 여기서는 학생들이 가지고 있는 기존 지식에서 출발하여 도전적인 학습경험을 제공하며 그들이 자신의 지식을 끊임없이 재구성 및 발전시킬 수 있도록 지원하는 수업이 강조되었다. 한편 이 같은 지식중심적 관점에서 탈피하여 학교 수업을 교사와 학생의 만남과 성장의 장으로 보았을 때, 좋은 수업은 교사와 학생이 서로 신뢰하고 존중하며 교학상장教學相長하는 수업을 의미했다. 또는 수업을 교육목표를 달성하기 위한 수단이나 과정으로 보았을 때, 좋은 수업은 교육목표를 성취한 수업을 의미했고, 여기서는 수업의 목표, 내용, 방법, 절차, 전략 등이 교육목표 달성을 위해 효과적으로 계획·실행되었는지가 중요시되었다.

이처럼 좋은 수업의 개념에 대해 여러 다양한 정의들이 공존해왔다. 그렇다면 학교 현장의 교사들과 학생들은 좋은 수업을 어떻게 생각하는가? 이에 대한 몇 가지 주요 국내 연구들을 살펴보면, 우선 한국교육과정평가원에서 수행한 연구들이 주목할 만하다. 일례로 이화진 등(2001)이 중학생들에게 좋은 수업이란 무엇인지 설문조사한 결과, 가장 많이 나온 대답은 '재미있는 수업', '이해할 수 있는 수업'이었다. 이 연구에서 재미있는 수업이 어떠한 것인지에 대해 학생들은 다음과 같이 설명했다. 흥미와 관심을 불러일으키는 여러 가지 매체들을 활용하고, 재미있는 예를 들거나 이야기를 해주며, 신나는 게임이나 놀이도 곁들이고, 개별활동이나 조별활동을 하며 학생들이 참여할 수 있는 수업, 그것이 학생들이 생각하는 재미있는 수업이자 좋은 수업이었다. 그리고 이해할 수 있는 수업에 대해서는 학생 개개인의 흥미, 관심, 능력 등에 따라 수업방법을 달리하여 학생들이 수업내용을 완전히 이해할 수 있도록 도와주는 수업이라고 설명했다. 학생 한 명 한 명에게 관심을 기울여달라는 학생들의 요구, 재미있게 배우고 싶다는 학생들의 열망이 담긴 대답이 아닌가 싶다.

또 다른 연구에서 곽영순과 김주훈(2003: 146-147)은 좋은 수업을 한다고 평가받는 교사들에게 좋은 수업이란 무엇인지 물어보았다. 그 결과 좋은 수업을 하는 교사들은 좋은 수업의 의미를 다음과 같이 설명했다. 첫째, 좋은 수업은 학생들이 지적 · 정서적으로 만족하는 수업이다. 교사들의 표현을 빌자면, "수업이 끝나고 나서 학생들이 '아, 공부 잘했다'고 느끼는 수업", "아주 즐겁고 재미있지만 꼭 학생들이 그 단원을 통해서 배워야 되는 학습내용은 반드시 배울 수 있도록 하는 수업", "추가 점수를 주기로 약속하지 않고도, 즉 외재적인 조건으로 자극을 하는 것이 아니라 학습자의 내부에서 솟아오르는 즐거움과 만족이 최고의 보상이 될 수 있는 수업"을 의미한다.

둘째, 좋은 수업은 학생들이 주도적으로 참여하는 수업이다. 이를 위해 학생들에게 의미 있는 학습활동을 제공하고 "학생들과 함께 호흡을 맞춰서 잘 안내해주는" 교사의 역할이 중요하다고 교사들은 강조했다.

셋째, 좋은 수업은 교사와 학생 사이의 상호작용이 있는 수업이다. 연구에 참여한 한 교사는 "좋은 수업이란 아이들의 반응을 하나하나 읽어가면서 하는 수업"이라고 하며 다음과 같이 이야기했다. "젊었을 때는 설명을 명확하게 잘하는 것이 주안점이었어요. 그래서 수업하고 나오면 혼자서 기분 좋게 나오죠. 그러니까 아이들의 반응은 신경을 안 쓰고 아이들의 피드백에는 전혀 관심이 없었던 겁니다. 내가 잘했으니까 그것으로 끝이라고 생각했는데, 지금 보니까 아무래도 그것은 나로 끝나는 거예요. 얼마만큼 아이들한테 꽂혔느냐, 아이들의 작용과 반작용에 대해서 관심을 더 가져야 한다는 것입니다. 그것이 더 중요하니까요."

마지막으로 넷째, 좋은 수업은 학생들의 눈높이를 고려한 수업이다. 한 교사는 다음과 같이 설명했다. "아이들 수준에 맞추어, 아이들이 이해할 수 있는 수업이 최선의 수업이고 좋은 수업이라고 생각합니다. 거기에는 어떤 절대적인 방법은 없고요. 어떤 절대적인 모형도 없고 절대적인 자료도 없고요. 단지 좋은 수업을 위해서는 다양한 모형과 다양한 방법, 다양한 자료를 가지고 있으면서 탄력적으로 아이들 눈에 맞추는 것이 최선이죠." 요컨대 좋은 수업을 하는 교사들은 좋은 수업을 '학생들이 지적 · 정서적으로 만족하는 수업', '학생들이 주도적으로 참여하는 수업', '교사와 학생 사이의 상호작용이 있는 수업', '학생들의 눈높이를 고려한 수업'이라 정의했다. 좋은 수업을 학생들의 입장에서, 학습의 관점에서 정의한 점은 주목할 만하다.

좋은 수업에 대한 학교 현장 교사들과 학생들의 인식을 조사한 또 다른 연구(서경혜, 2004: 176-179)에 의하면, 학교 현장에서도 좋은 수업에 대한 여러 다양한 관점들이 공존하고 있었다. 앞서 좋은 수업에 대한 담론에 있어 다양한 관점과 정의들이 공존해왔음을 지적했는데, 학교 현장도 마찬가지였다. 이 연구에서는 학교 교사들과 학생들을 대상으로 좋은 수업에 대한 인식을 알아본 결과 다음과 같은 네 가지 관점을 도출할 수 있었다. 첫째는 '전달' 관점으로, 교과지식의 전수를 강조하며 좋은 수업은 교과내용을 명확하고 효과적으로 전달해주는 수업이라고 본다. 학생들은 "요점을 콕 짚어주는 수업",

"머릿속에 쏙쏙 들어오는 수업"이 좋은 수업이라고 표현했다. 이 연구에 의하면 교사가 설명을 잘해주어서 이해하기 쉽고, 그래서 수업이 재미있다고 응답한 학생들이 많았다. 이는 '재미있는 수업'이, 그저 시선을 끄는 매체 및 자료를 사용한다거나 게임 혹은 놀이를 하는 수업이 아니라, 그것은 부차적인 것이고 그보다도 교사가 가르치는 것을 이해할 수 있는 수업을 가리킴을 확인할 수 있는 대목이다.

둘째는 '구성' 관점으로, 지식은 전달될 수 없으며 학습자에 의해 구성된다는 가정 아래 좋은 수업은 학생들이 자신의 현재 지식을 재구성·발전시킬 수 있도록 지원해주는 수업이라고 본다. 교사들의 표현을 빌자면, "학생들이 가만히 앉아서 교사의 설명을 듣는 수업이 아니라 직접 해보고 탐구하고 자기 주도적으로 학습하는 수업"을 의미한다. 이러한 수업을 하기 위해서는, 연구에 참여한 교사들에 의하면 학생들이 무엇을 아는지 모르는지 파악해야 하고 그에 맞추어 적절한 학습활동들을 개발하여 학생들에게 의미 있는 학습활동을 제공해야 하며, 학생들을 그저 방치해두는 것이 아니라 그들의 학습활동을 주의 깊게 관찰하고 필요한 때에 적절한 지도와 지원을 제공하는 것이 중요하다.

셋째는 '관계' 관점으로, 수업에서 가장 중요한 것은 바로 교사와 학생 간의 관계라고 본다. 관계 관점에서 수업은 지식을 가르치고 배우는 장이기에 앞서 교사와 학생의 만남의 장이고 상호존중과 신뢰의 관계를 형성하는 장이다. 이 연구에 참여한 교사들과 학생들 대부분이 교사와 학생이 서로 존중하고 신뢰하는 관계를 맺지 못한다면 좋은 수업은 기대할 수 없다고 응답했다. 교사가 교과지식을 아무리 많이 알고 있고 아무리 설명을 잘한다 해도, 수업 준비를 아무리 열심히 하고 여러 다양한 교수·학습 자료, 활동, 매체들을 활용한다 해도 교사와 학생 간의 신뢰와 존중이 밑바탕에 깔려 있지 않으면 소용이 없다는 것이다. 특히 학생들은 교사가 학생들에게 무조건 잘해준다고 해서 좋은 관계가 형성되는 것이 아니라, 학생 한 명 한 명에게 관심을 갖고 이해하려 노력하며 진심으로 믿어주는 것이 중요함을 강조했다.

넷째는 '결과' 관점으로, 수업이 계획대로 진행되어 의도한 결과를 성취했을 때 좋은 수업이라고 본다. 이 연구에 참여한 교사들에 의하면, 수업이 계획대로 진행되었는지, 예컨대 수업의 도입, 전개, 결말이 계획대로 전개되었는지, 또는 의도한 수업모형이나 방법을 제대로 구현했는지 등, 계획대로 수업이 전개되어 수업목표를 성취했을 때 수업이 좋았다고 평가했다. 학생들의 경우에는 성적을 강조하여 "성적이 좋아지는" 수업, "성적을 올려주는" 수업, "성적이 잘 나오게 하는" 수업을 좋은 수업으로 꼽았다.

이상과 같이 학교 현장에서는 좋은 수업의 개념에 대해 여러 다양한 관점과 정의들이 공존하고 있었다. 그러나 각 관점이 동등하게 분포된 것은 아니었다. 어떤 관점은 다른 관점보다 더 많이 언급되었고 중요하게 평가되었다. 바로 관계 관점과 전달 관점으로, '교사와 학생이 활발하게 상호작용하며 서로 존중하고 신뢰를 쌓아가는 수업', 그리고 이를 바탕으로 '교과내용을 명확하고 효과적으로 전달해주는 수업'이 좋은 수업이라는 인식이 지배적이었다.

필자가 이 연구를 하며 다시금 깨달은 것은 학교 수업의 혁신을 요구하는 학생들의 목소리에 좀 더 귀 기울이고 좋은 수업을 위한 교사들의 노력에 더 많은 관심과 지원을 쏟아야 한다는 것이었다. 학교 현장의 교사 및 학생들과 이야기를 나누면서 학생 한 명 한 명에게 관심을 갖고 학생 개개인에게 맞는 교육적 지원을 제공하는 수업에 대한 학생들의 갈망을 확인할 수 있었고, 교사 혼자서 수십 명의 학생들을 가르쳐야 하는 상황에서, 또 교과에 따라서는 백여 명이 넘는 학생들을 교사 혼자 담당해야 하는 상황에서 학생 한 명 한 명의 학습요구, 흥미, 능력에 맞는 수업이라는 바람직하나 실현하기 힘든 고귀한 이상을 실현하고자 안간힘을 쓰는 교사들의 분투를 확인할 수 있었다.

결국 좋은 수업을 위해서는 획일화의 문제를 극복하는 것이 선행되어야 한다. 획일적인 수업의 문제를 해결하기 위해 그간 여러 다양한 노력들이 있었다. 예를 들면 능력별 반편성 수업이나 수준별 수업, 개별화 수업individualized instruction, 다양화 수업differentiated instruction, 거꾸로 수업flipped classroom 등 학생들을 특정 기준에 따라 유형화하고 이른바 동질집단으로 재분류하거나, 테크놀로지를 활용하여 개별학습 프로그램이나 활동, 피드백 등을 개별적으로 제공하는 방식 등이 시도되었다. 그러나 획일화의 문제는 여전히 난제로 남아 있다.

최근 협업수업이 새로운 해법으로 주목을 받고 있다. 교사 혼자 수십 명의 학생들을 가르치는 수업구조를 유지한 상태에서 학생들을 능력이나 진로에 따라 유형화하거나 개별화하는 방식으로부터 탈피해 교사협업을 통해 수업의 획일화 문제를 극복하고자 한다. 즉 수업은 기본적으로 교사 혼자 하는 개별적 교육활동이라는 통념에 문제제기하고 수업을 협업적 교육실천으로 재개념화한 것이다(OECD, 2014; Schleicher, 2016). 협업수업은 학교의 교사들이 수업을 서로 공개·공유하고 수업을 공동 계획·실천·성찰하며 학교의 수업을 지속적으로 향상시켜 나아가는 것을 핵심 특징으로 한다(서경혜, 2020). 그리하여 학생들의 학습을 보다 적절하게 지도·지원하는 것을 궁극적 목적으로 한다. 요컨대 좋은 수업을 위한 교사들의 협업적 노력이라 할 수 있다. 그럼 다음에서는 협업수업에 대해 구체적으로 살펴보자.

2. 좋은 수업을 위한 교사들의 협업적 노력

협업수업은 수업에 대한 종래의 관료주의적 접근과 개인주의적 접근에 문제를 제기하는 것이자 새로운 대안을 제시하는 것이라 할 수 있다. 먼저 협업수업의 대두 배경으로 이 두 접근에 대해 논의하겠다.

1) 수업에 대한 관료주의적 접근

'학교 수업' 하면 일반적으로 떠오르는 이미지가 있다. 교실에서 교사 혼자 수십 명의 학생들을 가르치는 모습, 학생들의 책상 위에 놓인 교과서, 교실 벽에 붙어 있는 시간표, 40~50분 간격으로 울리는 수업종, 종소리에 따라 일사불란하게 교실을 들어가고 나오는 교사들, 시간단위로 쪼개지고 과목별로 토막 낸 시간표에 따라 바쁘게 돌아가는 학생들의 일상 같은 것이 그것이다.

근대식 학교가 세워진 이래 학교의 수업은 크게 달라지지 않았다. 그렇다면 애초에 어떻게 학교에서 수업이 이러한 형태로 자리 잡게 되었을까. 이는 학교조직의 관료제적 특성과 밀접한 관련이 있다. 관료제는 일반적으로 업무를 분업화하여 조직원들로 하여금 분담된 일을 전문적으로 처리하도록 하고, 권한과 책임 정도에 따라 조직 내 지위가 서열화되는 엄격한 위계질서 아래 정해진 규칙과 절차에 따라 직무를 수행하는 것을 핵심 특징으로 한다(Weber, 1922; 이상률 옮김, 2018). 학교조직은 이러한 관료제적 특성을 띠고 있다(Tyler, 1988). 예컨대 교사의 직무는 크게 교과지도, 생활지도, 학교업무로 구분되는데, 교과지도는 교과와 학년으로 세분되어 각 교사별로 수업시간이 배정되고, 생활지도는 학년과 반으로 나뉘어 담임, 부담임 등의 역할과 책임이 주어지며, 학교업무는 부서별로 분류되어 업무분장에 따라 교사들에게 할당된다(서경혜, 2019a). 그리고 이 같이 분업화된 가운데 그 권한과 책임 정도에 따라 교장, 교감, 부장교사, 평교사 등으로 직위가 위계화되어 상명하복의 체계를 띠고 있고, 직위에 따른 직무는 교육 관련 법·령·규칙 등에 따라 수행된다. 예컨대 학교 운영은 물론 교육과정, 교과서, 수업, 평가, 학생지도 등 교육활동 전반에 걸쳐 국가 수준, 교육청 수준, 학교 수준에서 정해진 규정과 절차에 따라 교직이 수행된다.

관료제적 특성을 지닌 학교조직에서 수업은 교사가 수행해야 할 직무 중의 하나로 여겨졌다(Darling-Hammond, 2005). 수업은 학교장의 관리 아래 규정과 절차에 따라 독립적으로 수행하는 직무였다. 또 정해진 교육과정을 가르쳐야 했고, 정해진 교과서를 써야 했으며, 교과서의 내용을 처음부터 끝까지 빠짐없이 가르쳐야 했다. 종종 교과서와 함께 교사용 지도서, 수업지도안, 예컨대 차시의 구성은 물론이고 각 차시별 수업목표, 내용, 방법, 평가 등이 담긴 세부적인 수업지도안, 수업자료 등이 한 세트로 제공되어 교사들로 하여금 그것들을 그대로 적용하도록 했다. 충실한 전달자의 역할을 주문한 것이었다.

따라서 관료주의적 접근에서는 교사들에게 제공되는 교육과정, 교과서, 수업지도안, 수업자료 등을 개발하고 표준화하는 데 많은 노력이 기울여졌다(Darling-Hammond, 2005). 특히 새로운 수업모형 개발은 많은 관심을 받았다. 상부에서 교육문제에 대한 진단이 내려지고 이를 해소하기 위한 정책이 세워지면, 정책을 실현하기 위한 새로운 수업모형이 개발되었다. 이것은 또한 정책을 홍보·선전하고 공감을 이끌어내는 데 효과적으로 이용되었다. 예컨대 학업성취도 저하가 교육문제로 진단되면 학업성취도 향상을 위한 새로운 수업모형이, 창의력 계발이 새로운 사회적 요구로 진단되면 창의력 신장을 위한 새로운 수업모형 등이 전문가들에 의해 연구·개발되었고 연수를 통해 교사들에게 보급되었다. 주로 워크숍의 형태로 수업모형을 소개하고, 시범을 보이고, 직접 시연해보는 등 실습 위주의 교사 연수가 제공되었고, 필요하다면 새로운 수업모형의 적용을 지원하는 수업장학이나 컨설팅도 제공되었다. 이후에는 새로 투입된 수업모형이 의도한 결과를 산출해내는지에 대한 과정산출 연구process-product research가 수행되었으며, 결과물에 대한 측정이 이루어졌고 그 효과가 검증되면 새로운 수업모형은 효과적인 수업모형의 반열에 올랐다. 그리고 그것은 학교 현장에 광범위하게 확산되었다.

이와 같이 관료주의적 접근에서는 전문가들이 수업모형을 연구·개발하고 그 효과를 검증하여 교사들에게 보급한 후 수업에 적용하게 함으로써 누가 가르쳐도 학생들이 질 높은 수업을 받을 수 있도록 수업의 질을 보장하고 효율적으로 관리하는 데 중점을 두었다. 그러나 이 같은 표준화는 한계에 부딪칠 수밖에 없었다. 수업이라는 것은 매뉴얼대로 되지도, 할 수도 없는 것일뿐더러 설령 다른 수업에서 효과가 있었던 모형일지라도 그것이 내 학생들에게는 맞지 않을 수도 있다. 따라서 아무리 효과적인 수업모형이라 해도 그것이 내 학생들에게 적절한지 전문적 판단을 내려야 하고, 필요하다면 내 학생들에게 맞게 변형하여 활용할 수 있어야 한다. 효과적인 수업모형을 교사 손에 쥐어준다고 수업의 효과를 보장할 수는 없다는 것이다. 결국 수업의 질은 교사에게 달려 있다는 주장이 힘을 얻게 되었고 교사의 교수적 판단과 유연한 실천력의 중요성에 대한 폭넓은 공감대가 형성되면서 교사의 수업 전문성에 많은 관심이 기울여졌다.

2) 수업에 대한 개인주의적 접근

수업에 대한 관료주의적 접근의 한계를 비판하며 여러 대안적 주장들이 제기되었다. 특히 수업을 일반업무와 같이 취급하는 것에 문제제기하며, 수업은 교사의 전문성에 기반한 자율적 교육 실천임을 강조하는 수업 자율권 개념이 주목을 받았다. 여기에는 여러 관점과 개념들이 영향을 미쳤다.

그 하나로 학교조직에 대한 재개념화를 들 수 있다. 이에 의하면, 학교조직은 관료제로 설명할 수 없는 특성들을 가지고 있다. 예컨대 교장, 교감, 교사 등의 위계적 구조로 되어 있으나, 일반적으로 교장의 권위가 교사의 수업에 미치지 못한다. 즉 수업에 관한 한 교장이 결정을 내리고 교사가 그 지시를 따르는 구조가 아니다. 이러한 점에서 학교조직은 이중 구조로 되어 있다. 행정과 수업, 두 영역으로 나뉘어 행정 영역에서는 교장의 행정적 권위가, 수업 영역에서는 교사의 전문적 권위가 영향력을 행사하는 것이다. 이처럼 관료성과 전문성이 공존하는 학교조직은 전문적 관료제professional bureaucracy에 더 가깝다고 할 수 있다. 전문적 관료제는 조직원들이 각자 자신의 전문성을 토대로 자율적으로 직무를 수행하는 분권화된 관료제이다(Mintzberg, 1983). 위계적 구조와 상의하달식 체계를 가지고 있지만 이는 주로 행정업무에 작용하고, 조직원들은 자신의 전문업무에서 독자적인 자율권을 발휘하며 의뢰인이 필요로 하는 전문적인 서비스를 제공한다. 이와 같은 전문적 관료제의 특성을 지닌 학교조직을 고려할 때 교사들의 수업 자율권을 보장하고, 수업 전문성 향상에 더 많은 관심과 노력을 기울여야 하며, 그래야 학생들에게 보다 질 높은 교육 서비스를 제공할 수 있다는 주장이 제기되었다.

다른 한편으로는 전문가의 실천에 대한 재개념화를 들 수 있다. 그 대표적인 학자로 숀(Schön, 1983)을 들 수 있는데, 그는 실천에 대한 종래의 기술적 합리성technical rationality 관점에 문제제기하고 그 대안으로 반성적 실천론을 주장했다. 기술적 합리성에 의하면 전문가의 실천은, 학술 연구를 통해 일반화된 지식을 실제에 적용하여 실제 문제를 해결하는 것을 특징으로 한다. 따라서 기술적 합리성에서 '적용'은 전문가의 실천을 설명하는 핵심 개념이다. 그러나 실제라는 것이 학문적 지식이 그대로 적용될 수 있을 만큼 단순하지 않고, 더욱이 다양한 가치들이 병존·갈등하는 상황에서, 그리하여 문제가 무엇인지조차 불분명한 상황에서 적용을 통한 문제해결을 강조하는 기술적 합리성은 한계에 봉착할 수밖에 없다(서경혜, 2005).

숀(Schön, 1983)에 의하면 실제에서 탁월한 전문성을 발휘하는 전문가들의 실천을 연구한 결과, 전문가의 실천은 반성적 실천reflective practice의 특성을 띠었다. 전문가는 자신의 실천이 예상치 않은 결과를 가져왔을 때 자신의 실천 기저의 실천지實踐知를 비판적으로 고찰하고 재구성하여 이를 실천에 옮김으로써 검증한다. 실천에 대한 반성이 실천지의 재구성을 낳고, 재구성한 실천지의 검증이 실천의 변화를 낳는 것이다. 새로운 실천이 예상된 결과를 가져오면 재구성한 실천지는 자연스레 그 실천에 녹아들어 실천적 지식으로 체화된다. 실천의 변화가 암묵적 실천지를 체화된 실천적 지식으로 변화시키는 것이다. 이 같은 반성적 실천을 통해 전문가는 그의 전문지식과 실천을 지속적으로 재구성·발전시킨다. 이러한 숀의 반성적 실천론은 교육계에도 큰 영향을 미쳤다. 특히 수업을 반성적 실천으로 재개념화하고, 반성적 실천을 통해 수업 전문성을 개발하는 것이 강조되었다. 교사들이 자신의 수업을 성찰하고 자신의 교수 행위 기저의 실천지를 비판적으로 고찰·재구성하여 이를 후속 수업에서 실천에 옮김으로써 검증하고, 수업을 개선하고 실천적 지식을 재구성하며 수업 전문성을 지속적으로 향상시켜 나아가야 한다는 주장이 큰 공감을 불러일으켰다(서경혜, 2005). 그리하여 교사의 수업 반성을 지원·촉진하는 수업코칭, 수업멘토링 등이 폭넓게 확산되었다(Zeichner & Liston, 1996).

그러나 다른 한편, 수업 반성의 강조가 교직사회의 뿌리 깊은 고립주의와 불간섭주의를 더욱 심화시킨다는 비판의 목소리도 커져갔다. 반성적 실천론은 전문성 발달을, 교사 혼자 학생들을 가르치며 자신의 교육실천과 그 기저의 실천지를 비판적으로 성찰·재구성하고 자신의 전문지식과 실천을 끊임없이 향상시켜 나아가는 개인적 과정으로 개념화했다. 이때 교실이라는 공간은 지극히 개인적 공간으로, 그리고 수업은 개인적 실천으로, 반성은 내적인 성찰로, 전문성은 내재적인 역량으로 상정되었다.

이러한 개인주의적 접근은 교사 개인의 전문성과 자율성 신장에 크게 기여했으나, 그 폐해 또한 적지 않다는 비판들이 제기되었다. 하그리브스(Hargreaves, 2000)에 따르면 교사들이 서로의 전문성을 교류·공유할 수 있는 기회가 부족하여 전문성 신장이 제한되었고, 학생들에 대한 지식과 정보를 서로 공유하지 않아 학생들에게 보다 적절한 교육적 지원을 하는 데 제한적일 수밖에 없었으며, 자신의 수업, 자신이 가르치는 학생들에게만 집중하는 경향으로 학교의 교육력 제고에 있어서도 한계가 드러났다. 이 같은 비판이 폭넓은 공감대를 형성하며 수업에 대한 개인주의적 접근의 한계를 극복할 수 있는 대안을 모색하려는 노력들이 활발히 이루어지게 되었다.

3) 수업에 대한 협업적 접근

관료주의적 접근과 개인주의적 접근의 기본 전제, 즉 수업은 기본적으로 개별적 교육활동이라는 전제에 문제제기하고 수업을 협업적 실천으로 재개념화하고자 하는 노력이 일었다. 협업적 접근은 학교 수업의 구조, 즉 교사들이 제각기 각자의 교실에서 혼자 수십 명의 학생들을 가르치는 구조는 19세기 대중교육 확산 시기에 설계된 학교 관리 시스템으로, 다수의 학생들을 최소 비용으로 교육하기 위한 효율성 추구의 산물이라 비판했다(Callahan, 1962; Lortie, 1975; Tyack, 1974). 예컨대 관리상 책임 소재가 분명했고, 학생들이 늘어나면 교실 한두 개만 더 추가하면 되었기에 저렴한 비용으로 급증하는 학생 수에 대처할 수 있었으며, 당시 신임교사들의 급증 및 교사 이직 등이 문제였던 터라 교사가 전입해왔을 때 이전 교사가 담당했던 교실을 그대로 넘겨주면 큰 혼란 없이 학교를 운영할 수 있었다. 만약 학교의 교사들이 협업하여 학생들을 가르치는 구조였다면, 한 교사가 사직하거나 새 교사가 왔을 때 학교 전체에 영향을 끼쳤을 것이다. 그간 쌓아온 팀워크가 흔들리거나 무너질 수도 있고, 새롭게 팀워크를 다시 쌓는 데 많은 시간과 노력, 비용이 들 수도 있었을 것이다. 따라서 관리자의 입장에서 보면 교사들이 고립된 개체로 분업화된 직무를 수행하는 것이 가장 효율적인 관리 시스템이었을 것이다. 또 교사 입장에서 보면 내 수업, 내 학생들에게 전념하는 것이 우선이었을 것이고, 자기가 가르치는 학생들을 자기가 제일 잘 아는데 교사 간에 서로 참견하거나 간섭하지 않는 것이 도의라 생각했을 수도 있다.

그러나 학생의 입장에서 보면 이러한 학교의 수업구조는 학습을 파편화시킨다. 40~50분 단위로 쪼개지고 과목별로 토막 낸 시간표에 따라 교사들이 순서대로 한 명씩 들어와서 교과내용을 쏟아붓고 나가는 방식은, 학생을 중심에 놓고 학습을 지원하는 교육이 아니라 교과를 중심에 놓고 교수의 편의와 효율에 치중한 채 이루어지는 교육이라 해도 과언은 아닐 것이다(서경혜, 2019a). 협업적 접근은 이에 문제제기하며, 학생을 중심에 놓고 학교의 교사들이 학생들의 학습을 보다 적절하게 지도·지원하기 위하여 협력적으로 수업을 계획·실천하며 공동의 노력을 기울일 것을 강조했다.

일례로 레슨 스터디lesson study를 들 수 있다. 레슨 스터디, 즉 수업연구는 일본에서 일기 시작한 수업혁신 운동의 일환으로 2000년대 들어 아시아와 북미 지역으로 폭넓게 확산되었다(Fernandez & Yoshida, 2004). 레슨 스터디는 교사들이 팀을 이루어 공동으로 수업을 계획·실행·반성하고, 지속적으로 수정·보완하며 협력적으로 수업을 향상시켜 나아가는 것을 특징으로 한다. 그 구체적인 과정은 다음과 같다(Lewis, 2002). 첫째는 협력적 계획collaborative planning의 과정으로, 동 학년 또는 동 교과 교사들이 레슨 스터디 팀을 구성하여 함께 수업을 계획한다. 둘째는 수업과 관찰teaching and observing의 과정으로, 레슨 스터디 팀의 교사 한 명이 공동계획한 수업지도안에 따라 수업을 하고 나머지 팀원들이 수업을 참관한다. 참관을 할 때는 수업교사가 수업지도안대로 수업을 하는지 여부보다 학생들의 학습활동에 초점을 맞추어 수업관찰을 한다. 셋째는 분석적 반성analytic reflection의 과정으로, 수업 후 수업교사와 참관교사들이 함께 수업을 분석·평가하고 개선안을 마련하여 수업지도안을 수정·보완한다. 넷째는 지속적인 수정ongoing revision의 과정으로, 수정·보완한 수업지도안에 따라 팀의 다른 교사가 수업을 진행한다. 이때도 마찬가지로 나머지 팀원들이 수업을 참관하고, 수업 후 함께 수업을 분석적으로 반성하며 개선안을 마련하여, 필요하다면 몇 차례 더 같은 과정을 거쳐 수업지도안을 최종 완성하고 이를 학교 안팎의 교사들과 공유한다.

한 차시 수업지도안을 이렇게 여러 차례의 수업을 거쳐 공들여 개발하는 것은 단지 더 나은 수업지도안을 만들기 위함을 넘어서서, 이 과정을 통해 교사들의 수업 전문성을 향상시키는 데 주목적이 있다(Lewis, Perry, & Hurd, 2004). 레슨 스터디에 참여한 교사들은 수업을 공동계획하는 과정에서 서로의 지식과 경험을 나누고 함께 새로운 아이디어를 창출·발전시키며 혼자 수업을 계획할 때보다 훨씬 더 나은 수업지도안을 개발할 수 있었다고 보고했다. 또한 팀 동료교사의 수업을 참관하며 자신들이 공동 설계한 수업계획이 실제로는 어떠한지, 특히 학생들의 학습을 적절하게 지도·지원하는지 검증할 수 있었으며, 이러한 실증 데이터를 토대로 수업의 문제를 진단하고 개선안을 마련하여 이를 다시 수업에 옮겨 검증하는 과정에서 수업에 대한 전문지식과 실천역량을 지속적으로 재구성·향상시킬 수 있었다고 보고했다(Fernandez & Yoshida, 2004; Lewis, Perry, & Hurd, 2004/2009).

이 같은 협업적 접근의 사례는 최근 OECD 탤리스Teaching and Learning International Survey: TALIS 조사 결과를 토대로 작성된 일련의 연구보고서에서도 찾아볼 수 있다(OECD, 2014/2016; Schleicher, 2016). 이들 보고서에 따르면 30여 개 국가의 학교 수업을 조사한 결과, 종래의 일제식 수업에서 탈피하여 학생들의 다양한 학습요구, 관심, 능력에 맞는 맞춤형 수업에 대한 교육적 요구가 높아지고 있었다. 이에 교사들도 종래의 개인주의적 방식으로는 이러한 교육적 요구에 부응하는 데 한계가 있음을 절감하며 협력적으로 수업을 계획·실천하는 수업혁신 노력을 학교 현장에서 폭넓게 확산·실천하고 있었다. 그렇다면 한국은 어떠한가. 다음 절에서는 우리나라의 학교 현장에서 일고 있는 좋은 수업을 위한 교사들의 협업적 노력을 살펴보겠다.

3. 협업수업의 사례

한국에서도 수업혁신을 위한 학교 현장 교사들의 노력이 오랫동안 계속되어왔고, 특히 2000년대 들어 학교혁신 운동이 일며 수업혁신을 위한 협업적 노력이 폭넓게 확산되었다. 이 절에서는 두 학교 교사들의 좋은 수업을 위한 협업적 노력에 중점을 두어 논의하겠다.[1]

1) J중학교의 협업적 수업혁신 사례

J중학교는 경기도에 위치한 공립학교로 1990년대 말 개교했다. 개교 당시 신임 교사와 기간제 교사들이 비교적 많은 편이었고 교사들의 전출입도 잦은 편이었다. 학교는 지극히 전통적인 방식으로 운영되었다. 교장과 교사 간 상의하달식 체계에, 교사들 간에는 고립주의 문화가 팽배했다. 교사들은 각자 알아서 자신의 업무를 묵묵히 수행했고 서로 폐 끼치지 않고 불편하지 않은 선에서 적당히 지냈다. 사실 잡무가 많아서 다른 데 신경 쓸 여력도 없었다. 그런 가운데 수업과 학생 생활지도가 점점 무너져갔다. 수업시간에 자는 학생들, 떠들거나 딴짓하는 학생들, 문제를 일으키는 학생들이 늘어갔고, 교칙 위반으로 학생부에 불려오는 학생들도 늘어갔다. 학부모들의 민원과 불만도 커져갔다. 게다가 교장과 교사들 사이의 갈등이 불거졌고 갈등의 골은 더욱 깊어갔다. 더 이상 이렇게는 안 되겠다는 문제의식이 교사들 사이에 폭넓은 공감대를 형성했고 2000년대 후반 마침내 학교혁신에 뜻을 모으게 되었다. 때마침 혁신학교 정책이 나왔고 이것이 교사들의 자생적인 혁신 노력을 뒷받침해줄 수 있겠다는 희망에 교직원 대부분의 찬성과 학부모들의 동의를 얻어

---

1 이들 사례는 필자의 논문(서경혜, 2019a, 2019b)에 자세히 소개되어 있으니 참고하기 바란다.

혁신학교를 지원, 2010년 혁신학교로 지정되었다. 그리하여 본격적으로 학교 혁신이 추진되었다.

이때 교사들은 수업혁신을 중심에 두었다. 우선 수업을 열자, 수업을 여는 것부터 시작하자는 데 많은 교사들이 동의했다. 그러나 종래의 연구수업처럼 이벤트성 보여주기식 수업 공개는 하지 않기로 했다. 대신 일상의 수업을 열고 나누자는 데 의견을 모았다. 마침 배움의 공동체 수업(손우정, 2012 참조)이 대안으로 주목을 받고 있던 터라 이를 토대로 하여 수업혁신을 해보기로 했다. 그럼 누가 먼저 수업을 열 것인가. 당시 학교혁신을 이끌었던 박교사가 먼저 자신의 수업을 열었다. 수업 공개 전에 박교사는 수업의 의도와 목적, 수업계획, 학생들의 학습활동지, 학생 좌석도, 그리고 수업자의 고민과 수업 후 함께 논의했으면 하는 사항들을 담아 수업 공개 및 연구회 자료를 제작, 교사들에게 미리 배포했다. 그리고 수업 참관 시 학생들의 학습활동에 관찰의 초점을 맞출 것을 부탁했다.

그렇게 시작된 첫 수업 공개에 많은 교사들이 참여했다. 과거 교장, 교감과 교사 몇몇이 들어와서 교실 뒤에 한 줄로 앉아 수업교사를 지켜보던 연구수업과는 달리, 교실 양 옆과 뒤쪽으로 교사들이 빽빽이 들어찼고 수업에 방해가 되지 않는 선에서 교실을 다니며 학생들의 학습활동을 관찰했다. 수업 후 가진 수업연구회에서 교사들은 자신이 관찰한 학생들의 학습활동에 대해 자유롭게 의견을 나누었다. 한 모둠을 선택해서 이 모둠 학생들의 학습활동을 주의 깊게 관찰한 교사들도 있었고, 자신이 관심을 갖고 있는 학생을 집중 관찰한 교사들도 있었다. 다른 교사의 수업을 직접 참관하는 것이 흔치 않은 일이었지만, 다른 교사의 수업에서 자신이 가르치는 학생들을 가까이에서 관찰하는 경험은 대부분의 교사들에게 처음 있는 일이었다. 특히 자신의 수업에서 보았던 학생의 모습과는 다른 모습을 본 교사들은 놀라움을 감추지 못했다. 교사들은 서로 '자신의 수업에서 그 학생이 어떠한지' 의견을 나누었고,

자신의 수업에서 보지 못했던 새로운 모습에 놀라워했으며, '왜 자신의 수업에서는 그러한지', 예컨대 '왜 내 수업에서는 입도 떼지 않는지, 지루해하는지, 집중하지 못하는지' 등 자신의 수업을 성찰하기 시작했다. '왜'에 대한 답을 찾으며 '이렇게 해보면 어떨까' 의견을 나누었고 자신의 수업을 어떻게 개선해야 할지 고민했다. 이처럼 수업 참관과 수업연구회는 참여 교사들에게 새로운 배움의 경험이었다. 교사들은 박교사가 수업을 어떻게 디자인했고 어떠한 교수·학습 방법을 어떻게 활용했는지를 보며 많은 것을 배웠고, 그보다 더 많은 것을 학생들을 가까이에서 주의 깊게 지켜보며 배웠다. 이러한 배움의 경험은 수업 공개와 수업연구회를 현재까지 지속시키는 힘이 되었다.

박교사에 뒤이어 박교사와 함께 학교혁신을 이끌었던 교사들이 자발적으로 수업을 열었다. 그리고 이어 교사들이 하나둘씩 자발적으로 수업을 열기 시작했다. 수업을 열고는 싶은데 자신이 없다 하는 교사들에게는 먼저 수업 공개를 한 교사들이 도움을 주었다. 수업 공개 경험을 나누며 무엇을 어떻게 해야 할지 실제적이고 구체적인 정보를 주었고, 수업 공개 준비를 옆에서 차근차근 도와주기도 했으며, 같이 수업지도안을 설계하거나 학습활동지를 제작하기도 했다. 그러면서 교사들이 함께 수업을 설계하고 준비하는 문화가 자연스럽게 확산되었다. 수업 공개가 교사들의 협력 속에서 이루어지자 이를 자원하는 교사들도 늘었다. 수업 공개에 대한 부담감이 한결 덜어졌을 뿐 아니라 동료 교사들이 진심으로 자신의 수업이 잘 되기를 바란다는 것을 알게 되었다. 이는 자신이 필요로 하는 도움을 동료 교사들로부터 받을 수 있었기에, 즉 동료 교사들을 믿고 의지할 수 있는 신뢰가 싹텄기에 가능한 일이었다.

그렇게 수업 공개가 정착되었다. 교사들은 매주 수요일 6교시를 수업 공개 및 연구를 위한 시간으로 정했고, 격주로 수업 공개를 하고 그 전 주에는 모여서 수업연구를 하기로 했다. 수업 공개 및 수업연구회의 초점을 학생들의 학습에 맞추자 교사들 간의 협력이 한층 더 활발해졌다. 과거 수업의 문제, 특히 수업시간에 자거나 수업을 방해하거나 수업에 집중하지 못하는 등 수업에 어려움을 겪는 학생들의 문제는 수업교사 개인의 문제였다. 마치 그러한 문제들이 수업교사의 무능력을 보여주는 증거라도 되는 듯 혼자 끙끙대며 고투했다. 또는 그 반의 수업 분위기가 좋지 않다는 식으로 담임교사를 탓하기도 했다. 그러나 이제는 그 반 수업에 들어가는 모든 교사들의 책임이고 함께 해결해야 한다는 공감대가 형성되었다. 수업에 문제가 있는 학생에 대해 서로 의견을 나누고 함께 그 원인을 진단하고 해결책을 모색하여 그 반 수업에 들어가는 모든 교사들이 그 해결책을 실천에 옮김으로써 협력적으로 문제를 해결하고자 노력했다. 국어교사뿐 아니라 수학교사, 영어교사 등 수업에 들어오는 모든 교사들이 관심을 쏟고 세심히 지도하니, 박교사의 표현을 빌자면 "배움에서 빠져나갔던 학생들이 차츰 배움 안으로 들어왔다."

이처럼 학생을 중심에 놓고 수업 공개와 수업연구회가 운영되자 자연스럽게 학생 생활지도도 함께 이루어지게 되었다. 학생들의 생활과 학습은 떼려야 뗄 수 없는 관계임에도 학교에서는 생활지도는 담임교사가, 학습지도는 교과별로 교과담당 교사가 맡아왔다. 학생지도가 제대로 이루어지기 어려운 구조였다. 그러나 학생을 중심으로 교사들이 협력하자 자연스럽게 이 둘이 통합된 것이다. 수업연구회에서 교사들은 학생들의 교과학습은 물론이고 학교생활 전반에 걸쳐 이야기를 나누었으며, 학생 생활지도 관련 문제들을 함께 논의하고 해결책을 모색했다. 그리고 이를 실천에 옮김으로써 수업에서도 자연스럽게 생활지도가 이루어졌다. 수업과 생활지도를 따로 구분하지 않고 수업에 들어가는 모든 교사들이 학생들의 교과학습과 학교생활을 협력적으로 지도하자 수업에서나 학교생활에서 어려움을 보이는 학생들이 크게 줄어들었다.

학교의 교사조직은 자연스럽게 학년중심체제로 자리 잡았다. 수업과 학생들을 중심에 놓고 움직이다보니 같은 반에 들어가는 교사들이 모이게 되었고 자연히 교과보다는 학년을 중심으로 교사들이 모여 협력하게 되었다. 그러면서 유사한 주제나 내용을 각각의 교과에서 서로 따로 가르치고 있다는 사실을 알게 되었고 통합이 필요하다는 의견이 나왔다. 공통주제를 중심으로 관련 교과들을 통합하여 교과 통합수업을 해보자고 의견을 모았다. 그리하여 동 학년 교사들이 모여 공통주제를 선정하고, 이를 중심으로 관련 교과의 내용을 재구성 및 조율하여 학년별로 교과 통합수업계획을 세웠다. 그리고 학년 간 공통주제 및 학습내용과 활동의 계속성, 계열성, 통합성을 고려하여 학교의 교과 통합수업계획을 수립, 본격적인 운영에 들어갔다.

수업을 바꿔보자며 시작된 교사들의 협력이 학교의 교육과정으로 확산되었다. 서로 수업을 열고 서로의 수업에 대해 의견을 나누는 것에서 시작하여 협력적으로 수업을 설계하고, 나아가서 학교의 교육과정을 공동 개발 · 운영하는 수준으로 발전했다. 그리고 이 과정에서 과거 업무분장에 따라 조직되어 상명하복의 체계 아래 제각기 고립적으로 지냈던 교사들이 수업과 교육과정을 공동으로 연구 · 계획 · 운영하는 공동체로 발전했다. 몇 년에 걸친 험난한 과정이었지만, 학생들을 위하는 하나 된 마음, 그리고 무엇보다도 학생들의 배움과 성장이 어려움을 헤쳐나갈 수 있는 힘이 되었다고 J중학교 교사들은 입을 모았다.

교사들이 서로의 수업을 공개 · 공유하고 서로 협력적으로 가르치며 학교의 수업을 향상시키는 학교, 교사들이 머리를 맞대고 함께 연구하며 학생들을 위하여 더 나은 교육을 만들어가는 학교, 교사들이 서로 가르치고 배우며 서로의 전문성을 교류 · 공유하면서 함께 전문성을 개발하는 학교, 그리하여 학생들이 즐겁게 배우고 훌륭하게 성장하는 학교. J중학교의 평범한 교사들이 이루어낸 혁신이었다.

2) B초등학교의 공동수업 사례

B초등학교는 경기도에 위치한 공립학교로 2009년 개교와 동시에 혁신학교로 지정되었다. B학교의 공동수업에 대해 먼저 간략하게 설명하자면, 동 학년 교사들이 학습공동체를 형성, 동 학년 교과교육과정에서 한 단원을 선택하여 함께 연구하고 단원계획서와 수업지도안, 교수·학습 자료, 평가방법 및 도구 등을 공동으로 개발한다. 그리고 이를 각자의 교실에서 실행하고 그 과정과 결과에 대해 함께 성찰한다. 이를 토대로 단원 및 수업지도안을 수정·보완하고, 최종안을 학교의 전 교사들과 공유한다. 공동수업의 결과물뿐만 아니라 그 과정에서 배운 것을 서로 나누고 함께 성찰하며 학교 교사들 공동의 지식과 실천을 형성·발전시키고 학교의 수업을 지속적으로 향상시켜 나아간다.

좀 더 구체적으로 살펴보면, 예컨대 2학년 교사들의 경우 8월에 모여 공동수업의 주제로 무엇을 선정할지 논의했고 수학 과목의 곱셈구구를 주제로 선정했다. 곱셈구구를 암기 위주로 기계적으로 배우는 경향에 대한 문제의식에 공감했고, 그 해법으로 곱셈구구의 원리를 깨우치는 데 중점을 두자는 데, 그리고 2학년 학생들의 발달특성에 맞게 놀이를 통해 협력적으로 배우고 원리를 깨우치도록 하자는 데 의견을 모았다. 그리하여 본격적으로 공동수업 개발에 들어갔다.

먼저 수학과 교육과정과 교과서를 분석했고 수학 놀이 관련 참고도서를 읽은 후 놀이활동에 대한 아이디어를 모았다. 이를 토대로 9월부터 곱셈구구 단원을 재구성했고 구체적인 차시계획을 세웠다. 그리고 놀이활동을 설계했다. 가르치고자 하는 수학적 원리와 개념, 이를 학습하기 위한 놀이활동 및 놀이방법 등을 개발했고, 필요한 교구들을 주문하거나 제작했다. 아울러 놀이방법을 보여주는 동영상을 제작했다. 2학년 학생들에게 말로 놀이활동을 설명하는 것보다 직접 보여주는 것이 낫겠다는 생각에서였다. 그리하여 10월부터 공동 개발한 수업계획에 따라 각자의 교실에서 곱셈구구 수업을 시작했다. 또 매주 만나서 수업이 어떠했는지 공유했고 놀이활동이 학생들의 곱셈구구 학습에 도움이 되었는지 함께 성찰했다. 수정·보완이 필요한 부분은 그때그때 고쳐가며 총 19차시에 걸쳐 수업을 진행했으며, 단원평가 후 그 결과를 토대로 단원 및 수업지도안과 놀이활동을 전체적으로 수정·보완했다.

다른 학년의 교사들도 대체로 비슷한 과정으로 공동수업을 수행했다. 몇 가지 주목할 만한 점을 들면, 3학년 교사들의 경우 공동수업을 위한 온라인 채팅방을 개설·운영했다. 정기적인 모임 외에 온라인 채팅방에서 수시로 소통했고, 특히 공동 개발한 수업계획에 따라 각자의 교실에서 수업을 진행한 후 온라인 채팅방에 들어가 수업이 계획대로 잘 되었는지, 학생들의 학습활동은 실제로 어떠했는지, 무엇이 학생들에게 유익했는지, 무엇은 개선이 필요한지 등 수업 후기를 올렸다. 온라인 채팅방이 자신의 수업을 성찰하는 장이자 서로의 수업을 교류·공유하는 장이 된 것이다. 또한 각자 편한 시간에 채팅방에 들어가 게시글에 자신의 의견을 올리는 식으로 다 같이 한자리에 모여야 하는 시공간적 제약을 넘어 자유롭게 서로의 의견을 교류·공유했다. 아울러 공동수업의 주제로 분수를 선정한 후, 분수 개념에 대한 정확한 이해와 지도방법에 대한 공부가 필요하다는 생각에 수학 전문가 연수를 기획·운영했다. 분수 수업 전문가로 잘 알려진 교사를 연수 강사로 섭외하여 3학년 교사들이 다 같이 분수 개념 지도방법, 분수 학습활동 및 자료, 특히 스토리텔링storytelling, 조작활동 등을 통한 분수 수업방법 등에 대해 배웠다. 6학년 교사들도 자체적으로 교사 연수를 기획·운영했다. 민주시민교육을 공동수업의 주제로 선정한 후, 6학년 사회 교과서 정치 단원 집필자 교사를 연수 강사로 초빙하여 방문 연수를 실시했다. 이 연수에서 교과서 집필 의도와 방향성에 대해 의견을 나누었고 헌법 관련 내용의 지도방법에 대해 배웠다.

이와 같이 8월부터 12월에 걸쳐 각 학년별로 공동수업을 계획·운영하고 12월 중순에 발표회를 가졌다. 발표회 전에 공동수업의 과정과 결과물(예컨대 단원 재구성안, 수업지도안, 실제 수업 장면 예시, 학생들의 학습활동 결과물, 학생 학습 평가결과 등), 그리고 교사의 성찰내용을 정리하여 발표회 담당 교사에게 제출했고 담당 교사는 이를 수합하여 자료집을 제작, 전 교사들에게 배포했다. 발표회는 전체 모임과 분과 모임으로 진행되었는데, 전체 모임에서는 각 학년별로 진행한 공동수업에 대해 각각 10분 정도 발표하고 전체 교사들과 공유하는 시간을 가졌다. 이후 각 학년에서 한 명씩 6개 학년의 교사들이 한 팀을 이루어 분과 모임을 가졌다. 그리고 좀 더 심도 있는 논의가 이루어졌다. 한 분과 모임의 경우 먼저 자신들이 활용해보니 유용했던 교수·학습 방법이나 자료 등에 대한 정보를 교류하고, 또 서로 가르쳐주는 시간을 가졌으며, 자연스럽게 공동수업을 하며 부딪친 문제, 어려움, 고민 등을 나누었다. 특히 학습에 어려움을 겪는 학생들, 기대하는 학습 결과에 미치지 못한 학생들을 어떻게 지도해야 할지에 대해 많은 논의가 있었다. 분과 모임에서 논의된 내용을 분과장 교사가 정리하여 발표회 담당 교사에게 제출했고 이를 종합하여 전체 교사들과 공유했다.

필자가 B학교 공동수업 연구를 마치며 교사들에게 공동수업 경험에 대해 물어보자 하나같이 '너무 힘들다'며 고생한 이야기들을 한보따리씩 풀어놓았다. 그 이야기들은 대부분 '그래도 가장 보람을 느끼는 일이었다'로 끝을 맺었다. '세상 어디에도 없는 우리 아이들만을 위한 교육과정과 수업을 만들었다'는 자부심, 그 가슴 벅찬 자부심은 그간의 노력과 고생까지도 소중하게 만들었고, '나 혼자 했더라면 도저히 이렇게 만들지 못했을 것'이라는 생각에 그간 치열하게 싸웠던 동료 교사들에게 고마움을 느꼈으며, 무엇보다도 학생들이 달라지는 것을 보고 '힘들어서 이제 더 이상 못하겠다'는 마음은 어느새 사라지고 '내년에는 더 잘해야겠다'고 마음을 다잡게 된다고 교사들은 말했다.

B학교의 공동수업은 학교의 교사들이 수업을 공동으로 계획·실천하고 지속적으로 향상시켜 나아가는, 즉 좋은 수업을 위한 교사들의 협업적 노력의 가능성을 보여준다. 나아가서 수업을 교육과정과의 연계 속에서, 즉 한 차시만 따로 떼어내어 차시 개발에 집중하는 방식이 아니라, 한 단원의 수업을 공동으로 계획·실천하고 이를 공유·축적·전수하며 지속적으로 재구성해 나아가는 방식은 학교중심 교육과정 개발의 새로운 가능성 또한 보여준다. 그런 점에서 우리의 학교 수업이 안고 있는 획일주의와 개인주의의 한계를 극복할 수 있으리라 기대된다.

4. 좋은 수업의 과제

좋은 수업을 위한 학교 현장 교사들의 노력은 최근 다양한 형태로 나타나고 있다. 앞 절에서 논의한 수업 공개 및 수업연구회, 공동수업뿐만 아니라, 수업나눔(김효수·김은남·김선경·박윤환·손현탁, 2018), 수업코칭(이규철, 2016), 수업공동체, 배움의 공동체, 또는 교사학습공동체 중심의 수업혁신(김현섭, 2018; 서경혜, 2015; 정진화, 2016) 등 종래의 수업에 대한 관료주의적·개인주의적 접근의 한계를 극복하고 학생들의 배움과 성장을 보다 적절하게 지도·지원하기 위한 협업적 노력이 활발하게 이루어지고 있다. 이 같은 노력은 '어떻게' 하면 좋은 수업을 할 수 있을까 하는 방법적 고민을 넘어서 '왜' 수업을 하는지 수업에 대한 근본적인 고민을 담고 있다. 서근원(2003)은 한국의 학교 수업에 대해 다음과 같이 문제제기했다.

> 교사가 수업을 한다는 것은 국가가 정한 교육과정을 준수한다는 것이며, 교육과정을 준수한다는 것은 교육과정에서 규정하고 있는 교과내용을 정해

진 시간 동안, 권장된 방법을 통해 아이들에게 가르치는 것을 뜻한다. …… 대부분의 교사들은 교과서에 제시된 내용을 교과서에서 제시하는 방법과 시간에 따라서 수업을 하고, 그것이 곧 교육과정을 이수한 것으로 간주된다. 어떤 형태로건 교과서 진도를 나가는 것이 곧 교육과정을 준수하는 것으로 인정받는 것이다(서근원, 2003: 60-61).

우리의 학교 수업을 '교과서 진도 나가기'로 특징 지으며, 그렇기에 학생들은 통제의 대상이 될 수밖에 없다는 주장이다. 서근원(2003)은 교과서 진도 나가기에 급급해서 제대로 보지 못했던 학생들에게 더 관심을 기울여야 한다고 역설했다. 사실 수많은 교육자들이 학습자중심의 수업, 배움중심의 수업을 강조해왔다. 일례로 백여 년 전 듀이는 수업을 다음과 같이 정의했다.

교과는 아동의 경험 밖에 존재하는 이미 완성된 불변의 것이라는 생각을 버려야 한다. 아동의 경험은 고정불변한 것이라는 생각을 버려야 한다. 아동의 경험을 마치 배아와 같이 무한한 성장 가능성을 품고 있는 역동적이고 변혁적인 것으로 보아야 한다. 그러면 우리는 아동과 교과과정이 하나의 과정을 구성하는 양 끝점임을 깨닫게 될 것이다. 마치 두 점이 하나의 직선을 형성하듯, 아동의 현재와 교과의 사실과 진리가 수업을 형성한다. 수업은 아동의 현재 경험에서 출발하여 우리가 교과라고 부르는 조직화된 진리의 체계로 나아가는 끊임없는 재구성의 과정이다(Dewey, 1902: 189).

듀이는 수업을 학생의 현 경험에서 출발하여 교과로 나아가는 끊임없는 재구성의 과정이라 정의했다. 그는 당시 학생과 교과를 대립적 관계에서 이해하는 전통주의자들과 진보주의자들을 비판하며, 학생에게 교과를 주입하는 구舊교육이 아니라, 또는 학생의 현 경험, 흥미, 요구 등에 치중하고 교과를 무시하는 신新교육이 아니라, 학생의 현 경험에서 출발하여 교과로 나아가는 수업을 주장했다. 이를 위해 교사는 학자와 달리 교과에 대한 전문적인 지식을 가져야 할 뿐만 아니라 학생에 대해서도 깊이 이해해야 하며 교과의 관점에서 학생의 현 경험을 해석하고 그것을 인류 경험의 논리적 총체, 즉 교과로 이끌어주어야 한다고 강조했다.

120여 년이 지난 지금 우리의 수업은 어떠한가? 교과과정이 학생들에게 강제되는 수업이 여전히 문제가 되고 있고 그에 대한 대안으로 학생들의 흥미나 활동중심의 수업이 여전히 실험적으로 행해지고 있다. 하지만 학생들의 현 경험에서 출발하여 인류 경험의 논리적 총체, 즉 교과로 나아가는 수업은 여전히 우리에게 요원하다. 협업수업은 이를 위한 새로운 시도라 할 수 있다. 교사들이 각자 자신의 교실에서 좋은 수업을 위해 고군분투했던 오랜 관행을 깨고, 학생들을 학교의 중심에 놓고, 서로의 수업을 열고 서로의 전문성을 교류·공유하며, 여러 교과의 관점에서 학생들의 경험을 해석하고 보다 적절한 학습지도계획을 공동으로 수립·실천하면서 학교의 수업을 지속적으로 개선하는 것 등이 더 좋은 수업을 위한 협업적 노력이라 할 수 있다.

협업수업을 위해서는 풀어야 할 과제들도 적지 않다. 우선 시간문제를 꼽을 수 있다. 앞서 논의한 J중학교와 B초등학교의 경우 교사들이 수업에 집중할 수 있도록 행정업무를 대폭 줄였음에도 교사들은 협업수업에 필요한 시간이 절대적으로 부족함을 호소했다. 협업을 위한 시간이 일과 중에 마련되어 있지만 그 시간만으로는 부족하다는 것이다. 교사협업이 일상화될 수 있는 학교의 구조 변화가 병행되지 않는다면 교사들의 열정과 노력만으로는 협업을 유지하기 어렵다는 것을 확인할 수 있다.

가시적인 성과에 대한 압박도 무시할 수 없다. 협업수업은 학생들의 학습을 보다 적절하게 지도·지원하여 학습 증진을 이끌어내는 것을 궁극적 목적으로 한다. 그렇다면 무엇을 학습 증진으로 볼 것인가. 학업성취도 표준화검사 결과가 그 객관적 증거로 자주 활용되고 있다. 시험점수를 학습 증진을 나타내는 유일한 잣대로 삼아서는 안 되겠지만, 그렇다고 무시하거나 간과할 수도 없다. 앞서 좋은 수업에 대한 교사와 학생의 인식 조사 결과(서경혜, 2004)에서 보았듯이, 성적 또한 좋은 수업을 규정하는 중요한 요인 중의 하나이다. 무엇을 학습 증진으로 볼 것인가의 문제는, 좋은 수업이란 무엇인가의 문제와 같이 교육이 추구하는 가치에 관한 문제이다. 다양한 가치가 공존하고 때로는 갈등하는 우리의 교육 현장에서 학습 증진에 대한 견해 또한 다양하고 갈등을 빚을 수 있다. 다양한 가치를 조화롭게 담아내는, 그리하여 학생들의 학습을 더욱 풍부하게 하는 좋은 수업에 대한 탐구와 실천 노력이 더욱 활발하게 이루어져야 할 것이다.

• 참고문헌 •

곽영순 · 김주훈(2003), "좋은 수업에 대한 질적 연구: 중등 과학 수업을 중심으로", 『한국과학교육학회지』, 23(2), 144-254.

김현섭(2018), 『수업공동체: '수업연구실천모임' 어떻게 할까?』, 군포: 수업디자인연구소.

김효수 · 김은남 · 김선경 · 박윤환 · 손현탁(2018), 『나와 공동체를 세우는 수업나눔』, 서울: 좋은교사운동출판부.

서경혜(2004), "좋은 수업에 대한 관점과 개념: 교사와 학생 면담 연구", 『교육과정연구』, 22(4), 165-187.

_______(2005), "반성과 실천: 교사 전문성 개발에 대한 소고", 『교육과정연구』, 23(2), 285-310.

_______(2015), 『교사학습공동체: 집단 전문성 개발을 위한 한 접근』, 서울: 학지사.

_______(2019a), "학교단위 교사학습공동체 운동의 의의와 과제", 『교육과학연구』, 50(2), 1-28.

_______(2019b), "학교중심 교사 전문성 개발의 가능성과 한계", 『한국교원교육연구』, 36(2), 105-130.

서근원(2003), 『수업을 왜 하지?』 서울: 우리교육.

손우정(2012), 『배움의 공동체』, 서울: 해냄.

이규철(2016), 『수업 코칭: 수업 친구와 함께하는 수업 나눔』, 서울: 맘에드림.

이화진 · 최승현 · 김왕규 · 윤천탁 · 정미경 · 최규원(2001), "7차 교육과정 적용에 따른 수준별 수업 자료 개발 연구", 한국교육과정평가원, 연구보고 RR 2001-14-1.

정진화(2016), 『교사, 학교를 바꾸다』, 서울: 살림터.

Callahan, Raymond E. (1962), *Education and the Cult of Efficiency*, Chicago, IL: University of Chicago Press.

Darling-Hammond, Linda (2005), *Professional Development Schools: Schools for Developing a Profession-Reissued with New Introduction*, New York: Teachers College Press.

Dewey, John (1902), *The Child and the Curriculum*, Chicago, IL: The University of Chicago Press.

Dewey, John (1938), *Experience and Education*, 엄태동 옮김(2001), 『존 듀이의 경험과 교육』, 서울: 박영사.

Fernandez, Clea., & Yoshida, Makoto (2004), *Lesson Study a Japanese Approach to Improving Mathematics Teaching and Learning*, Mahwah, NJ: Lawrence Erlabum.

Hargreaves, Andy (2000), "Four ages of professionalism and professional learning", *Teachers and Teaching: History and Practice*, 6(2), 151-181.

Lewis, Catherine., Perry, Rebecca., & Hurd, Jacqueline (2004), "A deeper look at lesson study", *Educational Leadership*, 61(5), 18-22.

________(2009), "Improving mathematics instruction through lesson study", *Journal of Educational Change*, 12, 285-304.

Lortie, Dan C. (1975), *Schoolteacher: A Sociological Study*, Chicago, IL: University of Chicago Press.

Mintzberg, Henry (1983), *Structure in Fives: Designing Effective Organizations*, Englewood Cliffs, NJ: Prentice-Hall.

OECD (2014), *TALIS 2013 Results: An International Perspective on Teaching and Learning*, Paris: OECD.

Schleicher, Andreas (2016), *Teaching Excellence Through Professional Learning and Policy Reform*, Paris: OECD.

Schön, Donald A. (1983), *The Reflective Practitioner: How Professionals Think in Action*, New York: Basic Books.

Tyack, David B. (1974), *The One Best System*, Cambridge, MA: Harvard University Press.

Tyler, William (1988), *School Organization: A Sociological Perspective*, London: Croom Helm.

Weber, Max (1922), *Bürokratie*, 이상률 옮김(2018), 『관료제』, 서울: 문예출판사.

Wittrock, Merlin C. (1985), *Handbook of Research on Teaching* (3rd ed.), New York: McMillan.

Zeichner, Kenneth M., & Liston, Daniel P. (1996), *Reflective Teaching*, Mahwah, NJ: Lawrence Erlbaum.

4장

무엇을 어떻게 평가할 것인가

1. 교육평가는 무엇인가

1) 교육평가의 역사와 개념

교육에서 평가라는 용어를 처음 사용하게 된 것은 1930년대로, 랠프 타일러Ralph W. Tyler의 8년 연구에서 그 근원을 찾을 수 있다. 1932년 타일러는 미국 학교교육의 효과를 검증하기 위해 진보주의의 영향을 받은 고등학교 학생과 전통적인 교육과정으로 교육을 받은 고등학교 학생의 성취도를 비교했다. 8년 동안 이루어진 이 연구에서 타일러는 당시 학교들의 교육목표를 측정하기 위해 평가절차를 만들고 검사도구를 개발하여 각 학교 학생들의 성취도를 측정 · 평가했다. 이때 평가의 기준이 되었던 것은 학교교육의 결과였다.

타일러는 교육과정을 통해 성취해야 할 결과는 학생들에게 나타나는 성취도로서, 이는 미리 설정한 교육목표라고 보았다. 성취도가 높은 학교가 교육목표 도달도가 높은 학교이고 교육과정의 효과가 높은 학교라고 본 것이다. 목표중심으로 교육과정의 효과를 평가하려는 이러한 접근은 추후 벤저민 블룸Benjamin S. Bloom 등의 교육목표 분류학을 개념화하는 데 근거가 되었다. 또한 타일러의 이러한 평가 개념은 미국에서 1964년에 시작한 미국 교육향상도 평가National Assessment of Educational Progress와 주州 단위의 성취도 검사 설계를 수립하는 데 밑거름이 되었다(Fitzpatrick, Worthen, & Sanders, 2004). 타일러는 평가를 교육목표 달성 여부를 판단하는 행위로 보았고, 이 개념은 1930년대부터 지금까지 유용하게 인식되고 있다. 이러한 평가 개념의 기저에는 교육목표와 같이 특정 정보와 기준에 따라 달성 여부를 판단하는 것이 평가의 주요 기능이라는 관점이 깔려 있다.

교육평가educational evaluation는 어떤 대상에 대한 교육적 정보를 수집하여 그 대상의 가치와 질을 판단하는 행위라 할 수 있다. 교육에서 평가는 대상(피평가자)에 따라, 목적에 따라, 투입하는 시기에 따라, 결과 활용에 따라 다양하지만 교육 수요자인 학습자를 대상으로 하는 평가가 가장 근본적이기 때문에 여기서는 학습자를 대상으로 하는 교육평가, 즉 학생평가student assessment, classroom assessment를 전제로 한다. 이때 교육평가에서는 'evaluation'이라는 용어를 쓰고 학생평가에서는 'assessment'라는 용어를 주로 사용한다. 타일러부터 그 이후 오랫동안 평가는 'evaluation'으로 불렸다. 이후 조세 분야에서 주로 써왔던 'assessment'가 교육평가 분야에 등장하게 된 것은 비교적 최근의 일로, 이 용어가 사용되기 시작한 것은 미국의 교육향상도 평가National Assessment of Educational Progress가 등장하면서부터이다. 이 평가는 기존의 타일러와 같은 평가자들이 해온 방식과는 다른 관점과 방법으로 학생의 성취도를 평가한다assess는 의미에서 이 용어를 활용하게 되었다. 두 용어 모두 가치를 매긴다는 사전적 의미를 가지고 있지만 'assessment'에는 학습자에 대한 다양한 정보를 수집하여 종합적으로 평가한다는 의미가 포함되어 있다(Ward, & Marey-Ward, 1999). 동일한 맥락에서 수행평가performance assessment도 기존의 객관식 시험중심으로 학생들을 평가하는 방식과는 다르게 학생들을 다양하고 종합적으로 평가한다는 관점에서 도입된 용어라고 할 수 있다(김경희 · 성태제, 2002).

2) 교실 맥락에서 이루어지는 학생평가의 개념

교사의 평가활동은 학생들이 배운 것을 측정하여 학습 증거를 수집한 후 이루어지는데, 여기서 학습 증거란 학생의 성취도, 학습 상태, 동기, 참여 정도 등을 기록한 자료로서, 학습을 향상시키기 위해 이러한 증거를 활용한다. 하지만 실제 교실에서 이루어지는 활동은 이보다 더 생생하고 다양하며 학생들에게 미치는 영향도 훨씬 다각도로 이루어진다. 이를테면 교실에서 이루어지는 교수활동이 교육과정의 성취기준과 잘 연계될수록 효과적이며, 학생들은 교실단위뿐 아니라 국가 및 교육청 수준의 시험에서도 좋은 성적을 얻을 수 있다. 교사의 교수 · 평가 활동도 학습내용 및 학습방법과 잘 연계될 때 평가의 타당도는 높아지고 평가의 결과로서 학생의 성취도와 동기도 향상될 수 있다. 이처럼 교실에서 이루어지는 학생평가는 여러 가지 요인의 영향을 받으며, 그러한 요인들은 학교교육 관련 정책이나 사회적 맥락에도 영향을 받는다. 학생평가에 영향을 주는 요인들을 살펴보면 다음과 같다.

학생평가에 영향을 주는 요인

- **국가 교육과정과 성취기준**: 국가 교육과정은 질적으로 우수한 학교교육을 통해 학생의 바람직한 성장을 이끌어내고 국가 경쟁력을 강화하기 위

해 학교교육이 나아가야 할 공통적이고 일반적인 방향을 제시하는 교육의 기본 설계도로서, 학교교육에서 어떤 내용과 방법으로 교육해야 할 것인지에 대한 기본적 틀을 제공한다. 구체적으로 국가교육과정에서는 학생들이 알아야 하고 할 수 있어야 하는 것을 성취기준으로 구체화한다. 따라서 국가교육과정을 개정하면 성취기준도 교육과정이 추구하는 방향에 따라 교과별로 개발되어 학교 수업과 평가활동을 안내하고 조율하는 역할을 하게 된다.

- **핵심역량**: 학교교육에서는 성취기준 외에도 21세기를 효과적으로 살아가기 위해 필요한 핵심역량을 다루어야 한다. 이것은 학생들이 앞으로 사회에서 성공적인 삶을 영위하기 위해 필요한 기술과 능력으로서, 교육과정에서도 자기관리 역량, 지식정보처리 역량, 창의적 사고 역량, 심미적 감성 역량, 의사소통 역량, 공동체 역량으로 핵심역량을 구체화하고 있다. 교사는 교과별로 기술된 성취기준과 역량을 잘 연계하여 수업에서 가르치고 평가해야 한다. 학생들이 교과별로 중요한 지식과 기본 개념에 대해 깊게 이해(심층 이해)한 후 이를 바탕으로 비판적·창의적으로 사고하여 문제를 해결하고 대처할 수 있도록 가르치고 평가해야 한다. 따라서 내용지식 이외에도 핵심역량을 측정하고 신장시킬 수 있도록 평가도구를 개발·활용해야 할 것이다.
- **기술공학의 발전**: 최근 기술공학의 발전과 보급은 교실 수업뿐 아니라 평가활동에도 많은 혁신을 가져다주고 있다. 디지털 시대의 학생들을 가르치는 학교교육에서는 수업과 평가활동에 새로운 기술공학을 활용하는 변화가 필요하다. 즉 디지털 시대의 학생들을 대상으로 전통적인 방식의 지필평가로 다루기 어려운 지식이나 능력, 이를테면 지식정보처리 역량이나 문제해결력, 의사소통 기술까지도 평가할 수 있어야 한다. 이러한 측정 영역의 확대뿐 아니라 평가도구의 다양화, 효율적인 결과 처리 등

평가과정 전체에서 혁신이 필요하다. 이 뿐 아니라 최근에는 문항 관리, 시행, 채점, 분석, 데이터 관리까지의 평가과정에 대한 효율적인 시행과 관리가 혁신적으로 이루어지고 있으며, 이는 교실단위의 학생평가에서도 곧 도래할 상황이다. 이처럼 기술공학의 발전은 새롭고 효율적인 학생평가방법을 도입할 수 있게 하는 기회가 되고 있다.

- **인지학습이론**: 학생의 성취기준과 역량을 효과적으로 파악하기 위해 교사는 학습 및 동기이론의 원리들을 고려해 수업하고, 학생을 평가해야 한다. 인지학습이론에서는 학습자를 '자신의 사전지식, 이전 경험, 배경, 관심에 영향을 받아 지식, 기술이나 문제해결 과정을 통합하고 학습전략을 검토하여 새롭게 지식과 이해를 능동적으로 구성할 수 있는 존재'로 인식한다. 기존의 지식을 의미 있는 방식으로 연계할 때 새로운 상황으로의 학습전이transfer of learning가 가능하며, 학생들 스스로 학습 과정을 조절하고 자기효능감을 높일 때 최고의 학습이 일어날 수 있는 것이다. 따라서 좋은 수업은 학생들이 능동적인 학습에 참여할 수 있도록 만드는 환경을 제공하며, 여기서 능동적인 학습은 학생들로 하여금 정보를 능동적으로 받아들이고, 해석하고, 그들이 이미 알고 이해하고 경험한 것에 그 정보를 관련시키도록 하는 과정이다. 이때 평가는 지식과 이해의 숙달 수준을 기록하고, 능동적인 학습 과정을 촉진하는 역할을 한다. 교사는 학생들을 끊임없이 평가하고, 정보가 풍부한 피드백을 제공하며, 학생 스스로 자신의 학습을 조절할 수 있도록 장려함으로써 학생들에게 자기효능감과 동기의 중요한 결정요소인 '자신감'을 향상시킬 수 있다(Brookhart, 2008). 의미 있는 학습meaningful learning이 이루어졌다는 것은 학습내용이 관련성 혹은 타당성을 갖고 있어서 내적으로 동기화되었음을 말한다. 학생들의 동기는 평가로부터 제공되는 피드백의 성격에 따라 영향을 받게 되기 때문에 피드백은 평가의 핵심적인 요소로 인식되어야 한다.

- **대학입시와 국가단위 평가정책**: 대학수학능력시험과 같은 국가단위 고부담평가의 내용과 성격은 교실단위의 교수활동과 평가에 영향을 줄 수밖에 없다. 대학입학 자격시험인 대학수학능력시험은 1994년에 도입된 이래로 중·고등학교뿐 아니라 초등학교의 교육에도 지대한 영향을 미쳐 왔다. 이처럼 검사의 결과가 중요한 의미를 갖고 영향력을 미치는 경우를 고부담검사high-stakes tests라 한다. 대학수학능력시험 같은 대규모 검사는 교사들의 평가활동을 포함한 교사의 교실 내 활동 전반에 많은 영향을 미쳤다. 실제 학교 수업은 시험 준비를 위해서 내용과 진도가 결정되고, 시험을 위해 가르쳐지기도 하며, 교실평가를 대규모 평가에 연계하여 그러한 평가에서 다루는 문항과 유사하게 문항이 만들어지기도 한다.

과정중심평가, 서술형·논술형 평가, 수행평가 등 최근 학생평가의 정책적 방향을 주도해온 우리나라의 주요 평가정책들은 국가 수준 교육과정에 제시된 성취기준과 학교교육을 통한 역량 함양에 주된 목표를 두고 있다. 이러한 정책적 방향으로 인해 학교단위의 평가에서도 결과보다는 과정중심평가, 객관식 평가보다는 서술형·논술형 중심평가, 수행평가 등의 비중을 높이고 있다.

평가활동은 수업과 학습의 핵심적인 부분이며, 수업이 종료된 이후 학생들의 성취도를 기록하는 활동만이 평가의 전부는 아니다. 평가란 시험과 같은 공식적인 방식뿐 아니라 비공식적인 방식으로 가르치는 활동 과정 전반에서 언제든지 나타날 수 있다. 따라서 평가는 교수활동 및 학생의 학습과 동기에 영향을 미치기도 하고 또 받기도 한다.

학생평가의 구성요소와 수업 과정에서의 학생평가의 역할

교실에서 이루어지는 학생평가는 학생의 학습 과정이나 결과에 대한 의사결정을 하기 위해 필요한 정보를 수집하고 해석하고 활용하는 활동이다. 즉 평가는 학생의 학습과 교수를 개선하기 위한 활동으로, 단순히 시험이나 검사와는 구분되는 포괄적인 개념이다. 검사는 평가를 위한 도구에 불과하다. 학생평가의 개념은 〈그림 4-1〉과 같이 평가목적purpose, 측정measurement, 해석interpretation, 결과 활용use의 네 가지 핵심적인 요소를 포함한다(McMillan, 2014).

교실에서 이루어지는 학생평가는 평가의 목적에 따라 진단평가, 형성평가, 총괄평가를 실시할 수 있으며, 목적에 따른 평가정보를 수집하기 위해서는 평가도구를 구성해야 한다. 이때 선택형 문항, 구성형 문항 등의 문항유형과 각각의 장단점을 알면 적절한 평가도구를 구성하거나 선택할 수 있다. 도구가 구성되면 평가를 통해 결과를 산출하고, 이러한 결과를 어떠한 근거에 의해 해석할 것인지 결정해야 한다. 참조할 근거에 따라서는 규준참조평가, 준거참조평가, 능력참조평가, 성장참조평가를 실시할 수 있으며, 평가결과를 보고하고 교수 · 학습에 활용하기 위해서는 학생에게 학습 개선을 위한 형성적

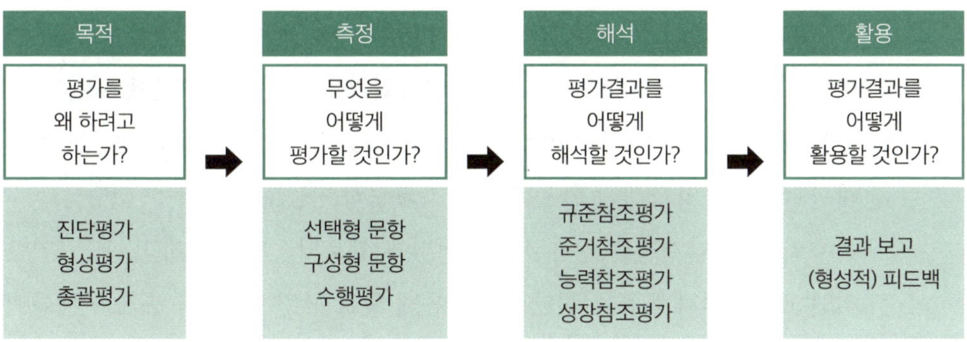

<그림 4-1> 교실 맥락의 학생평가의 구성요소

출처: McMillan (2014)을 수정·재구성.

피드백을 제공하고, 교수 개선을 위해서 평가결과가 환류되도록 해야 한다. 교실단위의 평가가 이러한 기능을 타당하게 수행하기 위해서는 수업단계에 따른 평가활동을 다음과 같이 계획할 필요가 있다.

수업을 진행하기 전에 교사는 학습목표를 설정하고, 적절한 교수활동을 선정하며, 학습자료를 준비할 것이다. 수업활동이 진행될 때는 전달되는 정보나 전달 속도, 학생의 주의집중이나 행동통제, 수업계획안의 수정 등을 고려한다. 수업이 종료된 이후에는 교사들이 학생의 학습, 수업활동 및 교사 자신에 대하여 평가하게 된다. 이러한 수업단계를 고려하여 평가를 계획할 때는 진단평가, 형성평가, 총괄평가를 고려한다. 진단평가diagnosis assessment, pre-assessment는 학생의 지식, 태도 및 관심사 등을 확인하기 위한 목적으로 수업 시작 전에 실시하는 평가를 말한다. 이때 학생들의 이해도가 낮다면 이러한 개념을 다시 한 번 설명한다. 수업 중간에 실시되는 형성평가formative assessment는 학생의 진전 과정을 평가하고, 피드백을 제공하여 학습 향상과 수업 개선을 이끌어내기 위해 실시되는 평가이다. 형성평가의 결과는 이후 수업활동에 대한 의사결정에 활용된다. 이러한 진단평가와 형성평가는 학습과 수업 개선을 위해 활용되기 때문에 교수적 기능이 중요한 평가이다. 반면에 총괄(총합)평가summative assessment는 수업이 종료된 이후 실시되는 평가로서 학생이 알고, 이해하고, 할 수 있는 것을 평가하여 그 결과를 자격 부여 여부 및 진급이나 진학 등과 관련된 의사결정에 활용하기 때문에 행정적 기능이 강조된다. 이후 학년이나 학기의 수업 및 학습을 계획하고 개선하기 위해서 총괄평가의 결과를 활용하므로 그 교수적 기능도 배제할 수 없다.

수업의 각 단계별로 평가결과가 어떻게 활용되는지 설명하면, 우선 일반적인 교육목적과 목표는 진단평가를 통해 확보한 평가정보를 통해 구체화된다. 국가교육과정에서 제시하고 있는 교육목적(인간상), 학교급별 목표와 같은 거대 목적뿐 아니라 국가 수준 성취기준을 근거로 학생의 요구와 특성, 교사의 신념 등을 고려하여 구체적인 학습목표를 설정하게 된다. 그리고 학생의 수행 수준을 평가하기 위하여 필요한 근거를 구체화시켜서 수업을 통해 학생들에게 기대하는 수행과 그 수준을 미리 결정한다. 전통적인 수업 설계에서는 평가를 수업 종료 후 실시되는 활동으로 간주했지만, 현재의 학생평가에서는 수업활동을 계획하기 전에 평가를 미리 고려한다는 점에서 '백워드 backward' 설계를 도입하고 있다. 이처럼 수업활동 전에 평가를 고려하는 것은 수업과 평가의 진정한 통합을 유도한다는 점에서 매우 유용하다. 수행 수준에 대한 적절한 근거를 확인하면 교사는 학습목표에 맞는 수업전략과 수업활동을 선택하여 수업계획안을 작성한다. 이때 수업 진행 중에 실시되는 형성평가를 통해 확보된 정보는 학생의 학습 수준 및 향상을 확인하고 학습상의 강약점을 진단하여 개선방법을 구체화하기 위해 사용된다. 수업이 종료된 이후에는 학습목표의 도달 수준을 점검하기 위하여, 보다 공식적인 평가인 총괄평가를 실시한다. 이 평가의 결과는 다시 후속적인 학습목표, 수업계획 및 수업활동에 영향을 주게 된다. 매 수업 이후 실시되는 평가에서 얻어진 정보는 학생에게 성적을 부여하기 위해, 또 교수활동, 교육과정 및 학교 프로그램 등을 평가하기 위해 활용된다(〈그림 4-2〉 참조).

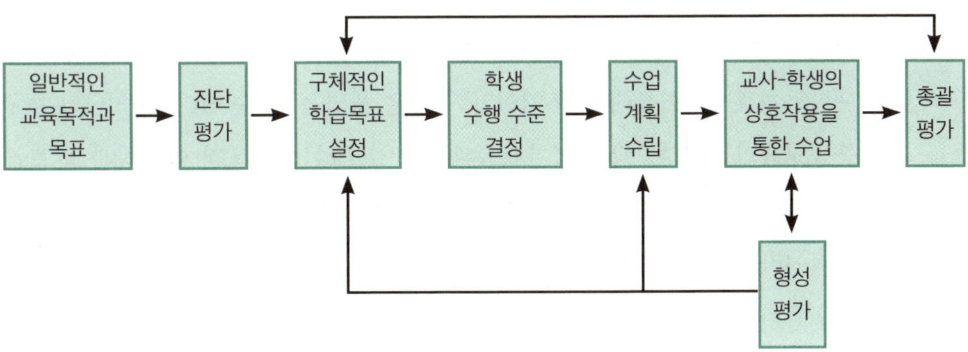

<그림 4-2> 수업단계별 활동과 평가의 관계

출처: McMillan (2014)을 수정·재구성.

2. 무엇을 평가할 것인가

학생평가에서 평가할 내용은 학교 수업이 지향하는 목표, 그리고 수업에서 다룬 내용이어야 한다. 수업과 평가는 교육과정의 실행체이기 때문에 무엇을 평가할 것인가의 문제는 무엇을 가르칠 것인가의 논의를 전제로 한다. 학교교육을 통해 무엇을 가르칠 것이고 그러한 내용을 통해 학생들에게 기대하는 결과가 무엇인지에 대한 방향이 결정된 이후에는 평가활동을 계획하고, 적합한 평가방법을 마련한다. 타일러의 초기 평가 개념이, 학생들에게 기대하는 결과에 초점을 두어 이를 학교교육 목표로 설정하고 그 달성도를 측정해 평가적 판단을 하는 것으로 인식한 것만 보아도 교육과정에서 학생들에게 나타나길 기대하는 결과가 평가의 주요 내용이 되어야 한다는 것은 오랫동안 인식되어온 사실임을 알 수 있다. 무엇을 평가할 것인가를 결정할 때는 다음을 고려한다.

1) 교육목적

교육목적은 가르쳐지고 평가되어야 하는 것을 결정하기 위한 중요한 출발점이다. 이러한 목적은 학교교육의 방향을 제시하는 교육의 가치와 이념을 포함하게 된다. 이를테면 '홍익인간'과 같은 개념을 들 수 있다. 우리나라 초·중등교육의 근간이 되는 국가교육과정은 추구하는 교육적 인간상과 학교급별 교육목표 속에 교육의 가치와 이념이 담겨 있는데 이 부분이 학교교육의 목적이라 할 수 있다.

교육과정의 교육적 인간상은, 교육의 과정을 마쳤을 때 궁극적으로 기대하는 교육받은 인간의 모습은 어떠한지를 제시한다. 이는 학교교육을 통해 학생들에게 기대하는 포괄적이고 일반적인 교육의 결과라 할 수 있다. 4차 교육과정기부터 홍익인간의 이념에 바탕을 두고, 교육받은 인간상의 모습을 명료히 밝혔으며, 6차 교육과정기까지는 교육받은 인간상으로 건강한 사람, 자주적인 사람, 도덕적인 사람이 설정되다가 7차 교육과정기부터는 교육에서 추구하는 가치가 풍부해져 교육받은 인간상이 복합적인 면모를 보이게 되었다. 2009 개정교육과정(교육과학기술부, 2009)에 이르러 자주인, 창의인, 문화인, 세계인이 교육받은 인간상으로 제시되었고, 2015 개정교육과정에서는 자주적인 사람, 창의적인 사람, 교양 있는 사람, 더불어 사는 사람(교육부, 2015: 1)으로 명칭과 세부내용이 변화되었다. 2015 개정교육과정의 인간상은 2009 개정교육과정의 자주, 창의, 문화, 세계의 주요 개념을 계승하되 핵심역량을 갖춘 인간상의 모습을 부각하고 있으며, 여기서 제시하는 교육받은 인간상은 초·중·고등학교의 학교급별 교육목표에 투영된다. 이러한 목표는 학교교육이 나아갈 방향을 제시하지만 너무 광범위해 교실단위에서 수업 및 평가활동을 계획할 때 직접적으로 활용하기는 어렵다. 따라서 이보다는 인간상과 학교급별 목표와 연계된 핵심역량이나 성취기준이 보다 실제적인 대상target으로서 활용 가능성이 높다.

2) 핵심역량과 교과역량

최근 들어 21세기를 효과적으로 살아가기 위해 갖추어야 할 필수적인 기술에 대한 논의가 전 세계에서 활발히 이루어지고 있다. 이러한 핵심역량에 대한 논의는 21세기를 성공적으로 살아가기 위해 필요한 필수요소를 구체화하고 있다. 우리나라도 2015 개정교육과정을 역량기반 교육과정으로 도입하면서 핵심역량을 학교교육에서 구현하고자 했는데, 이 핵심역량과 관련한 주요 연구와 2015 개정교육과정에서 제시하고 있는 핵심역량은 〈표 4-1〉과 같다.

학교교육에서 학습자에게 필요한 핵심역량은 '다양한 현상이나 문제를 효

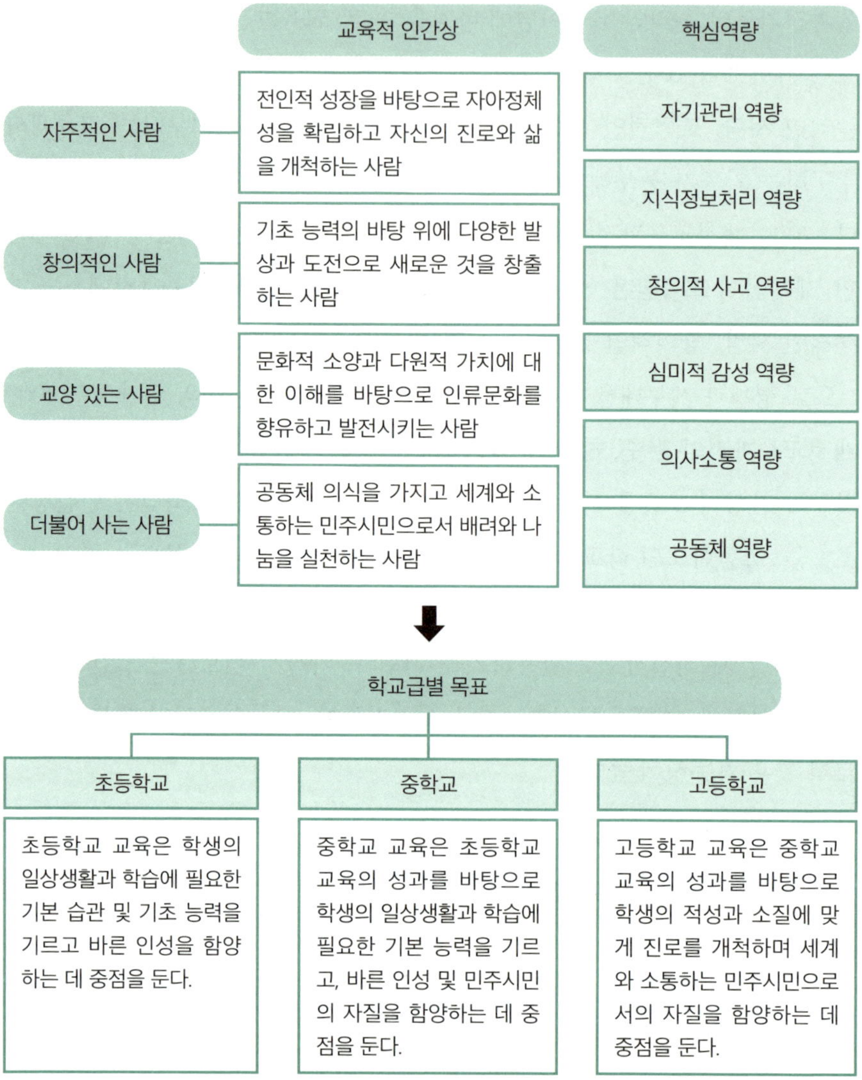

<그림 4-3> 2015 개정교육과정의 교육적 인간상, 핵심역량, 학교급별 교육목표의 관계

출처: 김경희 외(2017: 42).

율적으로 혹은 합리적으로 해결하기 위해 학습자에게 요구되는 지식, 기능, 태도의 총체'로서, 이는 초·중등교육을 통해 누구나 길러야 할 기본적이고

<표 4-1> 21세기의 핵심역량

주요 연구	역량
ATC 21S* (Assessment and Teaching of 21st Century Skills)	핵심교과지식(개념, 심층적 이해 등), 인지기술(문제해결력, 의사결정력, 비판적 사고 등), 성향(동기, 참여도, 인내, 자기조절, 적응력, 책임감 등), 정보처리기술(디지털 소양, 정보활용력 등), 협력기술(공동체 의식, 갈등관리, 사회적 기술 등), 의사소통기술(말하기, 쓰기 등), 글로벌 사회 이해(간-문화적 기술)
ESP** (Education and Social Progress)	인지적 역량(기본 인지능력, 지식 획득, 지식 추론), 사회 · 정서적 역량(목표 달성, 타인과 일하기, 감정 조절)
2015 개정교육과정***	자기관리 역량(자아정체성, 진로주도성, 자기주도성), 지식정보처리 역량(지식정보처리 능력, 활용 능력), 창의적 사고 역량(기초 능력, 창의성), 심미적 감성 역량(문화적 소양, 다양성 이해), 의사소통 역량(자기표현 능력, 의사소통 능력), 공동체 역량(공동체성, 민주시민성, 세계시민성)

출처: * Binkley et al. (2012); McMillan (2014) / ** OECD (2012) / *** 교육부(2015).

보편적이며 공통적인 능력이라 할 수 있다. 이러한 능력을 학교교육에서 길러야 향후 직업세계를 포함한 미래의 삶에 성공적으로 대처할 수 있다. 따라서 평가자는 가르친 내용만을 평가하는 것이 아니라 이러한 핵심역량의 성장과 발달을 도울 수 있는 평가도구를 제작하고 활용할 수 있어야 한다.

3) 성취기준

1990년대에 미국을 중심으로 '기준standard'이라는 개념은 높은 수준의 구체적인 학습성과를 요구하는 보편적이고 강력한 개념으로 이해되었다. 성취기준은 모든 학생들에게 적용되는 학습성과를 의미한다. 과거 최소 필수능력을 강조했던 것과 달리, 최근의 성취기준은 높은 수준의 학습 결과를 제시한다. 성취기준은 해당 학년에서 학생이 알아야 하는 것과 할 수 있는 것을 진술한 것으로 특정 수준(학년 등)이나 과정에서 학생에게 필요한 지식과 기술을 진술하기 때문에 교육목적보다 구체적이다. 성취기준의 유형은 내용기준, 수행기준, 발달기준, 학년기준이 있으며, 활용 단위와 목적에 따라 다양하게 활용될 수 있고, 통합 구성도 가능하다(〈표 4-2〉 참조).

학교에서 평가활동을 계획할 때는 수업에서 다룬 학습목표와 성취기준이 출발점이 된다. 학교에서 교육과정을 구성하고 수업을 계획할 때는 국가 수준의 성취기준을 확인하여 수업에서 다룰 수 있도록 해야 하고, 실제 수업과 평가활동에서 국가교육과정이 잘 실행될 수 있도록 해야 한다. 즉 학교교육과정과 수업이 국가 수준의 성취기준과 잘 연계될 때, 그리고 수업과 평가활동이 교수·학습 내용 및 방법과 잘 연계될 때 학생들의 성취도뿐 아니라 학습동기도 향상될 수 있는 것이다. 모든 평가활동에서 가장 우선적인 작업은 평가의 목표를 분명히 하는 일이기 때문에 평가자는 해당 교과와 학년 수준에서 학생들이 무엇을 알아야 하고 할 수 있는지의 성취기준을 확인하고 이

<표 4-2> 성취기준의 유형과 내용

유형	내용	예시
내용기준	내용 영역에서 기대되는 결과	• 헌법에 대하여 이해한 것을 입증할 수 있다. • 이민이 미국사회에 미치는 영향을 이해할 수 있다.
수행기준	능력을 입증하기 위해 할 수 있는 것	• 고대 그리스사회에 대한 소크라테스, 플라톤, 아리스토텔레스의 공헌을 비교할 수 있다. • 물의 유입에 따라 가라앉는 물질이나 뜨는 물질이 무엇인지 두 문단으로 설명할 수 있다.
발달기준	시간에 따른 성장과 변화의 연속성	• 3학년: 내용 영역에서 음독 및 묵독을 통해 공통 형태소 지식을 적용하여 문헌과 교과서로부터 의미를 끌어낼 수 있다. • 6학년: 내용 영역에 어근과 접사 같은 낱말의 관계 지식을 적용하여 문헌과 교과서로부터 의미를 끌어낼 수 있다.
학년기준	구체적인 학년의 학습 결과	• 천까지의 십진법이 주어졌을 때 가장 가까운 정수 혹은 십 단위나 백 단위로 반올림할 수 있다. • 물질은 질량을 가지고 있고 공간을 차지하고 있으며 고체, 액체, 기체로 발생한다는 것을 탐구하고 이해할 수 있다.

출처: McMillan (2014)을 수정·재구성.

를 학습목표로 구성하여 구체적이고 명확한 교수활동과 평가를 제시할 수 있어야 한다. 이러한 차원에서 수업과 평가활동의 주요 근거는 국가교육과정의 성취기준이라 할 수 있다.

우리나라는 7차 교육과정부터 국가 수준의 교과별 성취기준을 개발해왔다. 이는 학생들이 해당 교과의 학년(군) 수준에서 알아야 할 것과 할 수 있는 것을 명료화한 것으로, 우리나라의 경우 성취기준은 앞서 설명한 성취기준의 예에서 내용과 수행기준을 학년(군)별로 구체화한 성격이 강하다.

4) 교수목표와 단원목표

교수목표instructional objectives는 해당 단원이나 일련의 교수과정 마지막 단계에서 학생이 보여주어야 할 수행에 대한 비교적 구체적인 진술로서 단원목표라 할 수 있다. 수업을 차시별로 구성하여 차시별 교수목표로 세분화하기도 한다. '목표'는 학생이 학습할 결과, 즉 수업을 통해 학생에게 기대하는 학습 결과로서 린과 그론룬드(Linn & Gronlund, 1995/2000)는 교수목표를 '의도된 학습 결과'로 사용했다. 학생에게 기대하는 학습 결과는 대체로 수행이 드러나도록 진술한다. 즉 '더하라', '계산하라', '진술하라', '정의하라', '목록화하라', '요약하라', '분류하라' 등과 같은 행위동사를 활용하여 보다 분명하게 진술함으로써 기대하는 행동의 특성을 명확히 한다. 행위동사는 단원 말에 학생들이 실제로 무엇을 할 수 있는지를 나타내주기 때문에 중요하다. 이를테면 '각 대륙의 위치를 지도에서 찾을 수 있다', '광합성의 과정을 설명할 수 있다'와 같이 행위동사를 사용하여 교수목표를 설정할 수 있다.

교수목표나 단원목표를 진술할 때는 적절한 수준의 일반성을 갖추어야 한다. 즉 목표를 너무 상세하게 진술하여 편협하게 하거나 교수활동에 실제적인 지침을 주지 못할 정도로 너무 일반적이지도 않아야 한다는 것이다. 이상적으로는, 목표는 교수와 평가에 충분한 정보를 줄 수 있을 정도로 구체적이어야 하고 교사가 필요할 때 자신의 교수를 수정할 수 있을 정도로 융통성도 있어야 한다. 따라서 교수목표는 매일의 학습에 대한 목표이기보다는 하나의 단원에 초점을 두는 목표인 것이 좋다. 중간 수준의 목표들은 그 단원의 주요한 이해에 대한 학습, 학습 과정, 태도, 다른 학습 결과에 초점을 유지하도록 돕는다. 목표를 너무 구체적으로 진술하면 점검하고 운영하는 데 시간이 드는 상세한 것들이 많아지게 된다.

일반적이든 구체적이든, 어디에 초점을 두더라도 학생이 알고 할 수 있는 것, 그리고 학생이 학습한 것을 충분히 증명할 수 있도록 구성된 것을 목표로 기술하는 일이 중요하다. 교수활동, 학생과의 상호작용, 학생의 학습활동을 구성하고 학생 개개인에게 피드백을 줄 때는 이러한 목표들이, 교사가 해야 할 것과 학생들이 참가해야 할 활동, 계획대로 활동이 발생할 수 있게 하기 위해 필요한 것들을 기술해야 한다. 또한 블룸의 인지적 영역의 교육목표 분류, 새로운 지식과 사고를 포함한 블룸의 교육목표 분류의 변형(Anderson & Krathwohl, 2001), 지식 영역과 (지식의) 처리 과정을 두 차원으로 하는 마르차노와 켄들(Marzano & Kendall, 2007)의 분류를 참고하여 목표를 진술해야 한다.

5) 학습목표 설정 및 평가목표 구체화

학습목표는 매 차시 학습을 위한 것이며, 몇 차시에 걸친 수업에서 학생들이 성취할 것이라고 이미 정해놓은 학습 결과에 대해 학생의 수행을 구체적으로 진술한 것이다. 즉 학습목표는 가장 구체적이고 명확하게 진술해야 하며, 이를 통해 교수활동과 평가를 직접적으로 안내할 수 있다.

학습목표에는 일련의 교수과정 마지막에서 학생들이 알고 이해하며 할 수 있어야 하는 것과, 이에 대한 학생의 수행 수준을 판단할 준거가 포함되어 있어야 한다. 수업에서 중요한 학생활동과 결과를 평가하고, 그것이 성취기준에 도달했는지 결정하는 것은 매우 중요하다. 학생은 교사가 원하는 것이 무엇이고 교사가 어떻게 등급을 줄 것인가를 알고자 한다. 따라서 학생들에게 공식적으로 이러한 기준을 미리 알려줄 필요가 있다. 평가는 학습의 과정이기 때문이다.

성취 수준을 판단하기 위해서 준거는 학생 수행의 장면이나 차원을 명확하고 공적으로 기술해야 한다. 평가기준이라는 용어로도 쓰이지만 이는 엄밀하게 학문적 용어는 아니다. 학생의 수행을 판단하기 위한 준거는 학생들이 어느 정도로 잘 알고, 또 할 수 있는지를 구별할 수 있도록 기술되어 있어야 한다. 최근 수행평가에서 주로 활용되고 있지만, 학생 반응을 어떻게 평가할 것인가는 사실 모든 평가의 핵심이다. 준거의 핵심요소는 학생 수행에 대한 교사의 전문적 판단이다. 평가의 모든 방법들은 교사의 전문적 판단을 포함한다. 선다형 검사를 활용하더라도 문항을 작성하고 답지를 만들고 그중에서 정답을 결정할 때 전문적인 판단이 필요하다. 또 서술형 · 논술형 문항에서도 문제를 작성하고 학생 답안을 읽고 채점할 때 전문적인 판단이 요구된다.

준거를 구체화하려면 학생의 활동과 결과를 판단하기 위해 각 수준에서 활용했던 수행의 차원이 무엇이고, 차원별로 학생에게 기대하는 최고의 수준이

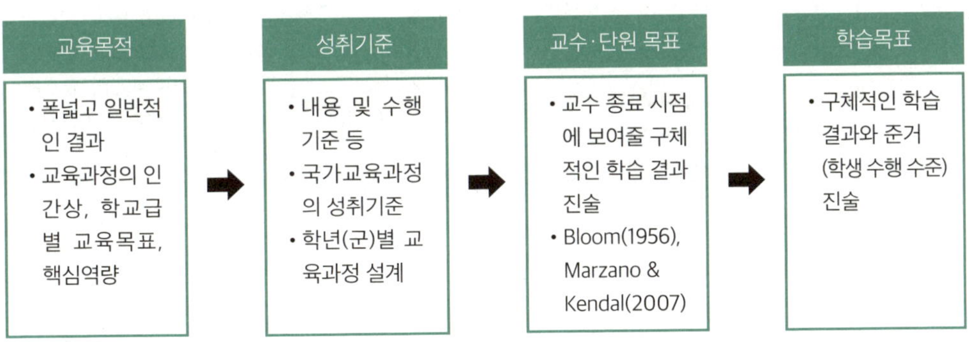

<그림 4-4> 교육목적, 성취기준, 교수 · 단원목표, 학습목표의 관계

무엇인지를 명료히 해야 한다. 각 차원은 수행의 본질적인 특질을 의미하기 때문에 수행의 차원과 수행의 수준을 진술하는 것은, 좋은 수행의 특징은 무엇인가, 학생들이 특정한 수준의 수행에 언제 도달했는지를 교사가 어떻게 알 수 있는가, 각 수준의 예는 무엇인가, 학생의 과제를 평가할 때 교사가 살펴봐야 하는 것은 무엇인가 등의 질문에 대한 답을 구하는 것과 같다. 준거는 해당 수행 영역에서 숙달proficiency뿐 아니라 탁월exellence이 무엇을 의미하는지를 알 수 있도록 명확하게 개발되어야 한다. 이를 통해 주요 요소를 확인하고 우선시함으로써 수행의 가장 중요한 측면을 활용할 수 있도록 한다. 차원이 확인되면, 각 차원에서 학생에게 기대하는 최고의 수행 수준을 기술하고 이를 질적으로 구분할 수 있는 척도를 개발해야 한다. 이를테면 최고 수준에 '탁월함', 숙달한 정도를 보이면 '잘함', 숙달하지 못하면 '미흡함' 등의 수준명을 붙이고 각 수준을 정의한다. 〈그림 4-5〉는 앞서 설명한 내용기준과 이에 대한 학생의 수행의 차원, 그리고 이들을 포함하는 학습목표의 예를 보여준다.

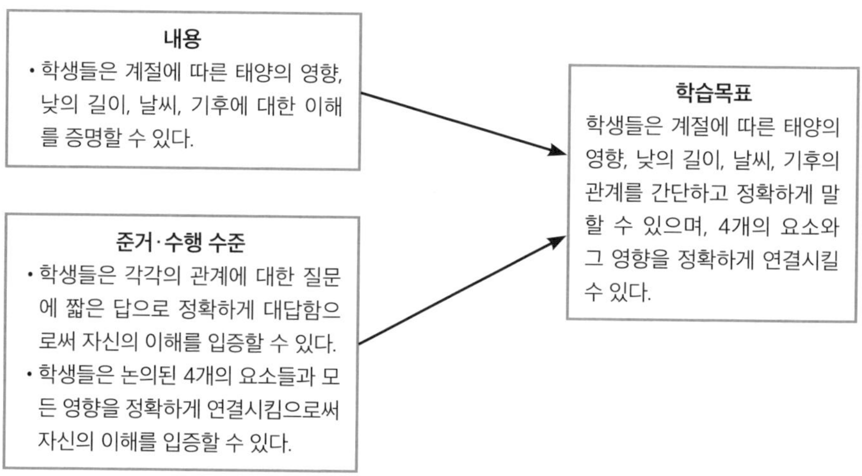

<그림 4-5> 학습목표의 구성요소

이렇게 구체적으로 기술된 학습목표 자체가 평가목표라고 할 수 있다. 학습목표 중에서 평가할 목표를 선정하면 그것이 평가목표가 되기 때문이다. 학생들의 수준을 제시하는 준거에서 연결형 문항이나 단답형 문항을 활용하여 학생들의 수행 수준을 평가하고자 하기 때문에, 잘 구성된 학습목표는 평가활동을 직접적으로 안내할 수 있다. 준거를 설정할 때 학생들이 학습해야 할 요소를 보다 구체적으로 추출하는 것도 학습목표와 평가목표를 효율적으로 기술하는 방법이다. 성취기준에 근거하여 학습해야 할 요소를 추출하고 지식, 기능, 태도로 구분해 이를 기술하는 과정을 거친다. 단원의 특성에 따라 지식, 기능, 태도를 고르게 다루기 어려울 경우 기능중심으로 평가요소를 추출할 수도 있으며, 학생들이 이러한 능력을 더 잘 드러낼 수 있도록 실생활 맥락과 같은 상황을 설정하고 이를 기술하면 평가 장면을 설정할 때도 도움이 된다.

3. 어떻게 평가할 것인가

학습목표를 설정했다면, 다음은 이러한 목표에 대해 학생들이 어떠한 수행을 보이는지 평가하는 것이다. 학생의 수행 정도와 관련하여 가장 적절한 방법으로 평가정보를 확보하려면 평가의 유형과 방법에 대한 이해가 높아야 한다. 평가유형은 대체로 선택형selection type과 서답형supply type으로 구분되어왔는데, 최근 구성주의 심리학의 영향에 따라 서답형을 구성형constructed response type 문항으로 구분하기도 한다. 이러한 구분은 지난 수십 년간 학생들의 성취를 측정하기 위한 목적으로 활용되어온 지필검사에서 유용하게 쓰여온 문항유형이다. 선택형 문항은 학생들이 주어진 선택지 중 하나를 정답으로 선택하는 문항유형이고 구성형 문항은 학생이 직접 답을 구성하게 하는 방식의 문항유형을 의미한다.

1) 선택형 문항

선다형 문항

가장 널리 활용되고 있는 문항유형인 선다형multiple choice form 문항은 지식, 이해, 계산, 정보 해석, 지식 적용, 추론 등 단순 지식부터 심층 이해까지 다양한 학습목표를 측정하는 데 효과적이다. 이 방법은 2개 이상의 선택지에서 정답을 고르거나(정답형) 가장 최선의 답안을 고르는 방식(최선답형)으로, 선택지는 대체로 4~5개가 제공된다. 넓은 영역의 지식을 다루는 데 유용한 방법이기 때문에 내용타당도를 높일 수 있다. 채점이 빠르고 객관적이어서 신뢰도도 높다.

하지만 선다형 문항을 제작하는 것은 쉽지 않다. 좋은 오답지를 만들기가 어렵고, 특히 심층 이해나 추론을 측정하는 좋은 문항을 만드는 것은 더욱 어렵다. 교사들은 채점의 용이성, 객관성, 폭넓은 출제 범위 등의 장점으로 선다형 문항을 많이 활용하지만, 학생들이 직접 답을 구성하게 하는 유형을 통해 학생들이 이해하는 것과 할 수 있는 것에 대한 정보를 더 많이 얻을 수 있기 때문에 다양한 문항유형을 적절히 활용하는 것이 적합하다. 선다형 문항이 효과적으로 기능하려면 단 하나의 정답과 매력 있는 오답지를 만들어야 하고, 문제가 명확하고 직접적으로 표현되어 정답에 대한 실마리가 드러나지 않아야 한다.

양자택일형 문항과 진위형 문항

2개의 선택지 중 하나를 골라 답하는 문항유형인 양자택일형binary-choice type 문항은, 학생들이 제시된 진술문이 맞는지 틀린지, 옳은지 그른지를 선택하도록 하는 것이 일반적 형태라 진위형true-false form으로도 불린다. 문항 제작이 쉽기 때문에 많이 활용되는데, 학생들은 참/거짓, 옳음/그름, 맞음/틀림, 예/아니오, 사실/의견, 동의/부동의, 찬성/반대 등과 같은 2개의 선택지 중 하나를 택하게 된다. 이 유형이 효과적이려면 지식에 대한 명제적 진술문을 만드는 것이 중요하다. 사실이나 정의 등에 대한 지식을 직접적으로 측정하기에 좋은 유형이므로 진술문에 예외나 자격 조건이 없도록 기술해야 하고, 선택지 중 하나는 절대적으로 진실이거나 거짓이어야 하며, 절대적으로 옳거나 틀려야 한다. 과학이나 역사 교과가 절대적 명제를 만들기에 비교적 수월하므로 이 유형이 보다 적합하다. 양자택일형 문항이 효과적으로 기능하려면 문항은 명확하고 간결하며, 단 하나의 명제나 진술을 포함하고 긍정적으로 진술되어야 한다.

연결형 문항

연결형matching form 문항은 학생들이 연관된 사실이나 관계 등을 알고 있는 정도를 효과적으로 측정할 수 있다는 장점이 있다. 이 유형은 일련의 문제군과 답지군을 배열하여 문제군의 질문에 대한 정답을 답지군에서 찾아 연결하는 문항형태로 배합형이라고도 한다. 연결형 문항은 앞서 살펴본 선다형 문항의 특수한 형태인데, 용어와 정의, 인물과 설명, 날짜와 사건, 기호와 이름 등을 문제군과 답지군에 연결하여 답지들 중에서 하나를 선택하게 한다. 연결형 문항은 두 가지 내용의 연관성에 대한 기초지식을 측정하는 데 적합하며, 그림, 지도, 표 등을 사용할 수 있다. 교사는 매우 효율적으로 많은 양의 지식을 물을 수 있으며 비교적 쉽게 제작하여 객관적으로 측정할 수 있다는 장점이 있다. 연결형 문항은 응답 길이가 짧도록 답지군을 구성해야 하고, 문제군과 답지군이 동일한 성격이어야 하며, 목록이 논리적으로 나열되고 문법적 실마리가 있어서는 안 된다. 또한 하나의 연결 문항에 10개 이상의 문제군을 두는 것은 학생들의 논리적 사고를 저해할 가능성이 있기에 지양해야 한다.

2) 구성형 문항과 서답형 문항

구성형 및 서답형 문항은 학생들이 문제에 대해 스스로 답을 해야 하기 때문에 내용을 철저히 이해하고 있는지, 문제를 풀기 위해 지식을 적용할 수 있는지, 추론을 할 수 있는지를 분명히 알 수 있는 형태이다. 학생들이 직접 수행을 구성한다는 측면에서 수행평가를 성격상 구성형 평가방식의 하나로 본다. 완성형부터 수행평가까지의 구성형 문항의 특징을 도식으로 표현하면 〈그림 4-6〉과 같다.

괄호형·완성형, 단답형	↔	서술형·논술형, 수행평가
짧고 간단한 응답	↔	길고 복잡한 응답
채점의 객관성	↔	채점의 주관성
단순 지식 회상 및 이해	↔	복잡한 사고, 심층 이해
암기학습	↔	전이 · 적용 학습

<그림 4-6> 구성형 문항의 특징

괄호형 · 완성형 문항은 다른 구성형에 비해 응답이 짧고 간단한 편이며, 서술형 · 논술형 문항은 길고 복잡한 응답을 요구하지만 완성형이나 단답형에 비해 채점의 주관성이 작용할 수 있다. 반면 이러한 구성형 문항은 적용, 심층 이해, 추론 등의 보다 복잡한 사고력을 측정할 수 있고 과제가 복잡할수록 학생들의 내적 동기를 강화할 수 있다. 따라서 완성형, 단답형, 서술형 · 논술형 문항 등 구성형 문항유형을 선택할 때는 응답 형태, 채점의 객관성, 학습목표의 성격 등을 고려하는 것이 적절하다.

괄호형 문항과 완성형 문항

괄호형close form 문항은 한두 개의 빈칸이 있는 불완전한 문장을 제시하고 학생들이 빈칸에 답이 되는 단어, 기호, 번호 등을 기술하는 방식으로 빈칸을 채워 문장을 완성한다는 의미에서 완성형completion form 문항이라고도 한다. 즉 문장의 끝이나 중간에 있는 한두 개의 빈칸에 적절한 응답을 기술해야 하기 때문에 응답이 제한적이다. 이 유형은 제작이 쉽고 응답하는 데 시간도 걸리지 않기 때문에 많은 범위의 사실들을 다룰 때 유용하다. 채점도 빠르고 쉽기 때문에 신뢰도가 높다. 반면 단순 지식이나 절차적 지식을 측정하는 데에만 활용될 수 있고 문항을 명확하게 제작하지 않으면 유사답안이 많이 나올 수 있어 타당도가 낮아질 수 있다.

단답형 문항

단답형short-answer type 문항은 단어, 구, 절, 문장 또는 수나 기호로 응답하는 문항형태로 용어의 정의 및 의미를 물을 때나 계산문제에 자주 사용된다. 완성형 문항은 학생들이 주어진 문장으로부터 질문을 해석해야 하지만 단답형 문항은 질문이 어떤 답을 요구하는지가 제시되기 때문에 이러한 해석의 과정 없이 학생들이 질문을 직접적으로 쉽게 파악할 수 있다. 교사들도 단답형 문항을 만드는 것이 더 쉽다. 많은 범위의 지식을 물을 수 있고 채점이 논술형에 비해 비교적 용이하며 추측에 의해 답을 맞출 확률도 없어서 타당도가 높다.

서술형 문항과 논술형 문항

서술형 혹은 논술형essay type 문항은 주어진 질문에 제한 없이 여러 개의 문장으로 응답하는 문항형태를 말한다. 논술형·서술형 문항은 피험자의 분석력, 비판력, 조직력, 종합력, 문제해결력, 창의력 등의 복잡한 사고력을 측정할 수 있다. 응답 길이, 응답 양식, 응답할 행동특성, 글의 완성도 측면에서의 제한 정도에 따라 제한형 논술 문항restricted response question, restricted response essay item과 확장형 논술 문항extended response question, extended response essay item으로 구분된다. 실제 학교 현장에서는 제한형 · 확장형 논술 문항으로 구분하기보다는 서술형 · 논술형 문항으로 구분하여 평가도구를 제작 · 활용하고 있다. 6차 교육과정부터 서술형 주관식 평가, 서술형 평가도구라는 용어를 쓰기 시작하면서 서술형 문항이 논술형 문항과 구별되는 문항유형으로 교육 현장에서 인식되어왔고, 이후의 7차, 2007, 2009, 2015 개정교육과정과 수행평가, 성취평가제, 과정중심평가 등의 학생평가 정책을 통해 서술형 문항과 논술형 문항을 별도의 유형으로 인식할 뿐 아니라 주요한 평가방법으로 강조하게 되었다. 이러한 차원에서 논술형 내에서 두 유형으로 구분하더라도 양자의 개념을 보다 명확히 이해하고 바르게 활용할 수 있도록 〈표 4-3〉과 같이 두 유형을 구분한다.

서술형 문항과 논술형 문항은 학생들이 직접 답을 구성하는 과정에서 분석력, 비판적 사고력, 문제해결력, 창의력 등의 고차적 사고력을 측정한다는 점에서 공통점을 갖는다. 하지만 서술형 문항은 응답의 제한성 측면에서 한 문장 이상의 글을 통해 응답의 정확성과 질을 판단하는 문항유형으로, 하나의

<표 4-3> 서술형·논술형 문항유형 비교

특성 \ 이론적 유형 / 실제적 유형	제한형 논술 문항 서술형 문항	확장형 논술 문항 논술형 문항
응답 길이	한 문장 이상	문단 이상의 한 편의 글
응답 양식	기술해야 할 요소, 답안의 길이, 응답 방식 및 범위 제한	기술 범위 무제한, 자유도 허용
응답 행동특성	분석력, 비판적 사고력, 문제해결력, 창의력 등의 고등사고 능력	고등사고 능력의 복합적 활용, 즉 정보, 지식, 사고 등 자원을 복합적으로 활용 · 통합 · 종합하는 능력
응답의 질 (완성도/구성력)	서술의 깊이와 넓이, 정확성 등 요구	한 편의 글이나 주장의 완결성, 완성도, 논리적 글쓰기 요구

정답도 가능하고 다수의 유사답안도 허용된다. 반면 논술형 문항은 주어진 질문에 제한 없이 여러 개의 문장과 단락으로 작성하여 글의 완결성이나 주장의 완성도를 판단하는 유형으로, 다양한 정보나 지식을 조직 혹은 통합하는 능력, 창의적인 사고 및 추론능력 등 다양한 지식과 사고능력을 복합적이고 종합적으로 활용할 수 있는 능력을 측정하기 때문에 서술형 문항보다는 복합적인 능력을 요구한다. 따라서 하나의 정답이 아닌 다수의 적절한 응답을 허용하기 때문에 평가자는 유사답안보다는 모범적인 답안을 준비해야 한다.

3) 수행평가

앞에서 설명한 선택형과 구성형 문항은 전통적인 지필paper-and-pencil 방식에서 효과적으로 활용해온 문항유형이다. 이런 방식으로도 추론이나 문제해결력, 창의적 사고력과 같은 고차적인 인지기술을 평가할 수 있지만 전통적인 지필방식으로는 학생들이 지식과 복합적인 사고기술을 동원하여 문제를 해결하고 과제를 수행하는 능력·과정을 보여주기에 한계가 있다. 특히 핵심역량이 강조되는 현 교육 상황에서 지식, 기술, 태도를 복합적으로 드러내는 과제를 중심으로 학생들의 역량을 측정하기에는 지필평가 방식의 한계가 있다. 이에 대한 대안으로 제시된 수행평가performance assessment는 학생이 과제를 수행하거나 작품을 만들거나 답안을 구성하거나 발표를 하는 과제에서 자신의 기술 및 능력을 동원하고 활용하고 적용하는 것을 보여주는 방식이다. 여기서는 학생이 보여준 수행 과정이나 결과에 대해 분명한 준거에 의해 관찰하고 평가를 하게 된다. 따라서 수행평가는 학생들의 수행을 요구하는 수행과제performance task와, 평가자의 판단을 위한 기준, 즉 채점기준 rubrics, scoring rubrics으로 구성된다.

수행평가의 과제는 학생이 작품을 만들거나 답안을 구성하거나 발표하는 수행 과정에서, 또는 그러한 과정을 통해 산출된 결과에서 학생의 기술이나 능력을 보여주도록 구조화되어야 한다. 수행평가에서 과제는 복합적인 능력이나 기술을 요구하고 수행 시간이 길기 때문에 과제 수행은 단순한 문제풀이 이상의 능력을 요구한다. 이러한 이유로 수행평가 문항 대신에 수행평가 '과제task'라는 용어를 쓴다. 크게 보면 수행평가 과제는 구성형 문항에 포함될 수도 있다. 수행평가에서는 구두발표, 전시, 실험 및 실험보고서 작성, 포트폴리오, 인터뷰 등을 주요한 방법으로 활용하고 있으며 서술형·논술형 문항도 수행평가의 주요 방법 중 하나이다. 문항의 응답 과정 및 시간과 비교할 때 수행평가 과제는 해결 과정이 복잡하고 시간이 오래 걸린다는 측면에서 문항과 차별화된다. 현장에서 흔히 쓰고 있는 수행형 문항은 엄밀하게는 학문적으로나 수행평가의 근본 취지의 측면에서 적절한 용어는 아니다.

4) 평가방법 비교

평가방법을 연속선상의 개념으로 인식하고 이들을 비교하면 〈그림 4-7〉과 같다(성태제, 2019: 509). 문항의 구조화 측면을 연속선의 개념으로 인식하여 본다면 선택형 문항은 인지중심으로 하나의 정답을 요구하는 형태로서 많은 내용을 다룰 수 있기 때문에 내용타당도를 높일 수 있고, 많은 내용을 한 번의 평가에서 다루는 데 적합하기 때문에 진급 등의 행정적 의사결정에 유리한 형태이다. 한편 구성형 문항 형태나 수행평가 등은 선택형에 비해 비구조화된 형태로, 학생들이 답을 직접 구성하기 때문에 고정적이지 않은 개방형 문항으로 기술된다. 다양한 정답이 가능하기 때문에 맞고 틀리고의 이분적인 채점을 하는 것이 아니라 학생의 수행 수준을 구분할 수 있도록 채점하고 점수화된다. 따라서 여기서는 채점의 신뢰성이 확보되어야 한다. 학습자의 실제적 맥락을 고려한 평가 상황이 주어지기 때문에 종합적이고 다면적인 평가

선택형 문항에 의한 평가 ↔ 수행평가

[구조화] ↔ [비구조화]

진위형 — 선다형 — 배합형 — 괄호형 — 단답형 — 논술형 — 구술시험 — 수행평가 — 포트폴리오 — 참평가

선택형 문항에 의한 평가	수행평가
인지	인지 / 정의 / 심동
앎	앎 + 행함
학습 결과	학습 진행 · 결과
고정형 평가	개방형 평가
이분적 평가(하나의 정답)	다분적 평가(다양한 정답)
타당도 - 내용타당도 - 구인타당도 - 준거타당도	타당도 - 내용타당도 - 준거타당도
신뢰도 - 재검사 신뢰도 - 동형검사 신뢰도 - 내적 일관성 신뢰도	신뢰도 - 채점자 간 신뢰도 - 채점자 내 신뢰도
분석적 접근	총체적 접근
인위적 상황	실제적 상황
일회적 평가	지속적 평가
간접 평가	직접 평가
행정적 기능	교수적 기능

<그림 4-7> 평가방법(선택형-수행평가)의 연속적 개념

출처: 성태제(2019: 509).

방법이며, 학생이 지식을 다루고 문제를 해결하는 과정에서 그들의 다양한 능력이 드러나도록 평가하기 때문에 지속적인 평가를 지향한다. 각각의 문항 유형별 제작원리는 성태제(2019)를 참조하라.

4. 질 높은 평가란 무엇인가

평가목표를 세우고 평가방법을 결정하면 평가를 실행하게 된다. 평가는 학

생의 성취에 대한 교육적 판단, 즉 의사결정을 하는 활동이기 때문에 평가과정에서 수집한 정보와 증거, 그 활용이 타당하고 신뢰로워야 한다. 질 높은 평가를 수행하려면 측정학적 기준으로서의 타당도와 신뢰도를 확보해야 할 뿐 아니라 명확하고 적절한 학습목표를 설정하고 이러한 목표에 적합한 평가방법을 선택해야 한다. 또한 도구를 개발하고 평가하는 과정과 결과가 타당하고 신뢰로워야 할 것이다.

1) 명확한 학습목표 설정과 평가방법의 적합성

평가는 학습목표를 설정하는 것부터 시작되기 때문에 명료하고 적절한 학습목표를 설정하는 것이 평가의 질을 높이는 방법이다. 학습목표가 학생들에게 동기를 부여할 수 있도록 학생들의 수준에 적절한지, 다양한 유형의 학습목표들을 균형적으로 설정했는지, 교육과정의 인간상 및 학교급별 교육목표와 일관성을 유지하는지, 학습목표가 교과교육과정의 내용을 모두 다루고 있는지, 학생 수행의 준거가 명확한지 등을 점검하여 적절한 학습목표를 설정한다.

학습목표가 설정되면 각각의 학습목표를 측정하기에 가장 적합한 평가방법을 선택해야 한다. 〈표 4-4〉는 학습목표와 평가방법의 관계를 나타낸 것으로, 각 학습목표를 측정하기 위한 각 평가방법의 적절성 정도를 보여준다. 이 표에서 학습목표에 따른 평가방법을 선정할 때 활용할 수 있는 기준으로 제시된 수치는 특정한 학습목표에 대한 평가방법의 상대적 적절성을 의미하는 것으로, 수치가 크면 다른 방법에 비해 상대적으로 적절하다는 뜻이다. 예를 들어 잘 만들어진 선택형 문항은 '추론' 능력을 측정할 수 있지만, 추론을 잘 측정하도록 문항을 개발하는 것은 어렵고 시간도 많이 소요된다(McMillan, 2014: 88).

<표 4-4> 학습목표에 따른 평가방법의 적절성

평가방법 / 학습목표	선택형 · 단답형 · 완성형	논술형	수행평가	구술시험	관찰	학생 자기평가
지식, 단순이해	5	4	2	4	3	3
심층이해, 추론	2	5	4	3	2	3
기술(skills)	1	3	5	2	5	3
산출물(products)	1	1	5	2	4	4
정서, 태도	1	2	4	4	4	5

출처: McMillan (2014: 90)을 수정·재구성. ※ 5=매우 적절, 1=매우 부적절.

학습목표가 사실, 정의, 철자, 개념 및 원리 등에 대한 기억이나 인지를 묻도록, 즉 단순 이해 여부나 지식을 묻도록 설정되었다면 선택형 문항, 단답형 · 완성형 문항과 같은 간단한 구성형 문항이 유용하다. 수행평가는 과제를 제작하고 채점해야 할 교사나 수행해야 할 학생이나 모두 시간이 필요한 평가이기 때문에 광범위한 많은 양의 지식을 측정하는 데 효과적인 평가방법일 수 없다. 한편 학습목표가 심층 이해와 추론일 때 이를 가장 잘 측정할 수 있는 평가방법은 논술형 문항이나 수행평가라 할 수 있다. 서술형이나 논술형 문항과 수행평가는 학생들에게 비교, 평가, 비평, 정당화, 조직, 종합, 문제해결력을 요구함으로써 심층 이해와 추론 여부를 측정할 수 있다. 선택형과 단답형 문항도 주어진 자료의 해석, 시 등의 작품 분석, 지식 활용 등의 능력을 측정할 수 있어서 제한적인 측면에서 심층 이해와 추론 여부를 측정할 수는 있다. 말하기, 현미경 사용하기 등의 '실제로 할 수 있는지'를 보여주는 기술에 대한 평가는 수행평가 과제가 기술의 숙달 여부를 평가하는 데 가장 적절하므로 이 방법이 가장 효과적이다. 글쓰기 작품과 같은 산출물에 대한 평가도 수행평가가 가장 효과적이지만 선택형, 서술형 · 논술형, 구술시험과 같은 방법도 산출물의 구성요소의 특성이나 서로 다른 산출물을 비교 · 평가하는 제한적 범위에서 적용할 수 있다. 정서 및 태도를 평가할 때는 관찰과 자기보고식 척도가 가장 효과적이다. 교사에게 학생이 직접 질의하거나 수행평가를 통해 태도를 측정하는 것도 가능하다.

2) 타당도

타당도는 측정하고자 하는 것을 얼마나 충실하게 측정했는가의 문제이다. 1966년부터 교육 및 심리 검사에서 타당도를 비롯한 여러 질적 준거의 개념과 그 기준들을 마련해온 미국교육연구학회AERA와 미국심리학회APA, 미국교육측정위원회NCME에서는, 타당도를 "검사의 활용 목적에 따른 검사 점수의 해석에 대한 근거나 이론이 지지하는 정도"로 정의한다(AERA · APA · NCME, 1999). 또한 검사의 활용 목적에 따라 검사점수를 해석할 때 어느 정도 근거가 있느냐의 문제로 이해한다. 검사점수에 근거하여 이루어지는 추론 및 주장의 적합성으로서 타당도는 검사 자체의 특성이라기보다는 검사 결과의 추론이나 활용이 적절한지, 혹은 타당한지의 정도와 관련되어 있다. 따라서 검사는 평가의 타당도가 있다, 없다의 문제로 해석해서는 안 되고, 검사 결과의 해석 · 추론 · 활용이 어느 정도 타당한지의 정도로 해석해야 한다. 타당도는 단일 개념이다. 즉 여러 가지 타당도가 있는 것이 아니라, 타당한 점수 해석을 위해 다양한 타당도 근거를 수집할 수 있는 것으로 이해해야 한다. 교실 맥락에서 이루어지는 학생평가에서 타당도와 관련해 중요하게 고려해야 하는 점은 학생들의 학습에 미치는 평가의 영향력이다(Bonner, 2013). 즉 학생들의 동기나 학습 과정에 미치는 교실평가의 영향력이 적절한지 고려해야 한다. AERA와 APA, NCME(1999)는 타당도의 개념을 확대하여, '검사내용에 기초한 근거(내용타당도)', '반응 과정에 기초한 근거', '내적 구조에 기초한 근거(구인타당도)', '다른 변수와의 관계에 기초한 근거(공인타당도, 예측타당도)', '검사 결과

<표 4-5> 교실단위 학생평가에서의 타당도 근거

타당도 근거	개념
내용타당도	• 평가도구가 측정하고자 하는 속성을 제대로 측정했는지 전문적으로 판단하여 입증하는 정도 - 가르치고 배운 영역을 어느 정도 대표했는가의 정도에 대한 주관적이고 전문적인 판단의 정도
준거 관련 타당도	• 평가도구가 다른 준거와 어느 정도 관련되었는지의 정도 - 동일한 특성을 측정하는 다른 평가도구와의 관련성(공인타당도) - 미래의 수행과의 관련성(예측타당도)
결과타당도	• 평가도구가 적절한 결과(예상된 혹은 예상되지 않은 결과)를 이끌어내는 정도

에 기초한 근거'로 분류했다. 이 중에서 교실단위 학생평가에서 활용할 수 있는 타당도 근거는 〈표 4-5〉와 같이 고려할 수 있다.

내용타당도, 즉 검사내용에 기초한 타당도 근거는 평가도구가 측정하고자 하는 속성을 제대로 측정했는지 전문적 판단에 의해 입증하는 근거로서 타당도 근거를 계량화하기 어렵다는 단점이 있지만, 수업에서 가르치고 학습한 내용을 평가도구가 어느 정도 대표했는가의 정도를 주관적이고 전문적으로 판단하기 때문에 성취도검사와 같이 학교단위에서 개발한 평가도구를 통해 가장 근본적으로 수집해야 할 타당도 근거이다. 평가가 학습목표를 고르게 다루고 있는지는 학교에서 주로 활용하고 있는 이원목적 분류표, 평가 상세화표 등을 활용하여 교사가 우선적으로 스스로 점검해보아야 한다.

준거 관련 타당도 근거는 다른 준거와의 관련성 정도를 통해 개발한 평가도구의 타당성 정도를 입증하는 것이다. 공인타당도는 동일한 특성을 측정하는 이미 타당화된 도구(예: 표준화검사)와의 관련성이 높으면 교사가 개발한 평가도구도 타당성이 높다고 해석한다. 동일한 것을 측정하는 표준화 검사가 없는 경우에도 교실 맥락의 학생평가라면 준거 관련 타당도 근거를 확보할 수 있다. 교사가 동일한 능력이나 기술을 측정하는 2개의 평가, 이를테면 현미경을 사용하여 실험을 하는 기술·절차에 대한 쪽지시험과 보고서 쓰기 같은 평가를 실시하여 이 둘의 평가 결과가 유사하게 나왔다면 두 시험은 유사한 능력을 평가하는 도구로 타당도가 높다고 할 수 있는 것이다. 따라서 이 평가는 시험 결과에 대해 현미경 사용 실험 기술·절차를 측정하는 데 타당도가 높다고 추론하는 것이 적절하다고 할 수 있다.

교사가 개발한 평가도구가 미래의 학생 수행을 얼마나 잘 예측하는가의 정도로 타당도 근거를 수집하는 방법인 예측타당도도 있다. 예측타당도 근거의 대표적인 예로 대학수학능력시험을 들 수 있는데, 이 시험에서 높은 점수를 얻은 학생이 대학에서 성공적으로 학업을 수행하게 되면 대학수학능력시험의 예측 근거는 매우 높다고 할 수 있다. 하지만 예측타당도의 근거는 미래 수행이 나타나는 시점에서만 타당도를 입증할 수 있기에 시간적인 제한이 있다는 단점을 지닌다.

결과타당도 근거는 검사나 평가를 실시하고 난 결과에 대한 가치판단으로, 평가결과와 평가목적 간의 부합성, 평가결과를 이용할 때의 목적 도달 여부, 평가결과가 사회와 학교에 주는 영향 혹은 변화와의 관계에 관한 것이다(성태제, 2019: 408). 교실 맥락에서 평가의 결과consequence는 학생뿐 아니라 수업에 미치는 영향력으로서 '의도된', 그리고 '의도되지 않은' 결과를 모두 포함한다. 특정한 유형만으로, 이를테면 선택형 문항으로 구성된 중간고사를 통해 학생의 성취도를 측정했고, 학생들에게 정답과 오답을 알려주는 것으로 피드백을 주었다면 학생들은 이후의 수업과 시험에서 사실이나 숫자를 외우려 하고, 혹은 복잡한 사고나 심층 이해를 기피하려 할 수 있다. 또 평가가 지나치게 어렵거나 쉬웠다면 이후의 학습을 위한 동기를 충분히 증진시키지 못할 수 있다. 따라서 평가가 타당해야 평가결과가 이후 수업에 의미 있는 피드백을 줄 수 있고 학생의 학습에 대해서도 정확하고 풍성한 정보를 제공할 수 있을 것이다. 각 타당도 근거를 수집하는 구체적인 방법은 성태제(2019)를 참고하라.

3) 신뢰도

신뢰도는 측정하려는 것을 얼마나 일관성 있게 측정했느냐의 문제로 평가도구가 정확하게 오차 없이 측정한 정도를 의미한다. 정확하게 측정했다면 오차가 없을 것이고, 오차가 크다면 정확하지 않기 때문에 신뢰도가 낮다. 개념적으로 우리는 어떤 대상을 측정할 때마다 점수를 얻는다. 이를 관찰점수라 하는 데 관찰점수는 측정 대상이 가지고 있는 진짜 능력과 오차로 구성된다. 진짜 능력을 정확하게 측정했다면 오차가 거의 없으니 진짜 능력인 진점수와 관찰점수는 거의 같아진다. 즉 다음의 관계가 성립한다.

$$X = T + e$$

* X: 관찰점수, T: 진점수, e: 오차점수

이러한 수식을 근거로 심리측정 분야에서는 신뢰로운 측정을 위한 기준으로서 신뢰도를 산출하는 다양한 방법을 연구해왔으며, 그 방법으로는 재검사신뢰도, 동형검사신뢰도, 반분검사신뢰도, Kuder-Richardson 20 · 21, Hoyt 신뢰도, Cronbach α 등이 있다. 각 신뢰도를 산출하는 방법은 성태제(2019)를 참고하고, 여기서는 교실 맥락의 학생평가와 평가도구에서 오차를 줄여 신뢰도를 높이는 방안을 다룬다. 우선 관련 연구에 의하면, 양질의 문항의 수가 많을수록 신뢰도가 높아지기 때문에 적절한 수의 문항을 확보해야 한다. 문항이 너무 어렵거나 너무 쉬우면 오차가 발생하기 쉽기 때문에 적정한 난이도에서 신뢰도가 증가한다. 또한 변별도가 높을 때 신뢰도가 증가하기 때문에 학생들의 능력을 잘 변별할 수 있는 문항을 개발해야 한다. 구성형 문항을 채점할 때는 채점기준을 명확하게 만들고 채점 연습을 하여 일관성 있는 채점을 할 수 있도록 해야 한다.

5. 평가결과의 기록, 보고, 활용은 어떻게 할 것인가

질 높은 평가도구를 통해 학생들을 평가했다면 평가의 과정과 결과에 대해 전문적인 판단을 내리고, 그에 따라 성적을 부여하고 보고하는 과정이 필요하다. 즉 평가결과를 어떻게 분석·판단하고 기록·보고하며 활용할 것인가의 문제이다.

1) 평가자의 전문적 판단

평가는 전문적 판단 과정이라 할 만큼 평가하는 과정에서 평가자의 전문적인 판단과 의사결정이 빈번하게 요구된다. 이러한 과정에서 평가자가 객관성을 유지하는 것은 평가의 매우 중요한 질적 기준이기도 하다. 평가 시 전문가가 주관적인 판단을 최대한 배제하는 것과 더불어, 평가도구를 개발하는 과정, 도구를 통해 평가정보를 수집하는 과정, 결과를 분석하고 처리하는 과정, 전문적인 판단을 내리는 과정이 체계적·절차적·객관적이어야 한다. 이러한 과정을 거쳤다는 전제하에 최종 평가결과로 'A'를 받은 학생은 해당 수업내용을 숙달했다고 해석할 수 있을 것이고 'A'를 받을 만한 정당한 근거가 있다고 할 수 있다. 따라서 평가과정의 체계성과, 평가자의 전문적 판단에서 견지해야 하는 객관성은 평가결과의 정당성의 근거가 되기에 매우 중요하다.

학교 맥락에서 평가자인 교사의 판단은 전문적이면서 주관적일 수밖에 없다. 이때 객관성을 견지해야 한다는 것은 무슨 의미일까. 평가를 할 때 교사는 여러 가지 평가방법을 각각 어느 정도 비중으로 활용하여 성적 처리를 할 것인지 고민하게 된다. 또한 한 학생이 한 가지 방법에서는 매우 잘했지만 다른 방법에서는 참여하지 않았다면 이 학생의 성적 처리는 어떻게 해야 하는지, 중간고사보다 기말고사에서 큰 향상을 보인 학생과 두 시험 모두에서 평균 이상의 성취를 보인 학생은 결국 평균을 내면 동일한데 동일 성적을 부여하는 게 맞을지, 아니면 향상에 대한 평가를 다르게 해야 하는지 등, 이러한 실제적인 문제들이 평가자인 교사가 성적을 부여하면서 내려야 하는 전문적인 판단이다. 이 과정에서 내린 의사결정이 정당성을 얻으려면 일관성 있는 기준이 필요하다. 어떤 평가방법을 활용할 것인지, 각 방법에 대한 비중은 어떻게 둘 것인지 등이 평가 계획단계에서 결정되어야 하고, 교육청이나 학교 수준의 성적 처리 규정 및 지침을 준수할 뿐 아니라 구체적인 사안들을 교사 협의회, 성적 관리 위원회 등과 같은 기구를 통해 충분히 협의하는 절차를 두고 의사결정을 해야 한다.

2) 평가결과의 해석과 성적 부여

각각의 평가방법에 따른 결과나 점수를 산출하여 성적을 부여할 때는 점수나 평가결과를 무엇과 비교할 것인지, 어떠한 관점에서 해석하고 보고할 것인지 결정해야 한다. 이는 학생의 수행을 특정 근거 및 틀과 비교하거나 참조하여 해석하는 방식인데, 이와 관련하여 오스터호프(Oosterhof, 1994/2001)는 능력참조, 성장참조, 규준참조, 준거참조를, 맥밀런(McMillan, 2014)은 개별학생참조, 규준참조, 기준참조를 〈표 4-6〉과 같이 제시했다.

규준참조평가와 준거참조평가는 상대비교평가, 절대비교평가로 널리 알려져 있는 방식이다. 규준참조평가는 다른 학생과의 비교를 통해 학생이 얼마나 잘했는지의 현재 수행을 알려주는 방식으로, 무엇을 얼마만큼 알고 있는가, 또 할 수 있는가에 관심이 있는 것이 아니라 개인의 성취를 비교집단의 규준norm에 비추어 어느 정도에 와 있는지 그 상대적인 서열에 관심이 있는 평가이다. 각 학생의 수행을 다른 학생과 비교하는 방식이기 때문에 누가 제일 잘하나, 즉 최고 잘한 학생을 밝히는 데 주요 기능이 있고 경쟁적인 환경이 발생하게 된다. 경쟁이 과도하게 되면 학생의 노력, 동기, 학생 및 교사와의 상호관계나 의사소통에 부정적인 영향을 줄 수 있어서 교수·학습 개선을 위한 평가의 기능을 고려할 때 교실 맥락에서 과도하게 활용하는 것은 적절하지 않다.

준거참조평가는 학생의 수행에 대한 성적을 미리 정한 기준에 따라 결정하는 방식으로, 학생의 수행을 통해 무엇을 알고, 무엇을 할 수 있는지에 대한 정보를 줄 수 있는 평가방식이다. 다른 학생과의 비교가 아닌 미리 정해둔 수행의 기준(준거)에 근거하여 학생의 수행이나 점수를 판단하기 때문에 학생들이 무엇을 알고, 무엇을 할 수 있는지, 무엇을 더 알아야 하는지 등의 구체적인 수행 수준을 알려주며, 모든 학생들이 이러한 기준에 도달할 수 있도록 유

<표 4-6> 평가결과에 대한 해석 및 참조 틀에 따른 평가유형

유형 1*	규준참조평가	준거참조평가	성장참조평가	능력참조평가
유형 2** / 구분	규준참조평가	기준참조평가	개별학생참조평가	-
참조 틀/비교대상	개인과 개인(상대적인 서열)	미리 정해둔 준거(수행기준)	이전 성취	개인의 최대 능력
가치	개인차	완전학습	개별학습	개별학습
활용 목적	분류, 선별, 배치 등 행정적 기능 강조	자격 부여, 교수적 기능 강조	학생 성장 및 향상, 교수적 기능 강조	최대 능력 발휘, 교수적 기능 강조
검사 문항의 난이도	너무 쉽거나 어려운 문항 배제	준거에 맞는 난이도	이전 성취 수준에 맞는 문항	개인의 능력에 맞는 문항
장점	학생 분류에 효과적, 어려운 시험에 도전	학생 수행 및 잘 정의된 학습목표와 연계성이 높고, 경쟁 약화	형성적 피드백 제공	개별학생의 능력과 노력 평가 가능
단점	비교에 의해 평가하므로 낮은 성적을 받는 학생 존재, 경쟁 유발	명확하게 잘 정의된 학습목표의 설정과 수행 수준 기술, 준거 설정의 어려움	신뢰롭고 타당한 이전 성취 측정 확보의 어려움	개별학생의 최대 능력의 정확한 측정 확보 어려움

* 유형 1: Oosterhof (1994, 2001)의 구분 / ** 유형 2: McMillan (2014)의 구분.

도한다. 평가정보가 유용하여 학습과 수업을 개선하는 데 효과적인 방식이기 때문에 무엇보다 교수적 기능이 강한 평가유형이다. 준거참조평가를 위해서는 명확하게 잘 정의된 학습목표와 수행 수준을 미리 설정하고 기술해야 하며, 준거를 타당하게 설정하고 이를 학생의 수행 수준으로 해석하는 측정학적 작업이 필요하다.

개별학생의 성장을 참조의 틀로 보는 성장참조평가는 학생의 이전 성취와 현재의 수행 수준을 비교하여, 학습상의 성장 및 향상의 정도로서 학생의 점수를 해석하고 성적을 부여하는 방식이다. 학습을 통해 가장 많은 향상을 보인 학생이 가장 높은 성적을 받기 때문에 이전 성취가 이미 최상의 성취인 학생은 향상의 기회가 없다. 따라서 이전 성취에서 의도적으로 낮은 점수를 보일 경우 이를 확인할 방법이 없으며, 교수 전후의 각 학습목표와 개별학생의 점수를 추적 관리하는 것이 교실 수업에서 현실적이지 못하다는 단점이 있다.

능력참조평가는 학생이 지니고 있는 능력에 비추어 현재의 수행이 최대 수행인지 평가하는 방식이다. 학생 개인이 지니고 있는 능력을 얼마나 발휘했느냐에 관심을 두므로 개별평가가 가능하다. 하지만 학생이 지니고 있는 능력에 대한 정확한 정보가 없을 경우 이 평가방식을 적용하기 어렵다. 성장참조평가와 능력참조평가는 교실단위의 평가를 통해 행정적인 결과를 산출해야 할 때는 사용을 지양하고, 교수적 기능을 위해서만 활용하는 것이 바람직하다.

3) 최종 성적 결정과 평가결과 제공

여러 가지 방법을 통해 평가한 경우에는 각 평가방법의 반영 비중을 결정해야 한다. 관련된 성취기준과 학습목표에 대한 수업 길이, 신뢰도, 최근의 평가, 평가내용의 종합성 등을 고려하여 비중을 결정한다. 즉 수업에서 많은 시간을 할애한 학습목표를 다룬 평가, 신뢰도가 높은 평가, 보다 최근에 시행한 평가, 보다 다양한 능력이나 내용을 다룬 평가 등에 가중치를 높여 최종 성적을 산출한다.

평가결과를 산출하고 이에 따라 성적을 부여하는 과정에서 생성되는 평가정보들은 그 자체가 교육적으로 중요한 가치를 갖는다. 평가정보는 교육적 의사결정을 위해 필요하기 때문이다. 이러한 결과를 통해 수업을 개선하고 학생의 학습을 개선하여 학생 성장을 촉진할 수 있으며, 이를 위해서는 구체적이고 정교한 피드백 계획을 세워 평가를 수행해야 한다. 피드백을 효과적으로 제공하기 위해서는 자기참조 피드백이나 목표참조 피드백을 적절히 활용하여 학생의 자기주도적 학습능력이 형성될 수 있도록 지원할 필요가 있다.

피드백의 종류는 다양하지만 평가정보가 학생의 학습능력 향상에 도움을 줄 수 있는 형성적 피드백의 기능을 하려면 다음 〈표 4-7〉의 유용한 피드백의 개념을 이해할 필요가 있다. 피드백 계획을 세울 때 교사는 학생이 도달해야 할 목표가 무엇인가, 현재 학생의 수준은 어떠한가, 학생의 현재 수준과 목표 간의 차이를 줄이는 방법이 무엇이고, 더 나은 학습을 위해 필요한 것은 무엇인가를 염두에 두어야 할 것이다. 수업 및 평가의 과정에서 수집한 학생들의

<표 4-7> 목표참조 및 자기참조 피드백의 의미와 형성적 기능

종류	의미와 형성적 기능
목표참조 피드백	학생의 학습목표 성취 과정과 정도에 대한 정보를 제공하여 학습과 동기, 참여에 긍정적인 영향을 줌. 이때 목표는, 어렵지만 노력하면 도달할 수 있는 수준으로 수업목표나 수업에서 다룬 성취기준을 참고하여 설정함으로써 학생들의 도달 가능성을 높임.
자기참조 피드백	학생의 이전 수행에서의 진행 정도에 대한 정보를 제공하여 학생이 자신의 향상 정도를 알게 함. 학습에 대한 자신감을 갖게 하고 다음에 필요한 것이 무엇인지 알게 하여 자기주도적 학습을 유도함.

학습에 대한 정보에 기반하여 학생들에게 피드백을 제공하고, 이를 토대로 교수방법을 개선하며 수업을 조정하는 데 활용할 수 있도록 한다. 이를테면 학생들이 이해하지 못한 개념에 대해 다시 설명하거나 토론수업과 같은 새로운 교수방법을 적용할 수도 있고, 학습내용의 투입 순서를 변경하거나 진도를 수정할 수도 있다. 피드백을 효과적으로 제공하기 위해서 도달해야 할 목표, 학생의 현 수준, 도달 목표와 학생 수준 사이의 간극을 잘 파악하여 피드백을 구성하고 그 결과를 학습 및 수업 개선에 활용하도록 한다. 이때 형성적 기능이 강한 목표참조 피드백과 자기참조 피드백을 활용하는 것이 유용하다.

다만 여러 가지 평가방법을 활용하여 학생들을 평가할 때는 매 평가마다 상세한 피드백을 제공하는 것이 현실적으로도 어렵고 학생들에게도 도움이 되지 않을 수 있다. 모호하거나 분명하지 않은 피드백은 학생의 성취도에 부정적인 영향을 주는 피드백이 될 수 있고(Brookhart, 2013; Marzano, 2006), 너무 많은 지적 사항은 학생들을 오히려 낙담시키고 동기를 저하시킬 수 있다(McMillan, 2014). 따라서 평가자는 학생들에게 가장 유용한 피드백을 제공하기 위해 집중적으로 피드백을 제공할 평가를 결정하는 것이 바람직하다. 이때 모든 평가방법에 상세하게 피드백하여 방대한 양의 상세 정보를 제공하는 것이 학생들에게 반드시 유용한 것은 아니기 때문에 피드백 제공 시기와 양 등을 적절하게 조정해야 한다.

• 참고문헌 •

교육부(2015), 「초·중등학교 교육과정 총론」, 교육부 고시 제2015-74호(별책1).

교육과학기술부(2009), 「2009 개정 교육과정 해설: 총론」, 서울: 교육과학기술부.

김경희 · 성태제(2002), 『수행평가의 이해와 적용』, 서울: 이화여자대학교출판문화원.

김경희 · 송미영 · 김광규 · 박준홍 · 김선희 · 김지영 · 손준녕(2017), 「한국 초 · 중등 학교교육 성과 종단조사 체제 구축을 위한 기초 연구(I)」, 진천: 한국교육과정평가원. RRE 2017-11.

성태제(2019), 『현대교육평가』. 서울: 학지사.

AERA · APA · NCME (1999), *Standard for Educational and Psychological Testing*, Washington DC: American Psychological Association.

Anderson, Lorin W., & Krathwol, David R. (Eds.). (2001), *A Taxonomy for Learning, Teaching and assessing: A Revision of Bloom's Taxonomy of Educational Objectives*, New York: Longman.

Binkley, Marilyn., Erstad, Ola., Herman, Joan., Raizen, Senta., Ripley, Martin., Miller-Ricci, May., & Rumble, Mike (2012), "Defining twenty-first century skills", In Griffin, Patrick., McGaw, Barry., & Care, Esther. (Eds.), *Assessment and Teaching of 21st Century Skills*, New York: Springer.

Bloom, Benjamin S. (Ed.). (1956), *The Taxonomy of Educational Objectives, Handbook I: Cognitive Domain*, New York: David Mckay.

Bonner, Sarah M. (2013), "Validity in classroom assessment: Purposes, properties, and principles", In James H. McMillan (Ed.), *Sage handbook of research in classroom assessment*, Thousand Oaks, CA: Sage.

Brookhart, Susan M. (2013), "Classroom assessment in the context of motivation theory and research", In James H. McMillan (Ed,), *Sage Handbook of research on classroom assessment*, Thousand Oaks, CA: Sage.

Fitzpatrick, Jody L., Sanders, James R., & Worthen, Blaine R. (2004), *Program Evaluation: Alternative Approaches and Practical Guidelines* (3rd ed.), White Plains, NY: Longman.

Linn, Robert L., & Gronlund, Norman E. (1995/2000), *Measurement and Assessment in Teaching* (7th/8th ed.), Upper Saddle River, NJ: Prentice Hall.

Marzano, Robert J. (2006), *Classroom Assessment and Grading that Work*, Alexandria, VA: ASCD.

Marzano, Robert J., & Kendall, John S. (2007), *The New Taxonomy of Educational Objectives* (2nd ed.), Thousand Oaks, CA: Corwin Press.

McMillan, James H. (2014), *Classroom Assessment: Principles and Practice for Effective Standards-Based Instruction* (7th ed.), Boston, MA: Pearson.

OECD (2012), *Education and Social Progress (ESP): Project Update 25-26 October 2012*, Paris: OECD.

Oosterhof, Albert (1994/2001), *Classroom Applications of Educational Measurement* (2nd ed./3rd ed.), Mahwah, NJ: Macmillan.

Ward, Annie W., & Murray-Ward, Mildred (1999), *Assessment in the Classroom*, Belmont, CA: Wardsworth.

5장

학교에서 어떻게 효과적으로 상담할 것인가

1. 학교상담의 필요성

한국교육의 우수성은 전 세계 학생들의 학업성취도를 비교하는 PISA Programme for International Student Assessment의 결과를 통해 객관적으로 입증되고 있다.[1] 최근 PISA에서 우리나라 학생들의 수학 및 과학 성적은 상위권을 지속적으로 유지하고 있다. 전 미국 대통령인 버락 오바마Barack Obama의 '한국교육 예찬론'은 한국학생의 성취도에 대한 긍정적 평가에 기초하고 있는데, 그는 한국학생은 미국학생에 비해 공부에 열중하여 높은 성취도를 보일

1 PISA는 경제협력개발기구OECD 회원국을 포함한 세계 각국이 공동 실시하는 '학업성취도 국제비교 연구'로 만 15세 학생들의 읽기, 수학 및 과학적 소양의 성취 수준을 평가하여 비교한다.

뿐만 아니라, 교육을 최고의 직업으로 생각하는 인식이 한국사회에 퍼져 있다고 언급했다. 그러나 높은 성취도의 이면에는 시험에 대한 부담감, 상대평가로 인한 학생 사이의 지나친 경쟁, 학업성취에 대한 과도한 압박감 등이 있으며, 이로 인해 학생들은 매우 높은 학업 스트레스를 경험하고 있다(구경호 · 김석우, 2014; 김영지 · 김희진 · 이미영, 2017; 정주영, 2010; 조한익, 2013; Kim, Kwak, & Lee, 2016).

실제로 OECD 국가의 청소년들을 대상으로 행복감을 조사한 결과에 따르면 한국은 최하위를 면치 못하고 있다. 또한 여러 연구들은 한국학생들의 행복 수준이 매우 낮음을 일관되게 지적하고 있다(김미숙 · 김효진 · 김안나, 2018; 박종일 · 박찬웅 · 서효정 · 염유식, 2010; 오해섭 · 최인재 · 염유식 · 김세광 · 윤혜지 · 정재훈, 2017; 정해식 · 김성아, 2015; Boom, 2015; 장혜경 옮김, 2016; Lorenz, Brauer, & Lorenz, 2017). 이러한 연구들은 우리나라의 학생들이 다른 국가의 학생에 비해 정신건강의 측면에서 매우 취약하여 우울이나 불안의 정도가 더 높은 점을 지적한다.

교육부는 이러한 정신건강의 취약성에 주목해, 학생들의 정서 및 행동의 위험성을 조기에 발견하여 선제적으로 개입하기 위한 학생정서 · 행동특성검사를 2007년부터 전국적으로 실시하고 있다. 이 검사는 초등학교 1, 4학년, 중학교 및 고등학교 각각 1학년 학생 전수를 대상으로 실시된다. 이 검사를 통해 정서 · 행동문제의 위험성을 평가하여 기준점수 이상이면 관심군으로 선별한 후 심층평가를 위해 상담전문기관으로 연계하여 지도한다. 최근 통계에 따르면 관심군으로 선별된 학생의 비율이 5.6%에 달해 전국적으로 2만 6,709명의 학생들이 이 검사의 결과를 바탕으로 상담적 개입을 받은 것으로 확인되었다(교육부, 2018b). 이와 같이 상당수의 학생들이 정서와 행동 측면에서 높은 위험요인을 지니고 있어 정서 및 행동의 고위험군 학생에 대한 상담이 필요한 상황이다.

한편 최근 학교폭력이 심각화·다양화되면서 폭력의 피해학생 및 가해학생에 대한 상담적 개입의 중요성이 강조되고 있다. 특히 2012년 학교폭력으로 인한 대구 중학생 자살사건이 이슈화된 이후 학교폭력은 가장 심각한 학교문제 중 하나로 인식되고 있다. 정부는 학교폭력을 근절하기 위하여 무관용zero-tolerance 원칙에 기초한 다양한 정책을 실시하고 있다. 그 결과 학교폭력은 감소세로 접어들었으나, 교육부와 청소년폭력예방재단(청예단)의 실태조사에 따르면 최근 다시 증가 추세를 보이고 있다(푸른나무청예단, 2018). 특히 최근에는 학교폭력이 점점 저연령화되고 있고, 집단가해 현상이 두드러지며 사이버 폭력으로까지 확산되면서 그 폐해가 더욱 커지고 있다(이규미 외, 2014). 피해학생들은 그 피해 사실을 은폐하여 적절한 도움을 받지 못하는 경향이 있으며, 피해는 우울, 불안, 자존감 저하 및 자살 등 보다 심각한 문제로 이어질 가능성이 높기 때문에(김지인·부윤정·이지선, 2015; 김치건, 2018) 학교폭력의 피해자에 대한 적절한 상담적 개입이 매우 절실한 상황이다.

이상에서 언급한 과도한 학업 스트레스와 낮은 행복감, 정서·행동의 취약성, 학교폭력 문제 이외에도 인터넷과 스마트폰 및 게임중독 학생의 비율이 높아지는 점, 학교에 적응하지 못하고 학교를 떠나는 학업중단 학생의 비율이 높아지는 점, 가족의 구조가 바뀌고 기능이 약화되면서 학령기 학생들의 인성 측면이 취약해지는 점 등 현재 학교와 학생들이 직면한 문제는 점점 더 다양화·심각화되고 있는 추세이다(신효정·송미경·오인수·이은경·이상민·천성문, 2016). 이러한 문제를 해결하기 위한 교육적 대안으로서 학교의 상담 기능이 강화되어야 할 필요가 있다.

2. 학교상담의 현황

앞서 언급한 학교상담의 필요성에 대한 대응으로 최근에는 학교상담 활동이 강화되고 있는 추세이다. 전통적으로 학생상담은 담임교사가 책임지고 해왔으나 최근에는 상담을 전담하는 전문상담교사와 같은 상담 전담 인력이 학교상담실을 운영하고 있으며, 학교상담실을 '위클래스'라는 이름으로 변경하여 학생들이 보다 쉽게 상담 서비스를 받을 수 있도록 하고 있다. 또한 2011년 이후에는 진로교육과 상담에 초점을 둔 진로진학상담교사가 배치되면서 학교상담 인력이 증가하고 있다(교육부, 2016a; 문승태, 2017; 최정아 · 이혜은, 2018). 나아가 학교에서 서비스를 받기 어려운 학생을 관내 '위센터'나 지역사회의 상담기관에 연계하여 협력적으로 상담을 실시하고 있다.

1) 담임교사를 통한 생활지도와 상담

담임교사는 학생의 개인적 고민과 학업 영역뿐만 아니라 교우관계 및 진로에 이르기까지 학생의 전반적 영역에 대해 생활지도 및 상담을 하게 된다. 우선 생활지도guidance를 통해 학생 생활의 전반적인 영역에 걸쳐 다양한 서비스를 제공하는데, 김현수와 오인수(2018)는 생활지도의 내용과 방법을 〈표 5-1〉과 같이 정리했다. 생활지도가 학생의 효과적인 학교적응을 위한 선제적이고 예방적 활동인 반면, 학생이 문제행동이나 심리를 보여 상담counseling을 하는 경우는 반응적이고 개입적인 성격이 강하다. 물론 문제가 심각한 경우에는 상담의 전문성을 지닌 교내의 전문상담교사나 교외의 상담전문가에게 의뢰할 수 있다. 담임교사가 실시하는 생활지도와 상담의 경계를 명확히 구분하는 것은 쉽지 않은데, 김계현 등(2009)은 생활지도는 정보나 조언을 제공하고 의사결정을 돕는 측면이 강한 반면, 상담은 행동과 태도의 변화를 추

<표 5-1> 생활지도의 내용과 방법

영역	항목
내용	• 학생의 적응심리 및 행동 • 학생 개인에게 필요한 역량 및 태도 • 대인관계에 필요한 기술 • 다양한 폭력에 대한 예방 및 대응 • 사회에서 요구되는 규범적 행동 • 교사-학생 관계 및 학습에서 요구되는 태도 • 학교의 규칙 준수
방법	• 학생을 이해하고 소통하기 • 학생을 모니터링하거나 중재하는 방식으로 간접적으로 개입하기 • 학생을 훈육하거나 가르치는 방식으로 직접적으로 개입하기 • 학부모 및 교내외 지지 체제와 연계하기 • 교내 교사들과 협력하기 • 교사 자신의 전문성 신장을 위하여 교사학습의 기회를 활용하기

출처: 김현수 · 오인수(2018).

구하며 사고와 심리적 갈등의 해결을 돕는 측면이 강하다고 제시했다.

2) 전문상담교사 및 전문상담사를 통한 심리상담

담임교사와 달리 전문상담교사(전문상담사)[2]는 전일제full-time 학교 상담자로서 문제행동이나 심리를 보이는 학생에게 상담실에서 개인 혹은 집단상담 서비스를 제공한다. 전문상담교사는 2005년부터 교육 현장에 배치되기 시작했으며 해마다 그 수가 증가하여 2018년 4월 기준 2,537명의 전문상담교사가 학교상담을 하고 있다. 특히 이들은 학교에 설치된 위클래스에서 상담을 실

2 전문상담교사는 정규직 교사로서 국가공무원인 반면, 전문상담사는 계약직 상담자로서 교육공무직원이다. 2018년 4월 기준 전문상담사는 2,685명, 전문상담교사는 2,537명으로 학교상담자 중 전문상담교사와 전문상담사의 비율은 비슷하나 전문상담교사의 수는 증가 추세에 있다.

<표 5-2> 학교상담의 영역과 학교상담자의 역할

상담 영역	상담기반 조성	직접적 서비스	간접적 서비스
상담자의 역할	상담환경 및 분위기 조성 행정 및 관리 전문성 향상 및 옹호	학생상담 학부모상담 심리검사 예방활동	외부기관 의뢰 및 협력 교사 자문 및 협력

출처: 이지은(2014).

시하는 경우가 많은데, 위클래스는 교내에 설치된 학교단위의 상담실이다. 2020년 기준 위클래스는 전국에 6,931개로 해마다 그 수가 증가하고 있다. 이지은(2014)은 학교상담의 영역과 학교상담자의 역할을 〈표 5-2〉와 같이 정리한 바 있다. 담임교사와 달리 전문상담교사는 효과적인 상담실 운영을 위해 다양한 상담기반 조성활동을 한다. 구체적으로 상담의 물리적 환경 및 심리적 분위기를 형성하고 상담실 운영에 필요한 행정 지원과 관리를 맡을 뿐만 아니라 자신의 상담 전문성 향상을 위해 지속적으로 노력한다. 또한 상담서비스는 크게 직접 서비스와 간접 서비스로 나뉘는데, 직접 서비스는 학생과 학부모에게 일대일 혹은 집단상담을 제공하는 경우와 심리검사 및 다양한 예방적 상담활동을 하는 경우를 포함한다. 반면 간접 서비스에는 교사를 통해 학생을 돕는 자문과 협력이 포함되며, 학교 밖 상담 및 치료 기관으로 의뢰한 후 이뤄지는 협력이 포함된다.

3) 진로전담교사를 통한 진로상담

진로전담교사는 2011년부터 중등학교에 진로진학상담교사라는 이름으로 배치되었다. 또한 진로교육법이 제정되고 시행됨에 따라 2016년부터 초등 진로전담교사가 보직교사의 형태로 배치되었다. 진로전담교사는 전문상담교사와 달리 '진로진학상담' 교과 자격을 취득한 교과교사로서 진로 영역에 초점을 둔 상담교사이다. 따라서 전문상담교사가 비교과교사(예: 보건교사, 영양교사 등)라면, 진로전담교사는 교과교사(예: 국어교사, 수학교사 등)로 분류된다. 교육부(2016b · 2016c)가 제시한 초등학교 및 중 · 고등학교 진로전담교사의 직무에 따르면 학교의 진로교육을 총괄하며 주당 10시간 이내에서 '진로와 직업' 과목의 수업을 담당한다. 특히 2013년부터 자유학기제가 시행되면서 학교에서는 창의적 체험활동이 활성화되었는데, 진로전담교사는 창의적 체험활동 중 진로활동의 계획과 실행에 있어서 핵심적인 역할을 한다. 이들은 또한 학생들의 진로 관련 가치관, 흥미, 적성검사의 결과를 바탕으로 학생들의 진로인식을 돕고 진로성숙을 촉진시키는 역할을 한다. 이를 통해 학생들이 진로결정을 보다 현명하고 성숙하게 할 수 있도록 돕는다.

3. 학교상담의 정의 및 특징

학교상담은 앞서 제시한 것처럼 일반교사, 전문상담(교)사 혹은 진로전담교사 등에 의해 학교에서 상담이 이뤄지는 경우를 말하며, 학습, 개인, 사회 · 진로 영역의 부적응을 경험하는 학생이 잘 적응할 수 있도록 돕는 다양한 조력활동을 의미한다. 흔히 학교상담school counseling은 학교라는 장면에서 일반적 치료상담therapeutic counseling이 이루어지는 것으로 오해받는다. 물론 학교에서도 일부 치료적 상담이 가능하지만, 학교상담은 치료상담과 비교하면 매우 독특한 특징을 지니고 있다. 오인수(2010)는 학교상담의 특징을 〈그림 5-1〉과 같이 다섯 가지로 정리하여 제시했다.

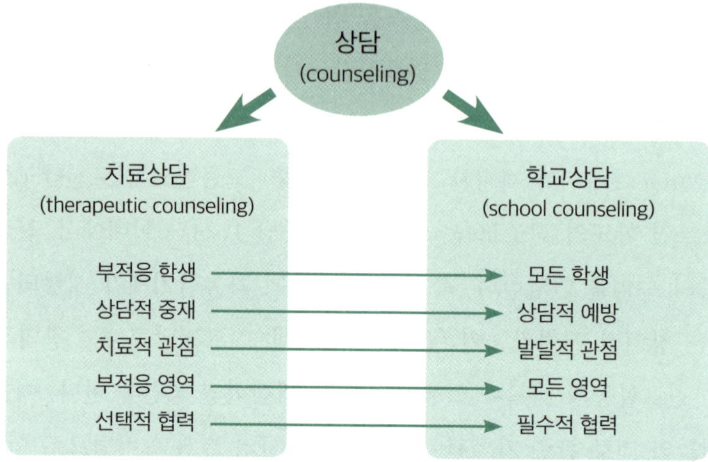

<그림 5-1> 학교상담과 치료상담의 비교

출처: 오인수(2010).

1) 상담의 대상은 모든 학생

학교상담은 부적응으로 문제를 보이는 학생뿐만 아니라 모든 학생을 상담의 대상에 포함시킨다. 다시 말해 적응을 하나의 스펙트럼으로 간주하여 적응에 어려움을 겪는 학생은 잘 적응할 수 있도록 돕고, 이미 잘 적응하는 학생은 보다 잘 성장할 수 있도록 돕기 때문에 내담자는 모든 학생이 된다. 즉 학교상담은 다양한 적응 수준의 모든 학생들이 적응하거나 성장할 수 있도록 돕는다.

2) 예방의 강점을 지닌 선제적 접근

학교상담은 문제가 발생하면 이를 효과적으로 개입·중재할 뿐만 아니라 문제 발생 이전에 예방할 수 있다는 강점이 있다. 문제 발생 이후에 개입하는 접근을 반응적reactive 접근이라고 하고, 문제가 발생하기 이전에 개입하는 접근을 선제적proactive 접근이라고 하는데, 학교상담은 선제적 접근을 강조한다. 선제적 접근은 문제해결에 필요한 비용 측면에서 반응적 접근보다 효율적이다. 실제 예방 프로그램의 효과성에 대한 메타분석의 결과를 봐도, 문제 발생 이전에 예방적 개입을 하는 것이 반응적 개입보다 효과적인 것으로 확인되었다(Hahn et al., 2007).

3) 학생의 성장과 발달을 촉진

학교상담은 학생의 문제를 진단하여 치료함과 동시에 학생이 자신의 잠재력을 성장시키며 효과적으로 인지적 · 정서적 · 행동적 발달을 이룰 수 있도록 돕는다. 의학적 모델medical model에 기초한 치료적 관점은 문제를 보이는 학생의 취약성과 결핍에 초점을 두지만, 발달적 모델developmental model에 기초한 학교상담은 학생의 강점과 장점 및 잠재력에 초점을 둔다. 따라서 상담자는 학생의 문제를 치료해주는 역할보다는 학생 스스로 문제를 극복할 수 있도록 도와주는 변화의 촉진자 역할을 수행한다.

4) 모든 영역의 개입을 통한 전인적 성장

학교상담은 크게 개인personal, 학업academic, 사회성social, 진로career 영역에서 개입이 이뤄진다(ASCA, 2020). 보통은 특정 영역에서 학생이 문제를 호소하여 상담이 시작된다(예: 개인 영역에서 우울, 사회성 영역에서 따돌림 등). 물론 특정 영역에서 시작된 문제의 개선에 초점을 두는 것은 당연하나, 학교는 학생의 전인적 성장을 돕는 곳이기 때문에 제기된 문제 영역 이외의 다른 영역과의 관련성을 고려하여 돕는 것이 효과적이다. 예를 들어 학습부진을 겪는 학생의 경우 학업 영역에서 문제가 시작되었으나, 성적과 관련된 학업불안, 부정적 자아개념, 친구관계의 어려움, 진로선택의 제한 등으로까지 영역을 넓혀 학생의 전인적 성장을 돕는 것에 초점을 둔다.

5) 자문과 조정을 통한 협력적 개입

상담자와 내담자의 일대일 개인 상담 위주로 진행되는 치료적 상담과 달리 학교상담은 학교라는 거대한 체제 속에서 그 체제의 다른 구성원(예: 담임교사, 교과교사, 비교과교사, 학교관리자 등)과 긴밀한 협력적 관계를 맺으며 진행된다. 학교의 체제적 특성상 담임교사의 역할이 매우 중요하기 때문에 상담자가 상담의 동반자인 담임교사에게 자문consulting을 제공하거나 협력collaboration적 개입을 통해 학생을 돕는다는 것이 치료적 상담과의 큰 차이이다.

4. 예방적 접근을 통한 정서 · 행동 문제의 개입

학교상담의 가장 큰 장점은 학생의 정서 · 행동 문제가 심각해지기 이전에 예방할 수 있다는 점이다. 위험 수준의 정도에 기초하여 예방의 과정 및 단계를 구분한 로버트 고든Robert S. Gordon(1987)의 예방모델prevention model을 학교에 적용하면 〈그림 5-2〉와 같이 3단계의 예방적 개입이 가능하다. 첫째, '보편적universal' 개입은 모든 학생을 대상으로 이들이 공통적으로 직면한 문제에 개입하는 것이다. 둘째, '선택적selective' 개입은 특정 장애나 문제를 갖게 될 위험이 높은 학생을 대상으로 개입하는 것이다. 셋째, '지시적indicated' 개입은 특정 문제가 이미 드러난 학생을 대상으로 문제가 악화되는 것을 예방하는 개입이다.

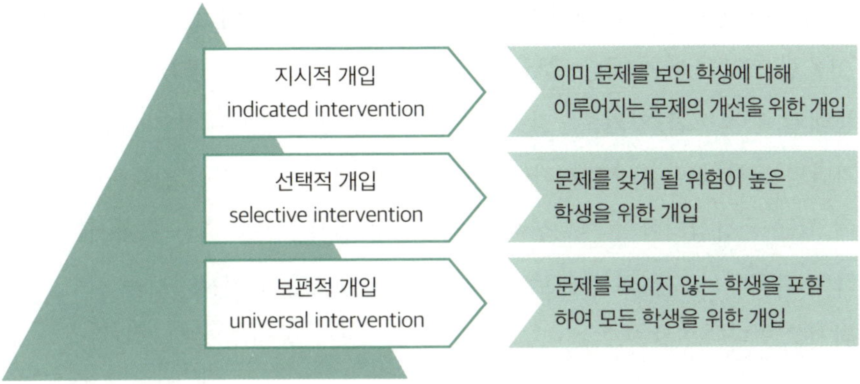

<그림 5-2> 예방이론을 적용한 학교상담의 세 가지 개입

출처: Gordon (1987).

이 세 가지 개입이 실제 학교에서 어떤 형태로 적용될 수 있는지 사례를 중심으로 살펴보면 다음과 같다.

1) 보편적 개입

보편적 개입의 핵심은 모든 학생들을 대상으로 문제의 예방에 초점을 둔 상담활동이라는 점이다. 따라서 수업이나 학교행사의 형태로 진행되는 경우가 많다.

수업을 활용한 심리교육 프로그램

심리교육psychoeducation이란 도덕교과 혹은 창의적 체험활동과 같은 수업의 형태로 정서 · 행동 문제를 미연에 예방하기 위해 제공되는 구조화된 교육활동을 의미한다(신효정 외, 2016). 전체 학생을 대상으로 시행하는 학교폭력 예방교육이나 인성교육 프로그램이 이에 해당된다. 예를 들어 학교폭력의 경우 폭력에 대한 인식을 개선하고 효과적 대처기술을 높이기 위하여 교육부는 '어울림 프로그램'을 개발·보급하고 있다. 이 프로그램은 공감, 의사소통, 갈등해결, 감정조절, 자기존중감, 학교폭력 인식 및 대처의 여섯 가지 모듈을 교과담당 교사가 직접 수업시간을 활용하여 총 20시간에 걸쳐 진행한다. 그 밖에 최근 긍정심리학의 중요성이 강조되면서 행복수업을 위한 교과서를 개발하여 학교에서 수업의 형태로 실시함으로써 행복을 증진시키려는 시도도 이뤄지고 있다(최인철 외, 2013).

학제적 접근을 통한 통합적 수업

학제적interdisciplinary 접근은 전통적으로 과목으로 구분되어온 수업의 방식을 탈피하여 주제 중심으로 다양한 학문, 전공, 분야, 과목을 통합함으로써 효과성을 높이는 방식이다. 최근에는 학교상담과 교과의 연계성이 강조되고 있으며 학급단위 상담활동이 활성화되고 이 활동이 수업의 형태로 적용되고 있는데, 이를 통해 많은 학생들의 문제를 예방할 수 있고 이들의 바른 인성 함양에 도움을 줄 수 있다(박정희·심혜숙, 2008). 이처럼 교과와 상담을 연계한 접근은 다양하게 시도되고 있다. 학교폭력에 대한 보편적 개입으로 실시되는, 교과활동과 연계한 다음의 시도들이 그러한 학제적 접근의 사례이다.

- 미술교과와 학교폭력 예방교육을 연계한 폭력예방 포스터 그리기 수업
- 체육교과와 학교폭력 예방교육을 연계한 팀워크 형성 수업
- 도덕교과와 학교폭력 예방교육을 연계한 이타적 행동 증진 수업

학교문화와 분위기 쇄신을 위한 상담행사

모든 학생들을 대상으로 개입하는 대표적 접근은 학교 수준에서 상담행사를 실시하여 학생들의 인식 개선을 도모하는 방식이다. 다음의 사례들은 일

선 학교에서 상담행사의 형태로 진행되는 보편적 상담개입을 보여준다.

- 생명존중 및 생명사랑 캠페인(전교생 대상, 교내)
- 가정폭력 및 학교폭력 예방 캠페인(전교생 및 지역주민 대상, 교외)
- 욕설 없는 학급 캠페인(전교생 대상, 교내)
- 사제동행 미소콘서트(전교생 대상, 담임/부담임 참여, 교내)
- 사과의 날 행사(전교생 및 교직원 대상, 교내 본관 앞)

2) 선택적 개입

선택적 개입의 핵심은 위험 수준이 높은 학생을 선별하여 이들에게 맞춤형 개입을 제공하는 것이다. 따라서 심리검사를 통해 이들의 위험 수준을 정확하게 평가하는 것이 중요하다. 선택적 개입은 아직 문제가 명확하게 드러나지 않은 상황에서 위험요인을 조기에 감지하여 선제적으로 상담하는 것이므로 평소 학생을 면밀하게 관찰할 수 있는 담임교사나 교과교사의 역량이 매우 중요하다.

학생정서·행동특성검사를 활용한 관심군 선별

2007년부터 정신건강 문제의 조기 발견 및 악화 방지를 목적으로 학생정서·행동특성검사를 실시하고 있다. 2012년에는 전국적으로 학교폭력 문제가 가시화되면서 전수조사를 시작했고, 2013년 이후에는 온라인 조사체계가 마련되어 검사방식이 간소화되었다. 이에 따라 매년 초등학교 1학년과 4학년, 중학교 1학년, 고등학교 1학년을 대상으로 검사를 실시하고 있다. 또한 선별된 정신건강 고위험군은 '관심군'으로 정의되어 추가적인 상담적 개입, 즉 선택적 개입을 받고 있다.

학생정서 · 행동특성검사는 대상에 따라 2개의 척도를 사용하는데, 초등학생 대상 검사는 CPSQ-II Child Personality and Mental Health Screening Questionnaire (2nd ver.) 척도를 통해 학부모 보고 형태로 실시된다. 반면 중 · 고등학생 대상 검사는 AMPQ-III Adolescent Mental Health Problems Screening Questionnaire (3rd ver.) 척도를 통해 학생 및 담임교사의 보고 형태로 실시된다(교육부, 2018a). 이 척도들은 아동 · 청소년의 전반적인 성격특성 및 정신병리를 진단하는 문항들로 구성되어 있으며, 이 검사의 결과에 기초하여 학생의 성격특성에 맞는 맞춤형 개입이 가능하다. 〈표 5-3〉에 제시된 바와 같이 현행 학생정서 · 행동특성검사는 다양한 영역에서 학생의 위험 수준을 파악하는 데

<표 5-3> CPSQ-II와 AMPQ-III의 검사 영역

대상	초등학생	중 · 고등학생
척도명	CPSQ-II	AMPQ-III
개인 성격 특성	내적: 성실성, 자존감, 개방성 외적: 타인 이해, 공동체 의식, 사회적 주도성	내적: 성실성, 자존감, 개방성 외적: 타인 이해, 공동체 의식, 사회적 주도성
위험 문항	학교폭력 피해	학교폭력 피해
외부 요인	부모-자녀 관계	자살 관련: 자살사고, 자살계획
정서·행동 문제요인	집중력 부진: 주의력결핍 · 과잉행동장애(ADHD), 품행장애	심리적 부담: 자해, 자살, 학교폭력 피해, 피해의식, 관계사고, 반항성향, 폭식
	불안/우울: 불안장애, 우울증, 심리적 외상 반응, 신체화 성향, 강박 성향	기분문제: 우울증, 기분조절장애, 조울증 등의 기분장애, 신체화 성향, 강박 성향
	학습 · 사회성 부진: 언어장애 및 사회적 의사소통장애, 학습장애, 지적장애, 자폐스펙트럼장애, 강박 성향 등	불안문제: 시험 및 사회적 상황 등에 대한 공포증, 강박 성향, 심리적 외상 반응, 환청, 관계사고
	과민 · 반항성: 우울증, 기분조절장애, 반항장애, 품행장애	자기통제 부진: 학습부진, 주의력결핍 · 과잉행동장애, 품행장애, 인터넷 또는 스마트폰 중독
기타	전반적 삶의 질, 상담 경험, 지원 선호도	전반적 삶의 질, 상담 경험, 지원 선호도

출처: 교육부(2018a).

도움을 준다.

3) 지시적 개입

지시적 개입은 이미 문제가 드러난 경우 그 문제가 더욱 악화되는 것을 예방하는 개입이다. 학생의 문제가 가시화되었기 때문에 전문적으로 도울 수 있는 교내외의 전문상담자에게 의뢰하여 문제를 해결할 수 있다. 또한 학생을 체계적이고 면밀하게 관찰하여 문제의 원인을 확인함으로써 드러난 문제가 더 이상 악화되는 것을 막을 수 있다.

위클래스와 위센터를 통한 개입

위클래스Wee Class는 위프로젝트의 일환으로 설치된 단위학교의 상담실로, 학교생활 부적응을 겪는 학생이 학교 적응력을 높일 수 있도록 돕는 상담교육 서비스를 제공한다. 위클래스의 전문상담(교)사는 앞서 설명한 보편적·선택적 개입을 하기도 하며 담임교사나 교과교사가 의뢰한 문제를 보이는 학생에게 지시적 개입으로 상담 서비스를 제공하기도 한다.

한편 위센터Wee Center는 단위학교에서 지도하기 어려운 위기학생의 체계적 관리를 위해 교육지원청 차원에서 서비스를 제공하는 곳이다. 위센터의 주요 기능은, 첫째, 고위기 학생에 대한 진단-상담-치유의 원스탑one-stop 서비스, 둘째, 심층적 진단 및 평가 서비스, 셋째, 교육 및 자문 서비스, 넷째, 위클래스 및 위스쿨, 가정형 위센터, 지역사회 유관기관과의 연계 서비스이다. 특히 위센터는 위기학생에 대한 핵심적 허브 기능을 수행하면서 지역사회의 유관기관과 긴밀한 연계를 맺고, 필요에 따라 해당 학생을 외부의 기관에 의뢰하기도 한다. 지역사회 유관기관은 〈표 5-4〉와 같이 다양하다.

<표 5-4> 위프로젝트 관련 지역사회 연계기관의 구분

구분	내용
보호기관	아동 · 청소년 일시 · 장기보호 기관 • 예: 쉼터, 일시보호소 등
위기대응기관	아동 · 청소년 긴급 지원 · 대응 기관 • 예: 시청, 경찰서, 아동보호전문기관, 청소년상담복지센터 등
복지기관	지역사회 서비스 및 보건 서비스 지원기관 • 예: 지역사회복지기관, 지역아동센터, 정신건강증진센터, 청소년수련관 등
기타 기관	자립자활기관, 멘토 지원 등 • 예: 종합고용지원센터, 청소년자활기관, 자원봉사센터 등

기능적 행동평가를 활용한 관심군 평가

앞서 설명한 심리검사의 한계점은 학생 본인이, 혹은 부모가 평가하는 방식이기 때문에 사회적 바람직성social desirability이 영향을 미쳐 정확한 평가가 어렵다는 점이다. 예를 들어 학교폭력 가해자가 자신의 가해행동 경험을 솔직하게 표시하지 않을 가능성이 높고, 부모가 자녀의 심각한 정서문제를 표시했을 경우 낙인효과를 염려하여 문제가 없는 것처럼 표시할 가능성이 있다. 이러한 한계점을 보완하기 위해 교사가 학생의 문제를 보다 체계적으로 관찰하여 정확하게 평가하는 것이 필요하다.

기능적 행동평가Functional Behavior Assessment: FBA를 활용한 교사의 관찰평가는 이러한 경우 효과적이다. FBA는 문제행동Behavior, B, 기능적 관계가 있는 맥락적인 환경요인Environment, E, 문제를 촉발하는 선행사건Antecedent, A, 그리고 문제의 후속 결과Consequence, C에 관한 정보를 수집하여 문제행동을 보다 맥락적 · 체계적으로 관찰할 수 있도록 돕는다. 일회적 · 단편적으로 행동을 관찰하는 것이 아니라 장기간에 걸쳐 반복하여 관찰하면, 특정 행동(B)이 어떤 선행자극(A)에 의하여 유발되고 어떤 후속 결과(C)에 의하여 강화되는지, 또한 이러한 A-B-C의 관계가 어떤 생태환경 요인이나 전후

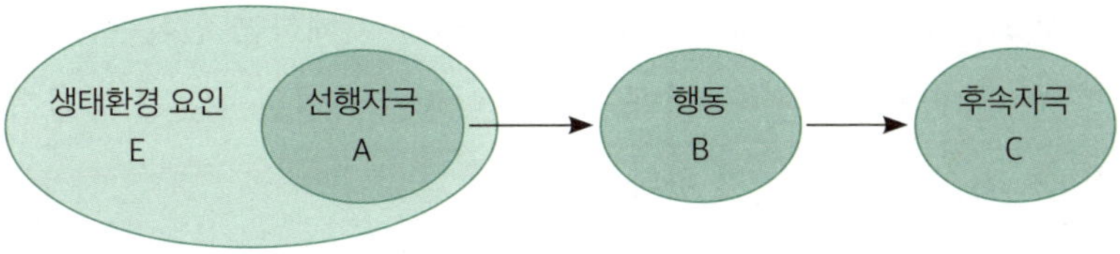

- 생태환경 요인(E): 아무런 활동이 없음
- 선행자극(A): 아무도 자기에게 관심이 없고 무시하면
- 행동(B): 자신을 때리고 소리 지르며 물건을 던진다.
- 후속자극(C): 교사의 꾸지람과 훈계를 받는다. (정적 강화로 작용)

<그림 5-3> 기능적 행동평가FBA를 적용한 문제행동의 분석

맥락적 요인에 의하여 영향을 받는지 명확히 파악할 수 있다. 〈그림 5-3〉은 FBA 관찰기술평가의 예시이다.

이 경우 학생이 자신을 때리고 소리를 지르며 물건을 던지는 행동을 할 때 교사가 혼내게 되면, 학생은 관심을 받고자 문제행동을 한 것이기 때문에 교사의 꾸지람이 오히려 문제행동을 증가시키는 기능을 하게 된다. 따라서 학생이 문제행동을 보이기 전에 관심을 보여주고, 관심과 함께 학생이 수행할 수 있는 활동을 제시한다면 문제행동이 감소할 가능성이 높다. 이처럼 FBA를 사용하면 학생의 특정 행동이 심각해지기 전에 문제행동의 전후 관계를 맥락적으로 파악할 수 있어 문제의 원인을 보다 명확하게 규명할 수 있다.

5. 통합적 접근을 통한 정서 · 행동 문제의 개입

이 절에서는 학생을 상담할 때 다양한 상담이론을 통합적 관점에서 적용하여 학생과 학생의 문제를 다면적으로 이해하고 개입하는 방법을 설명하고자 한다. 상담의 주요 이론은 주로 정신분석적 · 행동주의적 · 인지적 · 인간중심적 이론으로 구분된다. 먼저 각 이론별로 학생을 이해하는 인간관과 주요 개념 및 기법에 대해 살펴본 후, 사례를 통해 어떻게 다양한 이론을 통합적으로 적용할 수 있는지 살펴보고자 한다.

1) 정신분석적 접근

지그문트 프로이트Sigmund Freud의 정신분석적 이론은 인간의 행동이 비합리적 힘과 무의식적 동기, 생후 6년 동안의 발달적 특성과 경험에 의해 결정된다고 보았다. 이 이론에서 본능은 성격의 기본 요소로서 간주된다. 프로이트는 행동을 추진하는 본능 에너지를 리비도libido라고 보았는데, 그는 성적 충동이나 공격적 충동이 행동의 강력한 결정요인이라고 주장한다(천성문 · 이영순 · 박명숙 · 이동훈 · 함경애, 2015).

정신분석적 접근에서는 무의식적 동기가 형성되는 초기 아동기 경험을 재구성하는 것이 필수적이라고 보았다. 과거 경험을 자각하고 정서적으로 재경험하여 과거의 영향력으로부터 벗어나도록 도와야 한다는 것이다. 그리고 인간의 발달단계를 5개의 심리성적psychosexual 발달단계로 구분했다. 구강기(0~1세), 항문기(1~3세), 남근기(3~6세), 잠복기(6~12세), 성기기(12세 이후)가 그것이며, 따라서 학령기의 학생은 주로 잠복기와 성기기에 해당된다.

또한 프로이트는 인간의 성격구조가 생물학적 구성요소인 '원초아id', 심리적 구성요소인 '자아ego', 사회적 구성요소인 '초자아superego'로 구성된다고 보았다. 그리고 이 세 가지 구성요소 사이에서 발생하는 불안을 잠재우기 위하여 사람은 방어기제를 사용한다고 보았다. 자아방어기제ego-defense mechanism는 자아가 불안에 압도되지 않고, 개인이 불안을 극복하도록 돕는 역할을 한다. 즉 자아를 보호하기 위해 무의식적으로 사용하는 사고 및 행동 수단을 자아방어기제라고 한다. 이 자아방어기제는 병적인 것이 아닌 정상적 행동이지만 현실적 삶을 회피하려는 삶의 양식이 될 수도 있다. 방어기제의 유형으로는 억압, 부인(거부), 반동형성, 투사, 치환, 합리화, 승화, 퇴행, 동일시 등이 있다. 예를 들어 A대학 입시에 떨어져 낙심한 학생의 경우 자신의 자존감을 보호하기 위하여 '원래 A대학은 별로였어'라고 '합리화'하며 자아가 상처받는 것으로부터 무의식적으로 자신을 보호한다.

정신분석적 상담의 목표는 무의식을 의식화하는 것으로, 자아를 강하게 하여 행동이 본능의 요구나 비합리적인 죄책감보다는 현실에 바탕을 두도록 하는 것이다. 자신의 행동과 정서에 대한 의식을 증가시키고, 지적 통찰을 얻게 하며, 현재 증상의 의미를 이해하도록 하는 것이다. 이를 위해 무의식을 의식화해야 하는데, 여기에는 자유연상free association, 꿈의 분석dream analysis, 전이transference의 분석, 저항resistante의 분석, 해석interpretation 등의 방법이 사용된다(천성문 외, 2015). 예를 들어 자유연상은 내담자가 상담자에게 자신의 마음속에 떠오르는 것을 있는 그대로 이야기하는 것이다(예: 엄마와의 갈등을 겪는 학생에게 '엄마' 하면 떠오르는 단어를 자유롭게 말하게 한 후 단어를 연결 지으며 해석하기). 하지만 학교에서는 전통적인 정신분석적 기법을 사용하는 것이 어렵기 때문에 자연스럽게 무의식이 투사되도록 하는 놀이치료, 사이코드라마, 투사적 검사 등을 활용한다.

2) 행동주의적 접근

행동주의적 접근은 인간의 모든 문제가 학습된 것이라고 본다. 즉 문제를 환경과의 상호작용 속에서 형성된 것으로 간주한다. 따라서 어떤 환경 속에서 어떤 자극과 강화를 받았느냐에 따라 현재의 모습이 형성된다고 본다. 이와 같이 행동이 학습되는 방식은 크게 이반 파블로프Ivan P. Pavlov의 고전적 조건형성, 버러스 스키너Burrhus F. Skinner의 조작적 조건형성, 앨버트 반두라

Albert Bandura의 사회학습이론으로 설명할 수 있다(신효정 외, 2016).

고전적 조건형성classical conditioning에서는 반복적인 연합의 결과로 행동이 변화된다고 본다. 예를 들어 시험을 볼 때마다 성적이 낮아 부모님께 혼날까 봐 두려웠다면 시험이라는 상황에서 시험의 난이도와 상관없이 시험불안이 생겨날 수 있다. 조작적 조건형성operant conditioning에서는 행동 이후에 수반되는 결과에 의해 행동이 증가 혹은 감소되는 강화의 원리를 활용한다. 예를 들어 발표하기 과제가 포함된 수행평가에서 목소리가 명확하다는 교사의 칭찬을 받으면 다음 수행평가에서는 리허설을 하며 발표를 더 잘 준비하게 된다. 한편 발표 시 무의식적으로 머리카락을 만지는 행동을 지적받으면 다음 평가에서는 주의하여 그 행동이 감소하게 된다. 반면 사회학습이론social learning theory은 반복적 조건화나 강화물에 의해 행동이 변화하는 것이 아니라, 학생 스스로 상황을 관찰하고 모델링함으로써 행동이 결정된다고 믿는다. 예를 들어 발표를 잘하는 학생을 보면서 자신의 부족한 점을 파악하고 모델링을 통해 자신의 단점을 보완하며 발표능력을 향상시키는 경우이다. 따라서 사회학습이론은 행동적 변화를 위한 인지적 요소의 역할도 인정한다.

행동주의적 접근에서는 바람직한 행동을 증가시키고 문제행동을 감소시키는 새로운 학습조건을 형성한다. 즉 부적응 문제행동을 제거하거나 긍정적인 행동을 학습시킴으로써 내담자의 적응을 돕는다. 유용한 행동기법으로는 조작적 조건형성과 이완훈련, 체계적 둔감법, 실생활에서의 노출법, 상상홍수법, 사회기술훈련, 자기지시적 행동 등이 있다(천성문 외, 2015). 상담자는 내담자의 문제행동 특성과 상담목표에 따라 행동기법을 선택하고, 이를 체계적으로 계획하여 행동의 변화를 추구한다.

3) 인지적 접근

인지적 접근은 비합리적이고 왜곡된 생각이 문제를 일으킨다고 본다. 이러한 생각 때문에 부정적인 정서가 생겨나고 이는 행동적인 어려움도 발생시킨다고 본다. 인지적 접근의 대표적인 치료법으로는 앨버트 앨리스Albert Ellis의 합리적 정서행동치료, 아론 벡Aaron Beck의 인지치료, 도널드 마이캔바움Donald Meichenbaum의 인지행동수정이 있다. 앨리스가 제안한 합리적 정서행동치료Rational Emotive Behavior Therapy: REBT에서는 학생의 비합리적 신념을 효과적이고 합리적인 생각으로 바꾸기 위해 비합리적인 생각을 논박한다. 벡의 인지치료Cognitive Therapy: CT는 부정적인 자동적 사고를 인식하고 생각에 스며들어 있는 인지적 오류를 제거하도록 돕는다. 여기서의 인지적 오류는 부적절한 정보에 근거한 잘못된 추론으로, 이분법적 사고, 선택적 추론, 과잉일반화, 잘못된 낙인, 파국화 등이 있다. 한편 마이캔바움의 인지행동수정Cognitive Behavior Modification: CBM은 평소 내면의 부정적인 혼잣말self-talk, self-statement을 긍정적인 자기진술로 바꿈으로써 생각을 바꾸는 방식을 사용한다. CBM 역시 REBT나 CT와 마찬가지로 고통스런 정서가 대개 부적응적 사고에서 나온다고 가정한다(천성문 외, 2015).

REBT에서는 문제를 일으키는 내담자의 생각과 가치를 새롭게 바꾸도록, 즉 비합리적인 신념을 논박하거나 과제의 형태로 자신의 비합리적인 생각을 찾고 바꾸도록 돕는다. 예를 들어 시험성적이 떨어져 우울한 학생의 경우 '나는 시험을 항상 잘봐야 한다'는 생각이 어떤 점에서 비합리적인지 깨닫도록 논박하고, 시험은 잘볼 수도 있고 그렇지 않을 수도 있다는 생각의 유연성을 높여 우울의 심리를 경감시킨다. 반면 CT의 상담목표는 부정적·자동적 사고를 변화시키고 인지도식을 재구성하는 것이다. 예를 들어 시험점수가 떨어진 학생이 '난 완전히 망했어. 대학 입학은 물 건너갔어'라고 생각하며 낙담한 경우 이러한 생각은 근거가 미약하며 과장된 추론과 파국적 생각이라는 점을 지적하여 자신의 생각에 문제가 있다는 것을 깨닫도록 돕는다. 그리고 CBM은 학생의 부정적인 자기언어를 긍정적으로 변화시키는 것에 중점을 둔다. 예를 들어 평소 스트레스 상황에서 속으로 어떤 말을 하는지 스스로 점검하게 하고(1단계: 자기관찰), 그 상황에서 부정적인 혼잣말을 긍정적으로 바꾸는 연습을 하게 한 후(2단계: 새로운 내적 대화의 시작), 생활의 다양한 상황 속에서 긍정적 자기진술을 생성하는 연습을 하게 함(3단계: 새로운 기술의 학습)으로써 문제의 개선을 도모한다.

4) 인간중심적 접근

칼 로저스Carl R. Rogers의 인간중심적 접근은, 학생은 누구나 심리적 부적응 상태에서 적응 상태로 나아갈 수 있는 능력과 경향성을 타고났다고 본다. 따라서 그러한 경향성이 실현되도록 조건을 형성해주는 것을 강조한다. 그는 학생과의 관계에서 요구되는 세 가지 조건을 제시했는데, 이 세 가지는 진정성, 공감적 이해, 무조건적·긍정적 존중이다. 이러한 세 조건을 충족시키는 사람과의 관계에서 학생은 스스로 문제를 인식하고, '자아실현 경향성'에 의하여 문제를 해결하며, 성장한다고 보았다(신효정 외, 2016).

인간중심적 접근은 드러난 학생의 문제를 해결한다기보다는 학생 스스로 문제를 해결할 수 있는 사람으로 성장하도록 돕는다. 상담할 때 앞서 설명한 세 가지의 핵심적 조건3 core conditions을 형성하면 학생은 스스로 자신의 참모습을 발견하게 된다고 믿는다. 진정성genuineness은 상담자가 꾸밈이 없고, 속으로 느끼는 것과 겉으로 표현하는 것이 일치하며, 학생과의 관계에서 지금 느껴지는here & now 감정과 생각을 솔직하게 표현하는 것을 말한다. 공감적 이해empathic understanding는 상담자가 학생의 입장을 충분히 이해할 뿐만 아니라(인지적 공감), 학생이 현재 느끼는 아픔을 동일하게 체휼하는 것(정의적 공감)을 포함한다. 또한 무조건적·긍정적 존중unconditional positive respect은 상담이 필요한 문제가 있는 학생이라는 선입견 없이, 학생을 한 인격체로서 있는 그대로 수용하는 것이다. 그래서 로저스는 자신의 이론을 내담자중심client-centered 이론에서 인간중심person-centered 이론으로 이름을 변화시키기도 했다.

5) 사례를 통한 통합적 접근의 적용

앞서 설명한 네 가지의 이론은 상담의 주요 이론으로서 학생을 바라보는 관점, 주요 개념 및 기법 등이 매우 상이하다. 각각의 이론은 인간의 특정 영역들을 강조하여 학생을 이해하기 위한 개념적 틀을 제공했으나, 사실 인간은 매우 다면적 특징을 지니기 때문에 하나의 이론으로 충분히 설명하기 어렵다. 그래서 최근에는 다양한 이론을 통합하여 학생을 이해하는 통합적 접근이 선호된다(Corey, 2009).

다음 제시하는 중학교 2학년 남학생 현수의 사례를 통해 현수는 어떤 학생인지, 현수는 왜 문제를 보이는지, 어떻게 하면 현수의 문제를 개선할 수 있을지 살펴보고자 한다.[3] 이 내용은 현수의 담임교사와 부모, 현수의 친구들과 현수 자신의 이야기를 토대로 정리한 것으로, 이를 통해 현수를 상담할 때 어떻게 다양한 상담이론을 통합적으로 적용할 수 있을지 살펴보자.

[현수의 담임교사]

"현수는 첫날부터 눈에 띄었어요. 아무리 말썽 피우는 아이들도 보통 첫날은

3 이 사례는 오인수 등(2005)이 제시한 사례를 수정·보완했음.

잠잠하잖아요. 그런데 현수는 얼마나 산만하던지, 첫날부터 기합을 줬다니까요? 솔직히 현수는 학교에 오면 아무것도 안 해요. 일단 시간표대로 준비물을 챙겨오지 않아요. 요즘엔 가방도 안 가지고 다녀요. 늘 짝꿍하고 싸우고 시비가 붙기 때문에 그 옆에 누굴 앉혀놔도 항상 문제가 생겨요. 매를 들어도 소용이 없어요. 그렇다고 현수만 혼자 앉혀놓자니 불쌍하기도 하고 친구관계도 중요할 것 같아서, 성실하고 얌전한 애들로 짝을 정해주는데도 한결같아요. 사실 지난번 짝꿍은 바꿔준 바로 그날 짝꿍 부모님이 제게 전화를 하셨더라고요. 짝꿍 바꿔달라고요. 짝꿍과 자주 싸우는데 얘기를 들어보면 항상 현수 잘못이에요. 그런데 현수는 절대로 자기 잘못을 인정하지 않을 뿐만 아니라, 끝까지 우겨요. 전 그게 제일 괘씸해요. 짝꿍이 살짝 실수로 부딪치면 한 열 배 정도 세게 주먹으로 때리니까요. 저도 이제는 현수 지도하는 데 지쳤어요. 그래서 솔직히 요즘에는 문제를 일으켜도 웬만하면 그냥 넘어가기도 해요. 어떻게 매번 지도하겠어요. 지도하는 데에도 한계가 있잖아요.

[현수의 부모]

저도 현수 때문에 미치겠어요. 하루하루 곱게 지나가는 날이 없어요. 지난주엔 친구랑 싸워서 치료비 물어줬죠, 오늘도 학교에서 친구랑 싸웠다고 담임 선생님께서 전화하셨더라고요. 뭐, 아무리 혼내고 아무리 때려봐도 그때뿐이에요. 사실 현수 키울 때 많이 힘들었어요. 얘 누나는 유치원 들어갈 때까지 제가 직접 키웠는데, 현수가 3살 때 애들 아빠 사업이 힘들 때라서 혼자 사시는 시골 외할머니 댁에 한 1년 보냈었어요. 그리고 다시 데리고 와서 그 이듬해에 어린이집에 보냈는데 그때부터 힘들게 하더라고요. 아주 유명했어요. 그때 현수 아빠 사업이 가장 힘들었을 땐데 현수까지 그러니까 너무 힘들더라고요. 애들 아빠는 사업 때문에 거의 집에 들어오지 않고……. 그때는 사실 정말 힘들었어요. 하지만 현수가 초등학교 들어갈 때쯤에는 많이 좋아졌어요. 그런데 5학년 때 다시 애들 아빠 사업이 부도가 났어요.

[현수의 친구들]

동화: 현수요? 우리 반에서 왕따예요. 맨날 신경질만 내니까, 애들이 현수랑은 안 어울려요. 자기가 잘못했어도 항상 다른 사람이 잘못했다고 우겨요. 그래서 남자애들한테 맞죠. 맞을 짓을 한다니까요?

민주: 제발 다른 학교로 전학 갔으면 좋겠어요. 현수 때문에 수업시간에도 방해되고 애들도 싫어해요. 특히 여자애들을 너무 때려요.

슬기: 현수는 쉬는 시간에 애들과 놀지 않아요. 엎드려 있거나 가끔씩 연습장에 그림을 그리거나 낙서를 하더라고요. 그런데 그림은 잘 그리는 편이에요. 그러고 보니 한번은 미술시간에 칭찬받은 적도 있었던 것 같아요. 현수가 그런 면도 있구나 싶었어요.

[현수]

날 왜 불렀어요? 나 잘못한 거 없어요! 애들이 문제예요. 우리 반 애들이 나를 따시키잖아요. 자기들은 안 싸우고 떠들지도 않나? 나만 싸움하고 떠드는 것처럼 얘기해요. 그리고 선생님은 제가 짝꿍하고 매일 다툰다고 하는데 맨날 제 짝꿍 편만 들어줘요. 선생님은 항상 나만 미워해요. 짝꿍이 먼저 잘못했어도 무조건 내가 잘못한 것처럼 말이에요. 내 말은 어느 누구도 들어주지 않아요. 아무도 날 이해하지 않으니까 미쳐버리겠어요. 나한테 먼저 시비 거는 놈들은 가만히 안 놔둘 거예요. 잘못했으면 그만큼 대가를 받아야 되잖아요. 그리고 공부 못한다고 우습게 보는 애들도요. 특히 여자애들은 나만 보면 피하거나 무시하는 표정을 지어요. 절 그냥 내버려둬요. 그리고 다른 애들이나 좀 혼내줘요.

먼저 학생을 상담할 때 문제를 보인 학생에게 편견을 갖지 않는 것은 매우 중요하다. 부정적 선입견을 갖고 학생을 대하면 무의식적으로 이러한 부정적 생각이 비언어적 메시지(예: 표정, 목소리 톤, 몸짓 등)로 나타나고 이를 인식한 학생은 마음을 열기 어렵다. 따라서 '문제를 보인 현수'라는 생각을 중지하고 '현수를 있는 그대로' 수용하는 태도를 보여주어야 한다. 로저스가 제시한 세 가지 핵심적 조건을 염두에 두고, 비록 현수는 현재 부적응 행동을 보이지만 현수 스스로 문제를 해결하려는 의지가 내면에 있으며 스스로 변화시킬 수 있는 능력 또한 있다는 점을 상담자는 믿어야 한다. 다양한 상담이론에 기초하여 서로 다른 상담기법을 적용하기 이전에 이처럼 신뢰관계를 형성하는 것은 결정적이다. 상담 분야의 공통요인이론common factor theory은 상담기법의 효과보다 상담자가 내담자와 형성하는 신뢰관계의 효과가 더욱 크다는 점을 강조한다(Miller, Duncan, & Hubble, 1996; 김희정 · 조민아 · 송소원 옮김, 2009).

정신분석적 관점에서 보면 현수의 현재 모습은 유아기 시절 경험한 갈등 경험이 무의식적으로 내재화되어 있다가 현재 나타나는 것으로 볼 수 있다. 3~5세에 심리성적 발달이 이루어지는데, 그 시기에 부모와 분리된 경험은 부모에 대한 분노를 형성하고 공격성을 높였을 수 있다. 그리고 이러한 분노 성향을 억압과 같은 방어기제로 억누르고 있다가 교사나 친구들에게 투사하여 공격적으로 표출해왔을 가능성이 있다. 따라서 현수의 무의식적 동기를 확인하기 위하여 문장완성검사나 가족화검사와 같은 투사적 검사를 통해 부모에 대한 부정정서를 의식화시키고 이를 해석해줌으로써 마음속의 미해결 감정을 쏟아내도록 도우면 효과를 볼 수 있다.

현수는 또한 규칙을 지키지 않는 것에 양심의 가책을 느끼지 않을 뿐만 아니라 '열 배로 앙갚음을 하는' 등 매우 폭력적이고 잔인한 행동을 하면서도 태연하다. 이러한 행동은 성격구조 중 초자아의 발달에 이상이 있음을 암시한다. 오히려 현수는 "얘가 먼저 넘어와서 그런 거예요", "아니에요. 얘도 지난번에 먼저 저를 때렸어요" 등의 표현으로 자신을 방어한다. 자신의 잘못을 인정하는 것에 대한 불안이 높기 때문에 부인이나 합리화의 방어기제를 지나치게 사용한다. 따라서 상담자는 이러한 현수의 불만이나 불안을 해석해 주고 현수가 자신의 부적응적 행동패턴들을 바꾸도록 도울 수 있다. 그동안 가졌던 부모에 대한 불만과 억울함, 반항심 등의 모든 기억들을 떠올리며 자신의 욕구를 채울 수 있는 적응적 행동유형을 배우고 익히는 과정이 필요해 보인다.

현수의 담임교사는 현수의 문제를 해결하고자 성실하고 모범적인 짝을 배정해주었다. 이것은 반두라의 사회학습이론에 비춰보면 현수가 짝의 행동을 관찰하고 모델링하면서 행동이 개선될 것이라는 교사의 믿음과 관련이 있다. 그런데 현수의 행동은 개선되지 않았고 지금은 문제를 일으켜도 그냥 넘어가는 상황이 되었다. 이처럼 공격적인 행동에 대해 아무런 제지나 처벌이 주어지지 않으면 조작적 조건화에 의해 공격적 행동은 강화된다. 자신의 공격행동에 대해 아무런 처벌이 주어지지 않으면 이를 암묵적 승인으로 인정하기 때문이다.

행동주의적 관점에서 현수는 문제행동을 학습한 것으로 보인다. 따라서 강화계획을 사용하여 현수가 적응행동을 학습하도록 돕는 것이 효과적일 수 있다. 예를 들어 친구와 다툼이 일어나지 않은 날은 칭찬을 해주며 현수가 원하는 보상을 제공하면(정적 강화) 공격성을 억제하는 능력이 향상될 것이다. 그러나 친구와 다투거나 공격적 행동을 했을 때는 벌을 주거나(수여성 벌) 자유시간을 제한하는(제거성 벌) 방식 등을 활용할 수 있다. 이러한 강화전략은 행동을 빠르게 변화시키는 점에서는 효과적이지만 그로 인해 감정의 부산물이 생겨날 수 있다. 벌을 받거나 자유시간이 제한될 때 분노가 다시 높아질 수 있기 때문이다. 따라서 강화계획을 세울 때는 현수와 협의하여 기대되는 행동이 구체적으로 무엇이며, 그 행동을 하지 않았을 때 주어지는 결과가 무엇인지 사전에 알려주고 이를 일관되게 적용하는 것이 효과적이다.

한편으로는 인지적 접근을 사용하여 현수의 비합리적 신념이나 부정적인 사고체계를 바꾸도록 도울 수 있다. 이는 현수가 갈등 상황에서 마음속에 되새기는 혼잣말을 통해 파악할 수 있다. 즉 혼잣말 속에 포함되어 있는 비합리적 신념이나 인지적 오류를 상담자가 논박하여 바로잡아 주는 것이다. 또한 부정적으로 이끄는 자기패배적 혼잣말을 긍정적인 혼잣말로 바꾸어보는 연습을 할 수 있다. 현수의 진술 중에서 "선생님은 항상 나만 미워해요"라는 표현은 교사에 대한 비합리적 신념을 엿볼 수 있는 대목이다. 교사가 자신을 '항상' 미워한다는 것도 과장된 생각이고, '선생님은 반드시 나를 이해해주어야만 하는 사람'이라고 생각하는 것 역시 비합리적이라고 볼 수 있다. 보다 합리적인 생각은 '선생님도 인간이기 때문에 학생을 이해할 수도 있고 그렇지 못할 수도 있다'일 것이다. 이와 관련하여 '선생님은 항상 공정해야 하고 모든 학생을 이해해주어야 한다'는 생각이 어떤 점에서 비합리적인지를 논박하여 바로잡아 줄 수 있다. 또한 현수는 '선생님은 나를 사랑하지 않아'와 같은 부정적 표현들을 많이 사용하는데, 이러한 부정적 진술을 긍정적인 진술로 바꾸는 훈련도 할 수 있다. 이와 같이 인지적 접근에서는 현수가 혼잣말을 멈추고 스스로의 생각을 합리적으로 변화시킬 때 행동의 변화가 일어난다.

인간중심적 접근은 특정 기법을 강조하기보다는 현수를 바라보는 관점, 현수의 현재 상황을 이해하는 방식 및 현수를 대하는 태도 측면에서 시사점을 준다. 상담자가 현수의 감정과 생각을 있는 그대로 진술하게 받아주고 신실하게 대할 때 현수에게 변화가 일어난다고 보기 때문이다. 현수는 다양한 문제행동과 심리를 보였기 때문에 '문제아', '골칫덩어리' 등 다양한 꼬리표를 지닌 채 주변 사람들에게 인식되었을 수 있다. 이때 상담자는 현수에 대한 선입견을 버리고 무조건적으로 존중하는 것이 중요하다. 다시 말해 현수의 말을 충분히 들어주고 상담자의 마음에 생기는 편견과 선입견을 배제하려고 노력할 때 상담의 효과가 있다고 본다. 상담자가 충분히 공감해주고 무조건적으로 수용해주며 정확하게 반영해줄 때 내담자 자신이 스스로를 발견할 수 있게 된다. 현수의 "아무도 날 이해하지 않으니까 미쳐버리겠어요"라는 진술은 어느 누구도 현수의 마음에 공감해주지 않고 있음을 암시한다. 상담자가 현수의 입장에서 그의 마음을 공감적으로 이해하고 현수가 느끼는 바를 체휼해준다면 현수는 마음의 문을 열 것이다.

이상에서 살펴본 것처럼 각각의 서로 다른 이론은 한 학생을 서로 다른 관점에서 바라보며, 문제를 해결하기 위한 기법도 서로 다르다. 최근에는 어느 한 이론적 관점에서만 상담하기보다는 다양한 관점에서 내담자를 이해하는 통합적이고 융합적인 접근을 시도하는 경우가 많다. 즉 학생의 문제는 다면적이기 때문에 특정 영역에만 초점을 두기보다는 통합적인 관점에서 다양한 이론의 장점을 살려 학생의 부적응을 이해하려 하는 안목이 필요할 것이다.

• 참고문헌 •

교육부(2016a), 「제2차 진로교육 5개년 기본계획(안)」, 미간행 보도자료.

_______(2016b), 「중 · 고등학교 진로전담교사 배치 및 운영 지침」, 미간행 보도자료.

_______(2016c), 「초등학교 진로전담교사 배치 및 운영 지침」, 미간행 보도자료.

_______(2018a), 「2018 학생정서 · 행동특성검사 및 관리 매뉴얼」, 청주: 교육부 학생건강정보센터.

_______(2018b), 「2018 학생정서 · 행동특성검사 통계」, 미간행 보도자료.

구경호 · 김석우(2014), “초등학생의 학업스트레스, 학업탄력성과 학업성취 간의 구조적 관계”, 『학습자중심교과교육학회』, 14(8), 69-89.

김계현 · 김동일 · 김봉환 · 김창대 · 김혜숙(2009), 『학교상담과 생활지도』, 서울: 학지사.

김미숙 · 김효진 · 김안나(2018), “아동의 삶의 질 수준 국제비교와 놀이와 여가활동의 영향 연구”, 『유라시아연구』, 15(3), 29-59.

김영지 · 김희진 · 이미영(2017), “아동 · 청소년 권리에 관한 국제협약 이행 연구: 한국 아동 · 청소년 인권실태 2017 통계”, 한국청소년정책연구원 연구보고서.

김지인 · 부윤정 · 이지선(2015), “폭력 경험이 있는 청소년의 자살 생각 및 자살 시도에 영향을 미치는 요인”, 『한국학교보건학회지』, 28(2), 89-98.

김치건(2018), “청소년의 학교폭력, 가족탄력성, 무망감, 우울, 자살생각 간의 구조적 관계”, 『한국아동복지학』, 61, 53-82.

김현수 · 오인수(2018), “생활지도의 내용과 방법 탐색: 중학교 교사를 대상으로”, 『아시아교육연구』, 19(2), 375-402.

문승태(2017), “진로전담교사의 양성 및 연수”, 한국진로교육학회 학술대회지, 67-69.

박정희 · 심혜숙(2008), “청소년의 심리적 안녕감 증진을 위한 학급상담 프로그램의 개발 및 효과 검증”, 『한국청소년연구』, 19(2), 279-303.

박종일 · 박찬웅 · 서효정 · 염유식(2010), “한국 어린이-청소년 행복지수 연구와 국제비교”, 『韓國社會學』, 44(2), 121-154.

신효정 · 송미경 · 오인수 · 이은경 · 이상민 · 천성문(2016), 『생활지도와 상담』, 서울: 박영스토리.

오인수(2010), 『학교상담의 체제적 접근: 종합학교상담모형의 적용』, 서울: 이화여자대학교 교육과학연구소.

오인수 · 이동궁 · 김영조 · 김은향 · 송선원 · 고정자 · 이정희 · 이보경 · 황애현 · 장현일(2005),『상담으로 풀어가는 교실이야기』, 파주: 교육과학사.
오해섭 · 최인재 · 염유식 · 김세광 · 윤혜지 · 정재훈(2017), “청소년이 행복한 지역사회 지표조사 및 조성사업 연구 V”, 한국청소년정책연구원 연구보고서.
이규미 · 지승희 · 오인수 · 송미경 · 장재홍 · 정제영 · 조용선 · 이정윤 · 유형근 · 이은경 · 고경희 · 오혜영 · 이유미 · 김승혜 · 최희영(2014),『학교폭력 예방의 이론과 실제』, 서울: 학지사.
이지은(2014), “교장, 교사, 전문상담교사의 인식 분석에 기초한 전문상담교사 역할 모형 탐색”, 이화여자대학교 대학원 박사학위논문.
정주영(2010), “초등학생의 학업스트레스가 학업성취도에 미치는 영향에 관한 구조적 분석”,『한국교육학연구』, 16(1), 129-152.
정해식 · 김성아(2015), “OECD BLI 지표를 통해본 한국의 삶의 질”,『보건복지포럼』, 227, 75-88.
조한익(2013), “고등학생의 학업낙관성, 학업스트레스, 학습몰입 및 학업성취도의 구조적 관계”,『教育心理研究』, 27(4), 783-803.
천성문 · 이영순 · 박명숙 · 이동훈 · 함경애(2015),『상담심리학의 이론과 실제』, 서울: 학지사.
최인철 · 문용린 · 김경미 · 유승아 · 이명아 · 홍영일(2013),『행복 교과서: 청소년들의 행복 수업을 위한 첫걸음』, 서울: 주니어김영사 & 서울대학교행복연구센터.
최정아 · 이혜은(2018), “국내 학교상담교사 연구의 동향과 과제: 전문상담교사와 진로전담교사 연구 비교”, *The SNU Journal of Education Research*, 27(1), 71-107.
푸른나무청예단(2018),『2017 전국 학교폭력 실태조사 연구』, 서울: 푸른나무청예단.

ASCA (2020), *ASCA National Model: A Framework for School Counseling Programs* (4th ed.), Alexandria, VA: American School Counselor

Association.

Corey, Gerald (2009), *The Art of Integrative Counseling* (2nd ed.), Belmont, CA: Thomson Higher Education.

Gordon, Robert S. (1987), "An operational classification of disease prevention", In Jane A. Steinberg & Morton M. Silverman (Eds.), *Preventing Mental Disorders: A Research Perspective*, Rockville, MD: Department of Healthe and Human Services.

Hahn, Robert., Fuqua-Whitley, Dawna., Wethington, Holly., Lowy, Jessica., Crosby, Alex., Fullilove, Mindy., Johnson, Robert., Liberman, Akiva., Moscicki, Eve., Price, LeShawndra., Snyder, Susan., Tuma. Farris., Cory, Stella., Stone, Glenda., Mukhopadhaya, Kaushik., Chattopadhyay, Sajal., Dahlberg, Linda., & Task Force on Community Preventive Services (2007), "Effectiveness of universal school-based programs to prevent violent and aggressive behavior: A systematic review", *American Journal of Prevention Medicine*, 33, 114-129.

Kim, Yeon-soo., Kwak, Keumjoo., & Lee, Seungjin (2016), "Does optimism moderate parental achievement pressure and academic stress in Korean children?", *Current Psychology*, 35(1), 39-43.

Lorenz, Jan., Brauer, Christoph., & Lorenz, Dirk (2017), "Rank-optimal weighting or "how to be best in the OECD better life index?"", *Social Indicators Research*, 134(1), 75-92.

Miller, Scott D., Duncan, Barry L., & Hubble, Mark A. (1996), *Escape from Babel: Toward a Unifying Language for Psychotherapy Practice*, 김희정 · 조민아 · 송소원 옮김(2009), 『유능한 상담자의 심리치료: 내담자에게 집중하라』, 서울: 학지사.

van den Boom, Maike (2015), *Wo Geht's Denn Hier Zum Glück?*, 장혜경 옮김 (2016), 『행복한 나라의 조건: OECD 선정 '가장 행복한 13개국'에게 배운다』, 파주: 푸른숲.

6장

학교조직은 어떻게 구성 · 운영되는가

교육행정教育行政은 '교육에 관한 행정' 또는 '교육을 위한 행정'이라고 할 수 있다. 교육에 관한 행정이라는 개념은 행정을 본위에 두고, 행정의 여러 영역 중에서 교육 분야를 의미하는 것이다. 또 교육을 위한 행정은 교육활동을 본위에 두고, 교육활동을 지원하는 활동으로서의 행정을 강조하는 것이다(김종철 · 이종재, 1997). 이러한 교육행정의 영역들 안에서 학교는 중심적인 위치에 있다고 할 수 있다. 학교의 교육활동을 지원하는 행정활동이 다양하게 이루어지고 있기 때문이다. 따라서 학교조직에 대한 이해는 교육행정학의 학문적 영역에서 중요한 위치를 차지하고 있다.

인간은 사회의 구성원으로 태어나서 배우고 성장하며 살아간다. 사회 속에서 생활하는 사람은 다른 사람과 관계를 형성하고, 또 관계를 넓혀가는 삶을 살게 된다. 조직organization은 일반적으로 '두 사람 이상이 계속적이고 의식적으로 공동의 목표를 달성하기 위하여 만든 활동, 관계 또는 체제'로 정의된다. 개인은 여러 종류의 조직에 속하게 되는데, 조직 안에서의 관계 형성을 통해 즐거움과 괴로움, 슬픔과 기쁨을 경험하게 된다. 교육행정학에서는 학교를 이러한 조직의 관점에서 보는 연구가 오랫동안 진행되어왔다.

조직의 개념은 학자에 따라 다양하게 정의된다. 베버(Weber, 1947)는 조직이란 "협동집단으로서 계속적이고 의도적인 특정한 종류의 활동체제"라고 했고, 버나드(Bernard, 1938)는 "두 사람 이상의 힘 또는 활동이 의식적으로 조정되는 체제"라고 했으며, 에치오니(Etzioni, 1964)는 "특정한 목표를 추구하기 위하여 의식적으로 구성되고 재구성되는 사회적 단위"라고 했다. 카츠와 칸(Katz & Khan, 1978)은 "조직은 사회적 조직이며, 생산구조와 생산의 지원 및 유지구조, 공식적 역할구조, 통제 및 관리구조 등을 가진 사회적 체제"라고 정의했고, 민츠버그(Mintzberg, 1979)는 조직을 "과업에 따라 인력을 분배하고, 이들의 다양한 활동을 조정하는 모든 방법"이라고 제시했다. 오석홍(2003)은 "인간의 집합체로서 특정한 목표 추구를 위하여 의식적으로 구성한 사회적 단위"로, 윤정일 등(2002)은 "둘 이상의 사람이 일정한 목표를 추구하기 위해 의도적으로 구성한 사회체제로서, 목표 달성을 위한 특정한 과업, 역할, 권한, 의사소통, 지원구조 등을 갖는 체제"로, 신현석 등(2015)은 "둘 이상의 사람들이 '공유한 목표를 달성하기 위해' 과업과 역할 및 권한 관계 등을 구조화한 사회체제"로, 한유경 등(2018)은 "조직 구성원이 둘 이상인 의도적으로 구성된 집합체로서, 서로 공유하는 특정한 목표가 있는 사회체제"로 각각 조직을 정의했다.

일반적으로 조직을 이해하기 위해서는 그것을 다양한 관점에서 살펴볼 필요가 있다. 다양한 관점의 준거로는, 조직을 구성하고 있는 사람들, 조직이 지향하고 있는 목표, 조직을 효율적으로 운영하는 원리, 큰 조직의 경우에는 업무의 분장에 따른 조직의 구조, 조직 내 구성원들의 주요 활동과 의사소통 등이 있다. 그렇다면 학교조직을 살펴보자. 첫째, 학교조직의 구성은 교육활동을 하는 교원과 학생이 핵심적인 구성원이고, 직원은 행정적 지원을 하게 된다. 그 외에 학부모와 보호자들이 교육에 직간접적으로 참여하고 있으며, 더 확장해 보면 지역사회 구성원들도 교육활동에 영향을 미치고 있다. 둘째, 학교조직의 목표 측면에서 본다면 공식적으로 학교의 목표는 법령에 정해져 있는 목표가 있으며, 그 밖에도 학교의 특성에 맞는 목표를 설정하고 있다. 셋째, 학교운영의 원리는 일반적인 행정조직의 운영원리에 따라 기본적으로 관료제적 속성을 갖고 있지만, 교육과 관련하여 교사와 학생의 관계에서는 전문가 조직의 특성도 갖고 있다. 넷째, 학교조직의 구조는 기본적으로 공식적 조직으로서의 특징을 갖고 있지만, 그밖에 다양한 비공식 조직이 생겨나고 사라지는 것을 반복하고 있다. 다섯째, 학교조직의 주요 활동과 의사소통은 학교의 문화와 연계되어 있는데, 공식적으로는 학생의 학습성취를 주요 활동으로 한다. 하지만 그에 못지않은 다양한 하위문화가 존재하고 있고, 여러 가지 의사소통의 방식 역시 활용되고 있다. 그럼 지금부터는 학교조직의 구성 및 운영의 특성에 대해 구체적으로 살펴보고자 한다.

1. 학교조직의 구성원

1) 학교공동체의 구성원: 교원, 직원, 학생, 학부모 및 보호자

학교조직에서 교육활동을 하는 기본적인 구성원은 교원과 학생이고, 교육활동을 행정적으로 지원하는 구성원으로 직원이 있다. 또 다른 학교 구성원으로는 학부모도 있는데, 학부모는 다양한 활동을 통해 학교의 의사결정과 활동에 참여한다. 그리고 지역사회는 넓은 의미에서 학교교육에 참여하는 주체가 되고 있으며 참여의 폭이 점점 더 넓어지는 추세라고 할 수 있다. 여기서는 학교의 구성원들을 살펴보고 각각의 참여방식에 대해 살펴보고자 한다.

공급자의 측면에서 학교 구성원은 교원과 직원으로 나누어볼 수 있다. 교원과 직원을 합쳐서 교직원이라고 부르는데, 각급학교에서 교육활동에 직접 종사하는 교원과 교육활동을 지원하는 학교 직원을 의미한다. 직원은 교육을 지원하는 다양한 행정업무를 담당한다. 공립학교의 경우에는 교육청의 공무원이 직원으로 업무를 수행하게 된다. 또 공립학교와 사립학교에는 계약에 의해 업무를 수행하는 직원도 있다.

교원은 자격에 따라 교사, 수석교사, 교감, 교장으로 구분된다. 교감과 교장의 경우에는 자격을 갖추고 난 이후에 임용되는 것을 원칙으로 하고 있으나 때로는 무자격으로 우선 임용된 이후에 연수를 통해 자격을 취득하는 경우도 있다. 교원자격의 기준은 「초·중등교육법」 제21조에 상세히 규정되어 있다. 교사는 정교사(1·2급), 준교사, 전문상담교사(1·2급), 사서교사(1·2급), 실기교사, 보건교사(1·2급) 및 영양교사(1·2급)로 구분된다.

교원의 승진 경로는 매우 단순하게 규정되어 있다. 교사는 2급 정교사, 1급 정교사로 구분되는데 신분상 차이는 없고, 일정 요건을 갖춘 경우에 1급 정교사로 승진하게 된다. 교감과 교장은 일정 요건과 연수를 거쳐 자격을 취득한 후에 승진이 이루어진다. 다양한 유형의 교원양성기관을 졸업하면 2급 정교사의 자격을 취득하게 된다. 그리고 2급 정교사 자격증을 가진 교사가 3년 이상의 교육 경력을 가지고 소정의 재교육을 받으면 1급 정교사의 자격을 취득하게 된다. 정교사의 경우에는 1급이든 2급이든 상관없이 교사로서 재직하게 되는데, 학교에 따라 다양한 행정업무를 수행하는 부장교사로 근무할 수도 있다. 교감의 자격기준은 1급 정교사 자격증을 가지고 3년 이상의 교육 경력과 소정의 재교육을 받은 자로 규정되어 있다. 수석교사는 교사 자격증을 소지한 사람으로서 15년 이상의 교육 경력과 교수·연구에 우수한 자질 및 능력을 가진 사람 중 대통령령으로 정하는 바에 따라 교육부장관이 정하는 연수 이수 결과를 바탕으로 자격증을 받은 사람이어야 한다.

한편 수요자의 측면에서 학교 구성원은 학생과 학부모(혹은 보호자)가 있다. 학령기 아동과 청소년 중에서 학교에 재학 중인 경우 학생이라고 한다. 학교에서 학생은 그간 교육의 대상으로서 수동적인 역할이 강조되어왔지만 최근에는 적극적으로 참여하는 학생의 능동적인 역할이 강조되고 있다. 학생의 부모와 법령상 보호자도 학교의 중요한 구성원으로 볼 수 있다. 학부모 및 보호자는 학부모회, 학교운영위원회 등을 통해 공식적으로 학교의 교육적 의사결정에 참여한다.

2) 학교와 지역사회 연계

최근 학교들은 예전과는 다르게 지역사회와의 연계를 위한 다양한 활동을 펼치고 있다. 학교와 지역사회가 연계하는 목적은 학교의 교육 기능 강화, 지역사회의 경제적 경쟁력 제고, 학생의 복지 개선, 지역사회 개발 등으로 살펴볼 수 있다. 첫째, 학교-지역사회 연계를 통해 학교의 교육적 기능을 강화하는 것이다. 지역사회의 참여를 통해 학교의 교육 기능을 강화하는 것은 '위기의 학생student at risk'을 교육적으로 지원하는 데 초점을 맞출 수 있다. 쇼어(Shore, 1994)는 "미국의 많은 학교들이 기본적인 교육적 사명을 수행하는 데 어려움을 겪고 있다. 특히 저소득층 자녀의 사회적·감성적 성장을 위한 역할에 대해서는 책임을 다하기 어려운 상황이다"라고 했다. 즉 학교교육 기능의 강화를 위해 지역사회의 역할을 강조하는 입장에서 보면, 학교의 기본적인 사명으로서 모든 학생을 위한 성공적인 교육을 수행하고자 할 때 인적·물적 자원은 모두 부족한 상황이라고 할 수 있다(Epstein, 1995; Melaville, 1998; Waddock, 1995). 섬처럼 고립되어 있는 기존의 학교 운영방식으로는 사회적인 변화, 교육환경의 변화, 학생의 다양성에 대응하기에 한계가 있다는 것이다(Cibulka, & Kritek, 1996). 아처(Ascher, 1988)는 미국의 아이들을 교육시키기 위해서는 학교교육의 비전을 확대할 필요가 있다고 지적했다. 확대된 학교교육의 비전은 학교교육에 대한 책임을 지역사회에 공유하도록 하여 지역사회의 참여를 유도하는 것이다.

둘째, 학교-지역사회 연계를 통해 지역경제의 활성화를 도모하는 것이다. 학교교육을 통해 길러내는 인재는 결과적으로 지역경제 발전을 위한 중요한 자원이기 때문에 지역사회가 학교교육의 책임을 공유해야 함을 강조하는 것이다. 즉 학교는 지역사회 인적자원개발의 핵심적인 기능을 하기 때문에 교육을 통해 지역경제의 생산성 향상과 성장을 촉진할 수 있다는 것이다. 미국에서는 일반적으로 지역의 미래 인적자원 개발을 위한 학교의 역할을 강조하고 있으며, 교육 관련 법령과 정책에도 이를 포함하고 있다(Sanders, 2006).

셋째, 학교-지역사회 연계를 통해 학생을 대상으로 하는 복지 서비스를 개선하는 것이다. 학교를 창구로 하면 지역사회의 다양한 복지 서비스를 학생들에게 제공할 수 있다. 특히 메르츠와 퍼먼(Merz & Furman, 1997)은 지역사회와 학교 연계의 목적을 경제적 관점으로 보는 것은 학교교육을 수단으로 인식하는 것이라고 비판했다. 대신에 관계의 형성 및 인간 사이의 연계를 중심으로 봄으로써 학생을 경제적 목적을 달성하기 위한 수단이 아닌 목적으로 간주해야 한다고 주장했다. 학교교육 자체를 목적으로 본다는 것은 학생의 복지를 최우선의 가치로 설정하는 것을 의미한다. 학생의 복지를 위한 학교-지역사회 연계를 지지하는 입장에서는 학생들이 부모의 사회경제적 지위에 상관없이 사회적 자본을 활용하여 교육적으로 성장할 수 있어야 한다고 주장한다. 여기서 사회적 자본은 '지식, 돌봄, 다양한 가치'를 공유함으로써 새롭게 생성되고 교환될 수 있다. 학교가 학생들 사이의 커뮤니티를 통해서 학생 각자의 사회적 자본을 축적해나갈 수 있도록 해주는 역할을 한다는 것이다. 따라서 이러한 지역사회 자원봉사와 통합지원 서비스를 통해 사회적 환경이 어려운 학생들에게 희망을 줄 수 있다.

넷째, 학교-지역사회 연계를 통해 더욱 건강한 지역사회를 만들어가려는 것이다(Combs & Bailey, 1992). 학교-지역사회 연계가 지역사회에 도움이 되는 중요한 부분은, 지역에 거주하는 성인들의 교육적·사회적 욕구 및 여가 활용의 욕구를 해소하는 데 학교를 활용할 수 있다는 점이다. 학교는 지역사회 성인들이 다양한 욕구를 해소할 수 있도록 하기 위한 시설이나 전문가들을 제공해줄 수 있기 때문이다. 반면에 연계를 통해 학교도 지역사회의 다양한 교육적 자원을 활용할 수 있게 된다. 지역사회의 발전은 학교-지역사회 연계의 중요한 목적이 되어야 하는데, 왜냐하면 학생을 지원하는 것이 성공적으로 수행되기 위해서는 건강한 지역사회가 바탕이 되어야 하기 때문이다.

2. 학교조직의 리더와 리더십

학교조직을 대표하는 리더는 교장이라고 할 수 있다. 하지만 학교에서 이루어지는 다양한 장면 속에는 그룹별 리더가 있고, 이들 각각은 그 상황에 맞는 역량을 발휘하고 있다. 일반적으로 리더는 조직을 대표하여 최고의 의사결정을 하는 사람이라고 할 수 있고, 구성원들은 조직의 결정에 따라 행동하게 된다. 리더십leadership은 리더의 속성이자 특징으로, 주어진 상황에서 설정된 조직의 목표를 효과적으로 달성하기 위하여 구성원들로 하여금 그들이 노력하도록 유도하고, 설득하며, 행동에 영향을 주는 일련의 과정을 의미한다(진동섭·이윤식·김재웅, 2018). 리더십에 대한 연구는 아주 오래전부터 이루어져왔는데, 윤정일 등(2002)은 리더십이 다음의 두 가지 개념을 내포한다고 설명했다. 첫째, 리더십은 두 사람 이상의 관계에서 영향력과 권력이 불균등하게 배분되어 있을 때 리더가 집단에 영향력을 발휘하는 권위authority를 의미한다. 둘째, 리더십은 권위를 갖고 있는 리더의 명령에 구성원들이 기꺼이 복종해야 한다는 것을 의미한다. 우리나라 학교의 경우 주기적으로 교장이 바뀌는데, 이에 따라 학교가 완전히 달라지는 것을 경험해왔다. 특히 공립학교의 경우에는 구성원인 교사들도 주기적으로 바뀌기 때문에 사립학교에 비해 조직의 구성과 운영이 더 자주 변화하게 된다. 학교에서 교장이 바뀌면 학교의 전체적인 운영이 바뀌게 되는 것은 리더십이론에서 그 이유를 찾을 수 있다. 조직은 리더와 리더십의 영향을 크게 받기 때문이다.

프렌치와 레이븐, 카트라이트(French, Raven, & Cartwright, 1959)는 "사회적 권력의 근원The bases of social power"이라는 논문에서 다섯 가지의 권력을 제시했다. 첫째, 합법적 권력legitimate power은 조직의 위계 속에서 규정과 규율에 의해 리더의 지위나 역할에 부여된 것이다. 둘째, 보상적 권력reward power은 리더가 부하의 노력이나 성과에 보상을 주는 것을 전제로 생겨나는 것으로, 주로 계약 관계에서 발생하는 것이다. 셋째, 강압적 권력coercive power은 리더의 지시에 순종하지 않을 때 부하를 통제하고 벌줄 수 있는 경우이다. 넷째, 전문적 권력expert power은 리더의 전문적이고 특별한 능력이나 지식에 대해 부하들이 스스로 존경하는 마음으로 따르는 상황에 해당한다. 다섯째, 위탁적 권력referent power은 리더 자신의 인성적 강점이나 카리스마에 의해 부하가 복종하게 되는 것을 의미한다. 학교 교장의 경우 권력은 기본적으로 합법적 권력에 해당한다. 이에 더하여 보상적 · 강압적 · 전문적 · 위탁적 권력은 교장의 개인적 특성에 따라 그 영향력이 다르게 발휘된다고 할 수 있다.

리더십에 대한 연구는 사회 변화에 따라 발전해왔는데, 크게 리더의 개인적 특성을 강조한 특성이론, 리더의 행동방식에 초점을 맞춘 행동이론, 상황에 따른 리더십의 중요성을 강조하는 상황이론으로 구분해볼 수 있다. 이러한 리더십이론을 학교에서 적용할 수 있는 범위는 교장의 역할뿐 아니라 학급 담임으로서의 리더의 역할에 이르기까지 다양하다.

1) 특성이론

특성이론trait theory은 리더의 개인적 특성에 초점을 맞추고 있는데, 리더는 다른 사람과 차별화되는 외모, 성격, 동기, 능력 등을 갖추고 있다는 것이다. 주로 사회적으로 큰 업적을 이룬 사람들의 특징을 분석한 것으로, 위인이론great man theory이라고도 한다. 위인들의 업적과 그들의 특징들을 분석한 내용은 동서양의 고전에서 많이 찾아볼 수 있다. 서양에서 보면 그리스·로마 신화에 나오는 인물들, 플루타르크 영웅전 등 수많은 영웅들의 개인적 특성에 대한 설명이 이에 해당한다. 동양의 경우에도 왕과 제후 외에 역사적으로 중요한 개인들을 분석하는 열전列傳이 이에 해당하며, 사기열전史記列傳, 삼국사기三國史記 등이 대표적인 예라고 할 수 있다. 최근 우리나라에서도 우수한 교장에 대한 사례 분석 등에서 일부 특성이론의 내용을 찾아볼 수 있다.

스톡딜(Stogdill, 1948)은 1904년부터 1948년까지 수행되었던 124편의 연구들을 분석하여, 리더십 효과에 긍정적·부정적·중립적 결과를 나타낸 리더십 특성과 관련 요인들을 도출했다(〈표 6-1〉 참조). 스톡딜은 리더의 특성을 능력capacity, 성취achievement, 책임responsibility, 참여participation, 지위status 등 다섯 가지로 제시했다. 이후에 그는 1949년부터 1970년까지 이루어진 163편의 리더십 특성과 관련된 연구들을 기존의 연구와 비교하여 리더십 특성과 요인들을 재검토한 후 리더의 특성을 추가했다(Stogdill, 1974).

유클(Yukl, 1989)은 성공적인 지도자의 특성과 기술에 대해 분석하여 제시했다. 그는 성공적인 지도자의 특성을 '상황에 대한 적응력, 사회적 환경에 대한 민감성, 야망과 성취지향성, 자기주장 능력, 협동성, 결단성, 신뢰성, 지배욕, 높은 활동에너지, 집요성, 자신감, 인내력, 책임감'으로 제시했다. 또한 리

<표 6-1> 스톡딜의 1차 분석(1904~1948년) 결과: 리더의 특성과 구성요인

리더의 특성	구성요인
능력	지능, 민첩성, 언어유창성, 독창성, 판단력
성취	학력, 지식, 운동능력
책임	신뢰성, 솔선수범, 인내, 적극성, 자신감, 자존감(우월감)
참여	단체활동, 사회성, 사교성, 협동심, 적응력, 유머
지위	사회경제적 지위, 인기

출처: 한유경 외(2018: 128).

더의 기술로는 '인지적 기술, 상황파악 능력, 창조능력, 사교성, 유창한 화술, 일 처리 기술, 조직력, 설득력, 세련된 매너'를 제시했다. 한편 카츠(Katz, 2009)는 효과적인 리더십이 조직을 맡고 있는 리더의 직급과 관련되어 있다고 보았다. 즉 최고경영자는 '개념적 능력conceptual skill'이 가장 중요하고, 중간관리자는 '인간관계 능력human skill'이 필요하며, 하위직 직원은 '사무능력technical skill'이 가장 중요하다고 본다는 점을 제시했다.

이러한 리더십에 대한 특성이론은 리더에게 필요한 다양한 특성, 요소, 역량 등을 제시하고 있다는 점에서 의미가 있지만, 가장 중요한 요소에 대해서는 언급하지 않고 실제 다양한 조직에 적용했을 때 적합한 내용을 찾는 것도 어렵다는 한계를 갖고 있다. 그럼에도 불구하고 특정 상황에 따른 리더의 역할과 역량에 대해 사례연구 형태로 분석하여 시사점을 줄 수 있다는 점에서 최근에도 다양하게 활용되고 있다.

2) 행동이론

행동이론behavior theory은 리더의 행위를 분석하여 효과적인 리더와 효과적이지 않은 리더를 구분하는 접근방법이다. 이 이론은 사회과학 연구방법의 변화에도 영향을 받았는데, 리더의 특성에 대해 설문조사를 하거나 준실험 설계연구를 통해 분석한다는 점에서 특성이론과 차이를 갖는다. 하지만 여전히 리더의 특성에 초점을 맞추고 있다는 점은 특성이론과 유사하다.

레빈과 리피트, 화이트(Lewin, Lippit, & White, 1939)는 십대 소년들을 4개 집단으로 나누어 교사들에게 각 집단에 대해 '권위적 리더, 민주적 리더, 자유방임적 리더'로 역할을 하게 한 후 학생들의 반응을 조사했다. 그 결과 학생들은 민주적 리더를 가장 선호했고, 권위적 리더를 가장 싫어하는 것으로 나타났다. 특징적인 것은 권위적 리더인 교사의 성과가 초기에는 높게 나타나지만 시간이 흐름에 따라 급격하게 낮아지는 것으로 나타났다는 점이다. 이 연구는 미국 아이오와대학교에서 이루어져 '아이오와 연구'라고도 불린다.

스톡딜과 쿤스(Stogdill & Coons, 1957)는 다양한 집단의 리더를 대상으로 지도자의 유형을 구분할 수 있는 '지도자 행동 기술 설문지Leader Behavior Description Questionnaire: LBDQ'를 개발하여 연구를 진행했다. LBDQ는 30개의 문항으로 구성되어 있는데, 15개는 '구조성initiating structure' 차원이고 15개는 '배려성consideration' 차원으로 이루어져 있다. 구조성은 리더가 목표에 초점을 맞추고, 과업을 조직하고, 성과를 평가하는 것을 강조하는 것을 의미하며, 배려성은 리더가 신뢰, 존경, 지원, 관심을 기울이는 정도를 의미한다. 핼핀(Hapin, 1956)은 LBDQ를 교육감과 공군 지휘관에게 적용해보았는데, 그 결과 상대적으로 교육감은 배려성 차원을 강조하고, 공군 지휘관은 구조성 차원을 더 강조하는 것으로 나타났다. 이 연구는 미국 오하이오대학교에서 이루어져 '오하이오 연구'라고도 불린다.

리커트(Likert, 1961)는 효과적인 지도자의 특성을 분석한 결과, 그것은 '직무중심 리더십job-centered leadership'과 '종업원중심 리더십employee-centered leadership'의 차원으로 구분된다는 것을 발견했다. 직무중심 리더는 오하이오 연구의 구조성 차원과 유사하고, 종업원중심 리더는 배려성 차원과 유사하다. 결과적으로 리커트는 효과적인 리더는 종업원중심의 리더로, 구성원들에게 목적과 방법을 잘 설명한 후에 수행을 위임할 때 생산성이 높아진다는 것을 발견했다. 이 연구는 미국 미시건대학교에서 이루어져 '미시건 연구'라고도 불린다.

블레이크와 모튼, 비드웰(Blake, Mouton, & Bidwell, 1962)은 리더십의 유형을 구분하는 '관리자 유형 구분managerial grid'을 제시했다. 이들은 리더의 행위와 관련하여 '생산에 대한 관심concern for production'과 '인간에 대한 관심concern for people'을 나누어서 각각 9점 척도로 구분하여 총 81칸의 리더십 유형을 제시했다. 생산에 대한 관심은 오하이오 연구의 구조성 차원과 유사하고, 인간에 대한 관심은 배려성 차원과 유사하다. 생산에 대한 관심을 X축으로 설정하고 인간에 대한 관심을 Y축으로 설정했을 때, 두 관점이 모두 낮은 (1, 1)에 해당하는 리더십은 '무기력한 경영형'으로 명명했고, 모두가 높은 (9, 9)에 해당하는 리더십은 '팀 경영형'으로 명명했다. 그리고 생산에 대한 관심만 높은 (9, 1)에 해당하면 '권위-복종형', 인간에 대한 관심만 높은 (1, 9)에 해당하면 '컨트리클럽 경영형', 그리고 모두 중간 정도에 해당하는 (5, 5)의 경우를 '조직-인간 경영형'으로 구분했다.

리더십 연구에 있어서 행동이론은 과학적 분석방법을 활용했다는 점에서 방법론적 시사점을 주고 있으며, 최근에도 다양한 연구에서 이러한 관점이 활용되고 있다. 이처럼 설문조사의 방법을 활용하여 리더의 행동을 두 가지 관점에서 유형화하고 효과적인 리더를 찾아내는 방식은 최근에도 많은 연구에 적용되고 있다. 하지만 리더가 처한 상황이나 요인을 고려하지 않는다는 점에서 한계를 갖고 있으며, 조직에 맞는 효과적인 리더를 일반화하지 못하는 점도 한계로 지적되고 있다.

3) 상황적 리더십 이론

모든 조직과 상황에 맞는 일반적인 최고의 리더십은 찾을 수 없다는 것이 앞서의 연구들이 내린 결론이라고 할 수 있다. 조직마다 독특한 구조와 문화적 특성을 갖고 있으며, 구성원에 따라서도 조직의 성과는 많은 영향을 받게 된다. 이에 상황적 리더십 이론contingency leadership theory은, 효과적인 리더십은 리더의 개인적 특성, 리더의 행위, 조직의 상황요인들이 상호작용하여 결정된다는 것을 강조한다. 즉 리더의 특성이나 행위가 중요한 요인이지만 조직의 상황에 맞게 조정되어야 한다는 것이 상황적 리더십 이론의 핵심내용이라고 할 수 있다.

피들러(Fiedler, 1967)의 상황이론contingency theory에 의하면, 리더십의 효과성은 리더의 유형, 상황의 호의성과 관련이 있다. 피들러는 '가장 선호하지 않는 동료점수Least Preferred Coworker: LPC'를 활용하여 리더십 유형을 측정했는데, 리더들에게 함께 일하기를 가장 꺼리는 사람을 생각하고, 그 사람을 긍정적인 요인(친절하고, 도움이 되고, 쾌활함 등)과 부정적인 요인(친절하지 않고, 도움이 되지 않으며, 우울함 등) 사이의 범위에서 점수를 매기도록 했다. 그리고 LPC를 높은 점수로 평가한 리더를 관계지향적 유형으로 구분하고, LPC를 낮은 점수로 평가한 리더를 과업지향적 리더로 명명했다. 관계지향적 리더는 구성원과 친밀하고 긍정적인 관계를 가지며, 심지어 업무 전에 관계를 우선시하는 방식으로 행동하는 경향이 있고, 과업지향적 리더는 과제를 우선시하고 그들이 일의 진행방식에 만족한 후에야 인간관계에 관심을 갖는다. 또한 조직의 상황은 '리더와 구성원의 관계', '과업의 구조화 수준', '지위 · 권력의 수준'에 따라 여덟 가지 상황으로 구분된다. 이렇게 측정한 결과 상황이 극단적으로 호의적이거나 비호의적인 경우에는 과업지향적 리더십이 효과적이고, 약간 호의적인 중간 수준에서는 관계지향적 리더십이 효과적인 것으로 나타났다.

하우스(House, 1996)의 '경로-목표 이론path-goal theory'은 동기에 대한 기대 이론expectancy theory of motivation에 근거를 두고 있는 상황적 리더십 이론으로, 리더의 행동이 직원의 만족, 직원의 동기, 직원의 성과에 영향을 받는다고 본다. 다시 말해 조직의 구성원은 업무에서 생기는 즉각적인 혜택이나 미래의 혜택이 있을 것으로 판단될 경우 리더의 명령을 수용한다는 것이다. 또한 훌륭한 리더는 명확한 방향을 제시하고, 높은 목표를 세우고, 목표 달성에 관여하며, 직원들을 지원해야 한다고 제시한다.

허시와 블랜처드(Hirsh & Blanchard, 1982)는 상황적 리더십situational leadership 모델에서 구성원의 성숙도를 상황적 요인으로 설정하여, 구성원의 성숙도에 리더의 행동유형이 적합하게 일치될 때 리더십의 효과가 높아질 수 있다고 했다. 여기서 구성원의 성숙도는 직무 수행 역량이 반영된 '직무 성숙도job maturity', 능력과 어떠한 일을 하고자 하는 동기·의지 수준이 반영된 '심리적 성숙도psychological maturity', 동기motivation로 구분했다. 리더의 행위는 과업지향과 관계지향의 두 가지 측면으로 나누었다. 구성원의 성숙도는 M1에서 M4까지 4단계로 나누었는데, 낮은 동기와 낮은 능력인 경우 성숙도가 가장 낮은 M1, 적절한 동기와 낮은 능력인 경우 M2, 적절한 능력과 낮은 동기인 경우 M3, 필요한 능력과 동기를 갖춘 경우 M4로 구분했다. 이때 구성원의 성숙도가 M1인 경우 적절한 리더십은 Q1(지시형)으로 높은 과업 및 낮은 관계성 행위가 적절하고, 성숙도가 M2인 경우 적절한 리더십은 Q2(지도형)로 높은 과업 및 높은 관계성 행위가 적절하고, 성숙도가 M3인 경우 적절한 리더십은 Q3(지원형)로 낮은 과업 및 높은 관계성 행위가 적절하며, 성숙도가 M4인 경우 적절한 리더십은 Q4(위임형)로 낮은 과업 및 낮은 관계성 행위를 해도 조직의 효과가 높게 유지될 수 있다는 것이다.

앞서 살펴본 다양한 상황적 리더십 이론이 주는 시사점은 리더의 행위를 결정하기 위해서는 조직의 여러 가지 상황적 요인을 고려해야 한다는 것이다. 학교에서도 유일한 최선의 리더십one best leadership은 존재하지 않는다는 가정 아래 리더의 역할을 수행함에 있어서 리더의 개인적 특성, 리더의 행위, 조직의 상황요인들을 종합적으로 고려해야 할 것이다.

3. 학교조직의 구성과 운영의 원리

조직의 효율적인 운영을 위해서는 구성의 원칙과 운영의 절차를 명확하게 설정하는 것이 필요하다. 학교는 새로 만드는 조직이 아니라 오랜 기간 이미 운영되어온 조직이기 때문에 대부분의 학교가 조직의 구성과 운영에 대한 규정을 갖고 있다. 이 절에서는 대부분의 학교가 적용하고 있는 조직 구성과 운영의 원리를 이론에 기반하여 살펴보고자 한다.

1) 학교조직의 기본 운영원리: 베버의 관료제

베버(Weber, 1947)의 관료제 모델은 조직을 운영하는 가장 기본적인 원리로 이해되고 있으며, 현대의 대부분의 조직 구성의 이론적 기초가 되고 있다. 베버는 조직을 운영하는 가장 중요한 원리를 명령과 복종의 관계로 보는데, 특히 권력power과 권위authority의 개념을 구분하고 있다. 권력은 구성원의 저항이나 반대에 상관없이 복종하게 만드는 능력을 의미하고, 권위는 명령을 받은 사람들에게 자발적으로 복종하게 하는 능력이라는 점에서 두 개념은 차이가 있다. 베버는 조직이 권력보다는 권위에 의해 운영되는 것이 바람직하다고 설명했다. 관료제 모델이 적용되는 전형적인 조직은 교육부와 같은 국가기관의 각 부처, 군대 등이 해당된다. 학교 역시 베버의 관료제를 기본적인 운영의 원리로 적용하고 있다.

베버는 권위가 정당화되는 방식에 따라 조직의 권위유형을 카리스마적 권위, 전통적 권위, 합리적·법적 권위로 구분했다. 첫 번째 유형인 카리스마적 권위는 예언자, 메시아, 영웅 등의 지도자가 갖춘 권위를 의미한다. 카리스마적 권위에 기반한 조직에는 종교적이거나 정치적인 소규모 혁명운동조직이 해당되는데, 이러한 조직은 지도자 개인에 대한 의존이 크기 때문에 다른 카리스마적 지도자를 수용하는 데 한계를 갖게 된다. 따라서 지도자 계승이 세습적으로 이루어지면 전통적 권위유형이 되고, 규칙에 의해 지도자가 계승되면 합리적·법적 권위유형인 관료제 조직으로 변화하게 된다.

두 번째 유형인 전통적 권위는 그 사회와 조직의 관례·관습에 의한 권위가 인정되는 것이다. 이 체제의 지도자는 세습되어온 지위로 인해 권위를 인정받게 되고 관습에 의해 권위의 범위가 결정된다. 이러한 권위유형은 봉건제feudal 형태의 조직에 많이 나타난다. 봉건제는 관습적인 권리와 의무의 관계에서 물질적 기반을 통해 조직이 유지된다. 이러한 과거의 조직 형태는 개인기업인 경우에 현대적으로도 적용되고 있다.

마지막 세 번째 유형인 합리적·법적 권위가 기본적으로 관료제 조직의 형태라고 할 수 있다. 관료제는 특정한 목적을 달성하기 위한 수단을 명확하게 규정하고 있다는 점에서 계획적인 조직이라고 할 수 있다. 조직의 목적을 달성하기 위해 기계를 설계하듯이 조직을 합리적으로 설계하고, 운영의 원리와 절차를 규칙과 규정으로 명확하게 제시하고 있다는 점에서 이 유형의 지도자는 합리적·법적 권위를 부여받게 되는 것이다.

학교조직은 현대조직으로서 관료제의 특성을 갖고 있다. 따라서 관료제의 기본적 특성을 이해하는 것은 학교조직을 이해하는 데 도움이 된다. 관료제는 권위의 위계, 규율과 규정, 분업을 통한 전문화, 비인간성, 경력지향성과 같은 특성들을 갖는다. 첫째, 관료제는 조직 구성원들에게 권위의 위계

hierarchy of authority를 부여한다. 즉 관료제에서는 규율과 규정에 의해 조직을 구성하고 조직의 구성원은 각 직위에 따른 권한과 책임을 맡게 된다. 상급자는 권한의 범위 내에서 하급자의 업무를 규율하고 통제하며, 하급자는 규정에 따라 상급자에게 복종해야 한다. 공립학교의 경우에는 권한과 책임이 관련 법령에 명시되어 있어서 교장, 교감, 교사의 업무범위 역시 명확하게 규정되어 있다. 이러한 권위의 위계는 조직을 효율적으로 운영하고 조정하는 데 긍정적인 역할을 하게 된다. 반면에 이로 인한 역기능은 하급자가 상급자의 지시나 명령에 대해 토론하거나 반론을 하기 어려운 구조가 되어 의사소통의 왜곡과 단절이 발생할 수 있다는 점이다.

둘째, 관료제는 조직을 규율과 규정rules and regulations에 따라 운영한다는 점에서 지도자에게 법적 권위가 부여된다. 관료제는 조직의 목적에 맞는 계획을 반영한 추상적 규율과 규정을 갖고 있다. 학교의 경우에는 법률을 포함한 규정, 자체적으로 만든 학칙 등에 의해 규제를 받는다. 이러한 규율은 조직의 존재 및 운영 등의 안정성과 지속성을 유지하는 기반이 된다. 하지만 규율과 규정에 의한 조직 운영 과정에서 나타나는 문제점은 경직성과 목표 전도 현상이 발생할 수 있다는 점이다. 모든 것을 규정에 의해 처리하려는 것은 조직의 보수적 경향을 초래하게 되는데, 이로 인해 환경의 변화나 새로운 문제에 대응하기가 어려워진다. 목표 전도 현상은 조직이 존재하는 기본적인 목표를 따르기보다도 규정만을 우선시하여, 목표보다 수단과 절차만이 강조되는 현상을 의미한다. 학교의 경우 모든 학생의 학습성취가 목표임에도 불구하고 상대평가라는 규정으로 인해 교사의 적극적 학습 지원이 제한되는 현상이 그 예라고 할 수 있다. 규율과 규정만을 강조하는 상황에서 조직 구성원들이 현상 유지를 위하여 규정의 준수만을 강조하면 관료제는 형식주의에 빠지게 될 수 있음을 경계할 필요가 있다.

셋째, 관료제는 분업을 통한 전문화division of labor and specialization가 이루

어지고 그 결과 효율성을 추구하는 특징을 갖고 있다. 관료제의 가장 중요한 특징 중 하나로 조직 구성원의 업무가 규율에 의해 고정적으로 규정되어 있다는 것을 들 수 있다. 즉 관료제는 조직의 목표 달성을 위해 조직의 업무를 조직단위와 사람에 맞추어 나누고 오랫동안 담당하도록 함으로써 전문성을 높이는 방식이라고 할 수 있다. 학교의 경우에도 해당 학교의 학년, 담당 교과, 행정업무 등을 고려하여 업무를 나누는데 이를 업무분장이라고 한다. 하지만 분업의 과정에서 업무 담당자나 부서 간 칸막이가 생기게 되면 협업이 제한되는 문제가 발생할 수 있다. 조직의 목표나 이익보다 부서의 이익이나 개인의 이익이 우선시되는 현상도 발생하게 된다. 또한 한 가지 업무만을 지속적으로 수행하다 보면 업무수행의 긴장감이나 새로운 업무에 대한 흥미가 떨어지는 문제 역시 발생할 수 있다.

넷째, 관료제는 규율과 규정에 따라 관계가 설정되기 때문에 비인간성 impersonal orientation 또는 몰인정성의 특징을 갖고 있다. 비인간성은 성별, 연령, 학력, 지연, 경제력 등의 개인적 특성이 반영되는 것이 아니라, 규정에 따른 권한과 책임에 의해 관계가 설정된다는 것을 의미한다. 일반사회에서는 개인 간의 사적인 관계가 연령이나 학연 등의 영향을 받지만 조직 내에서의 공식적인 관계는 개인의 특성이나 감정이 반영되지 않은 채 운영·유지된다. 학교에서도 개인의 감정이나 사적 관계에 의해 업무나 책임이 부과되는 것이 아니라 규율에 의해 관계가 형성된다. 하지만 감정이 섞이지 않는 공식적 관계에서는 비인간적 특성으로 인해 나이 어린 상급자, 후배 상급자 등의 관계가 발생할 수 있으며, 이 과정에서 사기가 저하되거나 의사소통이 제한되는 문제가 발생할 수 있다. 그리고 이러한 문제들은 학교 관료제의 효율성을 악화시키는 요인이 될 수도 있다.

다섯째, 관료제는 경력지향성career orientation의 특징을 갖고 있다. 관료제 조직에서 채용은 전문성을 바탕으로 이루어지기 때문에 조직의 구성원은 대

<표 6-2> 관료제의 순기능과 역기능

관료제의 특징	순기능	역기능
권위의 위계	순응과 원활한 조정	의사소통장애
규율과 규정	계속성과 통일성 확보	경직과 목표 전도
분업을 통한 전문화	전문성 향상	권태감 누적
비인간성	합리성 증진	사기 저하
경력지향성	오랜 기간 근무할 동기 유발	실적과 연공의 갈등

출처: 윤정일 외(2002: 45).

부분 해당 분야의 전문성을 갖추고 있다고 할 수 있다. 그리고 조직에 근무하는 과정에서 분업을 통한 전문화가 더욱 강화되기 때문에 경력이 전문성을 대표하는 지표로 활용될 수 있다. 또한 조직에서의 근무 경력은 조직에 대한 충성도를 의미하기 때문에 근무 경력을 대표하는 연공서열과 성과를 기반으로 승진과 보수가 결정되는 경향을 갖게 된다. 학교에서도 교직원의 보수는 근무 경력에 따라 호봉제의 방식으로 결정되고, 승진에 있어서도 최소한의 근무 경력을 요구하는 규정을 갖고 있어 경력지향성의 특징을 보인다고 할 수 있다. 이러한 경력지향성은 구성원들에게 미래에 대한 예측가능성을 높여주고, 더 높은 조직 충성심을 갖도록 하는 요인으로 작용할 수 있다. 하지만 승진과 보수의 결정 과정에서 개인의 성과를 무시하고 경력만을 지향한다면 자리를 보존하는 것에만 의미를 두는 무사안일주의에 빠질 위험이 있다. 특히 성과가 높고 열정적으로 일하는 조직의 구성원에게는 경력지향성이 불만의 요인이 될 수도 있다.

2) 전형적인 관료제를 벗어난 학교조직의 특징

학교는 기본적으로 관료제의 특징을 지니지만 군대와 같이 전형적인 관료제와는 다른 조직의 특수성을 갖고 있다. 즉 학교에서 이루어지는 행정적 업무는 관료제의 특성이 반영되어 운영되고 있지만, 교사의 주요 업무라고 할 수 있는 교육활동이 이루어지는 수업과 생활지도의 장면에서는 관료제의 특성보다 전문가 조직의 특성이 많이 나타난다. 호이와 미스켈(Hoy & Miskel, 2013)은 관료제와 전문가 조직의 유사점으로 전문적 기술, 객관적 관점, 비인간성과 공정성, 고객에 대한 봉사를 제시했다. 한편 이들은 관료제가 위계적이고, 훈련된 순응이 있고, 조직에 종속되는 특성이 강한 반면, 전문가 조직은 동료지향적 준거, 의사결정과 실행의 자율성, 자율적 통제기준을 갖고 있다는 점에서 차이가 있음을 제시했다. 이러한 전문가 조직의 전형적인 예로는 의사들로 구성된 병원, 변호사들로 구성된 로펌 등이 있다. 이처럼 학교는 군대와 같은 관료제의 속성이 있지만 전문가 조직의 특성을 함께 갖는다고 할 수 있다. 학자들은 조직의 특징을 보여주는 관점에 따라 전문적 관료제, 이중 조직, 느슨하게 결합된 조직, 조직화된 무질서 조직 등으로 학교조직을 표현한다.

민츠버그(Mintzberg, 1979)는 학교를 전문적 관료제라고 표현했다. 전문적 관료제는 일반적인 관료제와는 달리 현업 핵심층에서 실무 전문가들의 전문적 지식과 기술에 의존하는 형태라고 할 수 있다. 현업 전문가 스스로 자신을 통제하고 작업기준을 개발하기 때문에 별도의 전문기술 부문은 크게 필요하지 않으며, 자율성이 높고 분권화된 느슨한 조직의 형태를 나타낸다. 학교는 행정적인 측면에서는 관료제의 특성을 갖고 있지만 교실에서 이루어지는 활동들에 대해 현업 전문가인 교사의 역할은 개인의 전문성에 의존하고 있으므로 전문적 관료제의 특성을 갖는다고 볼 수 있다.

호이와 미스켈(Hoy & Miskel, 2013)은 학교가 관료제와 전문가 조직의 특성을 모두 갖고 있는 이중 조직이라고 보았다. 학교의 조직 측면을 살펴보면 관료제의 원리에 따른 수직적 관계가 형성되어 있지만, 교과협의회와 같은 전문가의 수평적 조직도 함께 구성되어 있다. 기능적 측면에서 보면 행정업무의 처리내용과 절차는 관료제적 특징을 갖고 있지만, 실제 교수·학습의 과정에서는 전문적 조직의 특성이 반영되어 있다. 또, 교사는 수업과 관련하여 전문가 조직의 특성을 갖고 있지만, 수업시간의 구성과 운영, 교육과정의 범위와 내용 등에 있어서는 많은 규율에 의한 통제를 받고 있다는 점도 이중 조직의 특성이 반영된 것이라 할 수 있다.

웨이크(Weick, 1976)는 학교조직의 특성을 '느슨하게 결합된 체제loosely coupled system'로 설명했다. 웨이크는 조직이 구성되고 운영되는 특징에 따라 '강력하게 결합된 체제tightly coupled system'와 '느슨하게 결합된 체제'로 구분하고 학교조직은 후자에 해당한다고 보았다. 조직을 보는 관점으로서의 이 두 가지 체제는 컴퓨터 기술 분야에서도 활용되는 용어로서, 느슨하게 결합된 체제는 하위체제 사이에 독립적인 운영체제를 갖고 있는 경우를 의미하고, 하위체제가 하나의 메모리를 공유하는 경우 강력하게 결합된 체제로 표현한다. 학교의 경우에는 공식적 조직에 의한 부서가 관계를 형성하고 있지만, 군대의 강력한 결합과는 달리 구성원들이 상당한 자율성과 개별성을 유지하고 있다는 점에서 느슨한 결합관계를 형성하고 있음을 강조한 것이다.

코헨과 마치, 올슨(Cohen, March, & Olsen, 1972)은 학교조직의 혼란스럽고 통제되지 않는 특징을 '조직화된 무질서 조직organized anarchy'으로 개념화했다. 조직이 무질서하다는 것은 조직으로 구성되어 있지만 구조화의 수준이 낮고, 조직의 목표가 명확하지 않고, 활용되는 기술도 분명하지 않으며, 의사결정의 내용과 방법도 모호함을 강조하는 것이다. 특히 윤정일 등(2002)은 학교의 조직화된 무질서 조직으로서의 특징을 ① 불분명한 목표, ② 불확실한 기술, ③ 유동적인 참여로 정리했다. 학교에는 공식적인 목표가 설정되어 있지만 실제 구성원마다 이를 다르게 규정하거나 해석한다. 다시 말해 학교는 운영 과정에서 교수법이나 학습법, 교육상담 등 다양한 기술skill을 활용하지만 표준화된 기술을 공유하고 있지 않고 개인의 역량이 모두 다르다. 학교조직의 구성원인 교원, 학생, 학부모나 보호자의 경우에도 항상 활동에 참여하는 것이 아니라 유동적으로 참여한다.

이러한 전문적 관료제, 이중 조직, 느슨하게 결합된 조직, 조직화된 무질서 조직 등의 이론은 다른 조직이나 다른 학교의 특수한 성격을 설명하고 이해하는 데 도움을 줄 수 있다. 하지만 학교조직의 기본적 운영원리는 관료제로, 전형적인 관료제라고 할 수 있는 군대와 비교해서는 교원의 전문성이 강조되고 조금은 느슨하게 결합되어 있다는 점 등을 파악하는 것이 학교조직을 더 잘 이해하는 데 도움이 될 수 있다.

4. 학교조직의 문화

조직문화organizational culture는 한 조직의 구성원들이 공유하고 있는 암묵적 의미와 가치, 정서, 신념의 체계를 의미한다. 문화는 조직에 대한 느낌, 기분, 분위기, 성격 혹은 이미지를 파악하려는 시도이며, 오래전부터 비공식 조직, 규범, 가치, 이념 및 자발적 체제 등의 많은 개념을 포함해왔다(한유경 외, 2018). 조직의 규정과 규율은 명시적으로 표현되고 이해되는 인지적 측면이 강하다면, 문화는 좀 더 내면화되어 있는 정서적 측면이 강하다고 할 수 있다. 조직에 내재되어 있는 문화를 통해 구성원들은 조직에 대한 일체감과 안정감을 갖게 된다. 호이와 미스켈(Hoy & Miskel, 2013)은 조직문화의 수준을 '묵시적 가정으로서의 문화', '공유된 가치로서의 문화', '공유된 규범으로서의 문화'로 규정하는데, 이는 문화의 수준을 추상적이고 심층적인 측면에서 문서로 표현된 형태의 구체적인 측면까지 포괄하는 것이라고 볼 수 있다.

1) 조직의 인간과 문화를 보는 관점: X이론, Y이론, Z이론

조직의 문화는 조직 경영자 입장에서 인간을 보는 관점과, 조직을 운영하는 원칙에 상당한 영향을 받게 된다. 인간의 본성에 대한 기본 가정에 따라 조직운영의 방향과 원칙을 정하고 규정과 규율을 만들게 되며, 구성원들에게 권한과 책임을 부여하기 때문이다. 그리고 이 조직의 규정과 규율은 조직 구성원들의 공유된 가치로 인식되고 문화로 발전해간다.

맥그리거(Mcgregor, 1957; 1960)는 조직을 보는 가장 기본적인 바탕은 인간의 본성과 행위에 대한 가정이라고 생각했다. 인간에 대한 기본적인 가정은 조직의 관리와 문화의 형성에 있어서 가장 근본적인 부분이라는 것이다. 맥그리거는 전통적인 조직의 관리체계가 안고 있는 가장 근본적인 문제는 인간에 대한 잘못된 가정에 있다고 보았다. 즉 관리체계를 개선하려는 노력들이 성과를 거두지 못하는 이유는 문제의 현상에 치우친 진단에 있으므로 근본적인 인간에 대한 가정을 바꾸고 원인을 해결하는 것이 필요하다고 본 것이다.

X이론

맥그리거는 당대의 조직들이 전통적인 관료제를 운영하면서 인간의 본성에 대해 가정하고 있는 것을 'X이론theory X'이라고 했다. 이 이론은 과거 조직의 특징을 잘못된 인간 본성과 동기에 대한 가정에 기반한 상벌체제, 즉 '당근과 채찍carrot and stick' 전략으로 보았다. X이론의 인간 본성과 동기에 대한 가정은 다음과 같다.

- 보통 사람은 천성적으로 일하기 싫어하며, 되도록 일을 피하려는 경향이 있다.
- 일을 싫어하는 보통 사람의 특성 때문에 조직은 강제하고, 통제하고, 지

시하고, 처벌의 위협을 가해야만 사람들의 노력을 끌어내서 조직의 목표를 달성할 수 있다.

- 보통 사람은 지시받기를 선호하며 책임을 회피한다. 일반적으로 보통 사람은 야망이 없으며 무엇보다 안전을 추구하려는 경향이 있다.

상당수의 조직 경영자들은 X이론에 기반하여 조직을 운영하게 되고 이러한 운영 방향은 다양한 방식의 통제와 처벌로 구체화되는 상황을 초래한다. 이러한 전통적 통제방식은 상당히 효율적인 운영인 것으로 받아들여질 수도 있으나 결과적으로 조직 구성원들이 자율성과 창의성을 발휘할 기회를 빼앗아갈 수 있다. 맥그리거는 이러한 X이론의 문제점을 지적하면서 인간에 대한 새로운 가정이 필요하다고 주장했다.

Y이론

맥그리거는 X이론에 반대하면서 인간의 성장과 발전 가능성에 초점을 맞춘 'Y이론theory Y'을 제시했다. 기존의 X이론이 관리 원칙을 '지시와 통제'로 보았다면, Y이론은 '통합integration'이라고 보았다. 이때의 통합은 조직목표와 개인목표의 통합을 의미하며, 이 통합의 과정이 조직 구성원들로 하여금 자율성과 창의성을 발휘할 수 있도록 동기화할 수 있다고 보았다. Y이론의 인간 본성과 동기에 대한 가정은 다음과 같다.

- 일에 집중하는 것은 놀이나 휴식처럼 사람에게 있어서 매우 자연스러운 것이다. 때로는 일이 만족의 원천이 되어 자발적으로 수행할 수도 있고, 때로는 그것을 회피할 수도 있다.
- 외적 통제와 처벌의 위협만으로 사람들을 일에 몰두하게 할 수는 없다. 사람은 스스로 몰입된 목표의 수행에 있어서 자율과 자기통제를 할 수

있는 존재이다.

- 조직목표에 대한 몰입은 목표성취와 결부된 보상에서 나온다. 이러한 보상 가운데 가장 중요한 것은 이기적 욕구와 자기실현적 욕구의 충족이다.
- 적당한 조건이 충족되면 사람들은 책임을 받아들이고 적극적으로 추구할 수도 있다. 책임 회피, 야망의 결여, 안정의 모색 등은 경험에 의해 만들어진 것이지 인간 본성은 아니다.
- 대부분의 사람들은 조직의 문제해결에 요구되는 상상력과 창의력을 갖추고 있다.
- 현재 조직의 조건과 상황에서 사람들은 자신의 지적 잠재력의 일부만을 활용하고 있다.

Z이론

앞서 살펴본 맥그리거의 X이론과 Y이론은 미국의 조직을 바탕으로 연구를 진행한 것인 데 반해, 오우치(Ouchi, 1981)의 'Z이론theory Z'은 성공한 일본기업의 경영방식을 미국의 기업에 적용할 수 있는가에 대한 연구의 결과로 등장했다. 오우치는 1970년대 미국경제는 후퇴한 반면에 일본은 경이적인 경제성장을 기록한 것에 주목하여, 일본 특유의 문화에서 태동된 조직관리 방법이 일본의 경제적 성공에 커다란 공헌을 했다고 보았다. X이론과 Y이론은 인간의 본성과 관련된 가정을 통해 조직의 운영과 문화에 대해 설명한 반면, Z이론에서는 성공적 조직의 특징에 문화적 요인이 영향을 미친다고 보았다. 특히 성공한 조직에는 구성원 사이의 친밀성, 신뢰, 협동, 평등주의 등과 같은 공유된 핵심적 가치가 존재하며, 이는 장기적 고용, 완만한 승진 속도, 참여적 의사결정, 집단결정에 대한 개인적 책임, 전체적인 지향 등의 조직특성을 갖게 한다고 보았다.

일본의 기업 분석에서 도출한 특징인 '장기적 고용'은 조직 구성원들로 하여금 헌신을 통해 조직에 몰입하게 하고, '완만한 승진 속도'는 조직 구성원들에게 다양한 경력과 숙련의 기회를 제공한다. 또 '참여적 의사결정'과 '집단결정에 대한 개인적 책임'은 협동과 신뢰의 분위기를 제공하고, '전체 지향'은 조직이 평등한 분위기를 형성할 수 있도록 해준다(신현석 외, 2011). Z이론은 조직의 이러한 핵심적 가치가 모든 구성원들에 의해 수용되고 공유되며, 실제적으로 조직 생활의 모든 측면에 영향을 미치게 된다고 본다.

학교조직에서 경영자인 교장은 조직에 큰 영향을 미친다. 교장이 조직과 구성원, 문화를 보는 관점에 따라 학교는 상당히 다른 조직 가치를 공유하게 된다고 할 수 있다. 모든 것을 규정에 의해 엄격하게 통제하고 교사의 자율성보다는 표준화된 매뉴얼을 활용하여 학교에서 이루어지는 모든 활동을 통제하는 모습은 X이론이 적용되는 학교의 모습이라고 할 수 있다. 반면에 대부분의 활동을 교사와 직원의 자율에 맡기고 스스로 판단하여 창의성을 발휘하도록 하는 모습은 Y이론이 적용되는 학교의 모습이라고 할 수 있다. 또 많은 활동이 참여적이고 집단적인 의사결정 과정을 거쳐 결정되고, 그 결정내용에 대해 개인적인 책임을 지도록 하는 협동과 신뢰의 분위기가 있으며, 전체주의적인 지향이 공유되어 있는 모습은 Z이론이 적용되는 학교의 모습이다. 실제 운영되는 학교의 모습을 보면 X이론, Y이론, Z이론이 모두 어느 정도 적용되고 있지만 조금씩 차이가 있음을 알 수 있다.

2) 학교조직의 문화유형

슈타인호프와 오웬스(Steinhoff & Owens, 1976)는 공립학교에서 발견되는 학교문화를 가족문화family culture, 기계문화machine culture, 공연문화cabaret

<표 6-3> 슈타인호프와 오웬스의 학교문화 유형

구분	특징
가족문화	• 학생에 대한 의무 이상의 헌신. 서로에 대한 관심이 중요 • 모든 사람은 가족의 구성원이며, 애정과 우정을 기반으로 하고, 협동적 · 보호적임
기계문화	• 학교를 순전히 기계적인 것으로 간주. 조직의 구조가 원동력 • 행정가는 조직 유지를 위한 투입을 제공하기 위해 시시각각 노력함
공연문화	• 학교를 브로드웨이 쇼, 연회 등 공연장으로 간주. 청중의 반응에 초점 • 지휘자의 감독 아래 교사의 예술적 질을 강조함
공포문화	• 학교가 전쟁 지역과 같은 긴장의 장으로 은유되는 문화 • 학교는 폐쇄 상자, 교도소, 고립된 생활공간으로 묘사되고, 직원 간 비난이 만연하며 상호적대적임

출처: Steinhoff & Owens (1976); 신현석 외(2011: 105)에서 재인용.

culture, 공포문화horror culture의 네 가지로 유형화했다(〈표 6-3〉 참조). 이들이 '학교문화평가척도School Culture Survey Instruments'를 개발하여 분석한 결과에 따르면 가족문화와 기계문화의 학교가 상대적으로 많이 나타났고, 공연문화와 공포문화의 학교는 비교적 적은 것으로 나타났다.

호이와 미스켈(Hoy & Miskel, 2013)은 학교문화를 '아카데미academy', '감옥prison', '사교클럽club', '공동체community', '공장factory' 등의 은유를 사용하여 유형화하고, 학교문화의 본질을 파악하려고 했다. 아카데미문화의 학교는 학습이 주가 되는 장소로 간주되고, 여기서 교장은 탁월한 교사이자 학습자이다. 감옥문화의 학교는 학생들을 통제하고 훈련하기 위한 보호기관이며, 여기서 교장은 감시자이다. 사교클럽문화의 학교는 모든 사람들이 즐거운 시간을 보내는 사교클럽이며, 여기서 교장은 사교클럽의 관리자이다. 공동체문화의 학교는 사람들이 서로 배우고 지원하는 양육환경이며, 여기서 교장은 공동체의 지도자이다. 공장문화의 학교는 매우 잘 조율된 학생-기계를 만들어 내는 생산라인이며, 여기서 교장은 공장장이다. 이러한 문화유형으로 나누어

볼 때 학교에는 여러 가지 문화가 혼합되어 있음을 알 수 있다. 그중 가장 주도적인 문화가 있으며, 이러한 문화는 구성원의 인식과 행동에 큰 영향을 주게 되고 학교의 전통으로 강화되는 현상이 나타난다. 특히 사립학교의 경우에는 이러한 문화와 전통이 오랜 기간 유지되는 현상을 보여준다.

5. 학교조직의 발전 방향

학교교육의 성과에도 불구하고 전통적인 학교에 대한 비판은 지속적으로 이루어져왔다. 학교교육의 가장 큰 문제점은 산업사회의 특징인 대량생산 방식이 적용되고 있다는 것이다. 학교는 학생 개인의 흥미와 소질, 적성, 학업 이력과 수준, 학습의 속도를 고려하지 않고 정해진 교육과정을 획일적으로 운영하고, 엄격한 상대평가를 통해 선별의 기능을 수행하고 있다. 결과적으로 상당히 많은 학생이 학교교육의 과정에서 학습을 제대로 하지 못하고 실패자로 낙인찍히거나 학업을 포기하는 현상이 발생하고 있다. 현재 학교는 그 존재 이유에 대한 근본적인 의문까지 제기되는 상황이다(Hargreaves & Shirley, 2012). OECD(2001)에서는 혁신의 노력이 없으면 현재의 학교가 소멸할 수 있다는 시나리오를 제시하기도 했다. 학교조직은 근본적으로 관료제를 기반으로 학생들을 교육시키는 '대량교육체제mass educational system'이기 때문에 산업사회의 공장의 형태와 유사한 특징을 갖고 있다. 경직된 학교구조와 표준화된 국가교육과정에 맞추어 수업진도를 나가는 방식은 결과적으로 상당수 학생들의 학습 실패가 당연하게 받아들여지는 상황을 초래하고 있다.

미래를 대비하는 학교교육 시스템을 설계하는 것은, 곧 현재 제기되고 있는 학교교육의 문제를 분석하고 그것을 미래에 적합하도록 새롭게 디자인하는 일이다. 기존의 학교교육 개혁 방안들은 단선적인 사고에 기반을 두어 학교교육 시스템을 부분적으로 개선하는 것에 그쳤다. 그 결과 학교교육의 문제를 전반적으로 개선하는 데 이르지 못했다. 따라서 맞춤형 교육을 통해 모든 학생이 성공적으로 학습할 수 있도록 지원하는 것을 목표로 설정하여, 학교교육 시스템을 총체적으로 혁신하는 방향을 구안해야 하는 상황이다(정제영, 2018).

국내외에서 시도되고 있는 다양한 미래학교 사례를 살펴보면 학교혁신의 공통점은, 첫째, 교수·학습의 형태가 기존 한 명의 교사가 다수의 학생을 가르치는 형태의 대량교육체제에서 개인별 학습시스템으로 변화하고 있다는 점이다. 둘째, 다양한 수준의 학생들을 국가교육과정이라는 일정한 틀에 집어넣었던 교육과정에서 개인별 학습계획에 초점을 맞추고 학년제를 유연하게 적용하는 교육과정으로 변화하고 있다는 점이다. 셋째, 교수·학습 과정이 교사가 주도하여 지식을 전달하던 형태에서 새롭게 개발되는 다양한 기술을 바탕으로 한 플립러닝flipped learning 형태의 수업으로 확대되고 있다는 점이다. 실제로도 문제해결에 중심을 둔 문제기반학습Problem Based Learning: PBL을 지향하는 경향이 늘어나고 있다. 넷째, 프로젝트 중심학습을 평가하기 위해 기존의 총괄평가나 상대평가만을 사용하던 것에서 과정중심의 평가, 개개인의 성취에 초점을 맞추는 절대평가 형식으로 나아가고 있다는 점이다(정제영, 2019).

학교조직은 모든 학생들이 필요로 하는 학습을 성공적으로 성취하도록 하기 위해 존재한다. 따라서 변화하는 교육환경에 맞추어 새로운 학교조직을 만들고 교원의 역할을 재규정하는 일이 교육 분야의 당면 과제라고 할 수 있다. 이를 위해 학교조직에 대한 이론적 지식을 활용하되, 창의적인 관점에서 학교의 목표와 역할을 재규정함으로써 미래사회의 주인공이 될 학생들의 학습을 효과적으로 지원할 수 있는 미래학교로의 전환을 구상해야 할 것이다.

• 참고문헌 •

김종철 · 이종재(1997), 『교육행정의 이론과 실제』, 파주: 교육과학사.

신현석 · 안선회 · 김동석 · 김보엽(2015), 『학습사회의 교육행정 및 교육경영』, 서울: 학지사.

오석홍(2003), 『조직이론』, 서울: 박영사.

윤정일 · 송기창 · 조동섭 · 김병주(2002), 『교육행정학원론』, 서울: 학지사.

정제영(2018), 『디지털 시대와 4차 산업혁명에 대비한 교육의 시대』, 서울: 박영스토리.

_______(2019), 『인구구조 변화에 따른 미래학교 운영 모델 탐색』, 진천: 한국교육개발원.

진동섭 · 이윤식 · 김재웅(2018), 『교육행정 및 학교경영의 이해』, 파주: 교육과학사.

한유경 · 김병찬 · 임현식 · 정제영(2018), 『교육행정 및 교육경영』, 서울: 학지사.

Ascher, Carol (1988), *Urban School-community Alliances*, New York: ERIC Clearinghouse on Urban Education.

Barnard, Chester I. (1938), *Functions of an Executive*, Cambrige, MA: Harvard University Press.

Blake, Robert R., Mouton, Jane S., & Bidwell, Alvin C. (1962), "Managerial grid", *Advanced Management-Office Executive*, 1(9), 12-15.

Cibulka, James G., & Kritek, William J. (1996), *Coordination among Schools, Families, and Communities: Prospects for Educational Reform*, Albany, NY: State University of New York Press.

Cohen, Michael D., March, James G., & Olsen, Johan P. (1972), "A garbage can model of organizational choice", *Administrative Science Quarterly*, 17(1),

1-25.

Combs, Larry R., & Bailey, Gerald D. (1992), "Exemplary school-community partnerships: Successful programs", *Rural Educator*, 13(3), 8-13.

Epstein, Joyce L. (1995), "School/family/community partnerships: Caring for the children we share", *Pi Delta Kappan*, 76(9), 701-712.

Etzioni, Amitai (1964), *A Comparative Analysis of Complex Organizations*, New York: Free press.

Fiedler, Fred E. (1967), *A Theory of Leadership Effectiveness*, New York: McGraw-Hill.

French Jr., John R. P., & Raven, Bertram., & Cartwright, Dorwin (1959), "The bases of social power", *Classics of Organization Theory*, 7, 311-320.

Halpin, Andrew W. (1956), *The Leader Behavior of School Superintendents*, Columbus, OH: College of Education, Ohio State University.

Hargreaves, Andy., & Shirley, Dennis L. (2012), *The Global Fourth Way: The Quest for Educational Excellence*, Thousand Oaks, CA: Corwin.

Hersey, Paul., & Blanchard, Kenneth H. (1982), *Management of Organizational Behavior*, Englewood Cliffs, NJ: Prentice Hall.

House, Robert J. (1996), "Path-goal theory of leadership: Lessons, legacy, and a reformulated theory", *The Leadership Quarterly*, 7(3), 323-352.

Hoy, Wayne K., & Miskel, Cecil G. (2013), *Educational Administration: Theory, Research, and Practice* (9th ed.), New York: McGraw-Hill.

Katz, Daniel., & Khan, Robert L. (1978), *The Social Psychology of Organizations* (2nd ed.), New York: John & Sons.

Katz, Robert L. (2009), "Skills of an effective administrator", *Harvard Business Review*, 52(5), 90-102.

Lewin, Kurt., Lippit, Ronald., & White, Ralph K. (1939), "Patterns of Aggressive Behavior in Artificially Created Social Change", *Journal of Social Psychology*, 10, 271-299.

Likert, Rensis (1961), *New Patterns of Management*, New York: McGraw-Hill.

McGregor, Douglas M. (1957), "The human side of enterprise", In Harold J. Leavitt, Louis R. Pondy, & David M. Boje, *Readings in Managerial Psychology*, Chicago, IL: University of Chicago Press, 314-324.

________(1960), *The Human Side of Enterprise*. New York: McGraw-Hill.

Melaville, Atelia I. (1998), *Learning Together: The Developing Field of School-Community Initiatives*, Flint, MI: Mott Foundation.

Merz, Carol., & Furman, Gail C. (1997), *Community and Schools: Promise and Paradox*, New York: Teachers College Press.

Mintzberg, Henry (1979), *The Structuring of Organizations*, Englewood Chiffs, NJ: Prentice Hall.

OECD (2001), *Education Policy Analysis 2001*, Paris: OECD.

Ouchi, William G. (1981), "The Z organization", In Jay M. Shafritz, J. Steven Ott, & Yong-Suk, Jang (Eds.), *Classics of Organizational Theory* (6th ed.), Belmont, CA: Thomson Wadsworth.

Sanders, Mavis G. (2006), *Building School-Community Partnerships: Collaboration for Student Success*, Thousand Oaks, CA: Corwin.

Shore, Rima (1994), *Moving the Ladder: Toward a New Community Vision*, Aspen, CO: Aspen.

Steinhoff, Carl R., & Owens, Robert G. (1976), "Problems related to techniques for assessing organization development and determining intervention style", *Journal of Educational Administration*, 14(2), 176- 186.

Stogdill, Ralph M. (1948), "Personal factors associated with leadership: A survey of the literature", *The Journal of Psychology*, 25(1), 35-71.

_______(1974), *Handbook of Leadership: A Survey of Theory and Research*, New York: Free Press.

Stogdill, Ralph M., & Coons, Alvin E. (1957), *Leader behavior: Its Description and Measurement*, Columbus, OH: Ohio State University, Bureau of Business Research.

Waddock, Sandra A. (1995), *Not by Schools Alone: Sharing Responsibility for America's Education Reform*, Westport, CT: Praeger.

Weber, Max (1947), *The Theory of Economic and Social Organization*, A. M. Henderson & Talcott Parsons (Trans.), New York: Oxford University Press.

Weick, Karl E. (1976), "Educational Organizations as Loosely Coupled Systems", *Administrative Science Quarterly*, 21, 1-19.

Yukl, Gary A. (1989), "Managerial leadership: A review of theory and research", *Journal of Management*, 15(2), 251-289.

7장

학교는 '위대한 평등장치'인가

19세기와 20세기에 걸친 공교육제도의 발전으로 특권층에게만 국한되었던 교육기회가 확대됨에 따라 학교는 대중의 사회적 상승 욕구에 부응하여 사회이동의 기회를 제공하는 핵심적인 제도로 자리 잡게 된다. 이와 같은 학교의 역할을 미국의 교육개혁가인 호러스 만Horace Mann(1796~1859)은 '위대한 평등장치The great equalizer'라는 말로 표현했다. 진보적인 사상가이기도 했던 그는 출신 배경에 관계없이 모든 아동들에게 교육기회를 제공하여 공통의 학습경험을 갖도록 해야 한다고 주장하며, 이런 교육이 인간의 조건을 평등화하여 궁극적으로 사회진보를 이끌 것이라 믿었다. 그렇다면 거의 모든 국가에 공교육제도가 보편화된 현대사회에서 학교는 사회평등화에 어느 정도 기여하고 있을까? 이 장에서는 학교가 개인의 사회경제적 지위 배분에 영향을 미치는 방식과 그 과정에서 능력주의 이념이 작동하는 기제를 이해하여 사회평등화를 위한 장치로서의 학교의 가능성과 한계에 대해 탐색한다.

1. 현대사회에서 학교교육의 중요성

학교에 다니는 목적은 무엇인가? 학생들에게 대학 진학의 동기를 물으면 진리탐구 혹은 자아실현 같은 소위 교육의 내재적인 목적과 연관된 답변을 먼저 듣게 된다. 그러나 이야기를 이어가다 보면 보다 현실적인 동기가 드러나는데, 자신이 원하는 직업을 갖기 위한 능력 개발이나 경제적 성취와 같은 이유들이다. 시험을 앞두고 억지로 졸음을 참으며 잘 풀리지 않는 수학문제와 씨름하느라 힘들었던 경험이 있는 사람이라면 치열한 대입 경쟁의 목적이 지적 만족이나 의미 있는 삶의 철학을 계발하기 위한 것만은 아니었다는 사실을 알고 있을 것이다. 다른 나라의 학생들도 사정은 마찬가지여서, 매해 미국 전역의 4년제 대학 신입생들을 대상으로 교육에 대한 태도와 포부를 조사하는 신입생 특성 조사에 따르면 학생들이 경제적 성공을 대학교육의 유일한 목표는 아니더라도 가장 중요한 가치로 보고 있음을 알 수 있으며, 이러한 인식은 해가 갈수록 높아지고 있다(Sax, Astin, Korn, & Mahoney, 2000).

같은 맥락에서 학부모들에게 자녀교육에 성공했다는 것이 무엇을 의미하는지 물었을 때, 그들은 가장 높은 비율로 좋은 직장에 취업하는 것을 꼽았다(임소현 · 김은영 · 백승주 · 황은희 · 황준성 · 김홍주, 2017). 이와 같은 교육에 대한 도구적 관점을 비난하기 어려운 것은 현대사회에서 개인의 직업지위가 그의 사회경제적 성취를 보여주는 가장 중요한 척도 중 하나이며, 이러한 직업지위 배분에 결정적인 역할을 하는 것이 대학을 포함한 학교교육이기 때문이다. 현대사회에서 학교는 개인의 사회적 · 직업적 역할 수행에 필요한 지식과 기술을 전수하는 사회화 기관으로서 개인의 지위 획득에 직접적으로 영향을 미친다. 따라서 학교가 보편화되기 전과 달리 부모가 자신들이 이룬 사회경제적 성취를 자녀에게 물려주기 위해서는 학교라는 제도적 장치를 반드시 경유해야만 하며, 이는 자녀의 장래에 대해 부모가 느끼는 온갖 걱정과 불안, 기대가 학교교육에 집중됨을 의미한다.

경기 침체 속에서도 2017년 월 평균 사교육비가 최고치를 경신했다는 보도는 학교교육의 결과가 아이들의 장래에 미치는 영향과 이에 대한 학부모들의 우려를 직접적으로 보여준다. 우리나라 초등학생들은 10명 중 8명이 사교육을 받고 있고, 초·중·고등학교 사교육비 총액이 18조 6천억 원으로 사교육 시장 규모도 계속 증가하고 있다. 사교육 참여율은 초등학생이 높지만 사교육비를 가장 많이 쓰는 것은 중학생들이고, 특히 일반고등학교에 비해 특수목적고등학교와 자율형사립고등학교 진학 희망자들이 더 많은 사교육비를 지출하고 있었다(교육부·통계청, 2017). 이는 사교육이 폭넓게 확산되고 있을 뿐 아니라 입시경쟁을 위한 수단으로 적극 활용되고 있음을 보여주는 통계이다.

지금은 당연한 것으로 간주되지만 학교교육과 개인의 사회경제적 지위 간에 직접적인 관계가 형성된 것은 역사적으로 그리 오래된 일이 아니다. 산업경제가 급속히 팽창하면서 직업이 분화되기 이전에는 대부분의 사람들에게 교육을 받는 것이 불필요한 일이었고 도움도 되지 않았다. 성인이 되기 위한 준비가, 이전 세대와 유사한 사회적 관습 속에서 모방을 통해 경제생활에 필요한 실용적인 기술을 습득하는 것으로 충분했기 때문이다. 그러나 산업화와 도시화로 교육을 받은 노동력에 대한 수요가 크게 증가하고 부모가 아이들에게 직업기술을 직접 전수하는 것이 불가능해지면서, 학교가 전통적인 사회화 기관인 가정과 교회를 대신해 아이들을 독립적이고 생산적인 성인이 될 수 있도록 준비시키는 기능을 담당하게 된다. 물론 학교는 직업에 대한 능력과 태도뿐만 아니라 사회 변화의 단계에 상응하는 새로운 도덕성과 가치, 규범을 형성하고 개인들에게 사회 구성원으로서 필요한 공동체 의식을 심어주는 역할도 담당했다(Durkheim, 1925). 나아가 학교는 지식습득 그 자체에 의미를 부여하는 것을 가르침으로써 보다 근본적으로 사회와 인간을 변화시키는 역할을 해왔다.

이 과정에서 학교는 새로운 세대를 준비시켜서 장차 이들에게 맞는 사회경제적 지위를 배분하는 독자적인 논리를 만들고, 교육과정 내내 이를 각인시켜왔다. 경쟁과 시험, 우수한 성적, 상장, 학위 등과 같이 학교가 학생들의 재능을 알아보고 인정해주는 다양한 방식들은 유치원에서부터 대학에 이르기까지 학생들의 학교생활에 지속적으로 영향을 미친다. 예를 들어 매년 진행되는 입학식이나 졸업식, 상장 수여식은 지식습득의 진전이 곧 사회적 상승에 대한 약속이라는 점을 각인시키는 의식들이다(Chanet, Demougin, Slama, Vannier, & Collectif, 1999; 김경랑 옮김, 2000). 즉 학교는 공식적으로 측정이 가능한 학업성취 결과를 강조함으로써 현대사회의 능력주의 이념을 실현하는 핵심적인 제도가 되었으며, 개인의 능력을 정의하는 방식에 영향을 미침으로써 우리의 일상생활에서 커다란 비중을 차지하게 되었다. 결국 현대사회에서 학력은 개인의 능력을 보여주는 증표가 되었고, 개인들은 좋은 직업과 높은 소득에 접근하기 위해 교육에 몰두할 수밖에 없게 된 것이다.

학력 상승은 대부분의 현대국가에서 보편적으로 나타나는 현상이지만 우리나라는 특히 단기간에 급속하게 고등교육이 확대되면서 더욱 치열한 학력경쟁이 벌어지고 있다. 최근의 조사에 따르면 2015년 기준 25세에서 64세 사이 경제활동인구의 47.5%가 대졸 이상의 학력을 가지고 있고, 이 비율은 2020년이 되면 52.8%, 2030년에는 64.8%까지 높아질 것으로 예측되었다(김현식, 2018). 그런데 이와 같이 대학 졸업자가 급격히 늘어 대학 졸업장의 가치가 떨어지면 경제적 합리성의 관점에서 볼 때 대학 진학에 대한 수요가 줄어들어야 한다. 대학 졸업자의 증가 속도에 비례해 이들의 기대 수준에 부합하는 일자리가 같이 늘어나지 않는 이상 대학교육의 경제적 효용이 떨어질 것이기 때문이다. 그러나 현실은 반대로 전개되어 고용 상황이 계속 악화하고 있음에도 불구하고 대학 진학을 위한 경쟁은 줄어들지 않고 있다.

그 원인은 최근의 교육여론조사 결과에서 찾아볼 수 있는데, 우리나라 성인들은 62% 이상이 한국사회에서 대학 졸업장 유무에 따른 차별이 심각할 정도로 존재한다고 생각하고 있고, 80% 이상의 국민들이 이러한 학력 중시 풍토가 앞으로도 변화가 없거나 더욱 심화될 것이라고 전망하고 있었다(임소현 외, 2017). 이와 같은 우려와 전망은 대학 졸업자가 고등학교 졸업자보다 많아질 정도로 고등교육이 확대되면 대학 졸업장이 일자리를 보장하지는 못하더라도 계층 하락을 방지하기 위한 최소한의 보호장치로서 더욱 중요해질 수 있다는 사실을 보여준다(Thurow, 1975). 나아가 일류대학에 진학하기 위한 경쟁은 더욱 치열해질 것이다. 대학 진학률이 포화 상태가 되어 계층 간 학력 수준의 양적 격차가 줄어들면 질적인 차별화를 위해 서열구조상 상위권 대학에 진학하기 위한 투자를 늘리는 방식으로 경쟁의 양상이 달라지기 때문이다(Lucas, 2001; 김경년 · 김안나, 2015).

학교가 사회적으로 생산적이고 합리적인 방식으로 직업지위를 배분하는 기제로서 역할을 하여 사회평등화의 장치로 작동하기 위해서는 능력주의 원칙이 지켜져야 한다. 그러나 지금처럼 대학 졸업자가 노동시장의 수요보다 많아 계층 간 학력경쟁이 치열한 상황에서는 개인의 능력이나 노력과 무관한 요인들, 즉 가정배경이나 인맥과 같은 비능력적 요인들이 개인의 학업성취에 영향을 미칠 가능성이 높아진다. 또한 학력과 직업 간의 미스매치가 심해져 학교에서 배운 것과 직업세계에서 필요로 하는 것 사이에 연관성이 적어질 수 있다. 이런 상황이 되면, 일류대학 졸업장을 가진 사람들만 특권이 부여되는 높은 지위에 접근할 수 있다는 점에서 학교와 직업세계 간의 밀접한 연계가 오히려 사회적 불평등을 재생산하는 수단이 될 수 있다(Bills, 2004).

그렇다면 교육이 인간의 조건을 평등화할 것이라는 19세기 교육개혁가들의 이상이 깊게 뿌리내리고 있는 현대사회에서 교육을 통한 사회이동의 가능성은 어떠한가?

2. 교육과 사회이동의 관계

학교교육이 보편화되기 이전에 자수성가한 인물들은 공식적인 교육을 받지 않았더라도 자신의 능력이나 성실함을 바탕으로 사업에 성공할 수 있었다. 그러나 20세기 이후 기술과 산업구조의 변화가 빨라지면서 개인이 기업가 정신을 발휘해 성공할 수 있는 기회는 줄어든 반면, 졸업장과 학위를 요구하는 화이트칼라 일자리는 급속하게 늘어나 학교가 개인들의 사회적 상승이동에 대한 열망을 실현시켜주는 장치가 되었다(McNamee & Miller Jr., 2004; 김현정 옮김, 2015). 이런 경향은 정도의 차이는 있을지라도 세계 보편적인 현상으로, 단기간에 학교교육이 확대된 이유를 설명한다. 우리나라의 경우에도 1960년대 이후 급속한 경제성장을 이룩하면서 산업구조의 변화에 따른 인력 수요가 증가하여 교육기회의 확대가 빠르게 진행되었다.

〈그림 7-1〉에서 볼 수 있듯이 우리나라는 1970년대 초반에 초등교육이 완전취학 단계에 접어들었고, 이어 중등교육이 급속하게 확대되었다. 그리고 1980년까지 10% 미만이었던 고등교육기관 취학률은 불과 30년 만에 보편화 단계로 이행한 것을 알 수 있다. 2010년에 정점을 찍은 이후 다소 완만한 감소 추세를 보이고는 있지만, 이는 전문대학 정원 축소와 같은 정책적 요인에 기인한 바가 크기 때문에 대학 진학에 대한 수요 자체가 줄었다고 보기는 어렵다. 일반적으로 고등교육은 트로우(Trow, 1970)의 분류에 따라 취학연령의 15% 이상이 고등교육기관에 취학할 경우 엘리트 단계에서 대중화 단계로, 그

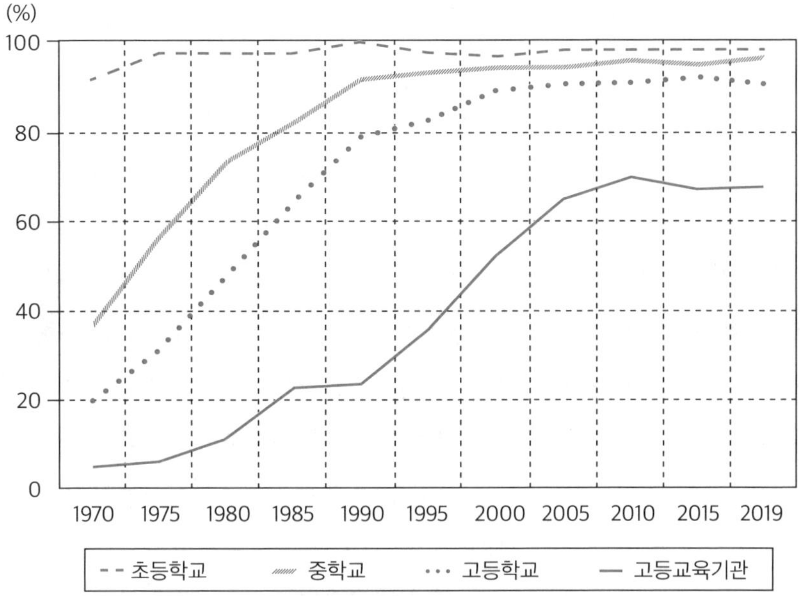

<그림 7-1> 각급학교별 취학률의 변화 추이(1970~2019년)

출처: 교육부(1970~2019).

리고 이러한 비율이 50%가 넘으면 보편화 단계로 이행한 것으로 구분하는데, 우리나라의 고등교육기관 취학률이 68%를 기록한 2015년에 미국은 46%였고 일본을 비롯한 대부분의 유럽 선진국들이 40%에 못 미치는 것을 감안할 때 우리나라는 세계적으로 유례가 없을 만큼 급속하게 고등교육이 보편화된 경우라 할 수 있다(OECD, 2015).

이와 같이 급속한 교육기회의 확대는 우리나라의 압축적인 경제성장과 병행하여 진행되었다. 교육기회의 공급 측면에서 보면, 정부의 경제개발계획과 병행된 단계적인 교육개발계획으로 초·중등 의무교육을 실현하고, 산업계의 인력 수요를 고려한 인력수급계획manpower planning에 따라 학과 정원을 조정하는 방식으로 고등교육을 점진적으로 확충했다. 이어 1990년대 이후 정치적 민주화와 자율화 분위기 속에서 대학 설립의 문턱을 낮춤으로써 많은 대학이 증설되고 대학생 수가 급증했다. 그리고 수요 측면에서 보면 국민의 높은 교육열과 경제성장으로 인한 소득 증대, 그리고 교육을 통한 사회이동의 열망이 급속한 학력 상승을 추동했다(Kim & Rhee, 2007).

교육기회의 확대는 학교교육과 더 좋은 일자리 사이의 연결을 통해 대중의 사회이동social mobility을 가능하게 하는데, 사회이동이란 개인이나 집단이 다른 사회경제적 위치로 옮겨가는 것을 지칭한다. 상승이동은 재산이나 소득, 지위를 획득하여 사회경제적 지위의 사다리를 올라가는 이동을 의미하며, 반대의 경우를 하강이동이라 한다. 사회이동은 개인이 살면서 얼마나 지위의 변동이 있었는지 추적하는 세대 내 이동과, 본인과 부모의 사회경제적 지위에 얼마나 변동이 있었는지 보는 세대 간 이동이 있다. 사회이동이 빈번한 사회, 예를 들어 하위계층에서 태어난 사람이 능력을 발휘하여 사회적으로 인정받는 좋은 직업을 갖게 되는 기회가 많은 사회는 개방적인 사회이고, 우리는 이런 사회를 평등하고 민주적인 사회로 본다.

사회이동에 대한 연구들은 주로 개인의 사회경제적 상태를 대변하는 지표인 직업을 중심으로 세대 간 이동을 다루었다. 초기에 대표적인 연구를 수행한 블라우와 던컨(Blau & Duncan, 1967), 그루스키와 하우저(Grusky & Hauser, 1984) 등에 따르면 상승이동은 산업사회의 일반적인 특징이며 사회의 안정과 통합에 기여한다. 이러한 현상은 블루칼라 직업에 비해 화이트칼라 직업이나 전문직이 빠르게 증가하여, 블루칼라 부모의 자녀들이 화이트칼라 직업을 갖게 될 가능성이 높아지기 때문이다. 이 과정에서 교육은 계속 변화되는 일자리에 필요한 지식과 기술을 제공하기 때문에 기술이 발전하면 할수록 산업사회에서 일자리를 얻기 위한 교육적 요건은 한층 더 강화된다. 따라서 산업사회에서 개인의 사회적 성취는 가정배경의 영향보다는 학교교육의 성패에 의해 결정된다.

이러한 생각은 지위획득모형으로 개념화되었는데, 이것을 도식화하면 〈그

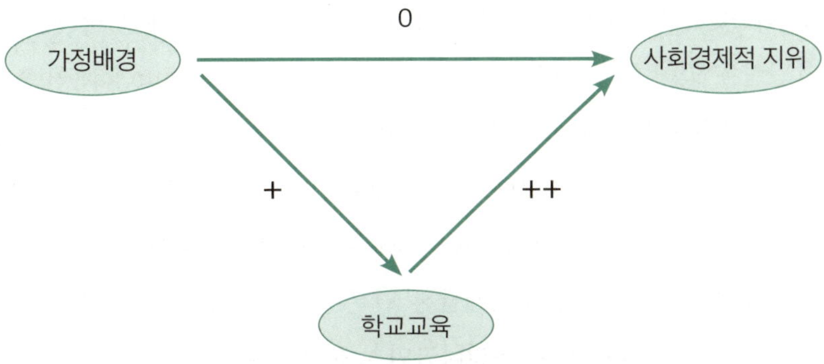

<그림 7-2> 교육을 통한 지위획득모형

림 7-2〉와 같다. 부모의 직업이나 교육 수준 혹은 가계 소득과 같은 배경적인 요인은 개인의 직업지위와 같은 사회적 성취에 직접적인 영향을 주지 못하며 학교교육을 통해 간접적으로 영향을 줄 뿐이다. 다시 말해 개인의 직업지위는 학교교육의 결과와 같이 사회적으로 인정받는 본인의 성취를 통해 정당화되어야 한다.

우리나라의 경우 급속한 산업화와 경제성장으로 직업구조의 분화와 확대, 고도화가 이루어지고 이로 인한 직업이동의 기회가 대규모로 확대되었던 1970년대를 거쳐, 여전히 9%대의 높은 경제성장을 이룩하던 1980년대 중반까지 학교교육이 개인의 직업과 경제적 성취의 가장 중요한 요인으로 작용했다(김병성, 1985; 안치민, 1988). 농업과 같은 1차 산업의 비중이 축소되고 제조업과 서비스 부문이 확장된 결과 부모의 직업에 관계없이 거의 모든 집단에서 전문직과 사무직에 종사하는 비율이 증가하게 되고, 이러한 사회이동의 과정에 아버지의 직업이나 교육 수준과 같은 귀속적 요인보다 본인의 교육 수준이 미치는 영향이 높게 나타난 것이다. 이와 같이 세대 간에 직업이동의 기회가 제공되고 학교와 같은 성취지향적인 사회제도가 확대될 때 교육은 사회를 평등화하는 역할을 할 수 있다.

그러나 1990년대 후반 이후 개방적인 능력주의 사회에 대한 낙관론은 점차 설득력을 잃어가고 있다(박병영 · 김미란 · 김기헌 · 류기락, 2010; 여유진, 2008). 이를 반영하듯 중산층 귀속의식, 즉 자신의 사회경제적 지위가 중산층이라고 생각하는 국민들의 비율이 1980년대 후반에 70~80%에 육박하던 것이 1990년대에는 42%, 그리고 2006년에는 20%대로 급락한다(이왕원 · 김문조 · 최율, 2016). 이러한 현상은 소위 '수저계급론' 같은 계층구조 고착화에 대한 최근의 우려로 이어지고 있다. 물론 우리나라만의 문제는 아니다. 미국이나 영국에서도 1980년대와 1990년대 초반에 국제경쟁이 심화되면서 기업들이 구조조정을 단행하고 노동시장 유연화 정책을 실시했는데, 이에 따라 시간제 비정규직 일자리가 증가하고 중간 화이트칼라 직업들의 평균 실질소득이 제2차 세계대전 이후 처음으로 감소했다(Giddens, 2001). 이러한 변화는 중산층의 생활양식에 대한 사람들의 열망을 뒷받침해주지 못했고, 자신의 계층에 대한 주관적인 평가에도 부정적인 영향을 미쳐, 스스로를 중산층이라고 생각하는 사람들의 비율이 큰 폭으로 떨어졌다.

한편 현대사회에서 사회이동의 절대적인 비율은 높아졌지만 사회이동의 기회는 집단에 따라 매우 불균등하게 분포되어 있다. 상당히 많은 사회이동이 일어나고 있고 하강이동보다는 상승이동이 일반적이지만, 이러한 상승이동은 계층구조의 중간 수준에 있는 사람들에게서 집중적으로 나타날 뿐 계층구조의 가장 아래에 있는 사람들은 계속 그 지위를 유지하는 경향이 높다. 반면에 전문직이나 관리직의 자녀들은 부모와 유사한 직업을 갖게 될 가능성이 높다. 이에 관해 마르크스주의 경제학자인 새뮤얼 보울즈Samuel Bowles와 허버트 긴티스Herbert Gintis는 소득 상위 20%에 속하는 계층의 자녀들이 같은 계층에 귀속할 확률이 5분의 1이라면, 소득 하위 20%에 속하는 계층의 경우 이 확률은 100분의 1로 떨어지고, 소득 상위 20%에 속하는 계층의 자녀가 소득 최하위 계층으로 떨어질 확률은 거의 0에 가깝다고 했다(Bowles & Gintis,

2002).

보울즈와 긴티스는 이처럼 사회계층이 재생산되는 과정에서의 학교의 역할을 상응이론correspondence theory으로 설명한다. 상응이론에 의하면 자본주의 사회에서 학교와 경제체제 간에는 내용과 형식 면에서 구조적인 상응관계가 존재하는데, 이는 학교의 가장 중요한 목표가 학생들을 위계적인 자본주의 생산체제의 각 수준에 부합하는 인성적 특성을 지닌 노동자로 준비시키는 것이기 때문이다. 학교와 기업은 여러 면에서 구조적인 유사성을 보이는데, 행정가-교사-학생 간에, 그리고 관리자와 노동자 간에 존재하는 관료적이고 위계적인 관계적 특성이나 학생과 노동자가 학습내용과 노동을 통제하지 못하고 소외를 경험하는 현실, 협력보다는 경쟁이 우선하고 성적이나 임금 같은 외적 보상체계가 지배하는 문화 등이 그러하다. 보울즈와 긴티스는 학교가 이와 같은 특성을 지니게 된 것이 자본주의적 생산양식과 지배계급의 요구를 반영한 결과이며, 본질적으로 불평등한 사회적 관계가 재생산되는 것을 합리화한다고 보았다(Bowles & Gintis, 1976).

교육을 통한 사회이동에 영향을 미치는 또 다른 요인은 후기산업사회로의 이행이다. 산업화 시기에는 교육과 직업이동의 기회가 확대되고 이에 따라 상승이동의 기회가 보편적으로 확대된다. 그러나 후기산업사회에서는 산업구조가 안정화되면서 상승이동의 구조적 기회가 줄어들고, 교육을 포함한 사회화 과정에서 상속된 자산의 영향 등 계층별 차별화가 강화되어 사회경제적 지위의 세대 간 연속성이 증가할 가능성이 높아진다(계봉오 · 황선재, 2016; Ishida, 2001). 후기산업사회에서 직업이동의 기회가 줄어드는 것은 생산공정의 자동화와 기계화로 전반적으로 일자리가 감소하는 한편, 혁신 영역과 주변 영역으로 산업이 양분되면서 사회적으로 집중적인 투자가 이루어지는 혁신 영역을 제외한 대부분의 일자리에서 업무의 표준화와 단순화가 진행되어 화이트칼라 직업 내부의 이동성이 약화되기 때문이다(Braverman, 1977). 이러한 상황에서도 최근의 심각한 대졸 실업문제에서 볼 수 있듯이 학력구조는 고학력자가 더 많은 역삼각형 구조를 유지하고 있어서 노동시장의 미스매치 현상은 더욱 심화될 수밖에 없다(오욱환, 2004).

요약하자면 교육과 사회이동의 관계는 산업화의 단계와 산업구조의 변화에 영향을 받으며, 한 사회 내에서도 집단에 따라 사회이동에 미치는 교육의 효과가 다르게 나타난다는 것이다. 현재 우리나라를 포함한 선진국 대부분은 후기산업사회, 지식기반 경제로 이행하는 과정에서 일자리 감소로 인한 심각한 사회문제를 경험하고 있다. 그렇다면 교육을 통한 사회이동의 기회가 실질적으로 줄어들고 있음에도 불구하고 높은 대학 취학률이 보여주듯이 사회이동의 수단으로서의 교육에 대한 문화적 신념이 유지되고 있는 까닭은 무엇인가?

3. 교육에 기초한 능력주의 이념의 기원

능력이란 무엇인가? 그리고 개인이 지닌 능력을 확인할 수 있는 방법은 무엇인가? '능력주의meritocracy'라는 용어를 만들어낸 영국 사회학자 마이클 영Michael Young은 『능력주의의 출현*The Rise of the Meritocracy*』(1994)에서 개인의 능력merit을 IQ와 노력의 합으로 정의하고, 능력이 주로 교육적 성취를 통해 드러난다고 설명했다. 1958년에 처음 출판된 이 책에서 영은 교육적 성취와 사회적 성취 사이에 직접적이고 명확한 관계가 성립되면서 교육 엘리트들이 지배하게 된 20세기 후반의 영국사회를 풍자했는데, 이를 통해 그가 보여주고자 했던 것은 '모두를 위한 중등교육'을 내세운 1944년의 영국 교육개혁이 사회적 선발을 위한 새로운 수단일 뿐이며, 처음 표방한 정책적 목표와 달리 패자에게 더욱 냉정한 사회계층화의 방식일 수 있다는 사실이었다. 시험

결과에 따라 직업적 위계가 정해지는 능력주의 사회에서 실패의 원인은 가정의 가난과 같은 불운이 아닌 자신의 무능이 되기 때문이다(Young, 1994).

그러나 영의 경고와 달리 능력주의는 1970년대 미국의 진보주의자들에 의해 비판적인 의미는 생략된 채 긍정적인 개념으로 확산되었다(Goldthorpe & Jackson, 2008). 미래학자로 잘 알려진 대니얼 벨Daniel Bell은 이런 역할을 한 사람 중 하나로, 현대사회를 능력주의 사회로 보고, 능력주의 사회를 개인의 성취에 기초한 보상체계를 가진 사회라고 정의했다(Bell & Kristol, 1972). 그리고 교육에 기초한 능력주의를 강조하면서 사회경제적인 효율성을 확보하기 위해서는 출생으로 정해지는 귀속적 요인 대신 학력과 같은 공식적인 자격제도를 통해 확인할 수 있는 성취요인이 사회적 선발의 기준이 되어야 한다고 강조한다. 벨은 소득과 부의 불평등은 개인이 그의 능력을 개발하고 활용하도록 하는 동기를 부여하기 때문에 정당하며, 성과에 기초한 보상은 공정하다고 보았다.

이러한 논리는 데이비스와 무어(Davis & Moore, 1945)의 주장에서도 찾아볼 수 있다. 이들은 모든 사회가 생존과 질서유지를 위해 충족시켜야 하는 기능적인 요건들을 가지고 있고, 이를 충족하기 위한 활동들이 원활하게 수행되도록 하려면 사회에서 중요한 자리가 자격을 갖춘 사람들로 채워져야 한다고 보았다. 그런데 이런 사람들은 희소하기 때문에 기술을 개발할 의지와 능력이 있는 사람들을 유인하기 위한 인센티브로 더 많은 경제적 보상과 높은 지위가 제공되어야 한다. 학교는 능력에 따라 사회적 선발이 이루어지는 대표적인 곳으로, 학교교육의 결과를 개인의 성취요인으로 보는 이와 같은 관점은 학교가 학생들을 독립적이고 생산적인 성인이 될 수 있도록 준비시키는 기능을 하고 있음을 전제한다.

학교의 기능과 역할에 대한 사회학적 관점을 처음으로 체계화한 프랑스의 사회학자 에밀 뒤르켕Émile Durkheim에 따르면, 현대사회는 인구 밀도가 높아지면서 사회 구성원 간의 생존경쟁이 치열해지고 생존을 위한 기능의 분화가 이루어져 분업화와 전문화 추세가 강화된다. 이렇게 되면 전통사회와 다르게 사회 구성원들 간의 공통의식이 쇠퇴하기 때문에 사회질서의 유지를 위해 새로운 도덕과 가치가 형성되어야 할 필요성이 높아진다. 이때 학교는 전통적인 사회화 기관인 가정이나 교회를 대신하여, 개인들에게 사회생활에 필요한 지식, 기술, 태도, 가치 등을 가르쳐서 사회 구성원으로서 적합한 역할을 수행하며 살아갈 수 있도록 사회화socialization하는 기능을 담당한다. 즉 사회의 규범적·경제적 필요를 충족시켜서 사회를 통합하는 역할을 수행하는 것이다.

학교의 역할에 대한 이와 같은 관점은 '기능주의functionalism' 교육이론으로 정립되었다. 기능이론에서는 사회를 구성하는 여러 하위체제들이 각각의 고유한 역할을 수행하면서 기능적으로 통합되어 있다고 본다. 이를 사회유기체설theory of social organism이라 하는데, 사회체제로서 학교는 학생들에게 성인의 역할을 성공적으로 수행할 수 있는 능력과 역할 수행에 필요한 책임감을 내면화시켜서 장차 성인사회의 역할구조에 배치하는 기능을 담당한다(Parsons, 1959). 이 과정에서 학생들 사이에 나타나는 지위의 분화는 성취achievement라는 단일한 기준에 의해 일어나며, 이러한 분류는 장차 성인사회에서 지위와 역할을 결정하는 선발 과정의 기초가 된다. 초등학교 수준에서의 성취기준은 인지적·기술적 요소와 도덕적·사회적 요소 간에 구분이 명확하지 않지만 학교급이 높아지면서 점차 학업성적을 중심으로 분화가 일어나며, 대학 진학과 같이 계속해서 교육을 받고 기량을 높일 수 있는 기회는 개인의 능력과 노력에 비례하여 주어진다. 이런 점에서 기능주의는 능력주의를 전제하고 있고, 교육기회가 확대되면 사회경제적 불평등이 줄어들 것이라고 전망한다.

학교교육이 보편화되기 전까지 사회계급의 재생산에 미치는 가족의 영향은 크고 직접적인 것이었다. 그러나 개인의 의지와 능력을 중시하는 새로운 사회질서를 형성해가던 역사적 배경에서 탄생한 학교는 변화하는 시대적 요구에 부응하면서 발전해왔다. 모두에게 공평한 기회를 제공하여 타고난 계층 배경이나 부모의 사회경제적 지위에 관계없이 개인의 능력에 따라 보상을 제공한다는 능력주의가 신분사회의 특권주의를 대체할 사회이념으로 폭넓게 확산되는 가운데, 학교는 지식과 기술을 생산하고 전수하는 기관으로서 능력주의 사회를 구현하는 가장 핵심적인 제도로 자리 잡게 된 것이다(Baker & LeTendre, 2005). 그리고 보편적인 학교교육을 제공하는 것은, 자유와 평등이라는 근대사회의 이념을 실현하는 국가의 가장 중요한 기능의 하나가 되었다.

기능주의 관점에서 보면, 학교에서 높은 수행 능력을 보여주는 것은 장차 사회에서 더 어려운 역할을 감당할 능력을 보여주는 것이기 때문에 학력 수준이 높은 사람들에게 더 큰 사회적 보상이 주어지는 것은 당연하다. 즉 소득과 재산, 직업지위, 명성 등에 따른 사회계층화social stratification는 사회에서 기능적으로 더 중요하고 어려운 역할을 수행하는 것에 대한 차별적 사회보상의 결과이다. 이와 같은 논리는 높은 소득 수준이 개인의 노동생산성을 반영한다고 보는 인적자본론human capital theory의 주장과도 일맥상통한다. 개인의 생산성은 지식, 기술, 건강, 지능, 포부와 같은 인적자본의 특성에 따라 결정되며, 이런 특성들은 교육을 통해 길러질 수 있기 때문에 교육은 개인이 자신의 인적자본을 강화하기 위해 투자할 수 있는 수단이다(Schultz, 1961). 국가 차원에서 볼 때도 국민들의 교육 수준이 높아져 생산성이 향상되면 경제성장을 촉진시킬 수 있는 계기를 마련할 수 있다. 따라서 능력주의에 기초한 교육제도의 확충은 개인들의 사회이동을 가능하게 하고 국가의 정치적 목표를 실현하기 위한 핵심과제가 되는 한편, 다시 능력주의 이념을 강화하고 확산시킨다.

결과적으로 학교교육이 보편화된 현대사회에서 대부분의 사람들은 사회가 능력주의를 바탕으로 돌아가야 한다고 보며, 실제로도 능력주의가 사회시스

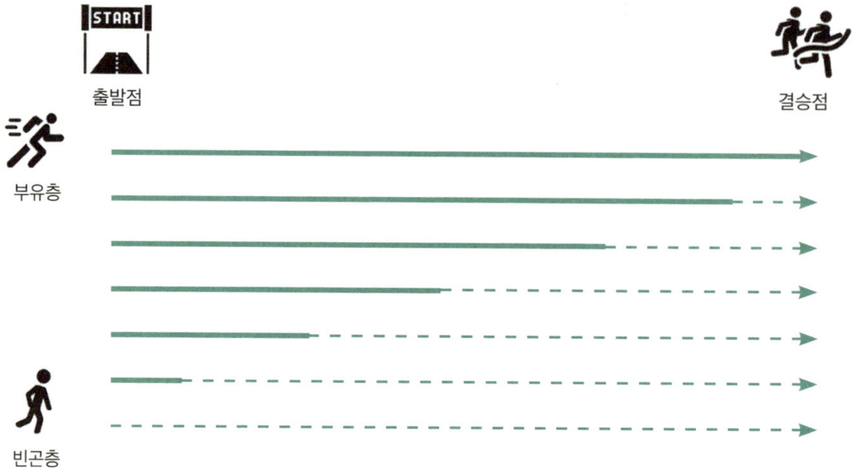

<그림 7-3> 세대 간 릴레이 경주

출처: McNamee & Miller Jr. (2004; 김현정 옮김, 2015: 19).

템의 근간이라고 믿게 되는 것이다. 그러나 사회가 능력주의를 바탕으로 운용되어야 한다고 믿는 것과 실제 사회가 그렇게 돌아가는 것은 별개의 문제이다. 스티븐 맥나미Stephen J. McNamee와 로버트 밀러 주니어Robert K. Miller Jr.는 〈그림 7-3〉과 같이 세대 간 상승이동의 기회가 계층에 따라 균등하게 분포되어 있지 않다는 점을 세대 간 릴레이 경주에 비유하여 설명했다. 이 그림에서 실선은 개인의 사회경제적인 성취에 부모의 상속이 미치는 영향력을 의미하고, 점선은 개인의 능력이 미치는 잠재적인 영향력을 의미한다. 교육에 기초한 능력주의를 신봉하는 사회에서는 교육기회가 평등하게 주어지기만 한다면 타고난 계층에 관계없이 누구나 상향적인 사회이동을 실현할 수 있다고 주장하지만, 개인이 최종 결승점에 도달하기 위해 이동해야 하는 거리는 경주를 시작할 때 결승점에서 얼마나 멀리 떨어져 있는가에 따라 다르다.

세대 간 릴레이 경주와 같은 상황은 고학력사회의 학력경쟁에서 그대로 재현되고 있다. 앞서 한국경제가 고도 성장기를 거치면서 고등교육을 포함한 교육기회의 확대가 급속하게 진행되었다고 했는데, 산업이 발달하고 경제가 성장하면서 가계 소득 수준이 향상되면 경제적인 이유로 진학을 할 수 없었던 계층과 여성들에게도 진학기회가 주어진다. 그러나 교육기회가 확대되어 평균적인 교육 수준이 높아지면 최고 수준의 교육을 받던 계층은 한 단계 더 높은 수준의 교육을 받기 때문에 계층 간 학력 수준의 격차는 여전히 유지되기 쉽다. 그리고 지금처럼 고등교육이 보편화된 상황에서 학력경쟁은 전문대학과 일반대학 간에, 그리고 일반대학 중에서도 명문대학 진학경쟁으로, 나아가 대학원 진학경쟁으로 이어진다. 고등교육에 드는 비용은 등록금을 포함한 직접적인 교육비와 생활비뿐만 아니라 취업을 유예함으로써 발생하는 기회비용까지를 포함하기 때문에 학력경쟁에 참여하는 것은 가정의 경제력이 뒷받침되지 않는 한 지속하기 어렵다.

교육을 통한 사회이동의 기회가 평등하게 주어지지 않는 또 다른 이유는 학업 결과에 미치는 가정의 영향을 배제하는 것이 사실상 불가능하다는 점이다. 사회가 능력주의에 기초한 교육제도와 노동시장을 유지하기 위해서는 가정배경의 영향이 너무 커져서는 안 된다. 그러나 사회경제적 지위가 높은 고학력 부모들은 자녀들의 학업에 유리한 환경을 조성하고, 적극적으로 자녀교육에 개입한다. 이들은 다양한 방식으로 학교에 영향력을 행사하고 교사와 자녀교육에 대해 의견을 나누며 자녀의 숙제를 도와주거나 입시 관련 정보를 수집하고 학습전략을 짜준다. 그리고 자녀의 학업성적을 높이기 위해 사교육 등에 투자할 수 있는 여력이 있다. 더욱이 최근 학력경쟁은 유치원과 유아교육 단계에서 이미 시작되는 양상으로 그 정도가 더 심화되고 있다. 그렇다면 교육적 성취는 사회계층화의 원인인가 아니면 결과인가?

4. 능력주의를 무산시키는 요인들

능력주의를 구현하기 위해서는 교육기회가 모두에게 공평하게 주어지고 학교 안에서의 경쟁이 공정해야 한다. 기능주의 관점에 따르면 효율성을 중시하는 산업사회에서는 경제생활에 필요한 기술과 능력이 학교를 통해 습득되고, 직업지위 획득에 학력과 같은 성취요인이 중시되고 있기 때문에 계층별 학력 차이는 감소되어야 한다. 그러나 교육기회가 지속적으로 확대되어온 우리나라와 선진국 어디에서도 이와 같은 기대는 실현되지 못했다.

1) 가계소득의 영향

한국교육개발원이 교육격차의 실태와 특징을 분석한 결과를 보면, 소득계층에 따른 학업성취도의 차이는 지난 10년 동안 점점 심화되고 있는 것으로 나타났다(박경호 외, 2017). 이는 2003년부터 2014년까지 초·중·고등학교 급별로 동일한 학교의 변화를 3년 주기로 반복 조사한 결과이다. 소득계층에 따른 학생들의 성취도 격차는 초등학교와 중학교에서 좀 더 뚜렷하게 확인되고, 특히 초등학교에서 중학교로 올라가면서 격차가 확대되고 있다. 고등학교의 경우 상대적으로 차이가 적게 나타나고 있는데, 이는 특성화고등학교가 조사대상에 포함되지 않았기 때문인 것으로 보인다(〈그림 7-4〉 참조).

수학과 같은 주요 교과에서 나타나는 학업성취도의 격차는 곧바로 계층별 대학 진학률에 영향을 준다. 2004년에 서울 지역 11개 초등학교에 재학한 1,785명의 아동들을 대상으로 2014년까지 추적 조사한 서울아동패널 자료를 분석한 연구 결과에 따르면, 4년제 대학 진학률은 고소득층 72.9%, 중간계층 58.3%, 저소득층 39.3%로 소득 수준에 따른 차이가 현격하게 나타나고 있다. 반면 전문대학 진학률은 저소득층이 34.8%로 고소득층 21%, 중간계층

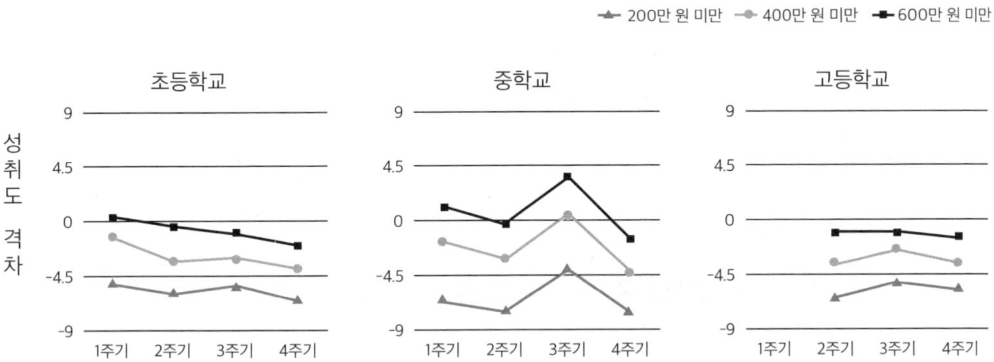

<그림 7-4> 소득계층에 따른 수학성취도의 차이

출처: 박경호 외(2017: 68).

33.8%보다 높고, 대학 비진학자 비율도 저소득층은 25.8%로 고소득층 6.1%, 중간계층 7.9%보다 월등히 높게 나타난다. 그리고 이와 같은 가계소득의 영향은 성적의 영향을 통제한 경우에도 대학 진학률과 유의미한 관계를 갖는 것으로 나타났다. 즉 저소득계층 학생들은 성적의 영향을 통제하더라도 낮은 가계소득의 영향으로 대학 진학률이 18% 떨어지는 것으로 나타나고 있다(구인회 · 김정은, 2015).

한편 가계소득은 사교육비 지출 여력에도 직접적인 영향을 준다. 통계청이 발표한 2016년 초 · 중 · 고등학교 사교육비 조사 결과에 따르면, 월 평균 사교육비는 부모의 소득 수준에 따라 최대 9배 가까이 차이가 났다. 월 평균 사교육비는 평균 25만 6천 원으로 집계되었는데, 월 평균 소득이 700만 원 이상인 가정에서 지출하는 학생 1인당 사교육비는 44만 3천 원으로 최하 구간인 소득 100만 원 미만 가구의 사교육비 5만 원의 8.86배였다. 부모의 소득이 높을수록 사교육 참여율 또한 높아져서 월 평균 소득 700만 원 이상 가구의 자녀가 사교육을 받는 비율은 81.9%로 가장 높았고 최하구간에서는 사교육 참여 비율이 30%로 가장 낮게 나타났다(교육부 · 통계청, 2017). 저소득계층의 학업성취도가 낮다는 사실을 감안한다면 학력 보충을 위해 사교육이 더욱 필요한 학생들은 당연히 저소득계층의 학생들일 것이다. 그러나 역으로 소득 수준이 높은 학생들이 사교육을 더 많이 받고 있어서 학업성취도 격차를 심화시키는 요인이 되고 있다.

2) 부모의 직업지위와 학력의 영향

교육과 사회이동의 추이를 분석한 한국교육개발원의 조사에 따르면 1956년에서 1965년 사이에 출생한 사람들의 4년제 대학 진학률은 아버지의 직업과 학력에 따라 상당한 격차가 존재한다. 우선 아버지의 직업이 전문직과 관리직일 경우 대학 진학률은 64.1%로 가장 높았고, 사무직 근로자일 경우 60.1%, 자영업자 35.1%, 제조업 숙련노동자 33.3%, 농민 21.3%의 순서로 나타났다. 한편 아버지의 학력이 대졸 이상인 사람들은 61%가 4년제 대학에 진학했고, 고졸인 경우 39.3%, 중졸 25.9%, 초졸 16.1%였다. 반면 본인의 학력이 대학원 졸업일 경우 그 자녀의 대학 진학률은 100%, 대졸일 경우 94.8%, 고졸 88.8%, 중졸 71.5%, 초졸 65.2%로 조사되어 3세대 만에 전반적인 학력 수준이 급격하게 높아지는 동시에 세대 간에 학력이 대물림되고 있었다(박병영 외, 2010).

부모의 직업이나 학력에 따른 진학률의 격차는 입학경쟁이 가장 치열한 서울대학교 입학생들의 경우에 단적으로 드러난다. 부모의 직업에 따라 서울대학교 입학률에 어떤 격차가 존재하는지, 30년 동안 사회과학대학에 입학한 신입생 자료를 분석한 김광억 등(2003)의 연구에 따르면, 일반회사 간부 등을 포함한 고소득직군 아버지의 자녀 입학률은 기타 그룹인 경우의 자녀 입학률보다 20배 높은 수준이며, 그 격차가 계속 확대되는 양상을 보이고 있다. 이 연구에서 흥미로운 부분은 같은 전문직종이라고 하더라도 공무원이나 교직처럼 소득 수준이 높지 않은 직종의 영향은 감소되거나 변화가 없는 반면, 소득이 높은 전문직종과 고위관리직 등 고소득직군 자녀의 이점은 커지고 있다는 사실이다. 이와 같은 추세는 소득에 따른 입학률 격차와 연관된 것으로 볼 수 있다.

한편 부모의 학력에 따른 입학률 격차는 1985년 이후 꾸준히 확대되는 양상을 보여, 아버지의 학력이 대졸인 학생의 경우 고졸인 학생에 비해 1985년에는 입학률이 2.4배 높다가 1990년에는 3.3배, 2000년에는 3.9배로 격차가 커지고 있다. 이 같은 경향은 시간이 갈수록 심화되고 있어서 국회에 제출된 자료에 따르면 2013년 서울대학교 신입생들의 경우, 아버지의 학력이 대졸 이상인 학생은 그렇지 않은 학생보다 4.9배 많은 것으로 나타났다(연합뉴스, 2013. 10. 23.). 학력 수준이 전반적으로 높아진 것을 감안하더라도 서울대학교 입학생의 부모 학력과 자녀 학력 수준 간의 관계는 더욱 강화된 것을 알 수 있다.

부모의 직업과 학력이 자녀의 교육 결과에 영향을 미치는 경로는 다양하다. 우선 부모의 교육 수준과 직업지위가 높으면 자녀 역시 교육과 직업에 대한 포부 수준이 높을 가능성이 크다. 부모들은 자녀가 자신보다 높거나 최소한 자신과 같은 수준의 학력을 갖추길 바랄 것이고, 이를 위해 물심양면으로 지원을 아끼지 않을 것이다. 자녀 입장에서도 부모가 역할모델이 될 수 있기 때문에 구체적인 목표를 세우기 쉽다. 반대로 부모형제나 가까운 일가친척 중에 대학졸업자가 별로 없다면 대학 진학을 자신과 무관한 남의 일로 생각하기 쉽지 않겠는가? 이러한 가정의 특성은 문화자본과 사회자본의 형태로 교육 결과에 영향을 미치기도 한다. 경제학에서 자본은 단순한 소비의 대상인 돈이나 재화와 달리 계획적인 변화를 추진하는 동력으로 토지, 노동과 함께 재생산을 가능하게 하는 생산재를 의미하는데, 가정의 문화와 사회적 네트워크도 계층의 재생산을 위한 자원으로 활용된다는 점에서 일종의 자본으로 볼 수 있다.

3) 문화자본의 영향

계층배경이 높은 사람들은 학력, 직업, 소득 수준이 높고 풍부한 문화자본 cultural capital을 보유할 가능성이 높다. 문화자본이란 교양 있는 언어와 태도, 세련된 문화적 취향과 생활양식 등 상위계층의 구성원으로 인정받기 위해 알아야 하고 소유해야 하는 문화적 지식과 상징물로, 가정에서 보유하고 있는 책, 미술품, 악기 등과 같은 구체적인 문화적 상품과 도구들은 물론 독서습관, 연극, 미술, 고전음악 감상 등과 같은 다양한 지적·예술적 활동 참여로 드러난다. 이와 같은 문화자본을 보유한 상위계층의 자녀들은 어려서부터 자연스럽게 이를 습득하게 되는데, 이러한 문화적 취향과 태도는 다른 계층과의 차별화를 위한 기준이 된다(Bourdieu, 1984). 이것은 상위계층의 문화가 실제로 더 큰 가치가 있기 때문이라기보다는 상위계층이 그들의 특권적 지위를 이용한 배제와 포함의 전략을 사용하여 다른 계층과 자신들의 문화적 취향 사이의 위계적 구분을 제도화할 수 있기 때문이다.

프랑스 사회학자 피에르 부르디외Pierre Bourdieu는 이런 일이 일어나는 전형적인 장소로 학교를 들고 있다. 학교는 상위 엘리트계층의 문화자본을 매개로 계급관계를 정당화하고 재생산하는데, 이는 학교의 공식적·비공식적 교육과정이 엘리트계층의 문화적 규범을 반영하고 있기 때문이다. 부르디외는 이것을 지배계층의 문화를 합리화시키는 일종의 상징적 폭력symbolic violence이라고 보았다. 문화자본이 풍부한 가정에서 성장한 아이들은 일상적으로 다양한 문화적 경험에 노출되고 시간엄수, 과제완성, 지식에 대한 가치부여 등과 같은 문화적 습관을 형성해 입학하기 때문에 보다 수월하게 학교에 적응하고 졸업하여 교육자본academic capital을 획득할 수 있다. 반면 문화자본이 부족한 저소득층 및 취약계층의 자녀들은 학업에 어려움을 경험하고 소외되기 쉽다. 결과적으로 학교는 사회경제적 · 문화적 차이를 근거로 계층 간 불평등을 정당화하고 이를 세대 간에 재생산할 가능성이 높다.

학교문화에서 소외되고 실패를 경험하기 쉬운 취약계층 학생들은 자신들이 객관적으로 학교 시스템 안에서 성공할 가능성이 낮다는 사실을 깨닫고 스스로 학교를 이탈하기도 한다. 영국 노동계층 청소년의 하위문화를 연구한 폴 윌리스Paul Willis는 노동계층의 청소년이 자신들이 속한 노동계층 문화를 원천으로 하여 학교가 제시하는 가치와 규범을 거부하고, 모범생들과 자신들을 구분하면서 집단적으로 반학교문화를 형성하는 것에 주목했다. 스스로를 '사나이'로 칭하면서 거칠고 남성적인 블루칼라 노동자들을 따라하는 이들의 집단행동은 학교규범과 기성세계에 대한 일종의 저항으로, 이들이 이와 같이 저항을 하는 이유는 학교가 제시하는 사회적 상승기제가 공평하게 주어지는 것이 아니라는 사실을 간파하고 있기 때문이다. 결과적으로 이들의 선택은 불평등한 사회적 관계를 재생산한다는 한계를 드러내지만, 이들이 단지 지배계층의 이념과 질서를 수동적으로 내면화하는 존재는 아니라는 사실을 보여준다는 점에서 의미가 있다(Willis, 1977).

교육을 중시하는 문화적 특성과 함께 현대사회로 이행하면서 급속한 사회문화적 변동을 경험한 한국사회는 프랑스나 영국 같은 서구 국가들처럼 계급문화가 발달하지 않았고, 따라서 문화자본이 교육에 미치는 영향이 이들 국가만큼 심각하지 않을 수 있다. 뿐만 아니라 대중문화의 발달과 확산으로 문화이동의 속도가 빠른 현대사회에서 문화자본의 영향이 점차 약화될 가능성도 존재한다. 실제 우리 주변에서 종종 어려운 가정환경을 극복하고 부단한 노력으로 높은 학업성취를 이루고 사회적 성공을 거둔 사례들이 미담처럼 소개되곤 한다. 그러나 과거와 달리 사회이동의 기회가 현격히 줄어들면서 교육경쟁이 심화되고 있는 상황에서 가정배경이 자녀교육에 미치는 영향은 더욱 커지고 있으며, 조기 영어 사교육 열풍의 추세에서도 볼 수 있듯이 영어자본과 같은 새로운 유형의 문화자본이 계층 간 학력격차를 심화시킬 가능성 또한 높아지고 있는 것이 사실이다.

4) 사회자본의 영향

요즘같이 취업난이 심할 때 중요한 취업 정보를 알려주거나 취업에 직접적인 도움을 줄 수 있는 사람을 알고 있다면 매우 유용할 것이다. 예를 들어 지인과 함께 음악회에 갔다가 거기서 지인의 친구와 친구가 되고, 그의 소개로 인턴을 하다가 인턴을 하는 회사에서 알게 된 사람들의 인정을 받게 되어, 마침내 정규직 일자리를 구하는 경우를 생각해볼 수 있다. 이와 같이 관계를 맺고 있는 사람들 사이의 지속적인 네트워크 속에서 형성되는 자산으로, 필요시 개인이 동원할 수 있는 인맥의 총합을 사회자본social capital이라 한다. 가까운 지인들이 가지고 있는 경제자본, 문화자본, 사회자본의 크기에 따라 우리의 생활방식과 삶의 결과는 달라질 수 있다. 한국사회에서 학연이나 지연이 중시된다고 말할 때, 이것 역시 출신학교나 지역이 같은 사람들 간에 형성된 일종의 사회자본이다.

부르디외(Bourdieu, 1984)는 이와 같은 사회자본의 크기가 개인이 동원할 수 있는 인적 네트워크의 규모와, 그 네트워크에 포함된 각 개인이 소유한 자본의 크기 및 영향력에 달려 있다고 보았다. 그리고 사회자본을 문화자본과 달리 학업성취에 직접적으로 영향을 미치기보다는 그 이후의 지위 획득 과정에 영향을 미치는 요인으로 보았다. 반면 부르디외와 달리 사회자본을 집단 구성원 간 신뢰와 협력 같은 관계적 속성으로 본 제임스 콜먼James S. Coleman은 사회자본이 가정에서 부모와 자녀 사이의 유대 혹은 자녀를 양육하는 방식 등을 통해 학업 결과에 영향을 미칠 수 있다고 주장한다(Coleman, 1988). 평소 자녀와 관계가 좋고 자주 대화하는 부모들은 자녀와 학업문제를 상의하고 학습목표를 세우며 학업 수행에 대한 규범을 공유한다. 이 경우 부모가 굳이 억압적인 통제방식을 사용하지 않더라도 자발적인 학습이 이루어져 학업성과를 높일 수 있다. 그리고 이러한 부모들은 대체로 학교활동에도 적극적으로 참여하여 교사와 지속적으로 자녀에 대해 상의하고 조언을 구하며, 다른 학부모들과의 교류를 통해 정보를 공유하고 연대함으로써 자신의 자녀들에게 유리한 정책을 추진할 수 있도록 학교와 정부에 압력을 가할 수 있다.

그러나 콜먼의 주장과 달리 이런 행동특성들은 주로 중산층 가정에서 관찰되며, 문화자본과 마찬가지로 계층 간 학업격차를 가져오는 요인이 될 수 있다(Lareau, 1987). 물론 사회경제적 지위가 높고 교육 수준이 높은 부모들이 더 바람직한 교육관과 양육태도를 지니고 있다고 단정할 수는 없지만, 생활고에 시달리는 바쁜 저소득층 학부모들이 자녀와 함께 시간을 보내며 학습방법에 대해 조언하고, 자녀문제를 상의하기 위해 학교를 방문하는 것을 기대하기란 현실적으로 매우 어려운 일이기 때문이다. 따라서 문화자본과 마찬가지로 사회자본은 그것을 활용할 수 있는 능력이 사회경제적 지위에 따라 차별적으로 분배되는 계층 재생산의 수단이 되기 쉽다.

일본의 사회학자인 야마다 마사히로山田昌弘는 일본사회의 양극화를 경고하며, 교육과 직업을 연결하는 파이프라인이 붕괴되어 교육을 받아도 마땅한 직업을 구하기 어려운 경제 상황에서, 교육을 통한 사회이동에 대한 희망 자체에 계층 간 격차가 생기고 있다고 지적한 바 있다(山田昌弘, 2004; 최기성 옮김, 2010). 불황에 일자리가 없을 때라도 상위계층은 미래를 대비하기 위해 교육에 대한 투자를 멈추지 않는다. 그러나 미래의 불확실성이 너무 커지면 저소득계층은 교육에 대한 투자를 지속하려는 의지를 포기하게 되고, 결과적으로 계층 간 교육격차는 더 벌어지게 된다. 이렇게 되면 다시 경제가 회복된다고 하더라도 계층 간 격차를 만회하기가 어려워지고 불평등이 심화될 수밖에 없다. 우리 상황도 이와 유사하다. 그간 한국부모들의 교육열은 계층과 관계없이 강력한 사회자본으로 한국사회의 발전을 견인한 중요한 자산이었다. '한강의 기적'은 빈곤하던 시절에도 가족의 지지를 바탕으로 교육적 포부를 키울 수 있었던 세대가 이룩한 것이다. 그러나 교육을 통한 상승이동에 대한 희망이 점차 퇴색되어가는 현실에서 부모세대의 경제적 불평등이 자녀세대의 교육불평등으로 이어지는 것을 막기란 더욱 어려운 일이 되고 있다.

5. 학교의 딜레마: 가능성과 한계

앞서 교육에 기초한 능력주의를 무산시키는 여러 요인 중 학교교육의 결과에 직접적인 영향을 줄 수 있는 가정배경과 관련된 요인들을 중심으로 살펴보았다. 요는 능력주의가 강조되는 사회일수록 학교교육의 결과가 개인의 미래 지위 결정에 미치는 영향이 커지고, 이렇게 되면 자녀에게 유리한 방향으로 교육 결과에 영향을 미치려는 가정의 압력과 개입이 더욱 커져서 자녀의 학업을 지원할 수 있는 가정의 능력에 따라 계층 간 교육 결과의 격차가 더 벌어지는 모순된 상황이 발생한다는 것이다. 근대 공교육제도가 확립된 이래로 교육기회를 보편화하고 계층 간 교육격차를 줄이기 위한 다양한 교육개혁들이 시도되었지만 교육 결과에 있어서 나타나는 상대적 차이가 실질적으로 줄어들지 않은 이유도 여기에 있다.

능력주의는 학력이 개인의 재능과 노력의 결과라고 전제함으로써 소득 수준이 생산성과 비례한다고 주장하는 인적자본론의 논리와 마찬가지로 검증해야 할 부분을 가정해버리는 논리적 모순에 빠졌다(Bills, 2004). 여기에 능력은 타고난다는 믿음이 결합되면, 집단 간 성취도 차이는 극복하기 어려운 객관적인 사실처럼 고착되기 쉽다. 이와 같은 인식의 오류는 지능에 관한 논쟁에서 쉽게 찾아볼 수 있는데, 리처드 헌스타인Richard J. Herrnstein과 찰스 머레이Charles Murray는 개인의 사회경제적 성공이 지능에 의해 결정되며, 지능은 유전되는 것으로 인종 간에 평균적인 IQ 차이가 존재한다고 주장하여 사회적으로 큰 논란을 불러일으킨 바 있다(Herrnstein & Murray, 1994). 이러한 주장은 교육기회가 개방되어 있기 때문에 교육을 통한 사회이동이 계층에 상관없이 가능하다는 전제에 기초한 것이다. 그러나 이들은 교육의 결과에 영향을 미치는 유전적 요인은 지나치게 강조한 반면, 환경적 요인은 간과하고 있다. 출생 직후 서로 다른 환경에서 성장한 쌍둥이의 경우에서 볼 수 있듯이 어린 시절의 양육환경에 따라 개인의 인지능력은 얼마든지 달라질 수 있다. 게다가 지능은 인지적 요소 외에 성격적 요소, 정서, 사회성, 운동능력 등이 포함된 역동적이고 다중적인 개념이고, 지능을 측정하는 검사도구 자체도 인종, 젠더, 문화에 따른 편향성을 띠기 쉽다. 따라서 이들의 주장은 사회적 약자들의 교육적 실패와 빈곤의 책임이 그들 스스로에게 있다고 보는, 희생자를 비난하는 또 하나의 논리에 불과하다.

현실의 학교는 의도적이든 아니든 계급적 편견이 작용하기 쉬운 곳이다(Bowles & Gintis, 1976). 유럽 국가들은 오랫동안 엘리트교육과 직업교육을 이원화시킨 복선형 학제의 전통을 지니고 있고, 미국처럼 시장원리가 지배하는 사회에서는 개인이 선택할 수 있는 학교의 수준과 유형이 가족의 자산 정도에 의해 영향을 받는다. 우리나라는 어떠한가? OECD가 주관하는 국제학업성취도평가 자료를 활용하여 한국학생들의 계층별 학업성취도 격차를 분석한 연구들을 보면, 성적에 미치는 가정배경의 영향이 2000년대 이후 계속 증가하고 있고, 계층 간 학력격차가 확대되는 것으로 나타나고 있다(김위정, 2012). 이러한 경향은 2000년대 이후 강화된 신자유주의 정책의 영향에 기인한 바가 크다. 즉 교육의 수월성을 높이고 학부모의 선택권을 강화한다는 정책 취지를 강조했지만 학교유형 간에 교육여건과 학력격차가 커지면서 수직적 위계가 형성되는 계기가 되었고, 결과적으로 계층 간 학력격차를 심화시키고 있다.

학교유형은 그 자체의 명명효과와 사회화 기제를 통해 학생들에게 영향을 주기 때문에, 학생들은 자신이 다니는 학교가 자신에게 할당한 지위에 적합한 개인적·사회적 특성을 습득할 가능성이 높다(김지영·김안나, 2014; Meyer, 1977). 이 지점에서 학교는 딜레마에 빠진다. 집단 간의 차이가 유지되더라도 학생들의 성취에 비례하여 학교를 개선할 것인가, 아니면 사회적으로 불리한 위치에 있는 학생들의 성취도를 끌어올려 기회를 평등화하는 것에 우선순위를 둘 것인가? 이것은 교육의 수월성 대 형평성 논쟁으로 되풀이되고 있다. 공교육체제 내에서 학교 간 자원 배분의 불평등을 줄여 모든 학교가 최소한의 질적 기준을 충족하도록 하려는 정책적 목표는 가정의 요구와 국가의 동기가 쉽게 합치될 수 있는 지점이다. 그러나 사회계층화에 영향을 미치는 학교의 제도적 힘이 커질수록 사적 자유에 대한 개인들의 요구와 국가의 공적 책임 이행 간에 접점을 찾는 것은 더욱 어려워질 것이다. 자녀의 교육적 성공을 위해 더 투자할 여력이 있는 계층은 다양한 방식으로 정부 정책에 영향을 미치려 할 것이기 때문이다.

이런 가운데 학교는 변화를 이끌어낼 수 있을까? 콜먼보고서Coleman Report가 발표된 이래로 이 질문에 대한 대답은 그리 긍정적인 것이 아니었다. 교육기회의 불평등 정도와 원인을 규명하기 위해 미국 전역에서 대규모 조사연구를 수행한 이 보고서에 따르면 학업성취도의 격차는 주로 가정의 영향에 의한 것으로, 학교 간 특성의 차이가 미치는 영향은 미미한 것으로 나타났다(Coleman, et al., 1966). 이런 결과는 교육기회의 확대를 통해 계층 간, 인종 간 교육격차를 해소하고, 나아가 직업 및 소득의 불평등을 완화시키고자 했던 교육개혁론자들의 낙관주의를 무력화하는 것이었다(오욱환, 2003). 그러나 이런 결과를 두고 사회적 기회를 평등화하는 데 학교가 아무런 역할도 하지 못한다고 단정하기는 이르다.

콜먼의 연구에서 촉발된 학교효과school effect에 대한 연구들은 콜먼의 연구가 학교특성 변인으로 학교시설 같은 물리적 특성과 학급규모, 학생 1인당 경비, 교사의 교육 수준 등과 같은 투입 변인에 초점을 둔 것과 달리, 학교 분위기, 교사와 학생의 상호작용, 지역사회 협력과 같은 과정 변인들에 주목해왔다. 이러한 경향의 연구들은 거시적인 제도 차원의 접근보다는 교육 결과의 차이를 만들어내는 개별학교의 특성에 주목하여 성공에 대한 비전을 제시하고, 이를 실현하기 위한 구체적인 계획과 목표 설정을 장려하며, 학생의 성장에 대한 신념을 공유하는 것과 같은, 학교가 조직되고 운영되는 방식과 특성들이 교육 결과를 개선할 수 있다는 것을 보여준다(Mortimore, 1997). 우리나라를 비롯하여 경제적으로 풍요로운 국가의 학교들이 외형적인 측면에서 이미 상당히 표준화되었다는 점을 고려할 때, 학생에 대한 교사의 기대 수준, 교육과정에 대한 학생들의 몰입과 통합 정도, 지역사회 자원을 적극적으로 활용하려는 학교의 열의 등과 같은 효과적인 학교의 특성을 규명하는 것은 우리 교육을 질적으로 개선하여 불평등을 줄이기 위한 노력의 출발점이 될 것이다.

학교는 차이를 만들 수 있고, 당연한 얘기지만 보다 효과적인 학교에 다니는 학생들이 그렇지 않은 학교에 다니는 학생들보다 성취도를 높일 수 있다. 교육사회학의 연구들은 학교가 다양한 환경에서 서로 다른 범주의 학생들에게 긍정적이거나 부정적인 영향을 주는 여러 가지 방식들에 대해 설명해왔다. 교육 결과에 미치는 가정환경의 영향을 근절하는 것은 불가능하겠지만, 교사를 포함한 교육자들이 이러한 방식들을 이해하는 것은 유능한 역할 수행을 위해 필수적이다. 보다 효과적인 학교들의 공통된 특성은, 학교의 목표에 대한 구성원들의 가치와 기대가 일치하고 다양한 수준에서 서로의 이해가 상충되지 않도록 통합된 곳이라는 점이다. 이 점을 올바로 인식하는 것은 교육적 논쟁에서 잘못된 이데올로기적 분열을 완화시킬 수 있다(Moore, 2004). 학교는 모든 학생들에 대해 높은 학문적 기대를 가져야 하고, 다양한 배경을 지닌 학생집단의 요구에 적절히 대응할 수 있도록 교수방법의 유연성을 가져야 한다. 이러한 현장의 노력이 자동적으로 사회적 기회의 평등화로 전환되지는 않겠지만, 학교가 구조적 한계에도 불구하고 그 가능성을 확장할 수 있는 기본 조건이라 할 것이다.

• 참고문헌 •

계봉오 · 황선재(2016), "한국의 세대간 사회이동: 출생 코호트 및 성별 비교", 『한국인구학』, 39(3), 1-28.

교육부(1970~2019), 「교육통계연보」, 미간행 보도자료.

교육부 · 통계청(2017), 「2017 초중고 사교육비 조사 결과」, 미간행 보도자료.

구인회 · 김정은(2015), "대학진학에서의 계층격차: 가족소득의 영향", 『사회복지정책』, 42(3), 27-49.

김광억 · 김대일 · 서이종 · 이창용(2003), "입시제도의 변화: 누가 서울대학교에 들어오는가?", 『한국사회과학』, 25(1 · 2), 3-187.

김병성(1985), 『교육기회와 사회적 지위이동의 가능성』, 진천: 한국교육개발원.

김안나(2011), 『고등교육사회학』, 서울: 학지사.

김위정(2012), "계층간 학력 격차의 변화: 학교정책의 영향을 중심으로", 『교육사회학연구』, 22(3), 24-76.

김지영 · 김안나(2014), "고교유형과 학교교육경험의 차이가 학생들의 가치관 변화에 미치는 영향", 『교육사회학연구』, 24(2), 93-116.

김현식(2018), 『교육수준별 장래인구추계 개발 연구』, 대전: 통계청.

박경호 · 김지수 · 김창환 · 남궁지영 · 백승주 · 양희준 · 김성식 · 김위정 · 하봉운(2017), "교육격차 실태 종합분석", 한국교육개발원 연구보고 RR 2017-07.

박병영 · 김미란 · 김기헌 · 류기락(2010), "교육과 사회계층이동 조사연구(III): 교육계층화와 사회이동 추이 분석", 한국교육개발원 연구보고 RR 2010-20.

안치민(1988), "사회이동과 사회 불평등 체계의 특성", 『사회와 문화』, 4(1), 35-57.

여유진(2008), "한국에서 교육을 통한 사회이동 경향에 대한 연구", 『보건사회연구』, 28(2), 53-80.

오욱환(2003), 『교육사회학의 이해와 탐구』, 파주: 교육과학사.

_______(2004), "현대 자본주의사회의 업무 탈기술화와 과잉교육의 역설적 관계에 대한 탐구", 『교육사회학연구』, 14(3), 157-182.

이왕원 · 김문조 · 최율(2016), "한국사회의 계층귀속감과 상향이동의식 변화: 연령, 기간 및 코호트 효과를 중심으로", 『한국사회학』, 50(5), 247-284.

임소현 · 김은영 · 백승주 · 황은희 · 황준성 · 김홍주(2017), "한국교육발원 교육여론조사(KEDI POLL 2017)", 한국교육개발원 연구보고 RR 2017-23.

한세리 · 김안나(2018), "사회자본과 학업성취도 향상: 가정과 학교의 상호작용효과", 『교육사회학연구』, 28(2), 157-182.

山田昌弘(2004), 『希望格差社会: 「負け組」の絶望感が日本を引け裂く』, 최기성 옮김(2010), 『희망 격차사회: 패자그룹의 절망감이 사회를 분열시킨다』, 서울: 아침.

Baker, David., & LeTendre, Gerald (2005), *National Differences, Global Similarities: World Culture and the Future of Schooling*, Stanford, CA: Stanford University Press.

Bell, Daniel., & Kristol, Irving (1972), "On meritocracy and inequality", *The*

Public Interest, 29, 29-68.

Bills, David B. (2004), *The Sociology of Education and Work*, Oxford: Blackwell.

Blau, Peter M., & Duncan, Otis D. (1967), *The American Occupational Structure*, New York: Free Press.

Bourdieu, Pierre (1984), *Distinction: A Social Critique of the Judgement of Taste*, Cambridge, MA: Harvard University Press.

Bowles, Samuel., & Gintis, Herbert (1976), *Schooling in Capitalist America*, London: Routledge & Kegan Paul.

_______(2002), "Schooling in capitalist America revisited", *Sociology of Education*, 75(1), 1-18.

Braverman, Harry (1977), *Labor and Monopoly Capital: The Degradation of Work in the Twentieth Century*, New York: Monthly Review.

Chanet, Jean-François., Demougin, Jacques., Slama, Alain-Gérard., Vannier, Paul., & Collectif (1999), *l'ABCdaire de l'école de la France*, 김경랑 옮김 (2000), 『프랑스 학교』, 서울: 창해.

Coleman, James S. (1988), "Social capital in the creation of human capital", *American Journal of Sociology*, 94, 95-120.

Coleman, James S., Campbell, Ernest Q., Hobson, Carol J., McPartland, James., Mood, Alexander M., Weinfeld, Frederic D., & York, Robert L. (1966), *Equality of Educational Opportunity*, Washington, DC: U.S. Government Printing Office.

Davis, Kingsley., & Moore, Wilbert (1945), "Some principles of stratification", *American Sociological Review*, 10(2), 242-247.

Durkheim, Émile (1925), *Moral Education: A Study in the Theory and*

Application of the Sociology of Education, Everett K. Wilson & Herman Schnurer (Trans.), New York: Free Press.

Giddens, A. (2001), *Sociology*, Oxford: Polity Press.

Goldthorpe, John., & Jackson, Michelle (2008), "Education-based meritocracy: The Barriers to its realization", In Annette Lareau & Dalton Conley (eds.), *Social Class: How Does it Work?*, New York: Russell Sage Foundation.

Grusky, David B., & Hauser, Robert M. (1984), "Comparative social mobility revisited: Models of convergence and divergence in 16 countries", *American Sociological Review*, 49(1), 19-38.

Herrnstein, Richard J., & Murray, Charles (1994), *The Bell Curve: Intelligence and Class Structure in American Life*, New York: Free Press.

Ishida, Hiroshi (2001), "Industrialization, class structure, and social mobility in postwar Japan", *British Journal of Sociology*, 8(3), 239-266.

Kim, Anna., & Rhee, Byung-shik (2007), "Meeting skill and human resource requirements", In Joonghae Suh & Derek H. C. Chen (Eds.), *Korea as a Knowledge Economy: Evolutionary Process and Lessons Learned*, Washington, DC: The World Bank.

Lareau, Annette (1987), "Social class differences in family-school relationships: The importance of cultural capital", *Sociology of Education*, 60(2), 73-85.

McNamee, Stephen J., & Miller Jr. Robert K. (2004), *The Meritocracy Myth*, 김현정 옮김(2015), 『능력주의는 허구다』, 서울: 사이.

Meyer, John W. (1977), "The effect of education as an institution", *American Sociological Review*, 83(1), 55-77.

Mortimore, Peter (1997), "Can effective schools compensate for society?", In Albert H. Halsey, Hugh Lauder, Phillip Brown, & Amy S. Wells. (Eds.),

Education: Culture, Economy, Society, Oxford: Oxford University Press.

Moore, Rob (2004), *Education and Society: Issues and Explanations in the Sociology of Education*, Cambridge: Polity Press.

OECD (2015), *Education at a Glance 2015*, Paris: OECD.

Parsons, Talcott (1959), "The social class as a social system: Some of its functions in American society", *Harvard Educational Review*, 29(4), 297-318.

Sax, Linda J., Astin, Alexander W., Korn, William S., & Mahoney, Kathryn M. (2000), *The American Freshman: National Norms for Fall 2000*, Los Angeles, CA: Higher Education Research Institute, UCLA.

Schultz, Theodore W. (1961), "Investment in human capital", *American Economic Review*, 51(1), 1-17.

Thurow, Lester C. (1975), *Generating Inequality*, New York: Basic Books.

Trow, Martin (1970), "The transition from mass to universal higher education", *Daedalus*, Winter. 1-42.

Young, Michael (1994), *The Rise of the Meritocracy* (U.S. Ed.), New York: Transaction Books.

Willis, Paul (1977), *Learning to Labor: How Working Class Kids Get Working Class Jobs*, New York: Columbia University.

연합뉴스(2013. 10. 23.), "안민석 '서울대 신입생 학력대물림 심화'", https://www.yna.co.kr/view/AKR20131022199500004

8장

교직은 전문직인가[1]

'교직은 전문직인가'라는 질문은 교직이 전문직인지 아닌지를 묻는 질문이라기보다 전문직이어야 함에도 그렇지 못한 현실에 대한 문제제기라 할 수 있다. 전문직이라 하면 일반적으로 의사나 법조인을 일컫는데, 오늘날 교사의 위상은 그러하지 못하다. 그렇다고 교직教職이, 학교에서 학생들을 가르치는 일이 전문성을 요하지 않는가? 전문성을 요하는 일임에도 전문직의 반열에는 들지 못하는 현실, 교사들이 처한 현실이다.

그간 교직은 전문직의 반열에 들기 위해 많은 노력을 기울여왔다. 예컨대 교원자격 제도, 교원양성 제도, 교원임용 제도, 교원승진 제도 등 교원 관련 제도들을 지속적으로 개선해왔고, 제도 개선을 통해 교사 양성부터 자격 부여,

---

1 이 장은 서경혜의 저서(2015)를 토대로 작성되었음.

임용, 승진 등 교직의 전 과정에 대한 체계적인 질 관리를 도모했다. 또한 교사평가를 매년 실시하여 현직교사의 질 관리를 도모하고, 사범대학, 교육대학, 교육대학원 등의 교원양성기관에 대한 주기적인 평가를 통해 교사교육 및 예비교사의 질 관리를 도모했다. 아울러 국가 수준에서 양질의 교육과정, 교과서, 교수 · 학습 자료, 효과적인 수업모형과 방법, 객관적인 평가 방법 · 도구 · 문항 등을 개발하고 학교 현장에 보급하여 학교교육의 질 제고를 도모했다.

이처럼 교직의 전문화를 위해 많은 노력이 기울여졌음에도 교직의 위상은 크게 달라지지 않았다. 여기에는 여러 가지 이유가 있겠으나, 필자는 그 주요 요인으로 교직의 전문화 노력이 교사의 전문성 향상에 주력하지 않았음을 꼽고 싶다. 예비 · 현직 교사들의 전문성을 개발하는 것보다는 교사 전문성을 평가하고 관리하는 것에, 교사의 교육과정 전문성을 개발하는 것보다는 누가 가르쳐도 양질의 교육을 제공할 수 있는 양질의 교육과정, 교과서, 교수 · 학습 자료 등을 개발하는 것에, 교사의 수업 전문성을 개발하는 것보다는 어느 교실에나 적용할 수 있는 효과적인 수업 모형 · 방법 · 전략 등을 개발하는 것에, 교사의 평가 전문성을 개발하는 것보다는 표준화된 학업성취도 검사를 개발하는 것에 더 많은 노력이 기울여졌다. 이를 통해 보면 교직의 전문성 제고 노력이 교사의 전문성 신장보다는 교직의 표준화에 중점을 두었다 해도 과언이 아닐 것이다. 이러한 문제는 필자뿐만 아니라 여러 학자들이 지적했는데, 일례로 오욱환(2005)은 다음과 같이 주장했다.

> 교직의 전문성과 교사의 전문성을 구별해야 한다. 이는 생산의 전문성과 노동자의 전문성이 다름과 같다. 생산 과정이 전문화(곧 효율화)되면 그 과정에 동원되는 사람이 가진 기술의 수준은 하락하게 된다. 고용주들은 생산의 전문성을 높여 고액의 제품을 저가로 생산하려고 애쓴다. 자본가들은 이 지상목표를 달성하기 위해서 생산과정에 동원되는 노동자들의 업무를 표준화

> 하고 분업화하여 생산과정에서 차지하는 노동의 중요성을 떨어뜨린다. …… 자율성이 줄어들고 외부의 규제나 통제가 많아지면 전문성은 하락한다. 외부의 통제는 해당 직업에서 수행되는 각종 업무들이 표준화·계량화·체계화·사례화·일상화·관례화됨으로써 효율적으로 이루어진다. 의사나 변호사를 대상으로 하여 수행된 연구들이 밝힌 바에 의하면, 이러한 조치들은 전문가들에게 더 많은 정보를 제공하지만 개별 전문가들로 하여금 경영자들, 기술자들, 관료들의 통제를 더 많이 받게 하고 전문적 지식과 판단judgment에 낮은 가치를 부여함으로써 탈전문화를 촉진시킨다(Derber, 1982; Ritzer & Walczak, 1988). 자본주의가 발달하고 효율성의 제고가 절대명제처럼 강조되며 과학·공학·산업이 기능적으로 조화된 현대사회에서, 교사를 전문가에서 기술자로, 다시 노동자로, 최종적으로는 일자리에서의 퇴출로 이끌 수 있는 분위기가 급격하게 조성되고 있으며 필수적 조건과 절차가 적절하게 구비·진행되고 있다(오욱환, 2005: 48-49).

역설적이게도 교직의 전문화가 교사의 탈전문화를 초래한다는 것이다. 표준화에 초점을 둔 전문화는 획일화를 낳고 결국 탈전문화를 초래하게 된다. 물론 교육의 과정을 표준화함으로써 일정 수준의 질을 담보할 수 있겠으나, 교육은 획일화될 수밖에 없다. 이 같은 방식으로는 날로 더해가는 학생들의 다양성과 교육 현장의 불확실성에 대처하기 어렵다. 그렇다고 필자가 교직의 전문화에 반대하는 것은 아니다. 그 방식에 문제제기하는 것이다. 교직의 전문성 제고를 위한 노력은 교사 전문성 신장에 중점을 두어야 한다는 것이다.

이 장에서는 교직 전문화의 핵심이 교사 전문성 개발에 있음을 강조하고자 한다. 이를 위해 먼저 교직과 교사의 전문성에 대해 고찰하고 교사 전문성 신장을 위한 최근의 여러 다양한 노력들에 대해 살펴보겠다.

1. 교직 전문성에 대한 역사적 접근

하그리브스(Hargreaves, 2000)는 그의 논문 "전문성의 네 시대와 전문가의 학습Four ages of professionalism and professional learning"에서 교직 전문성의 변천 과정을 전문성 이전 시대pre-professional age, 자율적 전문성의 시대age of autonomous professional, 협업적 전문성의 시대age of collegial professional, 포스트모던 전문성의 시대age of post-professional or postmodern professional로 구분하고 시대의 흐름에 따라 교직 전문성에 대한 관점이 어떻게 변화해왔는지 논의했다. 그 내용을 살펴보면 다음과 같다.

1) 전문성 이전 시대

19세기 말 공교육 초기 교사들은 교과서나 교육자료도 충분하지 않고 보상이나 인정도 제대로 받지 못하는 상황에서 혼자 교실에서 수십 명의 학생들을 가르치고자 고군분투했다. 대집단의 학생들을 가르치기 위해서는 교실 통제가 반드시 필요했고, 따라서 교사의 생존과 성공은 교육과 통제, 이 둘을 얼마나 잘 해내는가에 달렸다(Tyack, 1974).

이러한 상황에서 공교육은 마치 공장 같은 대중교육 시스템으로 변화했다. 학생들은 연령에 따라 학년으로 나뉘었고 다시 학급으로 집단화되었다. 교육과정은 교과와 학년으로 분화되고 표준화되었다(Cuban, 1984). 교수방법으로는 설명이나 강의가 주로 이용되었다. 교사가 학생집단을 대상으로 교과지식을 전달하는 일제식 수업이 주를 이루었다. 이러한 수업구조에서 학생 개개인에게 관심을 두기란 여간 어려운 일이 아닐 수 없었다. 학생들은 집단으로 다루어졌다. 교사에게 가장 중요한 관심사는 학생 개개인의 학습경험이 아니라 수업의 흐름, 즉 수업이 의도한 방향으로 순조롭게 잘 진행되는가 하는 것이었다. 이 같은 전통적인 교수방식은, 어찌 보면 공교육 초기 대규모 학생집단, 부족한 자원 등의 열악한 여건 속에서 교사에게 주어진 책무를 수행하기 위한 일종의 생존전략이었다 해도 과언이 아닐 것이다(Hargreaves, 1978).

이 시기, 가르치는 일은 힘들었지만 고도의 전문성을 요하는 어려운 일로 여겨지지는 않았다. '아이들을 가르치는 일이 뭐 그리 힘든가'와 같은 인식이 지배적이었다. 따라서 교사교육에 대한 관심과 지원도 부족했다. 교사교육은 양성교육에 초점이 맞추어졌고 교사 양성교육은 일반적으로 도제방식으로 이루어졌다. 예비교사는 고경력교사 옆에서 보고 배우며 교직에 필요한 지식과 기술을 습득했다. 이러한 견습경험과 더불어 일정 기간의 교육실습을 거쳐 교사로 임용되었다. 하그리브스는 이 시대 교사들은 실상 아마추어와 다를 바 없었다고 보았고 이 시대를 '전문성 이전 시대'라 일컬었다.

2) 자율적 전문성의 시대

1960년대에 들어 교사의 지위는 크게 향상되었다. 공교육 수립 초기 도제방식으로 이루어졌던 교사 양성교육은 사범학교, 전문대학 등을 거쳐 이제 본격적으로 대학에서 이루어졌고 교직은 대졸 학력을 요하는 직업이 되었다.

1960년대 미국은 우주경쟁과 과학기술 개발에 전력을 기울였다. 그 일환으로 교육에도 대대적인 투자가 이루어졌고, 특히 수학과 과학 등 주요 교과과정 개혁에 초점이 맞추어졌다. 일반적으로 연방정부나 주州 수준에서 대학이나 연구소를 중심으로 교수, 학자, 연구원 등에 의해 새 교육과정이 개발되었고, 이는 학교 현장에 그대로 적용할 수 있게끔 패키지 형태로 교사들에게 제공되었다. 그러나 새 교육과정의 대부분은 학교에서 제대로 실행되지 못했다(Fullan, 1991). 여기에는 여러 가지 이유가 있는데, 역설적이게도 교사의 자율성이 한몫했다. 새 교육과정이 시행된다 해도 이를 실제로 교실에서 가르치는 것은 교사에게 달렸기에 교육과정 개혁은 종종 그 기획자나 설계자가 의도한 것과 다른 양상으로 나타났다. 막대한 예산이 투입된 교육과정 개혁 프로젝트가 성공하기 위해서는 무엇보다도 교사들의 실행의지와 노력이 필요했다. 정부는 국가가 기대하는 바를 수행하는 대가로 교사들에게 물질적 보상, 직업적 안정, 전문적 권위, 재량권 등을 부여했다(Helsby & McCulloch, 1997). 교사들은 일종의 '허가된 자율권licensed autonomy'을 누렸다(Dale, 1998).

아울러 교사교육도 크게 발전했다. 교사들이 교육개혁을 성공적으로 수행하는 데 필요한 능력을 길러줄 수 있는 교사교육이 필요했고, 이는 현직교사를 위한 교육에 있어 괄목할 만한 발전을 가져왔다(Fullan & Connelly, 1990). 일반적으로 워크숍, 강좌, 단기 코스 등이 현직교사 교육방법으로 이용되었다. 교수, 학자, 연구원 등 외부 전문가들이 초빙되어 교사들에게 필요한 지식과 기술을 전달했고, 교사들로 하여금 이 지식과 기술을 학교 현장에 적용하여 교육개혁을 성공적으로 수행하도록 했다. 그러나 워크숍에서 배운 지식과 기술을 적용하는 데에는 많은 어려움이 따랐다. 그럼에도 불구하고 교사들의 어려움에 대한 이해나 지원은 미흡했다(Little, 1993). 결과적으로 현직교사 교육은 양적으로 급격히 팽창했으나, 그 내실은 기대에 미치지 못했다.

자율적 전문성의 시대에 교직의 가장 두드러진 특징 중 하나는 개인주의였다(Hargreaves, 1994). 교사들은 대부분 각자의 교실에서 혼자 학생들을 가르쳤다. 동료교사들과 협업한다 해도 아주 적은 수의 동료들과만 긴밀한 관계를 유지했다. 또한 교사들의 협업은 교육과정, 수업, 평가 등과 관련된 교육활동보다는 학교운영이나 교과과정 외 활동, 행사 등에 초점이 맞추어졌다(Little, 1990; Lortie, 1975). 개인주의와 고립주의가 교직사회에 만연했다.

하그리브스에 의하면, 교직의 전문화를 위한 근대주의적 모델, 즉 대학 수준의 교사교육과 교사 양성교육 기간의 연장(예: 사범학교에서 전문대학, 종합대학, 교육대학원 등), 교원양성기관에 대한 평가 및 인증 확대 등은 교사의 지위를 향상시켰지만, 교직의 전문성 신장에는 크게 기여하지 못했다(Hargreaves, 2000). 오히려 교사들을 격리시키고 고립시켰으며, 교사교육이 활성화되었음에도 교사들의 교육실천은 크게 달라지지 않았다. 교사연수를 마치고 학교로 돌아온 교사들이 마주한 현실은, 그들이 연수에서 배운 것에 대해 별 관심도 없고 알고 싶어 하지도 않는 동료교사들이었다. 교사들이 동료들 사이에서 튀는 것을 꺼리고 자신만의 작은 변화를 이루는 것 이상의 시도를 할 수 없게 되면서 교육은 점차 침체되었다. 자율적 전문성의 시대의 교사들은 앞으로 다가올 거대한 변화에 거의 무방비 상태로 놓여 있었다.

3) 협업적 전문성의 시대

1980년대 중반, 교사 개인의 자율적 전문성만으로는 점차 복잡해지는 학교교육에 효과적으로 대응하기 어렵게 되었다. 교사들이 일하는 세계는 급속히 변화했고, 교사들의 일 또한 크게 변화했다. 개인주의를 고수하는 것은 교사들이 직면한 도전에 임시방편으로 대응함을 의미했다. 동료교사들과 협업하지 않고 교사 혼자서 자신의 지식과 기술을 발전시키는 속도로는 끊임없이 변화하는 요구에 시의적절하게 대응할 수 없었다(Fullan & Hargreaves, 1996). 하그리브스는 교사협업이 필요한 이유를 다음과 같이 설명했다(Hargreaves, 2000).

- **교사가 가르쳐야 하는 교과내용의 팽창과 급속한 변화**: 학문 및 교과의 급속한 발전은 이제 교사 혼자서 따라잡기 어렵게 되었고, 협업과 지식의 공유가 필수불가결하게 되었다.
- **교수방법에 대한 지식의 급증**: 그간 여러 다양한 교수이론과 방법들이 개발되었다. 어떤 교사도 이 모든 교수방법에 정통할 수 없다. 또한 어

떤 교수방법도 다른 방법들보다 절대적으로 우월하다고 말할 수 없다. 중요한 것은, 자신이 가르치는 학생들에게 적절한 교수방법을 선택하여 효과적으로 활용하는 것이다. 이것은 교사 혼자 하는 것보다 같은 교과를 가르치는 교사들이 협업할 때 훨씬 효과적일 수 있다.

- **학생지도 업무의 증가**: 교사들은 학교에서 나날이 증가하는 폭력문제, 학생들의 비행 및 일탈문제 등에 적절히 대처해야 하고 학생 생활지도에 더 많은 시간과 노력을 쏟아야 한다. 학생들의 교과학습지도는 물론 생활지도를 효과적으로 하기 위하여 교사들 간의 협업이 더욱 필요하게 되었다.
- **학생 다양성의 증가**: 오늘날 교실에서는 여러 다양한 사회적·경제적·문화적 배경을 가진 학생들이 함께 공부한다. 교사는 학생들의 능력, 관심, 학습요구 등이 매우 다양함을 이해하고 이에 맞추어 가르쳐야 한다. 이를 위하여 교사는 어떻게 자신의 수업을 학생들의 다양성에 맞추어 개별화할 수 있는지, 어떻게 모든 학생들이 수업에 참여하도록 할 수 있는지 배워야 한다. 이는 교사에게 더 높은 수준의 전문성을 요하고, 이러한 전문성은 동료교사들과의 협업을 통해 보다 효과적으로 향상시킬 수 있다.
- **제한적인 학교구조**: 중등학교의 구조와 문화는 새로운 교수전략을 받아들이기에 매우 제한적이다. 교사들이 기존의 고립적인 교실구조, 교과구분, 시간표, 개인주의 문화 등을 거스르는 방식으로 가르치고자 할 때, 예컨대 80분 수업의 블록 스케줄링block scheduling이나 팀티칭team teaching 등을 시도하고자 할 때 그들은 많은 어려움에 부딪치게 된다. 특히 위험을 무릅쓰고 개혁을 시도하거나, 좌절을 겪거나, 자기 혼자만의 교육개혁을 위하여 고군분투한다고 느낄 때 교사들은 더욱 어려움을 겪게 된다. 그러나 동료교사들 또한 그들 각자의 교실에서 이러한 심경

으로 고군분투하는 경우가 적지 않다.

- **중등학교 구조의 소외적 특성**: 많은 학생들이 자신을 진심으로 이해하고 관심을 가져주는 어른이 학교에 없다고 생각한다. 중등학교에서의 소외, 심리적 이탈문제를 해결하고자 다양한 노력이 기울여졌는데, '작은 학교 운동'이나 '학교 안의 학교' 등이 그 대표적인 예라 할 수 있다. 여기서는 학생들을 80~100명 정도의 그룹으로 구성하고 4~5명의 교사들이 팀을 형성하여 학생들을 가르치게 함으로써 교사들과 학생들이 서로 잘 알고 공동체 유대감을 형성할 수 있도록 했다. 이 과정에서 교사들 또한 전통적인 학교에서와 같이 그저 교과를 공통분모로 교과지도계획을 함께 세우는 수준을 넘어서, 그들이 가르치는 학생들에 대한 지식과 정보를 공유하고 학생들의 학습 증진을 위하여 공동의 노력을 기울이게 되었다(Meier, 1998; Sizer, 1992).
- **협업문화의 긍정적 효과**: 1980년대 협업문화가 교사의 전문성 향상은 물론 학교의 교육력 제고와 학생들의 학습 증진에도 긍정적인 영향을 미친다는 연구 결과가 속속 발표되었다. 아울러 협업문화는 교사들의 집단효능감, 위험을 무릅쓰고라도 더 나은 교육을 위하여 노력하고자 하는 의지, 지속적인 개선을 위한 헌신 등에도 긍정적 영향을 미치는 것으로 나타났다(Newmann & Wehlage, 1995; Talbert & McLaughlin, 1994). 교사들 간의 협업이 그저 정보나 자료를 나누는 수준을 넘어서서 공동실천으로 발전될 때 그 효과는 배가 된다(Little, 1990). 교사들은 혼자 가르칠 때보다 협력적으로 가르칠 때 더 많은 것을 배운다. 교사들이 함께 교육실천을 계획하고 실행할 때, 또 함께 그들의 교육실천을 반성하고 개선할 때 보다 효과적으로 전문성을 향상시킬 수 있다(McLaughlin, 1997).

이와 같은 점에서 교사 전문성 개발은 학교 밖에서 외부 전문가들에 의해 연수의 형태로 기획·운영되는 것보다 학교 내에서 협력적으로 이루어지는 것이 더 효과적이다. 교사 전문성 개발이 교사들의 학교에서의 삶과 교육실천에 토대를 둘 때, 교장과 교감, 부장교사들의 지원과 참여에 기초할 때, 또 교사들 간의 협력적 실천을 강조할 때 교육은 더 큰 효과를 거둘 수 있다(Little, 1993). 따라서 협업적 전문성의 시대에 교사의 배움과 전문성 개발은 학교를 중심으로 이루어질 수 있게 되었다.

4) 포스트모던 전문성의 시대

21세기에 들어서면서 급격히 일고 있는 사회적 변화는 우리가 새 시대, 즉 포스트모던postmodern 시대에 들어섰음을 시사한다. 그렇다면 포스트모던 시대의 교직 전문성은 어떠해야 하는가? 이에 대해서는 의견이 분분한데, 하그리브스(Hargreaves, 2000)는 보다 포괄적이고 유연하며 민주적이고 교직 외부의 다양한 집단들을 포용하는 새로운 성격의 포스트모던 전문성이 무엇보다도 필요하다고 주장했다. 그러나 이러한 가능성을 저해하는 세력 또한 만만치 않다고 그는 지적하는데, 이는 전문성에 대한 공격이 거세지고 있기 때문이다.

세계 각국에서 정부가 시장원리를 적극 수용함에 따라 공공기관은 물론 학교에 대한 경제적 분석을 토대로 효율성 제고를 위한 구조조정이 이루어졌다. 학교 예산 삭감과 인력 감축이 단행되었고 학교는 '고객'을 두고 서로 경쟁하는 체제로 전환되었다. 고비용 항목인 교사들, 즉 교사 임금, 교사의 근로조건 등은 예산 절감의 주요 대상이 되었다. 교사들과 교원노조는 교육 시장화의 걸림돌로 여겨졌고, 이들 세력을 약화시키기 위한 여러 정책들이 시행되었다. 그 대표적인 예로 노조원 자격 조건에 대한 법률을 개정하여 교사들의 노조 가입 및 참여를 제한한다거나 노조의 의사결정 범위를 제한하는 정책, 중앙집권적 교육과정 정책, 교사의 지위를 계약직으로 전환한다거나 시간제 교사를 확대하는 정책 등이 있으며, 이러한 정책들로 인해 공교육의 문제를 교사의 탓으로 돌리는 책임 전가 풍조가 확산되었다(Ball, 1990).

전문성에 대한 공격은 포스트모던 시대 불확실성의 산물이자 불확실성에 대한 정부 대응의 산물이기도 하다. 포스트모던 시대의 지식과 정보가 폭발적으로 증가하면서 학교에서 가르쳐야 할 가장 기본적인 지식은 무엇인가에 대한 기존의 가정들이 도전을 받게 되었고, 문화적 다양성이 증가함에 따라 교육과정의 토대를 제공해온 종래의 서구 지식과 신념 또한 도전을 받게 되었다. 그 결과 학교교육은 학교에서 무엇을 가르쳐야 하는가를 둘러싼 논쟁과 불확실성에 시달리게 되었다. 어떤 정부는 이러한 불확실성을 받아들이고 다양성을 존중·포용하는 교육정책을 폈고, 어떤 정부는 국민들에게 허위 확실성을 심어줌으로써 불확실성에 반격하고 나섰다. 예컨대 학교교육과정과 평가를 중앙집권적 체제로 관리·운영했고, 스탠다드standards, 성취도평가, 책무성 등 기업의 성과관리 시스템을 도입·적용하여 학교교육을 기업화했다. 이 같은 허위 확실성의 추구는 국민들에게 '효과성에 대한 절차적 환상'(Bishop & Mulford, 1996)을 심어줌으로써 그들을 안심시켰다. 그러나 교사들을 아주 엄격한 규제와 통제하에 종속시켰고 교직의 탈전문화를 심화시켰다.

포스트모던 시대 탈전문화의 위기에서 벗어나기 위해서는 교직의 전문성을 재개념화할 필요가 있다. 학교를 둘러싼 사회적·경제적·문화적 환경이 급변하고 있는 상황에서 교직 전문성에 대한 기존 관점으로는 이 변화에 능동적으로 대처할 수 없다. 좋든 나쁘든 교육의 시장화가 급속히 진행되고 있고, 따라서 교사들은 대중과 보다 긴밀한 관계를 맺어야 한다(Fullan & Hargreaves, 1996). 교사들은 지역사회 구성원들과 협력적으로 일할 수 있는 능력을 키워야 하고, 학부모를 간섭자가 아니라 학생의 학습은 물론 교사의 학습을 지원하는 파트너로 받아들여야 한다. 즉 포스트모던 전문성의 시대에 교직의 전문성은 학부모 및 지역사회와 보다 개방적이고 상호호혜적인 관계를 발전시킬 수 있는 방향으로 재개념화되어야 한다.

2. 교사 전문성에 대한 관점

교사의 전문성에 대한 기존 담론은 교사가 갖추어야 할 전문성이 무엇인지 규명하는 데 집중되었다. 관점과 입장에 따라, 사회의 변화에 따라, 또는 교육환경의 변화에 따라 교사가 갖추어야 할 전문성이 무엇인가에 대해 여러 의견이 제기되었는데, 일반적으로 지식, 기술, 태도의 세 차원으로 정리할 수 있다.

1) 지식중심관

교사 전문성에 대한 지식중심의 관점은, 교직은 전문지식에 토대를 두고 있고 이 같은 교직의 전문지식이 교사를 전문가로 만든다고 본다. 따라서 교직에서는 교사들의 전문지식 확립을 위해 많은 노력이 기울여졌다. 초기의 노력은 교직의 학문적 토대를 구축하는 데 집중되었다. 타 전문직처럼, 예컨대 의사나 법조인과 같이 교사의 교육실천도 학문적 지식에 기초하고 있음을 보여줌으로써 교직의 전문성을 확보하고자 한 것이다. 그리하여 교과의 원천인 기초학문과 이를 교육에 적용한 응용학문을 토대로 교직의 지식기반이 수립되었고, 이는 교사 전문성의 근거가 되었다. 이러한 노력으로 인해 전문가로서의 교사는 교직의 학문적 지식기반을 갖춘 교사를 의미하게 되었다.

이에 교사 양성교육 및 현직교육은 교직의 기반이 되는 학문적 지식을 가르치는 데 중점을 두었다. 교사 양성교육은 교직의 학문적 지식기반을 토대로 기초학문 → 응용학문 → 실습의 위계로 체계화되었다. 수학교사 양성교육의 경우 예비교사들은 먼저 기초학문인 수학, 예컨대 대수학, 미적분학, 기하학, 위상수학 등을 배운다. 이렇게 수학의 기초를 충실히 닦은 후에 응용학문을 배우는데, 먼저 교육학(즉 교직이론)을 배우고 이를 수학에 접목하여 수학교육학, 예컨대 수학 교과교육론, 수학 교과교재 연구 및 지도법 등을 배운다. 그러고 나서 교육실습을 나가 기초 및 응용학문의 지식을 교육실제에 적용하며 교수기술을 연마한다. 한편 현직교사 교육은 학문의 최신 지식을 제공하여 교사들의 학문적 지식을 경신해주거나 교사들에게 부족한 학문적 지식을 보충해주는 데 중점이 주어졌다. 일반적으로 대학교수가 교사들에게 학문적 지식을 전달하는 방식의 교사연수가 제공되었고, 교사들은 전달받은 지식을 습득하고 학교 현장으로 돌아가 이를 적용함으로써 그들 자신의 지식과 실천을 향상시키고 전문성을 신장시키리라 기대되었다.

이처럼 교사교육은 교직의 기반이 되는 학문적 지식을 습득하여 교직의 전문지식을 갖추도록 하는 데 중점을 두게 되었고, 이어 교사자격시험, 임용시험, 교사평가에서는 교직의 전문지식을 가지고 있는지, 어느 정도 가지고 있는지, 즉 지식 소유 여부 및 정도에 초점이 맞추어졌다. 그러나 많이 알기만 한다고 잘 가르칠 수 있는가?

2) 기술중심관

기술중심관에 의하면, 지식을 많이 가지고만 있다고 해서 잘 가르칠 수 있는 것은 아니다. 교사가 얼마나 많은 지식을 가지고 있느냐보다 얼마나 잘 가르치느냐가 중요하다. 잘 가르치는 것, 즉 교수기술teaching skills이 교사 전문성의 핵심이라 할 수 있다. 그렇다면 잘 가르친다는 것은 무엇을 의미하는가? 기술중심관에 의하면, 바람직한 학습 결과를 이끌어내는 것을 의미한다. 이에 바람직한 학습 결과, 특히 높은 학업성취를 이끌어내는 교수기술을 규명하는 데 많은 노력이 기울여졌다. 그리고 그 결과는 '효과적인 교수법' 또는 '최고의 교수법' 등으로 패키지화되어 보급되었다. 따라서 기술중심관에 기초한 교사교육은 효과적인 교수법을 가르치는 데 중점이 주어졌다. 교사 양성교육의 경우 교수법, 교과지도법 등 이른바 방법과목들이 강화되었고, 현직교사 교육에서는 최신 교수법을 가르치는 워크숍이 확산되었다. 특히 최고의 교사로 평가받는 우수한 교사들이 그들의 교수법을 모델링이나 코칭 등을 통해 일반교사들에게 전수하는 방식이 인기를 끌었다. 최고의 교수법 또는 효과적인 교수법을 전수하여 교사들의 교수기술을 향상시키고, 나아가서 교수기술의 향상이 학생들의 학습 결과 향상을 가져올 것이라 기대되었다.

그러나 과연 모든 학생에게 효과적인 교수법이라는 것이 있을까? 학생 개개인의 다양성, 교실 각각의 특수성을 넘어서서 모든 학생, 모든 교실에 적용될 수 있는 최고의 교수법이라는 것이 있을까? 효과적인 교수법을 전수하는 특정 교사의 학생들에게는 그 교수법이 효과적이었을지라도 자신이 가르치는 학생들에게는 그렇지 않을 수 있다. 또 자신이 가르치는 학생들 중에서도 한 학생에게 효과적인 것이 다른 학생에게는 그렇지 않을 수도 있다. 물론 효과적인 교수법에 대한 탐구나 배움이 필요하지 않은 것은 아니다. 다른 교사들이 어떻게 가르치는지 알고 효과적인 교수법을 배우는 것은 중요하다. 그러나 이것에 그치지 않고, 교수법의 습득은 물론이고, 나아가서 이를 토대로 자신이 가르치는 학생들과 교수·학습 상황에 적절한 교수법을 구상·구현할 수 있는 능력을 길러야 한다. 그래야 교수법의 기계적인 적용 및 맹목적이고 무분별한 적용을 방지할 수 있다. 교수기술의 핵심은 교수법의 적용을 넘어선 교수법의 구상·구현 능력에 있는 것이다.

3) 태도중심관

교사 전문성에 대한 태도중심의 관점은 교사에게 전문지식과 기술도 중요하지만, 학생들을 가르치는 일에 임하는 마음가짐 또는 자세가 기본이 되어야 한다고 본다. 태도중심관에 의하면 교사의 전문지식과 기술은 올바른 태도 위에 서야 한다. 그렇지 않으면 전문지식과 기술은 변질되고 교육의 모습은 왜곡될 수밖에 없다.

사실 이러한 경우의 사례를 우리는 드물지 않게 보아왔다. 매스컴을 통해 이른바 비리교사, 폭력교사 등의 문제가 심심치 않게 보도되었고, 그때마다 교사의 자질, 소양, 인성 등이 도마에 올랐으며, 예비 · 현직 교사들의 인성을 평가하여 부적격 교사를 퇴출해야 한다는 여론의 목소리가 높아졌다. 일례로 2011년 교육과학기술부는 인성에 문제가 있는 교사들을 걸러내야 한다는 사회적 요구에 부응하여 교원양성기관 입학생 선발단계부터 재학, 자격 부여, 나아가서 교사임용시험 및 채용단계에 이르기까지 교직인성에 대한 평가를 강화하는 방안을 발표했다. 그 주요 내용을 살펴보면 교육대학이나 사범대학 등 교원양성기관 입학생 선발 시 인성평가를 강화하고, 교원양성기관 재학생들에 대한 인성검사를 재학 중 2회 이상 의무적으로 실시하며, 초 · 중등교사 임용시험체제를 개편하고, 교직인성에 대한 심층면접을 강화하는 안 등을 담고 있다.

이에 따라 교직인성을 어떻게 평가할 것인가에 관심이 집중되었고, 교직인성검사 개발에 중점이 주어졌다. 예컨대 교사가 갖추어야 할 인성, 즉 교직인성이란 무엇인지 조작적 정의를 내리고 그 구성요인을 측정할 수 있는 문항들을 개발하여 검사지를 제작했다. 그리하여 체크리스트 형식의 교직인성검사지가 예비 · 현직 교사들을 대상으로 폭넓게 이용되었다. 그러나 교직인성이라는 것이 그저 종이에 적힌 목록에 체크하는 방식만으로 평가될 수 있는 것인가? 게다가 교직인성검사지에 단골로 등장하는 '사명감', '열정', '성실성' 등에 '있다', '없다' 또는 '매우 높다', '조금 높다', '보통이다', '조금 낮다', '매우 낮다' 중 하나에 체크하는 방식으로 교직인성이 제대로 평가될 수 있겠는가?

결국 교직인성에 대한 평가는 형식적인 요식행위로 그치거나 주관적인 판단에 치우친 평가로 전락하여 평가자가 평가대상을 통제하는 수단으로 악용될 소지가 있다. 더 심각한 문제는 교직인성 또한 평가의 압박 속에서 측정의 문제로 변질되고 있다는 것이다. 교직인성의 계발을 지원하는 것보다 교직인성을 측정하는 검사도구를 개발하는 것에 더 많은 관심과 지원이 쏠리고 있는 상황이다.

4) 통합적 관점

교사 전문성에 대한 최근의 담론은 교사가 갖추어야 할 전문성으로 지식, 기술, 태도 모두를 강조하는 경향을 띠고 있다. 이러한 통합적 관점은 최근의 교사임용시험이나 교사평가 또는 교사직무기준 등에서도 찾아볼 수 있다. 예를 들어 교사임용시험의 경우, 1차 시험에서는 교직과 교과에 대한 전문지식을 평가하고 2차 시험에서는 수업시연과 심층면접을 통해 교직에 요구되는 지식, 기술, 태도를 갖추었는지를 평가한다. 현직교사의 근무성적평정 또한 지식, 기술, 태도를 통합적으로 평가한다. 〈표 8-1〉에 제시된 바와 같이 평정사항은 크게 '근무 수행 태도'와 '근무 실적 및 근무 수행 능력'으로 구성되며, 교육공무원으로서의 태도, 학습지도, 생활지도, 전문성 개발, 담당업무 등을 평가한다.

이와 같이 현재는 교사의 전문성을 지식, 기능, 태도 등 여러 다양한 요소들로 구성된 복합적 역량으로 보는 통합적 관점이 지배적이다. 그리하여 교사교육 또한 예비 · 현직 교사들이 다양한 역량을 고루 개발할 수 있도록 보다

<표 8-1> 교사 근무성적 평정사항

평정사항	평정요소	평정내용
근무수행태도	교육공무원으로서의 태도(10점)	1. 교육자로서 품성을 갖추고 직무에 충실한가? 2. 공직자로서 사명감과 직무에 관한 책임감을 갖고 솔선수범하는가?
근무실적 및 근무수행능력	가. 학습지도(40점)	1. 수업교재 연구를 충실히 하는가? 2. 학생 수준에 적합한 수업계획을 수립하는가? 3. 학생들이 수업에 적극적으로 참여할 수 있도록 분위기를 조성하는가? 4. 학생의 능력과 수준에 적합한 질문을 제시하는가? 5. 학생들을 학습활동이나 과제 수행에 적절히 참여시키는가? 6. 학생특성과 요구에 적합한 수업자료 및 매체를 활용하는가? 7. 학생의 이해도와 참여도를 수시로 점검하는가? 8. 평가결과를 수업개선을 위한 자료로 적극 활용하는가?
	나. 생활지도(30점)	1. 학생 개개인의 특성을 파악하기 위하여 노력하는가? 2. 상담을 통해 학생이 당면한 문제를 원만히 해결할 수 있도록 지원하는가? 3. 학생의 적성과 특기를 고려하여 진로·진학 정보를 제공하는가? 4. 학생들이 학급에서 친구들과 잘 어울려 생활하도록 지도하는가? 5. 안전사고 및 학교폭력을 예방하기 위한 교육을 실시하는가? 6. 학생들이 올바른 기본 생활습관(언어, 행동, 예절, 질서 등)을 기르도록 지도하는가? 7. 학생들이 건전한 가치관과 도덕성을 갖추도록 지도하는가?
	다. 전문성 개발(5점)	1. 전문성을 높이기 위한 연구활동에 적극적인가? 2. 전문성을 높이기 위한 연수활동에 적극적인가?
	라. 담당업무(15점)	1. 담당업무를 정확하고 합리적으로 처리하는가? 2. 담당업무를 창의적으로 개선하고 조정하는가?

출처: 국가법령정보센터(www.law.go.kr), 「교육공무원 승진규정」.

통합적인 접근을 취하고 있다. 과거 지식중심의 교사 양성교육이나 기술중심의 교사연수에 비하면 큰 발전이라 할 수 있겠으나, 통합적 접근 또한 급속히 변화하는 학교 현장에서 여전히 한계는 있다.

오늘날 학교에서는 다양한 사회적 · 문화적 · 경제적 배경을 가진 학생들이 급속히 증가하고 있고, 학생들의 학습요구, 흥미, 능력 또한 더욱더 다양해지고 있다. 이제 교사 혼자의 힘만으로는 날로 증가하는 학생들의 다양성과 학교교육의 복잡성에 효과적으로 대응하기 어렵게 되었다. 아울러 학문 및 교과의 급속한 발전, 교수법에 대한 지식의 급증으로 교사 혼자서는 최신의 지식을 따라잡기 어렵게 되었고 지식의 교류·공유가 필수불가결하게 되었다. 그러나 교사 전문성에 대한 기존 관점들, 즉 지식중심, 기술중심, 태도중심 또는 통합적 관점은 교사 전문성을 개인의 내재적 역량으로 보고 교사 개개인의 전문성을 신장시키는 데 초점을 맞추어왔다. 따라서 이 같은 개인주의적 접근은 현재의 교육 상황에서 한계에 부딪칠 수밖에 없다.

3. 교사 전문성에 대한 재개념화

과거에 교사 전문성은 일반적으로 개인 수준의 전문성을 의미했다. 앞서 논의한 바와 같이 교사 전문성에 대한 담론은 교사가 갖추어야 할 개인적 역량을 규명하는 데 중점이 주어졌고, 교사 양성교육 및 현직교육은 비록 집단을 대상으로 일제식一齊式으로 이루어졌으나 지극히 개인주의적 성격을 띠었으며, 교사평가, 임용, 승진은 경쟁주의적 방식을 취했다. 이것을 하그리브스(Hargreaves, 2000)는 '자율적 전문성'이라 일컬었다. 자율적 전문성은 교사 개개인이 교직에 요구되는 전문성을 습득하고, 자율적으로 전문성을 발휘하며, 독립적으로 교직을 수행하는 것을 특징으로 한다(서경혜, 2019).

교직이 전문직으로 인정받지 못하던 시대에 자율적 전문성은 교직의 전문화에 크게 기여했다. 그러나 현대사회에서 개인주의에 입각한 자율적 전문성은 그 한계를 드러내고 있다. 예컨대 교사들이 서로의 전문성을 교류·공유하지 않으니 서로에게서 배울 수 있는 기회도 적고, 자신의 교육실천에 대한 피드백을 받을 수 있는 기회도 별로 없으며, 결국 교사들의 전문성 신장은 제한적일 수밖에 없다. 또한 교사들 간에 대화나 소통이 부족하다보니 학생과 관련된 지식이나 정보를 공유할 기회도 적어서 학생들에 대한 교육 역시 제한적이며, 교사들이 자신의 수업, 자신의 교과, 자신이 가르치는 학생들에게만 신경을 쓰니 학교교육의 효과도 제한적일 수밖에 없다. 나만 잘 가르친다고 학생들의 학습이 향상되는 것은 아니기 때문이다. 나도 잘 가르치고 동료교사들도 잘 가르쳐야, 즉 학교의 전 교사들이 다 잘 가르쳐야 학생들의 학습을 효과적으로 지도·지원할 수 있다. 교사 개인 수준의 전문성을 넘어서서 교사공동체 수준의 집단전문성 개발이 절실히 필요한 이유이다.

교사의 전문성을 개인 수준을 넘어 집단 수준의 전문성으로 재개념화하는 움직임은 최근 집단지성에 대한 관심과 함께 더욱 폭넓게 확산되고 있다. 집단지성은 개인지성의 교류 및 공유를 통해 창출되는 집단적 능력을 의미한다(Lévy, 1997; 서경혜, 2015에서 재인용). 단순히 개개인 능력의 합을 넘어서는 협업을 통해서만이 그 이상의 시너지 효과를 발휘할 수 있다. 일반적으로 집단지성은 대중지성의 새로운 가능성을 여는 개념으로 논의되고 있으나, 레비(Lévy, 1997)는 전문가 지성도 예외가 아님을 강조했다. 그는 전문가의 지식과 권위에 대한 신뢰가 급격히 추락하고 있는 현실을 지적하며, 전문가들이 그들의 폐쇄성과 파편화에서 탈피하여 협업하며 새로운 지성을 발휘해야 한다고 주장했다(Lévy, 1997; 최항섭, 2009에서 재인용).

전문가 지성에 대한 재개념화는 교육계에서도 활발히 일고 있다. 예컨대 2013년 OECD TALIS의 연구 결과를 토대로 작성된 일련의 보고서에서는 교사의 전문성을 개인 수준을 넘어 집단 수준에서 재개념화했다(OECD, 2014; 2016; Schleicher, 2016). 종래의 교직, 즉 가르치는 일은 기본적으로 혼자 하는 활동이라는 전제하에 교사 전문성을 교사가 갖추어야 할 그 무엇으로 내재적 관점에서 접근하고, 이를 스탠다드의 형태로 명문화하고자 했던 전통적 관점과 접근에서 탈피하여, 교직을 협업적 활동으로 재개념화하고 교사의 전문성을 협업관계 속에서 형성·발현·진화하는 역동적 성격의 집단역량으로 재개념화한 것이다(서경혜, 2019). 이는 곧 기존의 교사 전문성 개발방식에 획기적인 변화가 필요함을 의미한다. 다시 말해 교사 개인 수준의 전문성 개발을 넘어서서 교사 집단 수준의 전문성 개발이 필요하고, 이를 위해 교사교육의 혁신이 필요함을 의미한다. 그럼 먼저 교사 전문성 개발이 전통적으로 어떻게 이루어져왔는지 살펴보자.

4. 교사 전문성 개발에 대한 전통적 접근

전통적으로 교사 전문성 개발은 교사가 혼자 알아서 하거나 현직연수를 통해 이루어졌다(서경혜, 2009). 전자의 경우에는 주로 교사 개인의 시행착오를 통해 이루어졌는데, 즉 교육 현장의 많은 교사들이 혼자 시행과 착오를 되풀이하면서 자신의 실천을 개선했고 전문지식을 쌓아 전문성을 신장해왔다. 그러나 시행착오를 통해 쌓은 전문성은 동료교사들과 공유되거나 후배교사들에게 전수되지 못한 채 교사 혼자 지니고 있다가 그가 교육 현장을 떠나면서 교육 현장에서 사라졌다. 그리고 뒤를 이은 신임교사들은 선배가 그러했듯이 처음부터 다시 시작해야 했다.

현직연수를 통한 전문성 개발은 일반적으로 외부에서 개발된 연수 프로그램에 교사들이 참여하는 방식으로 이루어졌다. 현직연수는 교사들을 특정 장소에 모아놓고 전문가가 교사들에게 필요한 지식을 전달하는 방식으로 운영되었다. 그리고 전문가가 전달한 지식을 습득한 교사들은 이후 각자 자신의 교실로 돌아가 이 지식을 적용해 그들의 교육실천을 개선하리라 기대되었다. 이 같은 전통적 방식의 교사교육에는 다음과 같은 가정이 깔려 있다(서경혜, 2009).

첫째, 교사의 학습은 교직의 전문지식을 습득·축적하는 것이다. 전통적인 학교교육에서 학생의 학습을 교사에 의해 전달된 지식을 습득하는 것으로 여기듯, 전통적인 교사교육도 교사의 학습을 전문가에 의해 전달된 전문지식을 습득하는 것으로 가정한다. 따라서 교사교육은 예비·현직 교사들에게 요구되는 지식을 정확하게 진단하고 이를 효과적으로 전달하여 교사들이 부족한 지식을 채울 수 있도록 하는 데 초점을 두어왔다. 이처럼 교사의 학습을 전문지식의 습득으로 본다면 교직의 전문지식을 더 많이 습득·축적할수록 교사의 전문성은 신장된다.

둘째, 교사교육을 통해 습득한 전문지식은 교육 현장에서 언제든 꺼내 쓸 수 있다. 전통적인 교사교육은 예비·현직 교사들이 교육대학이나 사범대학 또는 교사연수에서 전문가들이 전달해준 지식을 습득한 후 이 지식을 교육실제에 적용하리라는 기대 속에 수행된다. 이러한 기대는, 교직의 전문지식은 보편적이고 일반화된 지식으로서 교육 상황의 개별성과 특수성을 넘어 여러 다양한 상황에 적용할 수 있다는 가정에 기초한다. 이것이 바로 전문지식의 힘이고 교사들에게 교직의 전문지식을 가르쳐야 하는 이유라 여겨진다.

셋째, 교사의 교육실천, 즉 가르치는 일은 교직의 전문지식을 적용하는 것이다. 전통적인 교사교육은 교육실천을 전문지식의 적용으로 보는 관점에 기초한다. 이러한 적용의 관점상 교사의 학습과 실천은 분리된다. 즉 학습은 교직의 전문지식을 습득하는 것이고 실천은 이를 적용하는 것이다. 학습의 장과 실천의 장도 완전히 분리된다. 교사의 학습은 실천의 장을 떠나 교실 밖에서 이루어진다. 이러한 학습과 실천의 분리는 교사의 학습을 그의 일상으로부터 단절시킨다. 교사에게 학습은 방과 후나 방학에 하는 특별한 것이 된다.

이와 같은 가정에 기초한 교사교육은 전문지식의 전달과 습득에 치중하게 된다. 그러나 교육실습을 나간 예비교사들은 대학에서 배운 지식이 교육 현장에 적용되지 않음을 종종 경험한다. 교사연수를 받고 학교로 돌아간 현직 교사들도 마찬가지다. 교사들이 자신이 배운 지식의 가치에 문제제기를 하면

'지식을 제대로 이해하지 못했기 때문에 그 가치를 보지 못한다'든가, '지식 적용능력이 부족하다'는 비난이 돌아오기 일쑤이다. 결국 많은 교사들이 혼자 시행착오를 거듭하며 전문성을 향상시키거나, 때로는 바쁜 일상에 파묻혀 적당히 안주하게 된다. 이러한 전통적인 교사교육의 한계를 극복할 수 있는 대안으로 최근 들어 교사학습에 대한 공동체적 접근이 주목을 받고 있다. 이에 대해서는 다음 절에서 좀 더 구체적으로 살펴보겠다.

5. 교사학습공동체 운동

최근 교육 현장에서는 교사들이 학습공동체를 형성하고, 서로 가르치고 배우며 함께 공부·연구하고, 협력적으로 전문성을 향상시켜 나아가려는 노력이 주목을 받고 있다. 이에 따라 전문적 학습공동체, 배움의 공동체, 실천공동체, 탐구공동체 등 다양한 유형의 교사학습공동체들이 등장하여 폭넓게 확산되고 있다. 교사학습공동체는 "교사의 전문성 신장과 학생의 학습 증진을 위하여 비판적으로 탐구하고 협력적으로 실천하며 끊임없이 배우고 실천하는 교사들의 결속체"(서경혜, 2015: 171)로서, 전통적인 교사 학습에 대한 혁신이라 할 수 있다. 이는 교사 혼자 고군분투하며 시행착오를 통해 배우는 고립적 학습에 대한 혁신이자, 현직연수를 통해 이루어져왔던 제도화된 학습에 대한 혁신이다. 교사학습공동체에서 교사의 학습은 다음과 같은 특성을 갖는다.

첫째, 교사의 학습은 일방적인 전수가 아니라 자유로운 교류와 공유를 통해 이루어진다. 대학교수가 학교교사들에게 일방적으로 지식을 전달하는 것이 아니라, 유명교사가 일반교사들에게 비법을 전수하는 것이 아니라, 고참은 가르치고 신참은 배우는 일방적인 관계가 아니라 다양한 경력과 능력을 가진 교사들이 동등한 관계에서 자신들의 전문성을 자유롭게 교류·공유하고 서로 가르치고 배우면서 개인의 전문성은 물론 공동의 전문성을 형성·발전시키는 것이다.

둘째, 교사의 학습은 이른바 교직의 전문지식을 흡수·축적하는 방식이 아니라 비판적 탐구를 통해 이루어진다. 교사의 학습은 자신의 교육실천에 대한 비판적 탐구, 그리고 그 기저에 깔린 지식, 가정, 신념 등에 대한 비판적 탐구에서 시작된다. 나아가서 교사들은 서로의 교육실천에 대해 비판적으로 탐구하고, 지금까지 당연하게 받아들여졌던 교육실천에 도전한다. 그리고 이 같은 비판적 집단탐구를 통해 끊임없이 교육실천을 혁신하고 새로운 전문지식을 창출한다.

셋째, 교사의 학습은 교사 개인의 전문성 신장은 물론 교사학습공동체 공동의 집단전문성 신장을 목적으로 하며 궁극적으로는 학생들의 학습 증진을 목적으로 한다. 교사의 학습은 그저 '나 하나 잘 가르치는 것'에 그치지 않는다. 나도 잘 가르쳐야 하고 동료교사들도 잘 가르쳐야 학생들이 잘 배울 수 있다. 그러므로 교사의 학습은 자신의 학습뿐만 아니라 동료교사들의 학습과 학생들의 학습을 모두 포함한다. '나'의 전문성 신장뿐 아니라 '우리'의 전문성 신장을, 그리하여 궁극적으로 학생들의 학습 증진을 추구한다. 따라서 교사학습공동체에서 길러지고 발휘되는 교사 전문성은 기존의 것과 다르다. 나만 잘하면 되는 이기주의적 전문성이 아니다. 각자가 알아서 잘하면 되는 개인주의적 전문성을 넘어선다. 교사 개개인의 전문성뿐만 아니라 교사들 공동의 집단전문성을 추구한다.

교사의 학습과 전문성 개발에 대한 공동체적 접근을 지향하는 교사학습공동체는 2009년 혁신학교 운동이 일면서 학교 현장에 폭넓게 확산되었다. 경기도의 경우에는 학교혁신의 모델학교로 혁신학교를 도입해 2009년 13개 학교로 시작하여 현재는 300여 개의 혁신학교들이 지정·운영되고 있는데, 학교교육의 혁신을 위해 전통적인 관료제적 교사조직의 혁신이 우선되어야 한다는 인식 아래 전문적 학습공동체 운동을 적극 추진해오고 있다.

> 혁신학교에서 추구하는 교사 전문성은 교사 개인의 성장을 넘어 공동의 성장과 학교의 역량이 함께 성장할 수 있도록 하는 것이다. 이를 위해서는 교실주의, 교과주의에 갇혀 있는 교직문화를 개선하고 신뢰와 개방, 공유와 협력의 문화를 구축하기 위한 학습조직화가 중요하다. 새로운 교육이론을 적용하기 위한 개별연수나 외부 전문가의 컨설팅, 장학 등에 의존하기보다는 문제 상황을 개선하기 위한 학교 구성원의 공동 연구와 실행 과정으로 학교의 역량을 축적해야 한다. 공동의 연구와 실행을 통한 수업개발, 일상적인 수업나눔과 성찰을 통해 더불어 성장하는 교직문화를 형성해야 한다(경기도교육청, 2015: 14).

이와 같은 혁신학교의 기본 철학 아래 경기도에서는 학교의 교사조직을 전문적 학습공동체로 혁신하기 위한 노력이 전개되고 있다. 전문적 학습공동체란 "교원들의 동료성을 강화하여 협력적인 연구와 실천 과정을 통해 함께 성장하는 학습공동체"로, "교사의 개인 역량에 의존하여 교육과정과 수업을 실행했던 학교문화를, 공동으로 연구하고 실천하는 학교문화로 바꾸어 교육의 질 향상과 함께 교사 개인과 학교의 역량을 함께 성장"시키고자 한다(경기도교육청, 2015, 33).

서울시의 경우에도 2011년 혁신학교 정책이 시행되면서 학교혁신의 주체로 교원학습공동체가 강조되었다. 이후 서울시교육청에서는 혁신학교뿐만 아니라 서울시 내 모든 학교에서 교원학습공동체를 운영하도록 지원하고 있다. 서울시교육청에서 지원하는 교원학습공동체는 "교육전문가인 교원들의 자율성, 자발성을 기초로 상호학습을 목적으로 하는 모임이며, 교원들이 전문지식과 교육실천 경험, 교육과정 운영에서 겪는 어려움 등을 공유하고, 반성적 사고, 공동 탐구, 집단 창의성 발휘로 개인과 공동체가 동시에 성장하는 집단"(임세훈, 2016: 23)을 의미한다.

이 같은 교사학습공동체 운동은 경기도와 서울시뿐 아니라 전국적으로 확산되고 있는 추세이다. 그리고 그 효과를 보고하는 연구들도 늘어나고 있다. 특히 교사학습공동체 운동에 직접 참여한 현장교사의 이야기들이 폭넓은 공감을 얻고 있다(김삼진 외, 2012; 김영주 · 박미경 · 박용주 · 심유미 · 윤승용 · 황영동, 2013; 박현숙, 2013; 의정부여자중학교, 2015 등 참조).

* * *

이 장에서는 '교직은 전문직인가'라는 화두로부터 최근 학교 현장에서 일고 있는 교사학습공동체 운동에 대한 논의에까지 이르렀다. 어쩌면 이 오래된 질문에 대한 이 시대의 답은 교사학습공동체라고 할 수 있을 것이다. 교사학습공동체는 교사 전문성의 새로운 가능성을 제시한다. 그것은 의사나 법조인과 비교되는 전문성, 그리하여 교직은 '준'전문직이라 규정하는 전문성이 아니라, 교육실천의 특유성을 온전히 담아내는 전문성이다. 또 '할 수 있는 자는 하고 할 수 없는 자는 가르친다'(Shulman, 1986)는 속언, 작가의 꿈을 포기하고 국어교사로 전향하는 영화의 주인공, 현역 은퇴와 동시에 후학 양성의 길로 들어서는 왕년의 스포츠 스타 등에게서 보이는, 가르치는 일을 이류로 보는 전문성이 아니라, 가르치는 일의 자존성을 온전히 담아내는 전문성이다. 교사의 전문성을 학생들의 학업성취도검사 점수로, 교장의 근무평정 점수로, 학부모 만족도 설문조사의 점수로 평가하는 수량화된 전문성이 아니라, 교사가 하는 일의 가치를 온전히 담아내는 전문성이다. 이제 새로운 교사 전문성을 본격적으로 개척해야 할 때이다. 그리고 그 중심에는 교사학습공동체가 있다. 이를 통해 학교 현장에서 다양한 경력, 경험, 역량을 가진 교사들이 서로의 전문성을 교류 · 공유하고 공동의 전문성을 창출 · 발전시키며 새로운 교사 전문성을 개척해나가야 할 것이다.

• 참고문헌 •

경기도교육청(2015), 『혁신학교, 우리가 함께 만들어 갑니다』, 수원: 경기도교육청 학교정책과.

김삼진 · 윤은순 · 김재범 · 김영식 · 김정아 · 김하정 · 김혜경 · 신명광 · 오국환 · 이경탁 · 이병주 · 이수원 · 장수인 · 정희영 · 조수연 · 조성철(2012), 『덕양중학교 혁신학교 도전기』, 서울: 맘에드림.

김영주 · 박미경 · 박용주 · 심유미 · 윤승용 · 황영동(2013), 『배움과 나눔으로 삶을 가꾸는 남한산 초등학교 이야기』, 서울: 문학동네.

박현숙(2013), 『희망의 학교를 꿈꾸다』, 서울: 해냄.

서경혜(2009), "교사 전문성 개발을 위한 대안적 접근으로서 교사학습공동체 가능성과 한계", 『한국교원교육연구』, 26(2), 243-276.

_______(2015), 『교사학습공동체: 집단전문성 개발을 위한 한 접근』, 서울: 학지사.

_______(2019), "학교단위 교사학습공동체 운동의 의의와 과제", 『교육과학연구』, 50(2), 1-28.

오욱환(2005), 『교사 전문성: 교육전문가로서의 교사에 대한 논의』, 파주: 교육과학사.

의정부여자중학교(2015), 『수업을 비우다 배움을 채우다: 의정부여중 교육과정 혁신 이야기』, 서울: 에듀니티.

임세훈(2016), "'배움의 연쇄'를 위한 교원학습공동체 활성화 방안", 『서울교육』,

223, 21-27.

최항섭(2009), “레비의 집단지성: 대중지성을 넘어 전문가지성의 가능성 모색”, 『사이버컴뮤니케이션학보』, 26(3), 287-322.

Ball, Stephen J. (1990), *Politics and Policy Making in Education*, London: Routledge.

Bishop, Pamela W., & Mulford, William R. (1996), “Empowerment in four primary schools: They don't really care”, *International Journal of Education Reform*, 5(2), 193-204.

Cuban, Larry J. (1984), *How Teachers Taught: Constancy and Change in American Classrooms 1890~1980*, New York: Longman.

Dale, Roger (1998), “Implications for progressivism of recent changes in the control and direction of education policy”, In Anthony G. Green (Ed.), *Progress and Inequality in Comprehensive Education*, London: Routledge.

Derber, Charles (Ed.). (1982), *Professionals as Workers: Mental Labor in Advanced Capitalism*, Boston, MA: G. K. Hall.

Fullan, Michael G. (1991), *The New Meaning of Educational Change*. New York: Teachers College Press.

Fullan, Michael G., & Connelly, F. Michael (1990), *Teacher Education in Ontario: Current Practices and Options for the Future*, Toronto: Ontario Ministries of Colleges and Universities and of Education and Training.

Fullan, Michael G., & Hargreaves, Andy (1996), *What's Worth Fighting for in Your School?* (2nd ed.), New York: Teachers' College Press.

Hargreaves, Andy (1978), “The significance of classroom coping strategies”, In

Len Barton & Roland Meighan (Eds.), *Sociological Interpretations of Schooling and Classrooms: A Reappraisal*, Driffield: Nafferton Books.

_______(1994), *Changing Teachers, Changing Times: Teachers' Work and Culture in the Postmodern Age*, New York: Teachers College Press.

_______(2000), "Four ages of professionalism and professional learning", *Teachers and Teaching: History and Practice*, 6(2), 151-182.

Helsby, Gill., & McCulloch, Gary (Eds.). (1997), *Teachers and the National Curriculum*, London: Cassell.

Lévy, Pierre (1997), *Collective Intelligence: Mankind's Emerging World in Cyberspace*, Robert Bononno (Trans.), Cambridge, MA: Perseus Books.

Little, Judith W. (1990), "The persistence of privacy: Autonomy and initiative in teachers' professional relations", *Teachers College Record*, 91, 509-536.

_______(1993), "Teachers' professional development in a climate of educational reform", *Educational Evaluation and Policy Analysis*, 15, 129-151.

Lortie, Dan C. (1975), *Schoolteacher: A Sociological Study*, Chicago, IL: University of Chicago Press.

McLaughlin, Milbrey W. (1997), "Rebuilding teacher professionalism in the United States", In Andy Hargreaves & Roy Evans (Eds.), *Buying Teachers Back*, Buckingham: Open University Press.

Meier, Debbie (1998), "Authenticity and educational change", In Andy Hargreaves, Ann Lieberman, Michael Fullan, & David Hopkins (Eds.), *International Handbook of Educational Change*, Dordrecht: Kluwer Academic.

Newmann, Fred M., & Wehlage, Gary G. (1995), *Successful School*

Restructuring: A Report to the Public and Educators (2nd ed.), Madison, WI: Center on Organization and Restructuring of Schools.

OECD (2014), *Talis 2013 Results: An International Perspective on Teaching and Learning*, Paris: OECD.

_______(2016), *Supporting Teacher Professionalism: Insight from TALIS 2013*, Paris: OECD.

Ritzer, George A., & Walczak, David (1988), "Rationalization and deprofessionalization of physicians", *Social Forces*, 67(1), 1-22.

Schleicher, Andreas (2016), *Teaching Excellence Through Professional Learning and Policy Reform: Lessons from Around the World: International Summit on the Teaching Profession*, Paris: OECD.

Shulman, Lee S. (1986), "Those who understand: Knowledge growth in teaching", *Educational Researcher*, 5, 4-14.

Sizer, Theodore R. (1992), *Horace's School: Redesigning in the American High School*, Boston, MA: Houghlin Miffin.

Talbert, Joan E., & McLaughlin, Milbrey W. (1994), "Teacher professionalism in local school contexts", *American Journal of Education*, 102, 123-153.

Tyack, David B. (1974), *The One Best System: A History of American Urban Education*, Cambridge, MA: Harvard University Press.

9장

교직의 여성화는 우려할 현상인가

교직은 직업 분야에서도 단연 여성이 차지하는 비율이 높은 직종으로서 지난 39년간의 추이를 살펴보면 유치원, 초등학교, 중학교, 고등학교 순으로 여교원 비율이 높았다. 특히 〈그림 9-1〉에서 보는 바와 같이, 중학교 여교원은 1980년에는 전체 교원의 32.8%를 차지했으나 1995년 49.8%로 절반에 가까워졌으며, 2019년에 처음으로 여교원 비율이 70%를 넘게 되었다. 고등학교의 경우에는 여교원 수가 1980년 8,729명으로 전체 고등학교 교원의 17.1%에 불과했으나, 그 비중이 꾸준히 증가하여 2019년에는 전체의 53.5%를 차지하는 것으로 나타났다. 이는 다른 학교급에 비해 가장 낮은 비율이긴 하지만 1980년 대비 3배 이상 늘은 것으로, 가장 큰 폭으로 여교원 비율이 증가한 것을 보여준다(교육부 · 한국교육개발원, 2019).

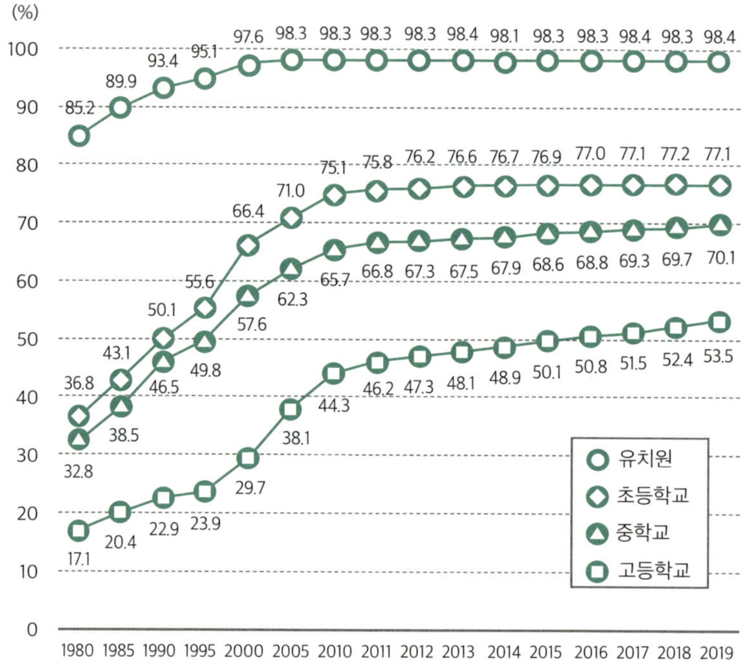

<그림 9-1> 연도별·학교급별 여교원 비율(1980~2019년)

출처: 교육부·한국교육개발원(2019: 88).

'교직의 여성화'라는 용어가 등장할 만큼 여교원 수는 급증하는 데 반해 고위관리직에서 여교원이 차지하는 비율은 여전히 상대적으로 낮으며, 특히 학제가 올라갈수록 그 비율은 현저히 낮게 나타난다(〈그림 9-2〉 참조). 즉 초등학교 교감의 여교원 비율은 1980년 4.0%에서 2019년 58.5%로 약 14.6배 증가하여 가장 큰 폭으로 증가했으며, 초등학교 교장의 여교원 비율은 2013년 이후 크게 증가했다. 중학교에서의 교육관리직 여교원 비율은 2000년 들어 크게 증가한 후 2010년 이후 완만하게 증가하고 있고, 고등학교에서의 교육관리직 여교원 비율은 증가하고 있기는 하나 아직은 10%대로 다른 학교급에 비해 훨씬 낮은 수치이다(교육부 · 한국교육개발원, 2019).

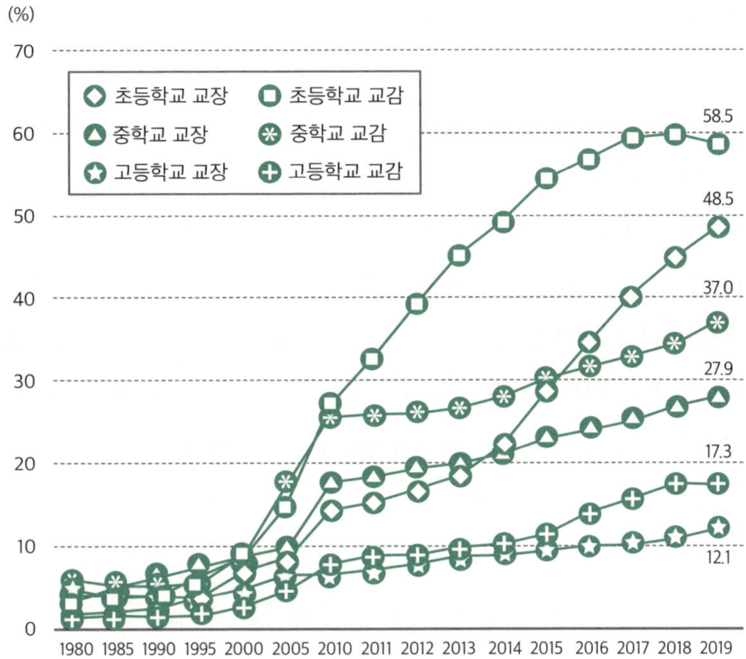

<그림 9-2> 연도별·학교급별 여성 관리직 비율(1980~2019년)

출처: 교육부·한국교육개발원(2019: 88).

이러한 교직의 여성화feminization of the teaching profession는 학교 현장에서 남녀 교사의 성비 균형이 깨지면서 여교사 비중이 크게 증대되는 현상을 일컫는 것으로, 양적인 측면에서 여교사의 비율이 높아지는 것을 의미한다. 이것은 질적인 측면에서의 교직 여성화인, 교직의 성격 자체가 갖는 여성적 성향이 과거에 비해 높아지는 것과는 구별된다.

이 같은 교직의 여성화 경향과 관련한 주요 쟁점은 크게 세 가지로 정리된다. 첫 번째는 전체적인 교직의 여성화 추세에도 불구하고 교장 및 교육전문직과 같이 여성 관리직이 차지하는 비율은 아직도 상당히 낮으며 주도적 역할은 소수인 남교사에 의해 이루어지고 있다는 문제의식으로, 이 쟁점은 관련된 대부분의 논의와 연구에서 가장 핵심적인 질문이 되어왔다(민무숙, 2005; 박상완, 2017; 박종필, 2006). 두 번째는 이러한 교직의 여성화가 학생들의 교육을 비롯하여 학교운영 및 관리 차원에서도 부정적 영향을 미칠 것이라는 우려이다. 교직에서의 여성 증가와 관련한 이러한 부정적 시선과 우려는 여교사와 여교장을 비롯한 여성 교원의 리더십 유형과 그 효과에 대한 의심으로 이어져왔으며, 이를 검증하기 위한 연구들이 꾸준히 이루어졌으나 일관적이고 객관적인 결과를 얻지 못했다고 평가된다. 마지막으로 세 번째는 교직의 여성화의 원인에 대해 고찰하고 이를 전 세계적인 추세이자 보편적인 현상으로 받아들이며, 교직의 여성화 현상과 맞물려 현 상황에 더욱 적합한 대안적 리더십을 고민하고 앞으로 나아가야 할 방향을 논의하는 것이다.

이 장에서는 앞서 언급한 교직의 여성화와 관련된 주요 쟁점들을 논의하되, 특히 이 주제와 관련해서 그간 제기되어온 객관적이고 실증적인 근거가 부재한 우려 사항들, 예컨대 남녀 교사의 성비 불균형에 따른 남학생의 여성화 문제, 학생지도에서 여교사가 불리하다는 지적, 교직의 여성화가 전반적인 학교운영에 미치는 영향 등에 대해 정리해보고 관련 연구 결과들을 살펴본다. 이는 현시점에서 무엇보다 중요한 것은 교직의 여성화에 대한 우려 자체가 아니라 이러한 현상이 교육 현장, 보다 구체적으로는 학생들의 학습에 미치는 영향 등이며, 이에 대하여 실증 자료에 근거한 논의가 이루어져야 한다고 보기 때문이다. 또한 전 세계적으로 보편적인 현상으로 나타나고 있는 교직의 여성화를 자연스러운 추이로 바라보고, 성별이 아닌 교사의 역할 수행 및 조직 효과성 측면에서 여교원의 지도력을 논의한다. 덧붙여 교직의 여성화 추이 및 원인, 우리나라의 사회맥락, 교직의 여성화 현상과 맞물려 있는 교육 정책에 대해서도 간략히 언급한다.

특히 교사의 역할과 관련하여 이 장에서는 교사가 수행하는 공식적·비공식적 역할이 무엇인지 논의한다. 교사들이 자신에게 주어진 역할을 얼마나 제대로 인지하고 수행하는지를 논의하는 것이 '성별'에 앞서 교사의 자질을 평가하는 보다 타당한 기준이 될 것이기 때문이다. 여기에서 말하는 '역할 수행role performance'은 '사회의 특정한 지위에 있는 개인이 스스로의 역할을 지각하고 그 지위에 부여된 사회적 기대를 실천하는 외현적 행동'이라고 정의하며, 교사가 수행하도록 요구받는 역할의 범위는 김남지와 한유경(2011)의 연구에 제시된 '학습지도, 생활지도, 학급경영, 특별활동지도'의 구분을 따른다. 이와 관련해서 조경순과 이신자, 김호원(2004)은 교사의 역할 수행과 같은 '행동'의 차이가 결국 효과성 측면에서 어떤 차이를 가져오는가를 밝혀내는 것이 리더의 성차 연구에서 중요하다고 지적하기도 했다.

본격적인 논의에 앞서 언급할 만한 또 다른 용어는 '조직건강'이라는 개념이다. 결국 교직의 여성화 현상과 효과를 논의하는 것은 교직의 여성화가 학교조직의 조직건강 전반에 어떤 영향을 미쳤는지를 논의하는 것이기 때문이다. 단위학교 내 조직건강은 특히 교장의 지도력의 영향을 볼 수 있는 하나의 간접적 측면으로서 단위학교조직이 얼마나 건강한가를 가늠할 때 주로 언급된다. 건강한 조직은 자체 유지능력을 갖추고 환경과의 상호작용을 통하여 구성원의 사기를 진작시키며 생산성을 높일 수 있는데, 이를 위해서는 결국 교사가 자신이 맡은 역할에 대해 '목표지향성, 의사소통의 적절성, 권력균등화, 응집성, 사기, 자율성, 혁신성'을 가지고 학교조직에서 역량을 발휘하는 것이 중요하게 작용한다(민무숙, 2005). 이에 따라 교직의 여성화 현상과 관련된 주제를 탐구하는 대다수의 연구에서는 이러한 조직건강 지표들을 기준으로 남녀 교원의 리더십 효과성을 평가하는 경향이 있다.

전술한 바와 같이 교직의 여성화라는 용어가 등장할 만큼 여교원의 수는 급성장하는데도 불구하고 그간 상위 관리직에서, 특히 학교급이 올라갈수록 그 여교원의 비율은 현저히 낮게 나타나는 문제가 있었다. 최근 들어 초등학교를 중심으로 교장의 예비군인 교감직에서 여교원의 비율이 절반을 넘는 등 긍정적인 변화의 조짐이 있고, 계속되는 교직의 여성화 추세와 맞물려 향후 중·고등학교에서의 여성 행정직 진출도 계속해서 증가하리라 기대되는 만큼, 교직의 여성화 현상에 대한 이해와 이를 둘러싼 지배적인 담론 및 관련 쟁점을 확인하고 이에 대해 논의하는 것은 의미 있는 시도가 될 것이다.

1. 교직의 여성화 경향

1) 교직의 여성화: 추이와 현황

현재 우리나라는 다른 국가들과 마찬가지로 국제화의 흐름 속에서 그간 지배적 경향이던 남성중심의 권위주의적 사회에 대한 변화를 요구받고 있으며, 교직을 비롯한 각 조직에서는 다양성이 중시됨과 동시에, 변화에 기민하게 대응하는 능력 및 포용력을 갖춘 리더십이 강조되고 있다. 2018년 기준 우리나라의 여성 고용률은 50.9%로 남성 고용률보다는 19.9% 낮은 수준이지만 과반수를 넘어섰으며, 1990년 이래 여성들의 교육에 대한 투자 역시 꾸준히 증가하여 여성 대학 진학률이 1991년 32.6%에서 2018년 73.8%까지 증가했고, 이는 남성의 대학 진학률 65.9%보다 1.9% 높은 수치였다(통계청·여성가족부, 2019). 그러나 여전히 대학 졸업장을 지닌 여성의 경제 참여율은 2015년 기준 64.4%로, 남성의 경우 87.6%인 것과 대조되며, 이는 여성들이 남성에 비해 결혼, 출산과 육아, 가정생활과 사회생활의 병행 등으로 더 많은 경력 단절을 겪는 것을 보여준다(Cho & McLean, 2018).

교직의 경우 다른 직종에 비해 출산과 일정 기간의 육아 이후에도 계속해서 일할 수 있는 등 보다 안정적인 사회활동이 가능하다는 점에서 여성들에게 매력 있는 직업으로 인식되기도 하지만, 사실 교직의 여성화가 나타나는

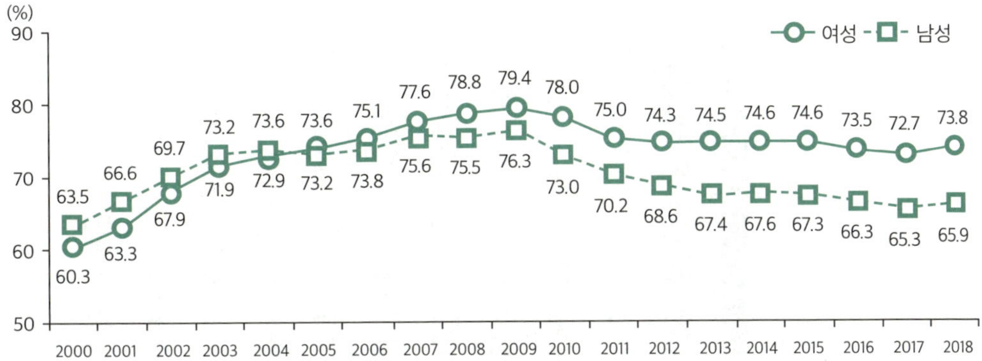

<그림 9-3> 성별 대학 진학률(2000~2018년)

출처: 통계청·여성가족부(2019:38).

원인은 매우 복합적이다. 기존의 연구(이성은 · 조동섭 · 최상근, 1997; 정현숙, 2007)에서도 ① 교직의 여성 적합이나 ② 결혼 후에도 근무가 가능하다는 것이 교직 여성화의 가장 큰 원인으로 나타나긴 했으나, 그 외에도 ③ 교직사회는 남녀 간의 차별이 없고, ④ 여성의 교육 수준이 향상된 결과이며, ⑤ 다른 직업에 비해 여성으로서 취업하기가 쉬운 편이라는 점에서, 그리고 ⑥ 여성의 직업으로서 보수가 많은 편에, ⑦ 정년이 보장되고, ⑧ 사회경제적 지위가 있다는 등 다양한 요인이 교직 여성화의 원인으로 지적되고 있다. 또한 조동섭(1998)과 이인효(1991)는 이러한 원인 외에 남성 인력이 교직에 유입되지 못하는 측면에 더욱 주목했으며, 고학력 여성이 증가함에도 불구하고 여성은 남성보다 교직 이외의 직업으로는 취업이 어렵다는 점과 교직이 타 직종과 비교하면 보수가 적고 사회적 인정을 받지 못하며, 발전 가능성이 낮다는 등의 이유로 교직이 고학력 남성 인력을 유인하지 못하고 있다고 지적했다.

우리나라의 여교원과 관련된 여러 통계적 수치를 통해 확인 가능한 몇 가지 현상은 다음과 같다. 첫째, 교원의 성별 · 연령별 구성비를 비교해보면, 연령대가 낮은 교원 중에서도 여전히 남교원보다 여교원의 비율이 대체로 높은

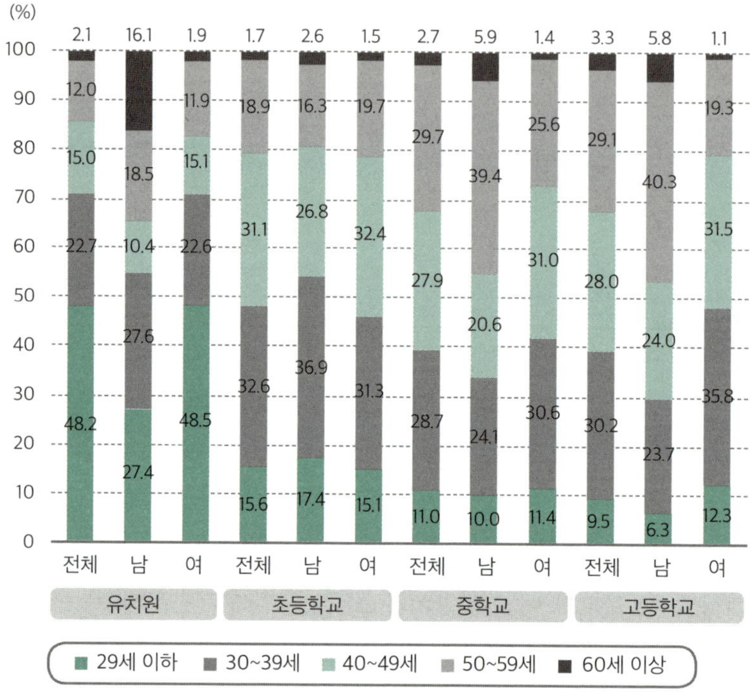

<그림 9-4> 학교급별·성별·연령별 교원 비율(2019년)

출처: 교육부·한국교육개발원(2019:101).

경향을 보여주고 있다(〈그림 9-4〉 참조). 즉 앞으로 교직의 여성화 현상은 계속 될 것이며 더욱 심화될 수도 있음을 예측할 수 있다. 둘째, 여교사 증가 비율에 비해 여성 관리직의 증가 비율은 낮은 편임을 확인할 수 있다(〈그림 9-1〉, 〈그림 9-2〉 참조). 셋째, 학교급이 높을수록 여교장의 비율은 낮아져 고등학교의 여교장 비율은 12.1%이다. 그리고 교감은 교장보다 여성의 비율이 높은 편으로 초등학교의 경우 여교감 비율이 58.5%로서 절반이 넘는다. 또 중학교는 여교감 비율이 37.0%, 고등학교는 17.3%로 교장과 마찬가지로 학교급이 높을수록 여교감 비율이 낮아진다(〈그림 9-2〉 참조).

한편 교직에서 여성의 비율이 높은 것은 우리나라뿐 아니라 세계 여러 국가들에서도 나타나고 있는 현상이다. 미국의 경우 1800년대 후반에 이미 여교사의 수가 남교사 수보다 많았고, 특히 상급학교로 올라갈수록 남녀의 차이는 더욱 벌어졌다. 유럽과 캐나다의 경우도 교사의 상당수가 여성이지만 행정직의 경우에는 남성이 다수를 차지하는 등 여교원의 증가 및 관리직에서의 낮은 여성 비율은 세계적으로 공통된 현상임을 보여준다(박종필, 2006). 이러한 현상이 시사하는 바는, 여러 복합적인 이유로 교직이 여성화되고 수적으로 여교사가 증가했다 하더라도 교직 내에서 여교사의 지위가 향상되고 영향력이 향상했는가에 대해서는 더욱 심도 있는 논의가 필요하다는 점이다. 남성이 주로 담당하던 직업 영역들에서 여성의 비율이 증가한다고 하여 직업의 내적 구조 및 직업세계의 문화 자체가 여성들에게 유리해지거나 여성의 영향력이 증가하는 형태로 변화하는 것은 아니다. 교직은 여성화되었지만 여전히 남성의 경험이 판단과 평가의 기준으로 작용함으로써 여성은 보이지 않는 존재, 중요하지 않은 존재, 권력으로부터 체계적으로 소외된 존재로 남을 가능성이 있다(심미옥, 2001). 이러한 현상을 특히 '행정직 진출에서의 성불평등 현상'의 관점으로 설명할 경우 정책을 결정하는 직위에 여성이 과소대표됨으로써 상대적으로 남녀평등한 교육내용 및 교육방법에 대한 고려가 약화되거나, 여교원들의 복지와 관련된 정책이 소홀해지고, 이에 따라 우수한 여성 인력이 중도 탈락하며, 상위직은 남성이고 하위직은 여성이라는 정형화된 성역할[1] 의식 혹은 성차별적 관점을 학생들에게 심어주게 될 수도 있다(박종필, 2006).

이와 관련해서 박종필(2006)은 교직의 여성화에도 불구하고 여교사의 관리

---

1 '성역할'이란 한 문화권에서 성별에 적합하다고 규정된 일련의 가치관과 특성을 습득하는 성 정형화 과정을 통해 성별에 따라서 습득하게 되는 성적 특성, 태도, 선호 경향, 행동들을 통칭하는 개념이다. 즉 성별에 따라 문화권에서 인정되고 기대되는 행동양식, 태도, 인성 특성을 포함하는 일체의 행동기준 또는 문화적 기대치를 말한다. 우리 사회에서 바람직한 여성상은 '현명한 어머니와 양순한 아내'였으며, 유교적 전통 속에서 여성들은 수동적이고 소극적인 존재로 성장하게 되었다(박종필, 2006).

직 진출을 저해하는 요인으로 내적장벽internal barrier과 외적장벽external barrier의 개념을 들어 설명한다. 내적 장벽은 여성의 능력에 관한 성역할을 형성하는 사회화 형태 및 경험과 관련된 것으로, 여성이 사회화 과정에서 사회로부터 지도자로서의 역할보다는 양육적 역할에 적합하게 훈련되며 의존적이고 순응적이게 되는 것을 일컫는다. 외적 장벽은 조직적 차원과 관련된 것으로, 조직의 구조가 지배집단, 예컨대 남성의 계속적인 관여를 보장하기 위해 만들어지며, 채용과 평가, 보상체제, 조직의 다른 규범과 기대 등을 통해 이 구조를 유지해나간다는 것이다.

한편 여교원의 경력 및 지도성 발달에 영향을 미치는 요인은 규범적으로 규정될 수 없으며, 가족관계, 사회문화적 배경, 지역사회, 성별 등으로 다양하다(박상완, 2017). 따라서 교직의 여성화 현상을 논의할 때는 우리나라 전체의 사회맥락적 배경 및 환경적 장애요인에 대해서도 생각해볼 필요가 있다. 우리나라의 선행연구들 또한 우리나라 여교사들이 자신의 성역할관, 가정 및 육아, 개인적 성향과 같은 개인적 요인 외에 '자신뿐 아니라 타인이 가진 성역할 고정관념, 남성우위 사상, 여성에 대한 편견과 차별적 사고방식' 등 사회적·문화적 환경요인에 의해 많은 영향을 받고 있음을 지적하고 있다(최미섭, 2014).

2) 교사의 역할 수행

교사의 역할을 이해하기 이전에 먼저 전체 교직사회에 대한 이해가 선행될 필요가 있다. 교직사회의 특징에 대해 이인효(1991)는 '지위중심 사회'와 '과업중심 사회'라는 용어를 들어 설명한다. 지위중심 사회란 '과외업무를 기꺼이 하면서 승진을 빨리하는 것을 보람으로 삼는, 지위가 중심이 되는 사회'를 일컫고, 과업중심 사회는 '업무의 한계를 규정하고 규정된 업무를 정해진 시간 안에 빨리 잘 해내는 것이 보람으로 여겨지는 사회'를 의미한다. 특히 교직의 이러한 특성은 교직의 여성화 논의에서 간과할 수 없는 중요성을 지니는데, 그 이유는 '교직의 여성화가 지위중심 사회에서 과업중심 사회로의 교직사회의 변화를 촉진'하기 때문이다(심미옥, 2001; 이인효, 1991). 교직사회에 대한 정의를 지위중심 사회로 볼 경우 여교사의 역할은 권위의 행사와는 거리가 멀어지고, 남성중심의 기준에 의해 교사의 능력이 평가되는 경향을 띤다. 이러한 체제에서는 남성중심의 기준에 의해 교사의 능력이 평가되기 때문에 여교사는 열등한 위치에 머무를 수밖에 없으며, 여성이 다수를 차지한다고 하더라도 남성보다 우월한 위치에 있다고 보기가 어려워진다. 따라서 교직사회를 지위중심 사회로 바라보는 인식 자체가 변화될 필요가 있으며, 보다 근본적으로는 교사가 본질적으로 행하는 역할, 즉 교수활동이 행정업무들보다 더 가치를 인정받는 문화 및 분위기를 조성하는 것이 필요하다.

이 절에서는 교사의 역할을 공식적 역할과 비공식적 역할로 구분하여 논의한다. 공식적 역할에 대해서는 김남지와 한유경(2011)의 논문을 바탕으로, 여기서 제시한 학습지도, 특별활동지도, 생활지도, 학급경영과 관련하여 담임으로서 교사가 수행하도록 규정되어 있는 역할을 논하며, 비공식적 역할에 대해서는 교사의 성별과 연결 지어 보다 깊이 고찰해본다. 특히 조직 내 성별과 관련된 비공식적 역할에 대한 논의가 중요한 이유로 윌리엄스는 남성적 직업을 지닌 여성은 직업 밖에서는 높이 평가되지만 직업 내에서는 더욱 나은 경력을 얻기 어려운 유리천장[2]에 막혀 있으며, 여성적 직업을 지닌 남성은 직업 밖에서는 차별적 편견을 경험할 수 있으나 직업 내에서는 저절로 더 나은 경

2 '유리천장'이란 눈에 보이지는 않지만 상당히 강력하게 능력 있는 여성들의 지위 향상을 가로막는 다양한 장애요인들을 일컫는다. 이러한 유리천장은 여성으로 하여금 낮은 자존감을 갖게 하고, 조직 내 그들의 지위 향상과 성공에 대한 기대감을 낮추는 효과가 있는 것으로 나타났다. 우리나라는 전체 OECD 국가 중 유리천장 지수가 25점으로 최하위권이며, 이는 2016년 *The Economist*가 발표한 유리천장 지수 OECD 전체 평균 56점에 비해 매우 저조한 편에 해당한다(Cho & McLean, 2018).

력으로 밀려가는 '유리 에스컬레이터'를 탄다는 지적을 하고 있다(Williams, 1992; 심미옥, 2001에서 재인용). 따라서 이 절에서는 교직사회 내 성별에 따른 비공식적 역할 수행에 대해서도 논의하고자 한다.

먼저 교사의 공식적 역할에 대한 논의는 봉사와 헌신을 실천하는 사회적 모범으로서의 역할과 전문지식 및 기술을 갖춘 교수·학습 전문가로서의 역할 등 복합적인 특성을 갖는 교사의 역할에 대한 이해로부터 시작할 수 있다. 그러나 교사의 역할에 대한 최근의 연구들을 종합해보면 교실에서 학생들을 책임지고 지도하는 사람으로서 다양한 역할을 수행하는 교사의 역할에 초점을 맞추고 있고, 이러한 역할은 크게 학습지도, 특별활동지도, 생활지도, 학급경영의 역할로 나뉘어 공통적으로 거론되고 있음을 알 수 있다(김남지·한유경, 2011). 따라서 여기에서도 교사의 공식적 역할 수행에 대하여 이러한 네 가지 측면으로 나누어 자세히 살펴보겠다.

첫째, 교사의 가장 중요하고도 핵심적인 역할은 '학습지도'로서, 교사는 학교의 교과수업 등을 통해 학생들에게 지식과 기술을 지도한다. 남녀 교사의 교과지도에 관한 선행연구들을 살펴보면 대체로 여교사는 음악과 미술 교과의 지도가 우수하고 체육이나 실과 교과의 지도는 미흡하며, 남교사의 경우는 그 반대인 것으로 나타나고 있다(김희정, 2006; 송일순, 2002; 이현구, 1995; 정관진, 1998). 명확한 학습목표의 설정, 수업 분위기의 조성, 객관성과 타당성이 있는 평가 등은 교사의 학습지도에서 중요하게 요구되는 기술의 하위 범주라 할 수 있다.

둘째, '특별활동'은 학교교육과정에서 실시되는 교과학습 이외의 교육활동으로, 이는 학생의 개성과 소질 및 민주적 생활태도를 신장하려는 목적으로 진행된다. 김다열(2000)은 교직의 여성화가 특별활동교육에 미치는 영향에 대한 지각을 조사했는데, 영향이 없다는 의견이 가장 높게 나타났으며 특별활동의 지도에 관해서도 남녀 교사의 차이는 없는 것으로 나타났다. 특별활동의 하위 범주는 '자치활동, 적응활동, 계발활동, 봉사활동, 행사활동'의 다섯 가지 영역으로 나뉜다.

셋째, 교사가 수행하는 '생활지도'란 학생이 당면하게 되는 가정적 · 신체적 · 정서적 · 성격적인 여러 가지 문제의 해결을 돕는 활동을 뜻한다. 이와 관련된 선행연구들을 살펴보면 강경화(2003)의 경우 여교사가 남교사에 비해 생활지도 면에서 여성 특유의 섬세함과 철저함을 발휘한다고 밝혔으며, 김다열(2000)과 송일순(2002)은 교직의 여성화로 학생의 상담기회가 늘어났으며 학생의 정서적 안정에도 긍정적인 영향을 미치고 있다고 지적했다. 교사의 생활지도에서 중요한 세부 영역으로는 '기본 생활지도, 상담활동, 바른 인성지도, 문제행동의 수정'이 포함된다.

마지막으로 넷째, '학급경영'이란 교육목적에 따라 효율적으로 학급을 운영하기 위하여 행하는 일련의 행위들을 일컫는다. 학급경영에 있어 남녀 교사의 역할 수행을 분석한 연구들을 살펴보면 여교사가 남교사보다 학급경영에 열심인 것으로 인식되고 있음을 알 수 있다(남상용, 1994). 관련 연구에서는 여교사들의 학급 내 돌발 상황에 대한 침착하고 신속한 대처능력이 남교사보다 부족한 것으로 인식된다고 했는데(김희정, 2006; 이현구, 1995; 임익재, 1998), 김다열(2000)은 여교사가 남교사에 비해 더 많은 시간을 환경과 시설관리에 쏟는다는 것을 밝히면서 긍정적으로 인식하고 있다(김희정, 2006; 송일순, 2002; 이현구, 1995; 정관진, 1998). 학급을 민주적이고 원활하게 운영하고, 적절한 학급환경을 조성하며, 더불어 학생 및 학부모와 긴밀한 관계를 형성하는 것은 학급경영의 중요한 내용이다.

김남지와 한유경(2011)은 지금까지 살펴본 학습지도, 특별활동지도, 생활지도, 학급경영의 영역별 구성내용을 바탕으로, 관련 선행연구(김이경 · 한만길 · 박영숙 · 홍영란 · 백선희, 2005; 한유경 · 박상완 · 서경혜 · 전제상, 2008)를 참고하여 교사의 역할을 초등교사를 기준으로 〈표 9-1〉과 같이 정리했다. 이들의 연구

<표 9-1> 교사의 역할(초등교사를 기준으로)

대영역	중영역	세부내용
1. 학습 지도	1.1 수업계획 및 준비	1.1.1 학습목표를 명확히 설정한다. 1.1.2 학습 분위기를 조성한다. 1.1.3 수업준비를 열심히 한다.
	1.2 수업 실시	1.2.1 수업 중 충분한 설명을 한다. 1.2.2 친절한 언어와 태도를 사용한다. 1.2.3 성실히 수업지도를 한다. 1.2.4 적절한 과제를 제시한다. 1.2.5 교과내용을 지도한다.
	1.3 학습평가	1.3.1 학생의 이해를 점검하고 피드백을 실시한다. 1.3.2 객관성 · 타당성 있는 평가를 한다.
2. 특별 활동 지도	2.1 행사활동	2.1.1 운동회, 학예회, 현장체험학습 등의 행사를 지도한다.
	2.2 봉사활동	2.2.1 학교 환경정화와 같은 교내외 봉사활동을 지도한다.
	2.3 자치활동	2.3.1 학급회의의 운영을 지도한다. 2.3.2 학급 내 역할 분담(1인 1역) 활동을 지도한다.
	2.4 계발활동	2.4.1 학생의 특기와 적성에 대해 지도한다.
3. 생활 지도	3.1 기본 생활지도	3.1.1 기본 생활습관을 지도한다. 3.1.2 교통, 생활안전에 대한 안전지도를 실시한다.
	3.2 상담활동	3.2.1 학생과 상담 및 대화를 한다. 3.2.2 학생의 개인환경 및 특성을 파악한다.
	3.3 바른 인성지도	3.3.1 학생을 공평하게 대한다.
	3.4 문제행동의 수정	3.4.1 학생의 과오를 적절히 지도한다. 3.4.2 부적응학생을 지도한다.
4. 학급 경영	4.1 민주적 학급경영	4.1.1 학생의 의견을 수렴한다. 4.1.2 자율적이고 민주적인 학급운영을 한다.
	4.2 원활한 학급운영	4.2.1 학급 내 돌발사안을 침착하고 신속히 처리한다. 4.2.2 원활하게 학급운영을 한다.
4. 학급 경영	4.3 환경조성	4.3.1 계절 혹은 학생 수준을 고려하여 환경구성을 한다. 4.3.2 교실의 시설을 점검하고 청결을 관리한다. 4.3.3 교실 안전, 밝기, 환기, 냉·난방을 관리한다. 4.3.4 학생의 신체특성 및 교우관계를 고려하여 자리배치를 한다.
	4.4 인간관계	4.4.1 학생과 친밀한 관계를 형성한다. 4.4.2 학부모와의 유대를 형성한다.

출처: 김남지·한유경(2011).

결과에 의하면 교사의 성별에 따른 차이는 생활지도, 학급경영, 학습지도, 특별활동지도의 영역 순으로 크게 나타났으며, 이는 교사의 역할에 대한 교사들의 인식에 초점을 두었던 기존 연구 결과들과 대비되는 결과로서, 학생들은 여교사의 역할 수행 수준을 남교사에 비해 상대적으로 높게 인식하고 있다는 점이 눈여겨볼 만하다.

앞서 언급한 교사의 역할은 공식적 역할이라고 할 수 있으며, 교사의 성별과 관련한 비공식적 역할에 대해서도 언급할 필요가 있다. 표면적으로 남녀 교사는 모두 교육을 담당하는 동일한 역할을 하는 것으로 보이지만, 교직 내에서는 성별과 관련된 비공식적 분업 현상이 여러 측면에서 드러난다. 예컨대 학교급에 따라 상급학교로 갈수록 남교사가 더 많고, 여교사의 경우 중등학교보다는 초등학교에 더 많다(교육부 · 한국교육개발원, 2019). 초등학교 내에서는 저학년의 경우 주로 여교사가 담임을 하고 고학년으로 갈수록 남교사가 담임을 하는 경향이 있다. 교사의 공식적 · 비공식적 업무분장 측면에서도 세밀하게 학생을 돌보고 가르치는 일은 여교사가 담당하는 경우가 더 많고, 학교 일에 적극적으로 참여하고 의사결정을 하거나 운영 · 관리 등 행정관리 업무를 해야 하는 경우에는 남교사가 담당하는 경향이 있다(박종필, 2006). 이러한 남녀 교사의 성별에 따른 분업은 여교사의 여성으로서의 사회화 혹은 가사에 대한 책임 때문이라고 설명되기도 하지만, 더욱 근본적인 문제는 여교사가 맡는 역할은 높이 평가되지 않는 반면에 남교사가 맡는 역할은 높이 평가되거나 어렵고 부담이 큰 것으로 여겨짐으로써 남교사들이 더 중요한 업무를 맡게 되거나 능력을 발휘할 기회를 얻게 된다는 데 있다.

2. 교직의 여성화에 대한 우려

교직에서 여성이 차지하는 비율이 높은 여성화 현상은 우리나라뿐만 아니라 세계 주요 국가들에서 보편적인 현상이다. 미국의 경우 1800년대 후반에 이미 여교사의 수가 남교사의 수를 넘어섰으며, 초등학교의 경우 2000년대 초반 여교사 비율이 85%를 넘어 교직은 여성이 다수를 차지하는 직업으로 인식되고 있다. 이러한 교직에서의 여성 비율의 증가는 어느 사회에서나 교직사회의 변화 및 학생에 대한 교육적 영향력의 변화를 초래할 것으로 우려되어 사회적 관심을 끌어왔다. 특히 이와 관련한 지배적 담론은 교직의 여성화가 바람직하지 않다는 것으로, 미국의 경우 20세기 초부터 심리학자들과 남교사 연합 등에서 교직의 여성화가 아동의 여성화를 초래할 것이며 학생의 지도에 불리한 영향을 미칠 것이라고 주장했다. 이들의 의견을 정리해보면, 첫째, 동성의 교사는 성역할 모델로서 모방의 대상이 되는데, 교직의 여성화로 남성역할 모델이 부족해지므로 남학생이 여성화된다는 것, 둘째, 여성으로 사회화된 여교사는 여성적 행동을 기준으로 삼으며, 남교사와는 다르게 남학생의 성역할 행동을 강화하므로 남학생이 여성화된다는 것이다. 더불어 여교사는 남교사보다 능력과 의욕이 부족하며 출산 등의 이유로 휴가를 주어야 하므로 학생지도뿐 아니라 학교를 운영하고 관리하는 측면에서도 부정적 영향을 미친다는 주장이 있다(심미옥, 1999; 2001).

교직의 여성화로 인해 초래되는 학교경영상의 문제에 대해서는 교육여건의 개선과 같은 행정적·제도적 차원에서의 해결책을 모색할 수도 있겠으나, 교직의 여성화가 아동의 성역할 사회화에 미치는 영향에 대한 우려는 다른 방안을 통해 변화될 수 있을 것으로 기대하기 어렵기 때문에 남교사의 수를 증가시켜야 한다는 주장의 중요한 근거가 되기도 했다(심미옥, 1999). 따라서 그간 전 세계적으로 이러한 우려들에 대한 사실 확인을 위해 여러 연구가 진행되어왔는데, 여기서는 문제시되는 주요 쟁점들과 관련 연구 결과들을 살펴보고자 한다. 첫 번째 논의의 범주는 교직의 여성화가 남자아동의 여성화를 초래할 것이라는 주장과 관련된 것이다. 그리고 두 번째 쟁점은 여성과 남성이 다른 지도성 유형을 지니고 있고, 그에 따른 지도성 효과도 다르게 나타난다는 주장과 관련된 논의들이다. 마지막으로 세 번째는, 학교의 구성원들, 즉 남녀 평교사들과 학생들이 여교장과 여교사에 대하여 남교장과 남교사와는 다르게 인식하고 있다는 주장에 대한 연구 결과들을 살펴본다.

교직의 여성화가 남자아동의 여성화를 초래할 것이라는 주장은 빈번하게 제기되어왔다. 이러한 주장은 아동에 대한 남녀 교사의 태도와 행동이 서로 다르다는 것을 전제로 하는데, 즉 남교사는 남성적 특성을 강조하고 여교사는 여성적 특성을 강조한다고 보며, 특히 여교사가 남자아동에게 여성적 특성을 갖도록 한다는 점을 문제 삼는다. 그러나 이와 관련된 연구 결과들을 살펴보면 다음과 같은 세 가지 답변을 정리할 수 있다. 첫째, 아동의 성역할은 문화적으로 규정되며 전체 사회와 학교라는 맥락 속에서 이루어지기 때문에 아동의 성역할 사회화에는 교사의 성별 이외에 다른 요인들도 작용한다. 아동은 태어나면서부터 문화가 자신의 성에 적절한 것으로 규정하는 성역할로 사회화되며, 가정, 학교, 또래, 대중매체 등은 이러한 아동의 성역할 사회화에 영향을 미친다. 둘째, 아동의 성역할 사회화에 관한 많은 연구들은 '교사의 성별'이 아닌 '아동의 성별'이 부모나 교사 같은 성인이 갖는 성역할 기대와 행동의 중요한 원천이 된다고 밝히고 있다. 남녀 교사들은 문화가 규정하는 성역할 고정관념을 가지고 있으며, 이에 따라 아동을 대하므로 학교에서 남자아동은 남성적으로, 여자아동은 여성적으로 사회화된다는 연구들이 있다. 셋째, 남자아동의 여성화에 영향을 미치는 주요 요인을 교사의 성별이 아니라 '학교의 제도적 특성'에서 찾는 연구들이 있다. 즉 일반적으로 학교에서 요구되는 특성은 공손함, 깨끗함, 순종, 단정함 등이고 언어와 상징, 수동적 태도가 강조되므로 학교는 여성적 기관feminine institution이라는 것이다(심미옥, 1999; Lee, Smith, & Cioci, 1993). 그동안 학교에서는 주로 순종적이고, 의존적이며, 유순하고 다루기 쉬운 아동이 모범적인 학생으로 간주되는 경향이 있었으며, 따라서 학교는 '통제'가 매우 중요한 '전인구속적 기관total institution'과 유사한 성격을 띤다. 따라서 남자아동의 학교 부적응은 학교가 규정하는 학생역할과 사회가 규정하는 성역할의 갈등에서 비롯되는 것이지, 교사들이 여성이라는 것과는 관계가 없다는 설명이다.

이렇듯 학교의 구조적 특성과 교직의 특성이 학교에서 아동에게 순응적인 여성적 특성을 강조하게 만드는 것이라면, 적어도 학교 내에서 교사 역할을 수행하는 남녀 교사의 행동은 유사할 것이다. 그 근거로서 여교사를 대상으로 한 연구들은 여교사가 여성적 특성을 강화한다고 밝히고 있으나, 남녀 교사의 비교연구 결과들을 보면 학교제도의 맥락 내에서 남녀 교사의 행동은 유사함을 알 수 있다. 즉 남녀 교사는 모두 아동에게 수동적 · 여성적 특성을 강조하며, 여교사가 남교사에 비해 여성적 특성을 더 강조하거나 남자아동을 더 부정적으로 대하지는 않는다는 것이다(Stake & Katz, 1982). 더불어 에토와 휴즈(Etaugh & Hughes, 1975)의 연구에서 남녀 교사들은 남녀 아동 모두에게 공격성보다는 의존성을 보이는 것에 대해 더 칭찬하고 좋아한다고 보고되었으며, 남교사가 여교사보다 아동의 의존성을 오히려 더 칭찬하는 것으로 나타났는데, 이는 학교 안에서 여성적 특성이 선호됨을 보여주는 결과라고 볼 수 있다(심미옥, 1999). 우리나라에서 이루어진 연구들의 경우에도 여교사의 담임 횟수가 학생의 성역할 사회화에 영향을 미치지 못하거나(강태중 · 민무숙 · 정해숙, 2005), 교사들의 기대와 행동이 교사의 성별이 아닌 '학생의 성별'에 따른 고정관념을 반영한다(심미옥, 1999)는 결과를 보여주는 것들이 있다.

교직의 여성화와 관련된 두 번째 우려 사항은 남녀 교사의 지도성 유형의 차이와 그 효과성에 대한 논란이다. 이와 관련된 그간의 연구들은 연구자에 따라 다소 상이한 결과를 제시하고 있는데, 이는 여교사의 지도성이 그들의 개인적 요인뿐만 아니라 학교의 풍토와 문화, 교직원 및 학생과 같은 구성원들이 지닌 개인적 요인 등 다양한 요인의 영향을 받기 때문인 것으로 보인다. 민무숙(2005)은 남녀 중 누구의 지도성이 더 효과가 높다고 평가되는가 하는 문제에 대하여 두 가지 차원의 효과성 판단기준을 제시하고 있다. 첫 번째는 객관적 기준을 통해 효과성을 판단하는 것으로, 학생들의 학업성취도나 상급학교 진학률 등을 근거로 여교사 및 여교장의 효과성을 분석하는 것이다. 두 번째는 주관적 기준을 통해, 주로 평교사들이나 학생들이 여교장이나 여교사의 효과성에 대해 어떻게 인식하고 있는지 알아보거나, 이들의 조직만족도를 조사하는 것이다. 우리나라와 같이 한 학교 내 재직 기간이 길지 않은 경우에는 학생의 성취도 증진이 교사의 개인적 지도력 때문인지 정확히 평가하기 어렵다는 문제가 있어, 주로 주관적 평가에 기초한 연구들이 많이 이루어지는 편이다.

다만 주관적 평가를 기준으로 관련 질문들을 탐색할 때는 해당 평가에 내재된 평정자들의 편견에 대한 고찰이 필요하다. 예컨대 남성 하급자들이 여성이 자신의 상사로 있을 경우 지위 역전으로 인한 갈등status-reversal conflict을 겪는다든지, 하급자가 여성일 때 오히려 동성 상급자에 대하여 무시하거나 부정적인 행동 및 공격적인 행동을 보이는 '수평적 폭력horizontal violence' 현상을 보인다든지, 혹은 이로 인해 여성이 자신의 분야에서 탁월한 능력을 갖추고 나머지 동료집단보다 앞서갔으나 그들로부터 지지받지 못하고 배척되는 '키 큰 양귀비 신드롬tall poppy syndrome' 현상을 겪는 것 등이 그 예에 속한다(민무숙, 2005).

이글리와 카라우, 존슨(Eagly, Karau, & Johnson, 1992)이 학교 맥락을 다룬 50편의 문헌을 토대로 남녀 교장의 지도성 스타일을 메타분석한 결과에 따르면 리더십 스타일에서 성별 차이는 있는 것으로 분석되었는데, 여교장은 남교장에 비해 과업지향적이고, 덜 전제적이며, 보다 민주적이고 참여적인 리더십 스타일을 지니고 있었다. 그간 우리나라에서 이루어진 남녀 교원의 지도성 유형 및 효과와 관련된 연구에서는 성별에 따른 차이가 없거나 복합적으로 나타나는 것으로 보고하고 있다(김은영, 2012; 민무숙, 2005; 민무숙 · 허현란, 2000; 서용희, 2013). 초등학교와 중학교의 남녀 교장 간 지도성 발휘방식에 차이가 있는지 살펴본 민무숙과 허현란(2000)은 남교장보다 여교장이 교사의 사적인 면에 더 관심이 많고, 솔선수범, 공손, 겸손의 태도를 강조하는 경향이 있다고 밝혔다. 또한 여교장은 남교장보다 비권위적 지도성(예: 칭찬, 배려, 겸손)을 활용하는 것으로 나타났다. 한편 이성은과 박희경, 최지혜(2008)는 생태여성주의 관점에서 남녀 교사의 상징적 지도성을 탐색한 결과, 여교장에게는 문화탐색자, 비전 제시자, 의사소통자, 치료자로서의 모습이 보이나 남교장에게는 의사소통자, 치료자로서의 모습이 약하거나 거의 보이지 않았다고 보고한다. 즉 여교장이 남교장보다 다른 사람을 더 많이 배려하고 이야기 듣는 것을 즐기며, 다른 사람의 아픔에 대해 슬퍼하고 공유하려는 특성을 갖고 있는 것으로 나타났다는 것이다. 민무숙(2005)의 연구에서는 여교장의 지도성 유형 및 효과가 '학교급'에 따라 상이하게 나타났으며, 서용희(2013)는 학교(장)의 문화가 남성적인 것이라는 사고가 존재하여 여교장의 리더십에 대한 평가가 일관되지 않다고 지적했다.

흥미로운 연구 중 하나는 중학교 교장의 성별에 따라 중학생의 학업성취도(국어, 영어, 수학, 전체 평균)에 차이가 있는가를 분석한 한유경과 김은영, 윤수경(2011)의 연구이다. 연구 결과에 따르면 여교장이 있는 학교의 학업성취도가 전체 평균과 국어과 평균에서 남교장이 있는 학교의 학업성취도보다 높게 나타났다. 또한 교사가 인식한 교장의 지도성, 교사 동료문화 등에서도 여교장이 있는 학교의 평균이 남교장이 있는 학교의 평균보다 높게 나타났다. 이에 대해 한유경과 김은영, 윤수경(2011)은 교직의 여성화 및 여성의 관리직 진출은 조직 효과성 측면에서 부정적 변화가 아니며, 여교장의 효과성이 남교장에 비해 부족하지 않고, 학교 현장에서 여성 관리자들이 효과적인 리더 역할을 하고 있음을 보여주는 것이라고 평가하고 있다.

교직의 여성화와 관련된 세 번째 우려 사항인, 여교사에 대한 학생들의 인식이나 여교장에 대한 평교사들의 인식이 남교장·남교사에 대한 인식과 다르게 나타날 수 있다는 논란에 대한 대답은 다음과 같다. 민무숙(2005)은 가부장적인 풍토가 강한 한국사회에서 여성이 지도자의 위치에 있을 때, 그에 대한 조직 구성원의 기피 현상이나 부정적 인식이 지도력을 발휘하는 데 장애요인으로 작용할 수 있음을 지적하면서 여교사·여교장의 지도성의 효과나 특징에 대한 구성원들의 인식 조사가 필요함을 언급했다. 먼저 여교장에 대한 남녀 교사들의 인식을 탐색한 연구들과 관련해 민무숙(2005)은 교사들의 인식을 중심으로 한 연구의 경우 인식대상인 '학교장의 성별'보다는 인식주체인 '교사의 성별'이 교장의 지도성 유형에 대한 지각에 더 많은 영향을 미치고 있었으며, 따라서 '교사의 성별'에 따라 남녀 학교장의 지도성 유형을 다르게 지각하는 경향이 있었다고 보고한다. 또 한유경(2009)의 연구에서는 양성적 성역할 정체성을 가진 여교장의 수업 지도력에 대해 여교사보다 남교사들이 더욱 높게 인식한 반면, 남교장의 성역할 정체성과 수업 지도력 간 상관성에 대해서는 교사의 성별에 따른 인식 차이가 나타나지 않았는데, 이는 교사들이 여교장과 남교장을 다르게 인식하고 있다는 사실을 시사한다.

김복희(2002)의 연구에서는 남교사가 학교조직 효과성 면에서 남교장이 더 뛰어나다고 인식하고 있지만, 여교사는 남녀 교장 간에 차이가 없다고 인식했으며, 류성렬(2002)의 경우는 여교장의 역할에 대하여 남교사보다 여교사가 기대 수준이 더 높았고, 실제 역할 수행에 대해서는 남교사가 더 우호적으로 인식하고 있음을 밝혔다. 또 민무숙(2005)은 우리나라 맥락에서 여교장이 근무하는 학교의 여교사들이 직무만족도가 높다는 연구 결과를 통해 여성이 여성에게 대하는 수직적 폭력 현상 같은 것은 없는 것으로 긍정적으로 평가했고, 장지영(2007)은 교사의 나이가 적을수록 성고정관념이 적고, 나이가 많을수록 보수적 성향이 강한 것으로 해석했다. 부산시 중학교 교장의 리더십 특성을 분석한 서용희(2013)는 여교장이 남교장보다 관리적·관계적·변화적 성향이 더 높은 것으로 교사들이 인식했다고 밝혔으며, 최미섭(2014)은 여교장이 스스로 인식하는 남교장과의 지도성 차이를 탐색한 결과 남녀 교장의 지도성 차이는 성의 관점이라기보다는 개인적 성향에 기인하는 것이며, 여교장들은 남성이 권위적·직관적·통합적 사고로 업무를 수행하는 반면 여성은 섬세하고 멀티테스킹에 능하고 부드러우며 온화한 돌봄적 지도성 특성을 갖는 것으로 인식하고 있음을 밝혀냈다.

배스(Bass, 1990)는 교사와 교장의 지도성을 평가하는 데 있어서 평가자에 따라 달라질 수 있는 중요 매개변인이 평정자의 '성역할관'이라고 지적했다. 즉 남녀 교사는 성별뿐만 아니라 전통적인 성역할관을 가지고 있는 사람일수록 여교원의 지도성에 대하여 낮은 평가를 하는 경향이 있고, 남교원의 지도성에 대해서는 높은 평가를 하는 경향이 있다는 것이다. 성역할관이란 '남녀의 능력과 사회적 역할에 대한 인식 및 태도'로 정의되며, 예를 들자면 학생을 비롯한 각 교원이 '지도자의 위치에는 상대적으로 남성이 걸맞은 능력을 발휘한다'와 같은 고정관념을 지니고 있을 수 있음을 지적하는 것이다.

결론적으로 교원의 성별에 따른 지도성 유형 및 효과성에 관한 다양한 연구 결과가 있지만 지도성이 성별과 관련된 차이가 있는지, 있다면 어떠한 차이인지 확정된 결론을 내리기 힘들고(민무숙, 2005), 여기에는 다차원적인 변수가 영향을 미치기 때문에 각 연구마다 일관적인 결과가 나오지 않고 있다(박상완, 2017)는 것이 학자들의 공통적인 의견이다. 따라서 향후 우리나라 맥락에서 초·중등 교육체제 및 학교문화의 차이, 나아가 여교사·여교장·남교사·남교장의 복합적인 상호작용 양상을 파악함으로써 여교원의 지도성에 대한 이해의 폭을 넓힐 필요가 있다(민무숙, 2005).

* * *

앞서 논의한 바와 같이 교직의 여성화는 여성의 교육 수준 향상, 교직에 대한 여성의 적성 적합성, 결혼과 출산 이후에도 업무를 지속할 수 있고 다른 직종에 비해 남녀차별의 정도가 낮다는 점, 그리고 교직이 타 직종보다 보수가 적고 사회적 인정을 받지 못하며 발전 가능성이 낮다는 등의 이유로 인한 남성의 교직 기피 현상 등 다양한 요인들이 복합적으로 작용하여 나타난 결과이다(김남지 · 한유경, 2011). 이러한 교직의 여성화는 우리나라뿐만 아니라 다른 선진국들에서도 보편적으로 나타나고 있는 현상으로, 이에 대한 우려나 부정적 편견은 그간 여러 국가들에서 계속되어왔고, 관련 연구도 진행되어왔다. 하지만 실제로 이러한 우려들에 대한 연구 결과는 일관적이지 못하며, 최근의 연구들은 오히려 교직의 여성지도자들, 예컨대 학급 여성 담임교사를 비롯한 여교감 · 여교장의 리더십이, 해당 직급의 교원이 일반적으로 수행하는 역할을 기준으로 살펴보았을 때 학생들이나 교직원들 사이에서 긍정적으로 평가받고 있음을 밝히기도 했다(김남지 · 한유경, 2011).

지금까지 살펴본 교직의 여성화 현상과 관련된 논의 및 연구의 궁극적인 문제의식은, 대부분 '여성 평교사의 수는 계속해서 증가함에도 관리직 및 상위 행정직에 여성이 적은 이유는 무엇인가'에서 비롯되는 것으로 보인다. 이러한 현상에 대한 원인을 탐색하고자 우리나라 여교장의 사례를 분석한 기존 연구는 여교사가 여교장이 되는 것은 '열악한 조건에서 살아남은 것'(민무숙 · 허현란, 2000)이며, 학교 행정가가 되는 과정에서 남녀 교장의 차이가 있다고 밝히고 있다. 이제 교직의 여성화에 대한 논의는 교직의 여성리더십에 대한 논의로 확장될 필요가 있다. 교직의 여성화는 이미 전 세계적으로 나타나는 보편적인 현상으로, 이에 대한 우려나 부정적 시선에 초점을 두기보다는 좀 더 객관적이고 실증적인 연구와 자료를 토대로 '성별'이 아닌, 교사가 수행하는 '업무' 및 '조직 효과성'에 기반한 논의를 해나가야 할 것이다. 특히 여성화된 교직사회에 기존의 남성중심적 리더십을 요구하거나 그것을 기준으로 제시함으로써 여교사들에게 계속해서 열악한 조건에서 살아남도록 하기보다는, 여성화된 교직의 현실적 상황에 맞는 대안적 리더십에 대한 고민을 이어가야 할 것이다.

이에 대해 박상완(2017)은 이제는 여성적 리더십, 여성주의 리더십, 젠더 리더십(안세근 · 권동택, 2006), 생태여성주의(이성은 · 권리라 · 윤연희, 2005; 이성은 · 박희경 · 최지혜, 2008) 등 대안적 리더십이 교직의 주도적 리더십을 대체할 필요가 있음을 지적하기도 했다. 보다 구체적으로 서용희(2013)는 복합다원화된 현대사회에 필요한 새로운 리더십으로 겸손, 배려, 관계 등의 여성성에 기반하여 리더십을 발휘하는 여성적 리더십feminine leadership에 주목했다. 그리고 여성적 리더십은 '여성만이 발휘할 수 있음을 뜻하는 것은 아니며, 남녀 관계없이 사회 변화 속에서 구성원에 대한 배려의 마음과 인간관계에 기초한 리더십을 의미한다'고 언급했다. 한편 허라금(2005)은 여성주의 리더십feminist leadership을 남성중심의 리더십 논의에 대한 대안으로 제시했다. 여성주의 리더십은 단순히 남녀 리더의 차이를 비교하는 정도를 넘어서, 여성주의적 관점에서 여성지도자들이 가지는 고유의 특징을 새로이 해석하며 남성중심 사고체계에서 벗어나 여성의 고유한 자질과 가치를 드러내고자 한다. 이 관점에서는 리더가 여성이냐 남성이냐를 떠나, 새로운 권력관계로의 변화를 이끄는 리더의 임무를 수행하고 구성원과 협력하는 것을 중요시한다(박상완, 2017; 서용희, 2013; 허라금, 2005).

우리나라 여교장의 고유한 리더십 특성을 분석한 기존 연구들(김은희, 2009; 박상완, 2017; 서용희, 2013; 2015; 송연숙 · 조영하, 2014; 이성은 · 권리라 · 윤연희, 2005;

이성은·박희경·최지혜, 2008) 역시 전통적인 남성중심의 리더십 논의에 대한 대안을 개발하는 데 관심을 두고 있다. 또한 이 연구들에서는 여교장에 대한 교사의 인식이 성 차이에 의한 고정관념보다 개인적 성향, 가치관, 교육관, 조직구조 등 다양한 요인의 영향을 받는 것으로 나타났으며, 여성 특유의 인간적 배려와 세심한 관리 등 여성적 지도성은 전통적인 남성중심의 성역할관을 가진 교사에게는 긍정적으로 평가될 수 있으나, 양성평등 의식을 가진 젊은 교사에게는 부정적으로 평가될 수 있는 것으로도 나타났다. 나윤경(2004)은 여교장이나 여교감이 여성적 경험을 비하하고 남성적 경험을 기준으로 여교사를 평가하거나, 남성적 역할을 보다 가치 있다고 여기는 '명예 남성성'을 가질 수 있음을 비판적으로 지적하기도 했는데, 이는 여성지도자가 남성지도자보다 비권위적이고 민주적인 지도성을 보인다는 장지영(2007)의 연구와 상반된 결과이기도 하다.

향후 우리나라의 교육체제는 중앙집권식에서 자율적인 학교운영 방식으로의 전환이 가속화될 전망이다. 이에 따라 단위학교를 책임지는 교장의 지도력은 앞으로도 점차 그 중요성이 확대될 전망이다. 특히 단위학교 내 여교사의 수가 증가하고, 여교장의 수 역시 계속해서 증가할 것으로 예상되는 현시점에서 여교사와 여교장의 지도성 및 남녀 교사 사이의 화합과 역할 분업 문제는 중요한 논의의 대상이 되고 있다(민무숙, 2005). 이와 더불어 여교사의 행정직 진출에 부정적인 영향을 주고 있는 불평등적 요인 및 현상들에 대해서도 짚어볼 필요가 있으며, 사회적·국가적 차원의 노력, 승진 관련 제도의 법적 보완, 여교사의 의식 변화를 위한 프로그램 마련과 사회 전체적인 인식 변화 노력 등은 앞으로도 지속되어야 할 과제라고 할 수 있을 것이다(박종필, 2006).

강경화(2003), "교직의 여성화에 따른 교직사회의 갈등에 관한 연구: 광주광역시 초등학교를 중심으로", 호남대학교 대학원 석사학위논문.

강태중 · 민무숙 · 정해숙(2005), "교직의 여성화가 아동의 성역할 사회화에 미치는 영향 분석", 『교육사회학연구』, 15(2), 1-21.

교육부 · 한국교육개발원(2019), 『2019 교육통계 분석 자료집: 유 · 초 · 중등교육 통계편』, 진천: 한국교육개발원.

김남지 · 한유경(2011), "초등학교 담임교사 역할수행의 성차 분석", 『교육과학연구』, 42(1), 51-76.

김다열(2000), "교직의 여성화 경향에 관한 분석적 연구", 인천교육대학교 교육대학원 석사학위논문.

김복희(2002), "학교장 성별에 따른 지도성과 학교 효과성에 대한 교사의 지각, 창원대학교 석사학위논문.

김은영(2012), "학교장의 경영활동이 학교효과성에 미치는 영향에 관한 다층모형 분석", 이화여자대학교 대학원 박사학위논문.

김은희(2009), "여성리더십의 특성과 효율성에 관한 연구", 『한국정책과학학회보』, 13(3), 113-141.

김이경 · 한만길 · 박영숙 · 홍영란 · 백선희(2005), 『교원의 직무 수행 실태 분석 및 기준 개발 연구, 서울: 한국교육개발원.

김희정(2006), "교직의 여성화가 학교교육에 미치는 영향", 울산대학교 교육대학원 석사학위논문.

나윤경(2004), "여성 연대를 향한 성인교육학적 시론: 여성지도자들의 명예 남성성에 대한 여성주의적 방안", *Andragogy Today: International Journal of Adult & Continuing Education*, 7(4), 49-73.

남상용(1994), “국민학교 여교사의 역할에 대한 인식도 연구”, 고려대학교 교육대학원 석사학위논문.

류성렬(2002), “교사가 지각하는 여교장의 역할기대와 역할수행에 관한 연구”, 경인교육대학교 교육대학원 석사학위논문.

민무숙(2005), “남녀 교장의 지도성에 대한 교사 인식 분석”, 『교육사회학연구』, 15, 153-178.

민무숙 · 허현란(2000), 『여교장의 지도성 효과 및 특성에 관한 연구』, 서울: 한국여성개발원.

박상완(2017), “우리나라 여교장의 특성 분석”, 『교육행정학연구』, 35, 233-261.

박종필(2006), “여교사의 행정직 진출 확대를 위한 연구: 초등학교를 중심으로”, 『교육행정학연구』, 24(2), 201-224.

서용희(2013), “학교장의 여성적 리더십 특성에 대한 연구”, 부산대학교 대학원 박사학위논문.

_______(2015), “중학교 학교장의 여성적 리더십 특성에 관한 질적 연구: 교사인식을 중심으로”, 『교육행정학연구』, 33, 257-285.

송연숙 · 조용하(2014), “여교장의 지도성에 대한 교사인식에 관한 혼합방법연구”, 『교육문제연구』, 27(3), 103-124.

송일순 (2002), “교직의 여성화가 교육활동에 미치는 영향”, 춘천교육대학교 교육대학원 석사학위논문.

심미옥(1999), “교직의 여성화가 초등학생의 여성화에 미치는 영향”, 『교육사회학연구』, 9, 47-73.

_______(2001), “교직의 여성화와 교직에서의 여성”, 『한국교육사회학회 2001년 하계학술대회 자료집』, 15-26.

안세근 · 권동택(2006), “젠더 리더십 수준에 따른 초등학교 여교장의 변혁적 리더십 연구”, 『한국교원교육연구』, 23(1), 81-98.

이성은 · 권리라 · 윤연희(2005), “생태 여성주의 시각에서 본 초등여교장의 역할과 진출”, 『한국교원교육연구』, 22, 123-142.

이성은 · 박희경 · 최지혜(2008), “생태 여성주의 관점에 따른 초등학교장의 상징적 지도력 연구”, 『초등교육연구』, 21(1), 75-95.

이성은, 조동섭, 최상근(1997), “초등학교 교원의 성비 실태와 대응방안 연구”, 『교육사회학연구』, 7(4), 57-75.

이인효(1991), “교직의 여성화와 교직사회의 변화”, 『교육사회학연구』, 1(2), 29-47.

이현구(1995), “교직의 여성화가 교직 역할수행에 미치는 영향”, 경원대학교 교육대학원 석사학위논문.

임익재(1998), “교직의 여성화에 대한 교사와 학부모의 지각 차이에 관한 연구”, 한남대학교 교육대학원 석사학위논문.

장지영(2007), “초등학교 여교장의 교육 리더십 연구”, 『초등교육학연구』, 14(2), 161-178.

정관진(1998), “교사의 여성화 경향이 교직 수행에 미치는 영향”, 명지대학교 교육대학원 석사학위논문.

정현숙(2007), “여교사의 업무수행 태도에 관한 교사들의 인식”, 금오공과대학교 교육대학원 석사학위논문.

조경순 · 이신자 · 김호원(2004), “성차와 리더십: 문헌적 고찰”, 『아시아여성연구』, 43(1), 269-311.

조동섭(1998), “교직 여성화의 실태와 문제”, 『인문사회교육연구』, 2, 333-354.

최미섭(2014), “여성 학교장의 리더십 특성 분석”, 공주대학교 대학원 박사학위논문.

통계청 · 여성가족부(2019), “2019 통계로 보는 여성의 삶”, 미간행 보도자료.

한유경(2009), “중학교 교장의 성역할 정체성과 수업지도력간의 관련성 분석”, 『열린교육연구』, 17, 53-73.

한유경 · 김은영 · 윤수경(2011), “학교장 성별에 따른 중학교 학생의 학업성취도 차이 분석”, 『교육행정학연구』, 29, 329-350.

한유경 · 박상완 · 서경혜 · 전제상(2008), “교사 직무 수행 실태 분석”, 『열린교육연구』, 16(3), 183-206.

허라금(2005), “‘여성주의 리더십’ 이해를 위한 시론”, 『한국여성철학』, 5, 55-80.

Bass, Bernard M. (1990), “Women and leadership”, In Bernard M. Bass & Ralph M. Stogdill (Eds.), *Bass & Stogdill's Handbook of Leadership: Theory, Research, & Managerial Applications* (3rd ed), New York: Free Press.

Cho, Yonjoo., & McLean, Gary N. (Eds.). (2018), *Korean Women in Leadership*, Hampshire: Palgrave Macmillan.

Eagly, Alice H., Karau, Steven J., & Johnson, Blair T. (1992), “Gender and leadership style among school principals: A meta-analysis”, *Educational Administration Quarterly*, 28(1), 76-102.0

Etaugh, Claire., & Hughes, Valerie (1975), “Teacher's evaluations of sex-typed behaviors in children: The role of teacher sex and school setting”, *Developmental Psychology*, 11, 394-395.

Lee, Valerie E., Smith, Julia B., & Cioci, Madalyn (1993), “Teachers and principals: Gender-related perceptions of leadership and power in secondary schools”, *Educational Evaluation and Policy Analysis*, 15(2), 153-180.

Stake, Jayne E., & Katz, Jonathan F. (1982), “Teacher-pupil relationships in the elementary school classroom: Teacher-gender and pupil-gender differences”, *American Educational Research Journal*, 19, 465-471.

Williams, Christine L. (1992), “The glass escalator: Hidden advantages for men in the ‘female’ professions”, *Social Problem*, 39(3), 253-267.

10장

인공지능이 학생을 가르칠 수 있을까

1. 4차 산업혁명과 학교교육

우리나라에서 4차 산업혁명은 현실로 다가오고 있으며, 이러한 사회적 변화의 흐름 속에서 교육의 변화에 대한 요구도 높아지고 있다. 그동안 공적인 교육을 독점적으로 제공해온 학교에 대해서는 오랫동안 문제가 제기되어왔는데, 문제제기의 핵심은 교육의 과정에서 소외되는 학생의 비율이 상당히 높다는 것이다. 산업화 시대의 산물이라고 할 수 있는 학교는 많은 학생들에게 효율적으로 교육의 기회를 제공하기 위해 만들어진 제도이다. 공급자중심의 학교제도는 학생 개인의 흥미와 소질, 적성, 학업 이력과 수준, 학습의 속도를 고려하지 않고 정해진 교육과정을 획일적으로 운영하고, 엄격한 상대평가를 통해 선별의 기능을 수행하고 있다(정제영, 2016). 이처럼 학교가 학생 개인별로 최적화된 학습의 기회를 제공하지 못하고 있기 때문에 결과적으로 상당히 많은 학생들이 학교교육의 과정에서 제대로 학습하지 못하고 실패자로 낙인이 찍히거나 학업을 포기하는 현상이 발생하고 있다. 이러한 문제로 인해 현재 학교는 존재 이유에 대한 근본적인 의문이 제기되는 상황이다(Hargreaves & Shirley, 2012).

학교에서 발생하는 학생들의 학습소외 현상은 획일적인 강의식 수업방식에 기인한다. 학생들의 학습 수준, 학습 속도, 학습 필요, 문화적 차이를 반영하지 않은 채 정해져 있는 학습내용을 모든 학생들에게 일정한 속도로 가르치는 수업의 방식은 부적응학생을 양산하는 필연적 구조를 띠고 있다고 할 수 있다. 이러한 학생들의 학습소외 현상을 해결할 수 있는 방법 중의 하나로서 인공지능을 이용한 지능형 튜터링 시스템Intelligent Tutoring System: ITS을 생각해볼 수 있다. 지능형 튜터링 시스템은 학습과 관련된 개인 학습자의 필요를 파악하고 그것을 바탕으로 개인화personalized되고 즉각적immediate인 교수와 피드백을 제공함으로써 학습자에게 일대일 맞춤형 교육을 제공할 수 있는 컴퓨터 시스템을 의미한다(Nwana, 1990). 일대일 맞춤형 교육의 효용성은 이미 여러 선행연구들을 통해서 입증된 바 있다. 예를 들어 블룸(Bloom, 1984)은 일대일 튜터링one-to-one tutoring을 받은 학생들의 평균이 전통적인 강의식 수업을 받은 학생들의 평균에 비해 2-표준편차sigma만큼 높다는 것을 보여주었다.

지능형 튜터링 시스템은 전통적인 교실수업 환경에서 일대일 맞춤형 교육을 구현할 수 있는 유용한 도구가 될 수 있다. 지능형 튜터링 시스템을 이용하면 학생들은 보다 양질의 일대일 맞춤형 교육을 제공받을 수 있으며, 교수자도 지능형 튜터링 시스템으로 인해 줄어든 부담만큼 창의력 증진 등 교육에 요구되는 핵심적인 부분에 역량을 집중할 수 있게 된다. 더욱이 현재 그 중요성이 높아지고 있는 'MOOCMassive Open Online Course(온라인 공개수업)'

와 같은 온라인 교육환경에서는 많은 학생 수를 고려할 때 지능형 튜터링 시스템이 일대일 맞춤형 교육을 실현할 수 있는 유용한 도구가 될 수 있을 것이다.

컴퓨터를 활용하여 학습자에게 보다 효과적인 학습환경을 제공하려는 시도는 1950년대부터 이루어져왔으며, 그 결과 등장한 지능형 튜터링 시스템은 인공지능을 기반으로 학습자에게 맞춤형 교육을 제공하는 것을 목적으로 한다(Carbonell, 1970). 일대일 맞춤형 교육을 제공하기 위해 지능형 튜터링 시스템은 일반적으로 무엇을what, 누구에게who, 어떻게how 가르칠 것인가를 결정해야 하며(Self, 1974), 이러한 결정들은 지능형 튜터링 시스템 내에서 인공지능을 이용하여 각각 전문적 지식 모듈expert knowledge module, 학습자 모듈student module, 교수자 모듈tutoring module의 구조로 나누어 이루어지게 된다(Nwana, 1990; Nkambou, Mizoguchi, & Bourdeau, 2010). 이러한 다양한 기능을 필요로 하는 지능형 튜터링 시스템을 실제로 구현하기 위해서는 인공지능, 인지과학, 교육학 등 다양한 분야의 학제간 연구가 반드시 필요하다.

이 장에서는 4차 산업혁명을 맞이하여 일대일 맞춤형 교육의 수요가 점차 증대되고 있는 상황에서 인공지능을 이용한 지능형 튜터링 시스템의 개발과 적용의 필요성을 알아본다. 이를 위해 인공지능의 개념, 지능형 튜터링 시스템의 역사, 구조, 사례, 현황을 살펴보고, 우리나라의 학교교육에 적용할 수 있는 가능성을 탐색해보고자 한다.

2. 인공지능이란 무엇인가

인공지능artificial intelligence: AI은 지능적인 실체를 컴퓨터로 구축build하려는 것이다(Russell & Norvig, 2016). 영국의 수학자 앨런 튜링Alan Turing은 컴퓨

터상에 구현하고자 하는 지능intelligence에 대한 실용적인 정의를 제안했는데, 인간 조사자가 글로 쓴 질문에 대한 컴퓨터의 답과 인간의 답을 인간 조사자가 구분하지 못한다면 그 컴퓨터는 튜링검사Turing test를 통과했다고 말한다. 튜링검사를 통과하기 위해 컴퓨터는 다양한 능력을 필요로 하는데, 그것은 의사소통을 위한 자연어처리natural language processing, 인간의 지식을 효과적으로 컴퓨터 내부에 표현하기 위한 지식 표현knowledge representation, 저장된 지식을 이용하여 새로운 결론을 이끌어내기 위한 추론능력reasoning, 경험으로부터 패턴을 파악하여 새로운 상황에 적응하기 위한 기계학습machine learning, 주변 사물을 인식하기 위한 컴퓨터 시각computer vision, 물체를 조작하고 스스로 이동하기 위한 로봇공학robotics 등이다. 이러한 각각의 능력을 실제로 컴퓨터로 구현하기 위한 노력들이 인공지능 연구의 다양한 하위연구 분야로 발전해왔다.

인공지능이라는 용어는 1956년 미국 다트머스대학교에서 열린 워크숍에서 컴퓨터과학자 존 매카시John McCarthy가 처음으로 사용했다고 알려져 있다. 매카시를 비롯한 여러 연구자들은 기계가 언어를 사용하고 추상과 개념을 형성하여 사람만 풀 수 있는 문제를 풀고, 스스로를 향상시킬 수 있게 하는 방법을 찾기 위해 이 워크숍을 조직했다. 따라서 다트머스대학교는 인공지능 연구의 공식적인 탄생지로 간주되고 있다. 초창기의 인공지능 연구는 컴퓨터가 기본적인 추론 단계들을 연결해서 문제에 대한 최적의 해solution를 찾는 검색search에 중점을 두었다. 예를 들어 미국 카네기멜론대학교의 앨런 뉴얼Allen Newell과 허버트 사이먼Herbert A. Simon은 인간의 문제풀이 과정을 흉내 내는 'General Problem Solver'라는 프로그램을 만들어서 제한된 부류의 퍼즐들을 풀어냈고, IBM의 허버트 겔런터Herbert L. Gelernter는 'Geometry Theorem Prover'라는 프로그램을 만들어서 수학의 정리들을 증명했다. 하지만 추론에 중심을 둔 이러한 초창기의 인공지능 프로그램들은 문제를 푸는

데 있어 해당 주제에 대한 지식을 이용하지 않고 컴퓨터의 계산능력에만 의존했으며, 이러한 계산능력마저 복잡한 문제의 수많은 가능성을 탐색하기에는 한계가 있었다. 이러한 한계들로 인해 인공지능 연구에 대한 지원은 줄어들게 되었고 인공지능 연구는 침제기를 겪게 된다.

이러한 교훈을 바탕으로 전문가 시스템expert system은 문제를 해결하는 데 있어 컴퓨터의 추론능력과 더불어 영역지식domain knowledge도 함께 사용하기 시작했다. 그리고 이로 인해 영역지식을 컴퓨터 내부에 효과적으로 표현하기 위한 지식 표현이라는 연구 분야가 활성화되었다. 이러한 전문가 시스템의 예로서 미국 스탠퍼드대학교의 에드워드 파이겐바움Edward A. Feigenbaum과 동료들이 만든 'MYCIN'이라는 혈액 감염을 진단하는 전문가 시스템은 전문의만큼이나 훌륭한 진단을 내릴 수 있었다. 다음 절에서 소개되는 지능형 튜터링 시스템도 특정 분야의 영역지식을 규칙rule의 형태로 컴퓨터 내부에 표현하고, 추론을 통해 학습자에 대한 여러 가지 판단을 내리는 전문가 시스템의 일종이다. 하지만 인간의 방대한 지식을 일일이 컴퓨터 내부에 표현하는 것 자체에 한계가 있었고, 또한 이러한 접근법은 비용도 많이 들었기 때문에 인공지능 연구는 다시금 침체기에 들어서게 되었다.

최근에는 사람의 관여 없이 컴퓨터가 데이터로부터 스스로 패턴을 찾아내고 규칙을 발견하는 기계학습이 인공지능 연구의 새로운 돌파구로서 많은 관심을 받고 있다. 특히나 기계학습의 딥러닝deep learning 기법은 이미지 인식, 자연어처리, 자율주행 차량 등의 많은 분야에서 혁신적인 성과들을 만들어내고 있으며, 교육 분야에서도 기계학습을 포함한 인공지능이 어떤 식으로 교육의 다양한 분야에 도움이 될 수 있을지에 대한 많은 논의와 연구가 이루어지기 시작하고 있다.

3. 지능형 튜터링 시스템의 발달 과정과 개념

인간 교수자의 부족한 역할을 컴퓨터 시스템을 통해서 구현하고자 하는 노력은 1950년대부터 시작되었다. 1950년대에 직선형 프로그램을 시작으로, 1960년대의 분지형 프로그램과 생성형 컴퓨터 보조수업을 거쳐서 1980년대부터는 인공지능을 이용한 지능형 튜터링 시스템 연구가 진행되고 있다. 우선 지능형 튜터링 시스템 이전 연구들의 발달 과정을 간략히 살펴보고, 이를 바탕으로 지능형 튜터링 시스템의 개념을 살펴보고자 한다.

1) 직선형 프로그램

1950년대에 스키너에 의해 도입된 '직선형 프로그램Linear Programs'은 스키너가 동물 행동 실험을 통해서 발견한 조작적 조건화에 그 이론적 기반을 두고 있다. 조작적 조건화란 사람이나 동물의 행동을 원하는 방향으로 변화시키기 위해서 원하는 행동에 가까운 행동을 했을 때만 선택적으로 보상reinforcement이나 벌punishment을 주는 것을 말한다. 스키너는 이러한 조작적 조건화의 원리가 학습에도 적용될 수 있다고 생각했다. 하지만 스키너의 관찰에 의하면 전통적인 교실수업에서는 교사들이 학생들의 행동이 바뀌기를 바라며 너무나 많은 양의 정보를 한번에 가르치고 있었고, 또한 학생들의 반응에 대한 보상이 즉각적으로 이루어지지 않고 있었다(Skinner, 1965; 1968). 이런 문제점을 극복하기 위해서 스키너는 보다 작은 양의 정보단위로 구성되고, 또한 즉각적인 보상이 가능한 교수기계teaching machine를 만들었다(Skinner, 1958). 교수기계란 프레임frame이라 불리는 학습의 작은 단위들을 주어진 순서에 따라서 개개인의 학습자에게 제시할 수 있는 컴퓨터나 장치들을 말하며, 이러한 방식의 교수방법을 직선형 프로그램 혹은 'Programmed

Instruction'이라고 한다.

직선형 프로그램에서는 주어진 학습목표에 학생들이 도달할 수 있도록 전체 학습내용을 프레임이라는 작은 단위로 나누어서 제시한다. 각 프레임은 한두 문장이나 방정식으로 이루어져 있으며, 학습자는 각 프레임에서 제시된 정보를 학습하고 빈칸에 단어를 채워넣는 식의 질문에 답함으로써 프레임에 대한 이해도를 평가받는다. 교수기계는 학생들의 답에 대해 즉각적으로 그 답이 맞는지 틀린지를 알려주며, 학생들의 답이 틀렸든 맞았든 관계없이 다음 프레임으로 진행된다. 이때 조작적 조건화의 관점에서 옳은 답에 대한 확인이 보상이 된다. 스키너는 교수기계의 이러한 즉각적인 보상이, 학생들이 학습목표에 보다 효율적으로 이르도록 도와줄 수 있고, 또한 학생들에게 동기와 흥미를 유발시킬 수 있다고 기대했다. 또한 스키너는 각 학생이 자신만의 교수기계를 이용해서 자신만의 속도self-paced learning로 학습을 할 수 있다는 점을 교수기계의 장점으로 생각했다. 이후에 슈람(Schramm, 1964)은 150개 연구들에 대한 리뷰를 통해서 직선형 프로그램이 매우 효과적이라고 결론을 내렸다.

이처럼 스키너의 직선형 프로그램은 신속한 보상과 학습자의 속도에 맞춘 학습을 제시한다는 장점을 가지고 있었지만 단점도 있었다. 바로 학생들의 능력과 배경지식에 관계없이 모든 학생이 같은 학습자료를 같은 순서로 학습하게 됨으로써 개별화가 부족했고, 학생들의 잘못된 답에 대해 적절한 피드백을 제공하지 못했다는 점이다.

2) 분지형 프로그램

크라우더(Crowder, 1959)는 직선형 프로그램의 활용 과정에서 나타난 문제점을 극복하고자 '분지형 프로그램Branching Programs'을 제안했다. 분지형 프로그램은 기존 직선형 프로그램과 다르게 학생들의 답에 따라서 교수기계가 다른 반응을 한다. 학생들의 답이 맞았을 때는 다음 프레임으로 진행하지만, 답이 틀렸을 때는 오답에 대한 피드백이 제공되고 해당 프레임이 다시 제시된다.

하지만 직선형 프로그램이나 분지형 프로그램과 같은 프레임 단위로 진행되는 교수 프로그램의 단점은 컴퓨터의 성능을 모두 사용하지 않는다는 점이다. 즉 단지 컴퓨터를, 이미 정해진 순서의 프레임을 학생들에게 제시하는 프로그램화된 교과서의 용도로만 사용한다는 것이다(Carbonell, 1970). 또한 직선형 프로그램과 분지형 프로그램은 교수활동tutorial이나 연습drill and practice과 같은 단순한 형태의 수업에는 적합했지만, 학생들의 문제해결 과정에 도움을 주는 것을 목표로 하는 좀 더 복잡한 형태의 컴퓨터 지원학습Computer Assisted Instruction: CAI에는 적합하지 않았다.

3) 생성형 컴퓨터 보조수업

직선형 프로그램과 분지형 프로그램의 단점을 극복하고자 등장한 것이 생성형 컴퓨터 보조수업Generative CAI이다. 여기에서는 학생들의 다양한 반응에 대응할 수 있는 컴퓨터 시스템의 적응성adaptivity이 강조된다. 이런 의미에서 생성형 컴퓨터 보조수업을 적응형 시스템adaptive system이라고도 지칭한다. 유탈 등(Uttal, Pasich, Rogers, & Hieronymus, 1969)은 생성형 컴퓨터 보조수업은 문제problems, 대답answers, 평가diagnostics, 보충학습 자료remedial material 등을 생성해낼 수 있는 컴퓨터 시스템이라고 정의했다. 가령 우르(Uhr, 1969)는 학생들의 학업능력에 따른 맞춤형 수학문제problems in arithmetic를 만들어낼 수 있는 시스템을 개발했다. 또한 웩슬러(Wexler, 1967)가 만든 시스템은 이미 입력된 문제의 포맷에 맞추어서 여러 개의 각각 다른 문제들을 만들어낼 수 있는 파라미터parameter를 자동으로 정하고, 그것에 따른 정답을 데이터베이스를 검색함으로써 찾아낼 수 있도록 했다.

이러한 생성형 컴퓨터 보조수업은 적응성을 강조한다는 면에서 현재의 지능형 튜터링 시스템과 중요한 목표를 공유하지만 여전히 많은 단점들이 지적되었다. 가장 중요한 단점은 생성형 컴퓨터 보조수업을 포함한 그 이전까지의 시스템은 가르치고자 하는 주제와 학습자에 대한 시스템 자체의 지식 및 이해를 체계적으로 표현할 수단이 없었다는 점이다. 따라서 각 시스템은 학습자에 대해서 너무 많은, 혹은 너무 적은 가정들에 의존하게 되었으며 학습자들의 학습 실패를 효과적으로 진단하지도 못했다. 또한 기존의 시스템들은 자연언어natural language에 대한 지원이 부족하여 학습자들이 효과적으로 시스템과 상호작용하는 데 제약이 있었으며, 이에 따라 기존의 인간 교수자들처럼 그들의 학생들에 대해서 알아나가며 그런 경험을 바탕으로 점차 교수방법을 발전시켜나가는 능력 또한 갖추지 못했다(Hawkes, Sharon, Kandel, & Taps Project Staff, 1986; Sleeman & Brown, 1982).

4) 지능형 튜터링 시스템

카보넬(Carbonell, 1970)은 기존 CAI의 단점들을 인공지능을 이용하여 극복할 수 있다고 보고, 이러한 생각을 바탕으로 남아메리카의 지리를 가르치는 'SCHOLAR'라는 교수 시스템을 만들었다. SCHOLAR는 남아메리카의 지리에 대한 지식을 시스템 내부에 의미망semantic network이라는 지식 표현의 형태로 가지고 있었다. 따라서 이를 바탕으로 학생들과 대화하는 데 있어서 다양한 수준의 학습자료를 만들어낼 수 있었고, 학생들의 다양한 질문들에도 답할 수 있었다. 많은 문헌에서 SCHOLAR를 최초의 지능형 튜터링 시스템이라고 소개하고 있다. 그리고 이러한 연구들을 기반으로 셀프(Self, 1974)는,

컴퓨터 교수 시스템은 ① 무엇을 가르칠지what is being taught, ② 누구에게 가르칠지who is being taught, ③ 어떻게 가르칠지how to teach him/her에 대한 내부적인 표현체계를 가지고 있어야 한다고 했다. 셀프가 제안한 이 세 가지 요소들은 현재까지도 일반적인 지능형 튜터링 시스템 구조의 근간을 이루고 있다.

4. 지능형 튜터링 시스템의 구조

궁극적으로 지능형 튜터링 시스템이 지향하는 바는 인간 교수자의 역할을 컴퓨터 시스템으로 구현하여 학습자가 해당 분야의 지식을 보다 효과적으로 습득할 수 있도록 돕는 것이다. 좋은 인간 교수자의 역할을, 해당 분야의 전문가적 지식을 바탕으로what, 개개인의 학습자를 잘 파악하여who, 각각의 학습자에게 최적화된 교수방법을 통해서how 지식을 전달하는 것이라 한다면, 지능형 튜터링 시스템 역시 이러한 요소들을 갖추어야만 할 것이다. 다시 말해 지능형 튜터링 시스템은, ① 전달하고자 하는 전문적인 지식, ② 학습자에 대한 지식, ③ 교수방법에 대한 지식 등을 시스템 내부에 데이터의 형태로 체계적으로 표현하고 또한 그렇게 내부적으로 표현된 지식을 목적에 맞게 사용할 수 있어야 한다. 이러한 요소들은 지능형 튜터링 시스템의 구조를 논하는 문헌들에서 각각 지식 모델knowledge model, 학습자 모델student model, 교수자 모델tutoring model로 나뉘어 설명되고 있다(Nkambou, Mizoguchi, & Bourdeau, 2010). 몇몇 연구에서는 이 세 가지 요소에 사용자 인터페이스user interface를 더하여 네 가지 요소로 나누어 설명하기도 한다.

〈그림 10-1〉은 지식 모델, 학습자 모델, 교수자 모델로 구성되는 일반적인 지능형 튜터링 시스템의 구조를 나타내고 있다. 각 요소에 대해 좀 더 구

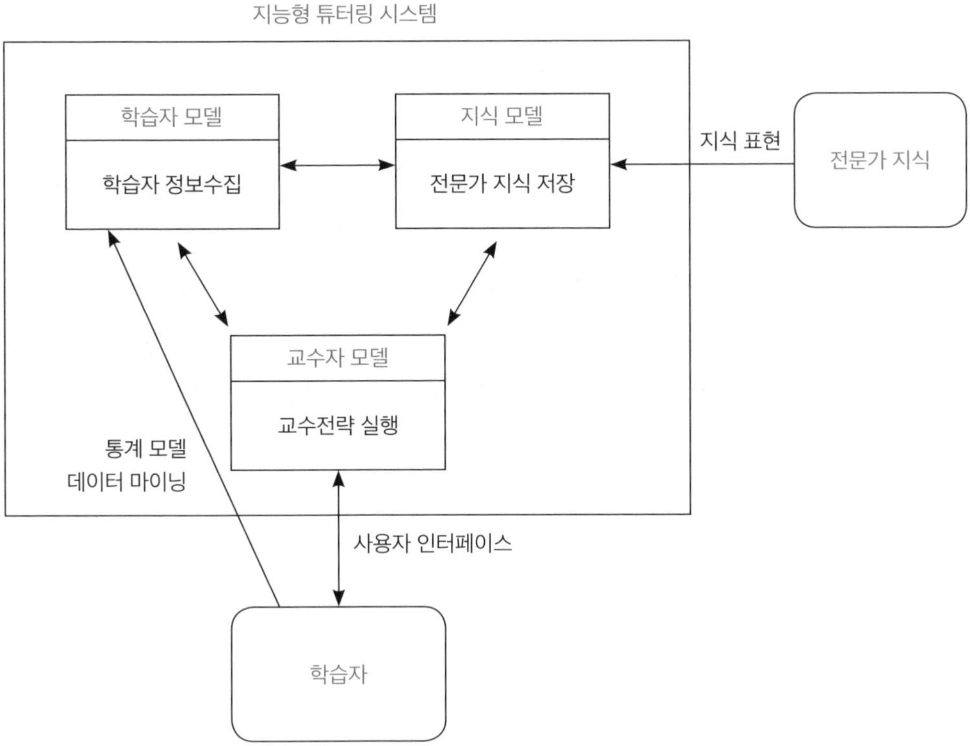

<그림 10-1> 지능형 튜터링 시스템의 일반적인 구조

체적으로 살펴보기 전에 지능형 튜터링 시스템의 구조를 일반적인 요소로 나누어 설명하는 접근방법의 한계에 대해 살펴볼 필요가 있다. 느와나(Nwana, 1990)는 같은 구조를 가진 지능형 튜터링 시스템을 발견하는 것이 매우 어렵다고 말하며, 많은 지능형 튜터링 시스템이 각자 고유한 구조를 가지고 있다는 점을 강조했다. 그는 지능형 교수자의 구조는 학습 과정에 있어서 특정 부분을 강조하고자 하는 교수철학과 밀접한 연관이 있다고 하며, 지능형 튜터링 시스템의 구조에 대한 어떤 일반적인 논의도 모든 지능형 튜터링 시스템의 고유한 특성을 전부 반영할 수는 없다고 말했다. 더 나아가 셀프(Self, 1990)

는 진지한 고려 없이 지식 모델, 학습자 모델, 교수자 모델을 기계적으로 적용하는 것은 지능형 튜터링 시스템 연구의 범위를 제한시킬 수 있다고 보았다. 느와나와 셀프의 이러한 언급들은, 지능형 튜터링 시스템의 구조는 얼마든지 창의적일 수 있으며, 일반적인 구조에 너무 집착하는 것은 오히려 그러한 창의적인 시스템을 개발하는 데 있어서 방해가 될 수 있음을 보여준다. 하지만 지능형 튜터링 시스템의 세 가지(혹은 네 가지) 일반적인 요소들은 현재까지 지능형 튜터링 시스템이 가지고 있어야 할 중요한 요소들로 인정받아오고 있다. 또한 이러한 일반적 요소들에 대한 논의는 보다 창의적인 시스템을 개발하기 위한 발판이 될 수 있으므로 구체적으로 살펴볼 필요가 있다.

1) 지식 모델

응캄보와 미조구치, 부르도(Nkambou, Mizoguchi, & Bourdeau, 2010)는 지식 모델knowledge model을 다음과 같이 설명했다. "지능형 튜터링 시스템에 있어서 지식 모델이란 가르치고자 하는 해당 분야domain의 개념concepts, 규칙rules, 문제해결 전략problem solving strategies을 포함하며, 가르치고자 하는 전문가 지식의 근원source of expert knowledge으로서, 그리고 학생의 성취를 평가하고 실수를 찾아내기 위한 기준으로서의 역할을 수행한다." 지능형 튜터링 시스템의 목적은 학습자들이 특정 분야의 전문가적인 지식을 습득하는 데 도움을 주는 것이다. 따라서 지능형 튜터링 시스템은 학습자에게 전달하고자 하는 전문가의 지식을 시스템 내부에 저장하고 필요에 따라 이용할 수 있어야 한다.

인간이 가지고 있는 지식을 컴퓨터 내부에 체계적인 형태로 표현하고, 그 저장된 지식을 기반으로 주어진 목적을 이루기 위해 효과적으로 추론하는 방법을 연구하는 것은 사실 인공지능의 가장 핵심적인 연구 주제 중 하나로서 인공지능 관련 문헌에서는 지식 표현이라고 불리고 있다. 이와 같은 연구의 목적이 인공지능을 인간의 지능 그 자체를 가진 기계, 즉 강强인공지능strong AI으로 만들려고 하는 것이라거나, 인간이 행동하거나 사고하는 것처럼 흉내 낼 수 있는 기계, 즉 약弱인공지능weak AI으로 만들려고 하는 것이라고 정의한다면 어느 경우에나 지식은 지능을 구현하기 위해서 필수적인 요소가 된다. 따라서 인공지능을 구현하는 데 있어서 주어진 목적에 가장 적합한 지식 표현 방법을 선택하는 것은 매우 중요하다. 지능형 튜터링 시스템에 있어서 지식 모델이란 해당 시스템이 학습자에게 보다 효과적인 학습을 제공하기 위해서 어떻게 전문가적 지식을 내부적으로 표현하고 추론하는가에 대한 모델이며, 이는 인공지능 분야에서 이미 연구된 다양한 지식 표현 방법들을 이용하여 실제로 구현되게 된다.

인공지능이 특정 분야의 문제를 해결하기 위해서는 많은 경우에 그 분야의 전문가적인 지식을 저장하는 시스템을 필요로 하며, 이를 지식기반knowledge base라고 한다. 지식기반은 실제 세계에 대한 지식을 담고 있는 문장의 단위로 구성되어 있다. 인공지능은 이 지식기반에 저장된 지식을 바탕으로 추론엔진inference engine을 사용하여 주어진 문제의 해결책을 찾게 된다. 예를 들어 '소크라테스는 사람이다'와 '모든 사람은 죽는다'라는 지식이 지식기반에 저장되어 있을 경우에 우리는 인공지능이 '소크라테스는 죽는다'라는 명제를 추론해낼 수 있기를 기대한다(Brachman, 1988). 좀 더 일반적으로, 우리는 인공지능이 지식기반에 저장된 지식을 바탕으로 그로부터 함축되는 새로운 지식을 추론해낼 수 있기를 요구한다. 인공지능에서 지식을 표현하는 방법에는 논리logic, 생성 시스템production system, 의미망, 프레임 등이 있다.

생성 시스템은 기본적으로 'IF-THEN' 형태의 규칙을 모아둔 것으로서 워킹 메모리working memory, 룰 베이스rule base, 인터프리터interpreter로 구성된다. 규칙은 IF 구문의 조건이 만족되면 THEN 구문이 실행되는 구조를 가진다. 예를 들어 수학과 관련된 지능형 튜터링 시스템에서는, "(IF) 만약에 목표가 변수 X를 포함하는 aX = b라는 형태의 방정식의 해를 구하는 것이라면 (THEN) X를 구하기 위해서 양변을 a로 나눈다"라는 형태의 규칙이 사용되게 된다(Corbett & Koedinger, 1997). 이때 워킹 메모리는 현재 상태에 대한 사실이나 정보를 저장하고, 룰 베이스는 규칙을 저장하며, 인터프리터는 규칙을 적용하는 데 있어서의 우선순위 결정의 역할을 담당한다. 생성 시스템은 지능형 튜터링 시스템에서 가장 많이 쓰이는 지식 표현의 방법으로서 전문가의 문제해결 방식을 규칙의 형태로 저장하여, 학습자들이 어떤 규칙을 적용하는 데 어려움을 겪는지를 파악하고 그에 맞게 도움을 주는 방식으로 시스템이 구현된다.

의미망은 인간 기억memory이 가진 중요한 특징 중의 하나인 개념 혹은 정보 간의 연결성을 표현하기 위하여 고안된 지식 표현의 방법이다. 개념을 나타내는 노드node와 그 개념들 사이의 관계를 나타내는 선인 호edge로 구성되는 그래프로 정의된다. 예를 들어 'is-a'는 하나의 개념이 다른 개념의 하위유형화되거나 특수화될 때 사용되는 관계로서, '포유류 is-a 동물' 등의 형태로 표현된다. 앞서 언급한 SCHOLAR의 경우 해당 지리와 관련된 전문가의 지식을 이러한 의미망을 이용하여 표현했으며, "브라질에 대해 말해줘"라는 질문과 관련하여 의미망에 저장된 사실들을 사용해 대답할 수 있게 된다 (Nkambou, Mizoguchi, & Bourdeau, 2010).

프레임은 여러 개의 슬롯으로 구성되어 있으며 각각의 슬롯에는 프레임이 표현하고자 하는 개념과 관련된 여러 가지 속성attributes의 값이 저장된다. 의미망이 노드로 표현되는 단순한 개념들 사이의 관계를 나타내는 데 적합하다면 프레임은 여러 슬롯이 표현하는 다양한 속성으로 정의되는 보다 복잡한 개념들 사이의 관계를 나타내는 데 적합하다. 예를 들어 식당이라는 프레임에는 메뉴가 무엇인지, 현금을 받는지, 테이블이 있는지 등의 식당과 관련된 다양한 속성들의 값이 저장된다(Brachman, 1988).

2) 학습자 모델

일반적으로 각 학생의 특성을 면밀히 파악하여 그에 따른 맞춤형 학습을 제공하는 것이 좋은 교사의 덕목이라 한다면, 학생들의 특성을 파악하는 학습자 모델은 지능형 튜터링 시스템의 핵심적인 부분이 된다고 할 수 있다. 응캄보와 미조구치, 부르도(Nkambou, Mizoguchi, & Bourdeau, 2010)는 학습자 모델student model을 다음과 같이 설명했다. "학습자 모델은 지능형 튜터링 시스템의 핵심 요소core component이다. 이상적으로 학습자 모델은 학생의 인지 상태cognitive status와 감정 상태affective status에 대해 가능한 한 많은 정보를 가지고 있어야 한다. 또한 학습자 모델은 보통 여러 가지 기능을 구현하는 동적 모델이다."

벵거(Wenger, 1987)는 학습자 모델의 세 가지 주요 기능에 대해 다음과 같이 논했다. "첫째, 학습자 모델은 관찰되거나 추론된 학습자에 대한 정보를 수집해야 한다. 둘째, 학습자 모델은 이런 수집된 정보를 바탕으로 학습자의 지식과 학습 과정에 대한 시스템 내부의 표현을 만들어야 한다. 셋째, 학습자 모델은 이러한 정보를 바탕으로 학습자의 지식 상태를 파악해야 하고, 또 그에 따른 최적화된 교수전략을 선택하기 위한 분석을 실행해야 한다." 또한 공(Gong, 2014)에 따르면, "학습자 모델은 학습자의 행동을 관찰하여 학습자에게 최적화된 학습을 제공하고, 학습자에게 효과적으로 대답하고, 그들의 흥미를 유발하고, 학습을 증진시키기 위해서 필요한 학습자의 특성을 수치화하여 표현하는" 기능을 한다. 한편 셀프(Self, 1987)는 이전까지 존재하던 지능형 튜터링 시스템들을 분석하여 학습자 모델의 주요 기능들을 〈표 10-1〉과 같은 여섯 가지로 정리했다.

<표 10-1> 학습자 모델의 주요 기능

기능	내용
교정적(corrective)	학습자의 지식 중에서 잘못된 부분을 없애는 것을 도와준다.
정교한(elaborative)	학습자의 지식 중에서 불완전한 부분을 보완하도록 도와준다.
전략적(strategic)	교수방법에 변화를 줄 수 있도록 도와준다.
진단적(diagnostic)	학습자의 지식 중에서 잘못된 부분을 진단할 수 있도록 도와준다.
예견적(predictive)	학습자가 시스템에 어떻게 반응할지를 예측하는 것을 도와준다.
평가적(evaluative)	학습자를 평가할 수 있도록 도와준다.

출처: Self (1987).

가장 많이 쓰이는 학습자 모델로는 'BKTBayesian Knowledge Tracing'가 있는데, 이것은 코베트와 앤더슨(Corbett & Anderson, 1995)이 규칙기반rule-based의 지능형 튜터링 시스템에서 각 학습자의 지식 상태를 추정하기 위해 제안한 모델이다. BKT는 학습자의 응답을 바탕으로, 학습자가 생성 시스템으로 구현된 해당 분야의 각각의 규칙을 학습했을 확률을 계산하게 되며, 다시 이를 바탕으로 학습자가 각각의 규칙을 모두 학습할 때까지 최적화된 학습환경을 제공하는 데 쓰이게 된다.

〈그림 10-2〉는 가장 간단한 형태의 BKT 모델을 나타내고 있으며, 이러한 BKT 모델은 해당 분야의 지식을 표현하고 있는 각각의 규칙을 학습자가 학습했는지 여부를 확률로서 추정하게 된다. 이를 위해서 학습자가 주어진 규칙을 적용할 수 있는 각 단계에서의 해당 규칙의 학습 여부가 잠재변수 L로서 표현되며, 이 잠재변수 L은 0(모름)과 1(앎)의 값으로 학습자의 학습 여부를 표현한다. 또한 각 단계에서 학습자가 올바르게 규칙을 적용했는지 여부를 측정변수 O로 표현하며, 이 측정변수 O는 0(틀리게 적용)과 1(맞게 적용)의 값으로 올바른 적용 여부를 표현한다. 이러한 기본 정의를 바탕으로 BKT는 다음과 같은 4개의 모수를 추정한다.

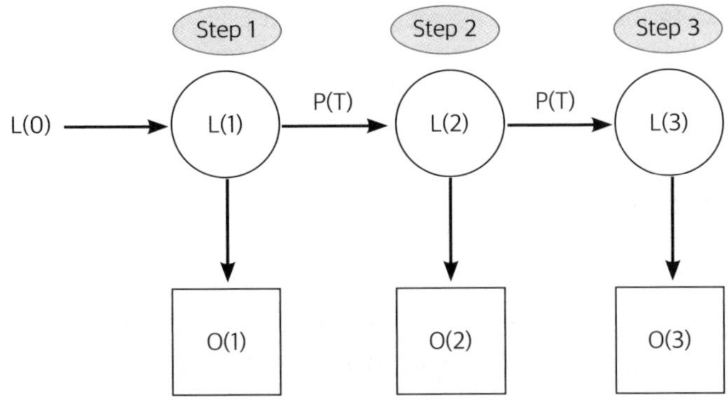

Step i = 학습자가 주어진 규칙을 적용할 수 있는 i번째 기회
L(i) = 학습자의 i번째 Step에서의 지식 상태 (0=모름, 1=앎)를 나타내는 잠재변수
O(i) = 학습자의 i번째 Step에서의 규칙의 바른 적용(0=틀림, 1=맞음)을 나타내는 측정변수
P(T) = 학습자가 해당 규칙을 몰랐을 경우 배우게 될 확률

<그림 10-2> BKT 모델

출처: Corbett & Anderson (1995).

- P[L(0)] = 학습자가 해당 규칙을 알고 있을 초기의 확률
- P[G] = 학습자가 해당 규칙을 몰랐을 경우, 추측guess으로 규칙을 올바르게 적용할 확률
- P[S] = 학습자가 해당 규칙을 알았을 경우, 실수slip로 규칙을 틀리게 적용할 확률
- P[T] = 학습자가 해당 규칙을 몰랐을 경우, 해당 규칙을 학습했을 확률

BKT의 최종 관심은 이렇게 추정된 모수를 바탕으로 '베이즈 정리Bayes rule'에 의해 학습의 각 단계에서 학습자가 해당 규칙을 학습했을 확률인 P(L)을 업데이트하는 것으로서, 이 확률이 특정 값(예: 0.95)을 넘을 경우 학습자가 해당 규칙을 학습했다고 판단한다. BKT에 대한 보다 자세한 소개는 코베트

와 앤더슨(Corbett & Anderson, 1995) 그리고 판 더 산더(van de Sande, 2013)를 추천한다.

3) 교수자 모델

응캄보와 미조구치, 부르도(Nkambou, Mizoguchi, & Bourdeau, 2017)는 교수자 모델tutoring model을 다음과 같이 설명했다. "교수자 모델은 지식 모델과 학습자 모델로부터 받은 정보를 이용해서 교수전략과 실행에 대한 결정을 내린다. 교수자 모델은 원칙에 기반을 두어, 학생의 학습에 개입을 할지 안 할지whether or not to intervene, 만약 개입한다면 언제 어떻게 할지에 대한 결정을 내려야 한다." 지능형 튜터링 시스템이 지식 모델과 학습자 모델로 학습자의 특성과 상태를 파악한 후에는 그 정보를 바탕으로 학습자에게 최적의 교수적 상호작용instructional interaction을 제공해야 하며, 이러한 역할을 담당하는 것이 교수자 모델이다. 보다 구체적으로 교수자 모델은 학습자가 학습하지 못한 부분에 대한 힌트를 제공하고, 조언과 설명, 다른 연습자료, 학습자 모델에 기반을 두어 학습자의 상태를 검증하기 위한 평가 등의 다양한 교수방법을 언제 어떻게 제공할지를 결정하는 역할을 한다(Nwana, 1990).

5. 지능형 튜터링 시스템의 적용 가능성 탐색

4차 산업혁명의 핵심기술인 인공지능은 나날이 진화해가고 있으며, 특히 여러 분야에서 기계학습을 통해 전문성을 높이고 있다. 교육 분야에서도 4차 산업혁명의 도래에 따라 여러 가지 개선의 방향과 과제를 만들어가고 있다. 그중에서도 가장 중요한 과제는 미래사회에 적합한 인재를 양성하는 것이고,

이를 위해서는 학교에서 소외된 많은 학생들을 위해 맞춤형 교육을 지원해야 한다. 즉 모든 학생들이 소망하는 학습에 성공할 수 있도록 개별학생의 학습 수준, 학습 속도, 학습 필요, 문화적 차이를 반영한 학습을 지원해야 한다. 따라서 4차 산업혁명의 핵심적인 기술인 인공지능 기술은 학생별 맞춤형 교육을 실현할 수 있는 중요한 자원이 된다.

지능형 튜터링 시스템의 적용방법은 크게 3단계로 나누어 살펴볼 수 있다. 1단계는 학교에서 이루어지는 수업과 그 내용 및 속도가 맞지 않는 학생들이 주로 의존하고 있는 사교육을 대체할 수 있도록 하는 것이다. 우리나라의 연간 사교육비는 통계청 추산 2019년에는 약 21조 원에 이르고 있는 상황이다(통계청, 2020). 사교육비를 줄이기 위해 다양한 정책을 추진하고 있지만 학생들 사이의 경쟁이 존재하고 학교 수업을 통한 완전한 학습이 이루어지지 않는 상황에서 사교육비를 줄이기 위한 노력은 큰 효과를 거두지 못하고 있다. 그러므로 지능형 튜터링 시스템을 활용하여 각각의 학생이 자신의 수준에 맞는 내용을 자신에게 맞는 속도로 학습할 수 있다면 사교육비의 부담을 줄일 수 있는 좋은 대안이 될 것이다.

2단계는 학교에서 이루어지고 있는 수업의 과정에서 지능형 튜터링 시스템을 활용하는 방식이다. 이러한 방식은 전체 수업의 과정에 일괄적으로 CAI를 활용하는 것이라기보다 개별화된 학습 지원의 형태로 활용하는 방식이라고 할 수 있다. 현재도 많은 교실 상황에서 온라인 교육 시스템을 활용한 개별화 맞춤형 교육이 이루어지고 있다. 해외에서는 칸 아카데미Khan Academy를 비롯해 다른 여러 온라인 교육 프로그램을 통해서 교사의 수업진도를 따라가는 데 어려움을 겪는 학생들을 위한 학습 지원을 제공하는 사례도 있다. 이처럼 교실 내에서 맞춤형 학습을 지원하는 방식으로 지능형 튜터링 시스템을 활용함으로써 수업에서 소외되는 다수의 학생들에게 내실 있는 학습의 기회를 제공할 수 있을 것이다.

3단계는 학교 시간의 일정 부분을 할당하여 모든 학생들에게 개인별 학습 과정을 제공하는 것으로, 지능형 튜터링 시스템이 지식 전달 수업의 대부분을 대체하는 방식이다. 학교에서 운영되는 교육과정의 내용을 개인이 학습해야 할 내용과, 교사나 친구들과 함께 학습해야 할 내용으로 구분한 후 개인별 학습의 내용은 지능형 튜터링 시스템으로 대체하는 방식이라고 할 수 있다. 하지만 이를 위해서는 학교교육 시스템 전반을 재구성해야 하기 때문에 모든 학교에 도입하는 데에는 상당한 시간이 필요할 것으로 보인다.

현재 지능형 튜터링 시스템은 진화하고 있다. 하지만 학교 현장에서 지능형 튜터링 시스템이 당장 적용될 수 있는 수준에 이르지는 못한 상황이다. 기술적 진보와 함께 이루어져야 할 부분은, 교육 분야에서 새로운 기술을 어떻게 활용할 것인지에 대한 설계와 디자인이라고 할 수 있다. 현재는 인공지능 기술의 발달과 정보통신 기술의 발달로 인해 문명사적인 변화가 예견되는 상황이므로, 미래교육을 새롭게 구상하고 적용하려는 노력이 필요하다. 이를 위해 지능형 튜터링 시스템이 무엇보다도 중요한 교수방법으로서 활용되어야 할 것이다.

• 참고문헌 •

강태중 · 강태훈 · 류성창 · 정제영(2016), 『지능정보사회를 위한 교육 발전 전략 구상』, 서울: 한국교육개발원.

계보경 · 김현진 · 서희전 · 정종원 · 이은환(2011), 『미래학교 체제 도입을 위한 Future School 2030 모델 연구』, 서울: 한국교육학술정보원.

교육부(2016), "지능정보사회에 대응한 중장기 교육정책의 방향과 전략", 미간행 보도자료.

박남기(2017), "제4차 산업혁명기의 교육개혁 새패러다임 탐색", 『교육학연구』, 55(1), 211-240.

박종필(2016), "미국의 미래학교가 학교 및 교사 교육에 주는 시사점 탐색: SOF를 중심으로", 『한국교원교육연구』, 33(4), 45-67.

박종현 · 방효찬 · 김세한 · 김말희 · 이인환 · 최병철 · 이강복 · 강성수 · 김호원(2014), 『사물인터넷의 미래』, 서울: 전자신문사.

신현석 · 정용주(2017), "제4차 산업혁명과 교육행정의 미래", 『교육문제연구』, 30(2), 103-147.

정제영(2016), "지능정보사회에 대비한 학교교육 시스템 재설계 연구", 『교육행정학연구』, 34(4), 49-71.

통계청(2020), "2019년 초 · 중 · 고등학교 사교육비 조사 결과", 미간행 보도자료.

Bloom, Benjamin S. (1984), "The 2 sigma problem: The search for methods of group instruction as effective as one-to-one tutoring", *Educational Researcher*, 13(6), 4-16.

Brachman, Ronald J. (1988), "The basics of knowledge representation and reasoning", *Bell Labs Technical Journal*, 67(1), 7-24.

Brusilovskiy, Pavel L. (1994), "The construction and application of student models in intelligent tutoring systems", *Journal of Computer and Systems Sciences International*, 32(1), 70-89.

Carbonell, Jaime R. (1970), "AI in CAI: An artificial intelligence approach to computer-assisted instruction", *IEEE Transactions on Man-Machine Systems*, 11(4), 190-202.

Corbett, Albert T., & Anderson, John R. (1995), "Knowledge tracing: Modeling the acquisition of procedural knowledge", *User Modeling and User-Adapted Interaction*, 4(4), 253-278.

Corbett, Albert T., Koedinger, Kenneth R., & Anderson, John R. (1997), "Intelligent tutoring system", In Marting G. Helander, Thomas K. Landauer, & Prasad V. Prabhu (Eds.), *Handbook of human-computer interaction*, Amsterdam: Elsevier Science.

Crowder, Norman A. (1959), "Automatic tutoring by means of intrinsic programming", In Eugene Galanter (Ed.), *Automatic teaching: The State of the Art*, New York: Wiley.

Gong, Yue (2014), "Student modeling in intelligent tutoring systems", Unpublished doctoral dissertation, Worcester, MA: Worcester Polytechnic Institute.

Hawkes, Lois W., Sharon, J. Derry., Kandel, Abraham., & Taps Project Staff (1986), "Fuzzy expert systems for an intelligent computer-based tutor", In Abraham Kandel (Ed.), *Fuzzy Expert Systems* (1991), Boca Raton, FL: CRC.

Hargreaves, Andy., & Shirley, Dennis L. (2012), *The Global Fourth Way: The Quest for Educational Excellence*, Thousand Oaks, CA: Corwin.

Nkambou, Roger., Mizoguchi, Riichiro., & Bourdeau, Jacqueline (Eds.). (2010), *Advances in Intelligent Tutoring Systems*, Berlin: Springer.

Nwana, Hyacinth S. (1990), "Intelligent tutoring systems: an overview", *Artificial Intelligence Review*, 4(4), 251-277.

Schramm, Wilbur (1964), *What is Programed Instruction? An Introduction for the Layman*, Palo Alto, CA: Stanford Institute for Communication Research.

Self, John A. (1974), "Student models in computer-aided instruction",

International Journal of Man-machine studies, 6(2), 261-276.

Self, John A. (1987), "Student models: What use are they?" In Paolo Ercoli & Robert Lewis (Eds.), *Artificial Intelligence Tools in Education* (1988), Amsterdam: Elsevier.

Self, John A. (1990), "Theoretical foundations for intelligent tutoring systems", *Journal of Artificial Intelligence in Education, 1*(4), 3-14.

Sinnott, Loraine T. (1976), *Generative Computer-Assisted Instruction and Artificial Intelligence* (No. ETS-5), Princeton, NJ: Educational Testing Service.

Skinner, Burrhus F. (1954), "The science of learning and the art of teaching", In Arthur A. Lumsdaine & Robert Glaser (Eds.), *Teaching Machines and Programmed Learning: A Source Book* (1960), Washington, DC: National Education Association of the United States.

_______(1958), "Teaching machines", *Science*, 128(967-977), 137-158.

_______(1965), "Reflections on a decade of teaching machines", In Robert Glaser (Ed.), *Teaching Machines and Programmed Learning II: Data and Directions*, Washington, DC: National Education Association of the United States.

_______(1968), *The Technology of Teaching*, New York: Meredith.

Sleeman, David H., & Brown, John S. (1982), "Introduction: Intelligent tutoring systems", In David H. Sleeman & John S. Brown (Eds.), *Intelligent Tutoring Systems*, New York: Academic Press.

Uhr, Leonard M. (1969), "Teaching machine programs that generate problems as a function of interaction with students", *Proceedings of the 1969 24th National Conference*, 125-134.

Uttal, William R., Pasich, Timothy., Rogers, Miriam., & Hieronymus, Ramelle (1969), *Generative Computer Assisted Instruction*, Ann Arbor, MI: Mental Health Research Institute, University of Michigan.

van de Sande, Brett (2013), "Properties of the bayesian knowledge tracing model", *Journal of Educational Data Mining*, 5(2), 1-10.

Wenger, Etienne (1987), *Artificial Intelligence and Tutoring Systems: Computational and Cognitive Approaches to the Communication of Knowledge*, San Francisco, CA: Morgan Kaufmann.

Yazdani, Masoud (1986), "Intelligent tutoring systems survey", *Artificial Intelligence Review*, 1(1), 43-52.

11장

사교육 확대는 학교 실패의 증거인가

한 나라의 교육제도는 그 나라의 역사와 정치적·경제적 상황 및 특성을 반영하기 마련이지만, 오늘날 각국의 교육제도를 보면 차이점 못지않게 유사점이 많이 발견된다. 이와 같은 유사성은 기본 학제는 물론 교육과정의 내용과 교수·학습 방법에 이르기까지 광범위한 영역에서 나타나고 있다. 교육학의 하위 분야 중 하나인 비교교육학은 전통적으로 학교교육을 국가의 문화와 전통, 그리고 사회구조적 맥락에서 분리시켜 이해할 수 없다는 관점을 취해왔다. 그러나 최근 국제화·세계화의 흐름 속에서 특정 국가의 경계를 벗어나는 교육적 동향들이 현저하게 나타남에 따라 이런 변화의 원인을 설명하려는 국제비교 연구가 활발히 진행되고 있다. 이러한 동향 중 하나가 세계적인 사교육 확대 현상이다. 그동안 한국사회에서 사교육 문제는 주로 국내 요인에 집중하여 논의되어왔고, 교육부에서 발표한 사교육 억제 정책들에서 볼 수 있듯이 공교육과 사교육을 대척점으로 간주하는 경향이 있었다. 그러나 국제 비교 연구들을 보면 사교육은 공교육을 따라 성장해왔고, 공교육 강화가 사교육 억제 방안이 될 수 없음을 알 수 있다. 이 장에서는 사교육 문제의 한국적 특수성과 함께 사교육의 국제적인 확산 추이와 그 원인을 이해함으로써 특정 국가의 사회문화적 맥락과 시각에서 벗어나 사교육 제도의 확산에 대한 보다 보편적인 교육이론의 가능성을 탐색하고자 한다.

1. 사교육의 문제

사교육 시장의 확대와 이로 인한 사교육비 부담은 한국사회에서 가장 고질적인 교육 현안 중 하나이다. 학교의 교육과정을 무색하게 만드는 선행학습의 유행은 물론, 학원 밀집 지역의 부동산 가격 상승은 사교육 문제가 단지 교육 분야에만 국한된 것이 아닌 전체 사회경제적 현안임을 보여주는 현상이기도 하다. 이와 같은 사교육 문제가 등장한 것은 입시를 통한 중학교 진학 경쟁이 심했던 1960년대부터이고, 따라서 사교육 수요를 줄이기 위한 정부의 정책적 시도 역시 그만큼 오래된 과제라 할 수 있다. 1969년에는 중학교 무시험 진학제도를, 1974년에는 고등학교 평준화 정책을 시행했지만 사교육에 대한 수요는 줄지 않았고 오히려 상급학교로 확대되는 현상이 나타났다.

사교육을 억제하기 위한 역대 정부정책 중 가장 두드러지는 사례는 1980년 7·30 교육개혁 조치를 통한 사교육 전면 금지 조치였다. 당시 이 정책은 국민들의 대중적인 지지를 얻기 위해 대학 정원의 30%를 증원하는 정책과 함께 추진되었는데, 정책의 취지에도 불구하고 불법 비밀과외가 성행하는 등 역효과를 초래했다. 그리고 사교육 금지가 국민의 교육권을 제한한다는 여론이 형성되면서 규제가 완화되기 시작하여, 2000년에 학원 설립 운영에 관한 법률의 일부 조항이 위헌이라는 헌법재판소의 결정에 따라 사교육의 전면적인 허용이 이루어졌다. 이후 사교육에 대한 정부의 정책은 직접적인 규제보다는 공교육의 내실화와 대학입시정책의 변화를 통해 사교육에 대한 수요를 공교육체제 안으로 흡수하는 방식으로 전환되었다(이종재 · 김민조 · 고영준, 2009).

정부가 직간접적인 방식으로 사교육을 규제하고 있는 이유는 지나친 사교육비 지출이 가계경제에 큰 부담이 되기 때문이다. 이는 나아가 사교육이 입시경쟁의 공정성을 해친다는 메시지를 담고 있다. 우선 초 · 중 · 고등학교 학생들의 사교육비 총액은 1960년대 후반부터 꾸준히 증가해, 1997년의 외환위기 직후, 그리고 2008년의 세계금융위기 여파로 인한 경기 침체 기간을 제외하고는 팽창일로에 있다. 2019년 기준 사교육비 총액은 약 21조 원으로, 이 수치는 정부 예산의 약 20분의 1에 해당하는 규모이다(통계청, 2020). 이와 같은 사교육비 규모를 다른 국가와 비교해보면 어느 정도 수준인지 파악하기 쉬운데, 2012년 기준 우리나라 가계 소비지출에서 교육비가 차지하는 비중은 6.7%로 미국 2.4%, 일본 2.1%, 영국 1.5%, 독일 1.0%. 프랑스 0.8% 등 주요 선진국들에 비해 매우 높은 수준임을 알 수 있다(〈그림 11-1〉 참조).

이와 같은 과다한 교육비 지출은 에듀푸어edupoor 계층의 증가와, 장차 이로 인한 사회적 비용을 발생시키는 요인이 되고 있다. 에듀푸어는 교육비를 과다하게 지출하여 생활이 궁핍해지는 것을 의미하는데, 2011년에 에듀푸어는 82만 4천 가구로 추정되었다(조호정 · 김동열, 2012). 에듀푸어는 아니더라도 사교육비는 대부분의 가계에 부담이 되고 있는 것이 현실이다. 〈표 11-1〉에서 볼 수 있듯이 2017년에 실시한 교육 여론조사 결과를 보면 응답자의 대다수가 사교육비가 가계에 부담이 된다고 생각하고 있다.

한편 사교육이 경쟁의 공정성을 훼손하여 교육기회의 형평성을 저해한다는 비판은 사교육 참여율과 사교육비 지출 규모가 부모의 소득 수준과 학력

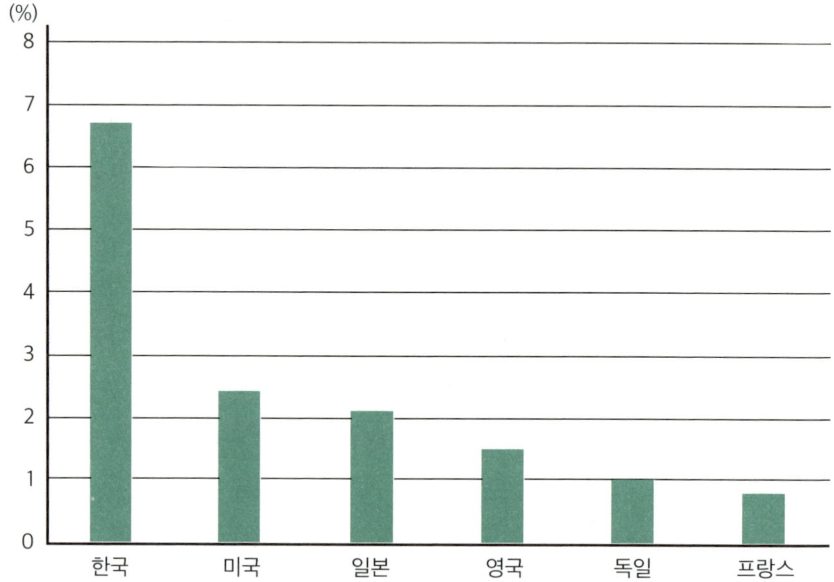

<그림 11-1> 주요국들의 소비지출에서 차지하는 교육비 비중(2012년)

출처: 문상희(2015: 1).

수준에 비례한다는 사실에 근거를 두고 있다. 2017년 소득 수준별 사교육 참여율을 보면 소득 수준이 200만 원이 안 되는 가구의 경우 사교육 참여율이 43.1%인 반면, 소득이 700만 원이 넘는 가구에서는 사교육 참여율이 83.6%로 현격한 차이가 존재하고 있다. 또한 1인당 월 평균 지출하는 사교육비 역시 각각 9만 8천 원과 44만 원으로 차이가 크다(통계청, 2018). 사교육의 확대는 계층 간 학력격차로 이어질 가능성이 높고, 이러한 계층 간 학력격차는 소득의 양극화와 같은 경제 상황의 악화로 더욱 심화될 가능성이 높으며, 결과적으로 저소득계층의 사회이동 가능성을 떨어뜨리고 있다.

정부가 사교육을 규제해야 한다는 주장의 또 다른 근거로 자주 지적되는 것은 지나친 학업부담의 문제이다. 밤 10시 이후 학원교습을 금지하기 위한 법제화에 반대하여 학부모와 학원연합회가 제기한 헌법소원에 대해 재판부

<표 11-1> 자녀 사교육비 부담 정도에 대한 응답률(%)

정도	초등학생 학부모	중학생 학부모	고등학생 학부모
전혀 부담되지 않는다	0.4	0.6	0.6
별로 부담되지 않는다	7.4	4.5	4.6
다소 부담된다	38.4	37.3	32.8
매우 부담된다	50.8	55.9	60.3
사교육을 하지 않는다	2.9	1.7	1.7
계	100	100	100

출처: 한국교육개발원(2017: 148).

가 내린 판결문을 보면 우리나라의 사교육 실태가 어느 정도로 심각한지 알 수 있다. 밤 10시와 11시 이후의 학원교습을 금지하는 서울시와 부산시의 조례에 대해 합헌 판정을 내린 재판부의 판결문에는 "학원의 교습시간을 제한해 학생들의 수면시간 및 휴식시간을 확보하고 학교교육을 정상화해 학부모의 경제적 부담을 덜어주려는 입법목적은 정당하며 그 수단도 적합하다. 고등학생의 성장과 피로회복을 위한 수면시간의 확보는 중요하므로 일률적으로 교습시간을 정했다 해도 과도한 기본권 제한이라고 보기 어렵다. 또한 이 사건 조항으로 침해되는 사익은 학원이나 교습소에서 일정 시간 교습이 금지되는 불이익인 반면, 추구하는 공익은 학생들의 건강과 안전, 학교교육의 충실화, 사교육비 절감이므로 법익 균형성도 충족한다"고 판단했다(김지하, 2009: 468).

이 판결문을 보면 현재의 사교육의 문제가 압축되어 있다. 특히 학생들의 건강과 안전의 문제가 언급되고 있는 점에 주목해보아야 한다. 성장기의 학생들이 수면과 휴식을 위한 시간이 부족할 정도로 학업경쟁에 내몰리고 있다면 심각성이 크다. 최근에는 이와 같은 과중한 학업부담과 시험에 대한 심리적 압박감, 그리고 경쟁적인 학교문화가, 증가하고 있는 각종 학교폭력의 원인으로도 지목되고 있다. 즉 일반적인 통념과 달리 일상적인 학교폭력이 국가의 범죄율과 무관하며, 학교 밖에서 일어나는 청소년 범죄와 일탈 또한 학교 안에서 일어나는 일들과는 성격이 다를 수 있다는 것이다. 아키바 등(Akiba, LeTendre, Baker, & Goesling, 2002)에 따르면, 한 국가의 교육체제가 지닌 경쟁적인 특성을 보여주는 학생들 간 수학성적 편차 혹은 사교육 규모와 같은 국가지표가 학교폭력의 정도를 예측한다. 이러한 연구 결과는 우리나라처럼 경쟁이 심할 경우 누구라도 학교폭력의 가해자가 될 수 있는 위험성이 존재한다는 것을 시사한다.

2. 사교육 수요와 공교육의 질

앞서 언급한 것과 같은 여러 가지 문제에도 불구하고 사교육이 지속적으로 확대되고 있는 이유를 생각해보기 위해 한국교육개발원에서 실시한 교육여론조사를 다시 한번 들여다보자. 2017년의 결과를 보면 우리나라 학부모들이 자녀에게 사교육을 시키는 이유로 10% 이상의 응답률을 보인 것은 '사교육을 하지 않으면 학교 수업을 잘 따라가지 못해서', '학교에서 가르치는 것보다 더 높은 수준의 공부를 하도록 하기 위해서', '남들이 하니까 심리적으로 불안하기 때문에', '남들보다 앞서나가기 위해서' 등이다(〈표 11-2〉 참조).

학교 수업을 잘 따라가기 위해서라든가 학교에서 배우기 어려운 특기 · 적성을 개발하기 위해서 사교육을 받는 것은 상식적으로도 쉽게 납득이 된다. 그러나 '특기 · 적성을 개발하기 위해서'라는 응답은 1999년 이후 비율이 대폭 줄었고, '남들보다 앞서나가기 위해서'라는 항목이 새로 추가되자 처음 두 가지 응답의 비율도 큰 폭으로 떨어지는 것으로 나타나고 있다. 사교육 수요가 우리 사회의 경쟁적인 교육문화에 기인한다는 해석이 가능한 대목이다. 이와 같이 경쟁적인 분위기는 다시 '남들은 다 하는데 나만 뒤처지는 것 아닌가' 하는 심리적 불안감을 조성하여 사교육 수요 현상에 동조하게 하는 요인이 되고 있다.

사교육이 공교육의 보완적인 역할을 하는 것이라면, 학교가 개인들의 다양한 교육적 요구를 제대로 실현하지 못할 경우 사교육에 대한 수요는 높아질 것이다. 〈표 11-2〉에서 처음 세 가지 이유로 사교육을 받는 경우가 여기에 해당한다. 공교육의 부실은 사교육의 효용을 높여 사교육을 팽창시키는 직접적인 요인이 될 수 있다. 이 경우 사교육비를 억제하려는 정책은 공교육 내실화에 초점을 두면 된다. 상기한 여론조사에서 특기·적성을 개발하기 위해 사교육을 받는다고 응답한 비율이 줄어들고 있는 것은 일정 부분 지난 10년간 학교의 특기·적성 교육이 많이 개선되었음을 의미하는 것으로 해석할 수 있다. 그러나 사교육 규모가 줄어들지 않고 있다는 점에서 공교육 내실화 방안들이 사교육 수요를 억제하는 데 성공적이었다고 판단하기는 어렵다. 영어 사교육을 줄이기 위한 공교육 내실화 방안의 하나로 도입된 원어민교사 배정 정책이

<표 11-2> 사교육을 시키는 가장 큰 이유에 대한 응답률(%)

이유	1999년	2001년	2017년
사교육을 하지 않으면 학교 수업을 잘 따라가지 못해서	22.5	24.9	15.9
학교에서 가르치는 것보다 높은 수준의 공부를 하도록 하기 위해서	22.4	26.3	14.7
특기·적성을 개발하기 위해서	15.6	8.2	5.3
남들이 하니까 심리적으로 불안하기 때문에	34.0	30.5	27.2
방과 후 집에서 공부를 돌봐줄 사람이 없어서	5.6	4.5	7.2
자녀가 혼자서는 공부를 하지 않아서	-	4.9	5.3
남들보다 앞서나가기 위해서	-	-	24.1
기타	-	0.7	0.4
계	100	100	100

출처: 한국교육개발원(2017: 148).

오히려 조기 영어 사교육 열풍을 불러일으킨 것이 단적인 예라고 할 수 있다. 사교육을 학교로 흡수하려던 정책이 오히려 영어회화의 중요성을 일깨우고 영어능력이 교육적 성취와 사회적 지위 배분에 중요하다는 인식을 심어줌으로써 새로운 사교육 수요를 유발하는 역효과를 낳은 것이다(김경년·김안나, 2015).

한편 '학교에서 가르치는 것보다 더 높은 수준의 공부를 하도록 하기 위해서'라고 응답한 비율이 2017년 15% 정도인 것에서 볼 수 있듯이 한국 공교육의 부실은 종종 상위권 학생들을 위한 수월성 교육 부족으로 해석되기도 한다. 수월성 교육은 글로벌 경쟁에서 국가가 생존하기 위한 필수전략이라는 인식과 맞물려 상위권 학생들의 학교선택권을 확대하는 방향으로 정책이 추진되었다. 그러나 주지하다시피 다양한 유형의 고등학교들이 확대되었지만 고등학생들의 사교육을 감소시키기는커녕 선호되는 고등학교에 입학하기 위한 중학생들의 사교육 수요가 증가하는 부작용을 초래했다. 이런 현상은 성적이 우수한 학생들이 사교육을 더 많이 받고 있다는 사실과 맥을 같이 한다. 〈표 11-3〉은 사교육 참여율이 모든 학교급에서 높아지고 있고, 고교다양화 정책이 추진된 2000년대 이후 중학생들의 사교육 참여율이 고등학생

<표 11-3> 성적 수준별 사교육 참여율(%)

학교급 / 년도 / 성적	초등학교				중학교				고등학교			
	1980년	2003년	2007년	2008년	1980년	2003년	2007년	2008년	1980년	2003년	2007년	2008년
상	21.4	89.2	94.4	94.5	25.3	89.1	91.2	89.1	36.8	68.4	74.2	71.7
중상	-	82.3	93.6	92.6	-	75.6	87.2	84.8	-	58.4	70.7	68.1
중	16.1	77.9	87.7	86.9	20.2	66.0	78.4	76.5	27.6	46.9	62.0	62.1
중하	-	63.2	77.6	78.3	-	53.5	63.0	62.4	-	46.5	54.8	54.2
하	11.4	76.2	66.6	69.2	14.2	59.2	46.2	45.0	23.9	61.1	49.5	46.8

출처: 이종재·김민조·고영준(2009: 25).

들보다 높아졌으며, 시종일관 성적이 상위권인 학생들이 가장 참여율이 높다는 것을 보여준다.

성적이 높은 학생들이 사교육을 더 많이 받는 현상은 교육투자 수익이, 대학 진학 혹은 고등학교 진학 시점에서 교육투자의 상대적 크기에 영향을 받는다는 사실과 관계가 있다. 우리나라처럼 사교육 활용이 보편화된 사회에서는 사교육에 아무리 많은 투자를 하더라도, 경쟁자가 더 많은 투자를 하여 좋은 대학에 진학할 경우 투자수익이 감소하기 때문에(이삼호, 2013) 일류대학 진학 경쟁을 하는 성적 우수자들 사이에서 사교육 수요가 더 많아지는 것이다. 한국과 같은 고학력사회에서는 대학 졸업자들 간에도 출신대학의 서열에 따라 직업지위와 소득 수준에 차이가 생기며, 출신대학의 서열에 따른 노동시장의 성과는 특히 상위권 대학에 집중된다(장수명, 2006).

대학서열과 졸업 후 임금과의 관계를 분석한 김진영(2011)에 따르면, 2009년 기준 직장인 2,325명의 연봉과 출신대학을 추적 조사한 결과 대학의 서열에 따라 연봉은 연 평균 최대 40% 정도 차이가 나는 것으로 나타났다. 2002년 대졸자 가운데 입학 당시 수능 백분위 점수가 가장 높았던 서울대학교 출신의 평균 연봉이 4,200만 원이었던 것에 비해, 백분위 점수가 60점 이하인 대졸자들의 연봉은 2,500만 원에 불과했다. 또한 50개 대학을 수능점수에 따라 서열화했을 때 학교순위가 한 단계 내려갈 때마다 평균 임금이 0.9%씩 감소하는 것으로 나타났다. 결국 대학 진학률이 포화 상태에 이른 상황에서 남들보다 앞서나가기 위한 경쟁, 일류대학 진학을 위한 경쟁은 더욱 치열해지고 있고, 사교육에 대한 투자는 학력과 노동시장에서 우월한 지위를 확보하기 위한 전략으로 더욱 중요해지고 있다.

'이태백(이십 대의 태반이 백수)'이라는 신조어가 생길 만큼 고학력 청년실업률이 높은 현실을 고려하면, 상위권 대학에 진학하기 위해 경쟁자들보다 더 사교육에 투자하려는 유인은 충분하다. 이러한 맥락에서 볼 때 사교육은 지위 경쟁을 위한 수단 혹은 전략으로서, 사교육 확대 문제는 공교육의 문제라기보다는 교육 외적인 문제가 사교육에 투영된 결과라고 볼 수 있다. 따라서 공교육을 내실화하는 것만으로는 사교육을 잠재우기 어렵다. 물론 사교육의 문제와 관계없이 공교육의 수준을 높이는 것은 중요하다. 학교의 목표는 모든 학생들이 잠재력을 최대한 개발할 수 있도록 이끄는 것이다. 그러나 정작 학생과 학부모, 그리고 우리 사회가 무엇을 얼마만큼 배웠는가보다 남보다 얼마나 앞섰는가에 관심을 두고 있다면 사교육 확대의 원인이나 해결 방안은 학교에 있다고 보기 어렵다. 학교에서 잘 가르쳐서 성적이 오르더라도 경쟁자의 성적이 더 오른다면 소용이 없기 때문이다.

이렇게 볼 때 한국의 교육열은 배움과 앎에 대한 열의라기보다는 일류대학 진학과 이를 통한 사회적 상승 이동에 대한 열망에 더 가깝다. 20세기 후반 한국사회가 빠른 성장과 발전을 이룩하던 기간 동안 자녀에게 더 나은 교육 기회를 제공하려는 부모의 열망과 헌신은 여러모로 긍정적인 결과를 낳았다. 그 동기가 무엇이든 교육을 중요시하는 한국인의 가치관과 문화는 한국사회의 소중한 사회자본으로, 개인은 물론 사회 발전을 가능하게 한 동력이 되었기 때문이다. 그러나 우리 경제의 성장 속도가 둔화되고 고학력자의 과잉공급으로 인한 노동시장의 미스매치가 심화되면서, 오늘날 한국인의 교육열은 교육에 대한 도구적 가치관과 경쟁 일변도의 교육문화를 심화시키고 있다.

3. 사교육의 국제 동향

개인교습과 같은 형태의 사교육은 공교육보다 역사가 오래되었다. 그러나 현재와 같은 공교육제도가 확립되어 학교가 학생들을 가르치고 성적과 학위를 수여하는 역할을 전담하게 되면서부터 사교육은 학교 수업의 보충적인 형태로 그 역할과 지위가 바뀌었다. 사교육에 대한 국제적 관심이 높아진 것은 서구 국가들이 일본과 같은 아시아 국가의 교육성과에 주목하면서부터라고 할 수 있다. 이는 20세기 후반 국가 간 무역경쟁과 세계화가 가속화되면서 인적자원의 질이 산업의 생산성과 국가 경쟁력 제고에 중요한 변수라는 인식이 높아짐에 따라 공교육의 성과를 제고하는 것이 국가의 최우선 관심사가 되었기 때문이다(Baker & LeTendre, 2005; 김안나 옮김, 2015). 이런 배경에서 1980년대 일본의 급속한 경제 성장에 위기감을 느낀 미국은 일본교육에 해답이 있다고 보고, 당시 미국에서는 생소한 학원이라는 독특한 형태의 사교육 방식에 주목했는데, 종일 학교에 있다가 곧바로 학원으로 가서 학교에서 배우는 내용을 반복적으로 학습하는 일본학생들의 모습은 매우 새롭고 흥미롭게 비춰졌다고 한다(Rohlen, 1983).

현재 개인과 소그룹을 대상으로 하는 과외, 학습지, 인터넷 강의 등 다양한 유형의 교육 서비스를 제공하는 사교육 제도는 세계적으로 확장되고 있고, 특히 학원은 개인들의 사교육에 대한 요구를 수용하기에 가장 효율적인 방식의 사교육 형태로 보편화되고 있다. 학원은 우리나라와 일본을 비롯한 홍콩, 싱가포르, 대만 같은 아시아 국가에서 유독 그 규모가 커서 공교육과 평행한 제도로 묘사되거나 '그림자교육shadow education'으로 불리기도 한다(Stevenson & Baker, 1992). 이는 학원이 교육과정을 배우고 시험을 보는 등 학교에서 하는 활동들을 그대로 따라하고 있기 때문이다.

광범위한 사교육의 활용 현황은 2006년 PISA[1] 자료를 통해서 확인할 수 있다. 이 조사에 참여한 57개 국가 중 과학과목의 사교육 참여율이 40% 이상인 국가는 37개국이었고, 수학의 경우 42개국으로 나타났다. 그리고 OECD 회

---

1 PISA는 경제협력개발기구인 OECD가 주관하여 2000년부터 주기적으로 실시하는 국제학업성취도평가로 현재 회원국을 비롯한 60여개 국가가 참여하고 있다. 참가국 학생들의 읽기, 수학, 과학 성취 수준 파악과 영향 요인에 대한 국가별 비교연구 및 정책 제언을 목적으로 한다.

원국들의 평균 사교육 참여율은 과학이 34.4%, 수학이 46.4%로 나타났다(Lee, et al. 2009). 사교육이 세계적인 현상이라는 것은 TIMSSTrends in International Mathematics and Science Study[2] 연구에 참여한 50여 개 국가들의 현황을 통해서도 확인할 수 있다. 이에 따르면 연구에 참여하지 않은 최빈곤국들을 제외한 대부분의 국가에서 많은 학생들이, 주목할 만큼 많은 사교육을 받고 있다. 평균 중학생 10명 중 4명이 매주 과외나 학원 같은 다양한 형태의 사교육에 참여하고 있고, 이들의 평균 사교육 시간은 대부분 한 시간 정도이지만 사교육을 활용하는 국가의 학생 5명 중 1명은 매주 두 시간 이상 사교육을 받고 있다(〈그림 11-2〉 참조).

PISA와 TIMSS의 자료는 사교육이 세계적으로 확대되고 있다는 사실과 함께 사교육 활용 정도가 국가 간에 상당히 차이가 있음을 보여준다(Bray, 2013). 동아시아와 동유럽, 아프리카 국가들의 사교육 참여율이 상대적으로 높게 나타나고 있는 반면, 핀란드, 오스트리아, 벨기에 등 북유럽 국가들은 상대적으로 사교육 참여율이 낮다. 또한 일부 국가에서는 학교에 다니는 아이들의 대부분이 사교육을 받는 정도까지 되었는데, 여기에는 우리나라를 비롯한 일본, 남아프리카, 필리핀, 콜롬비아 등이 포함된다.

한편 PISA와 TIMSS의 자료처럼 동일한 대상과 척도로 조사가 이루어진 것은 아니지만, 개별국가에서 사교육 동향을 파악하기 위한 연구들이 이루어지면서 국가 간, 그리고 지역 간 사교육 활용 현황을 비교할 수 있는 기초자료들이 축적되고 있다. 〈표 11-4〉에 제시된 사교육 참여율은 최근에 각국의 개인 연구자나 연구기관 혹은 국가기관이 조사한 자료를 한데 모은 것으로, 조사방법, 대상, 범위가 각기 달라 국가 간 엄격한 비교자료로 활용하기에는 한

---

2 TIMSS는 IEAInternational Association for the Evaluation of Educational Achievement에서 주관하여 1995년부터 주기적으로 실시하는 국제학업성취도평가로, 참가국 학생들의 수학과 과학 성취도 파악 및 성취도 변화의 영향 요인에 대한 비교연구와 정책 제언을 목적으로 한다.

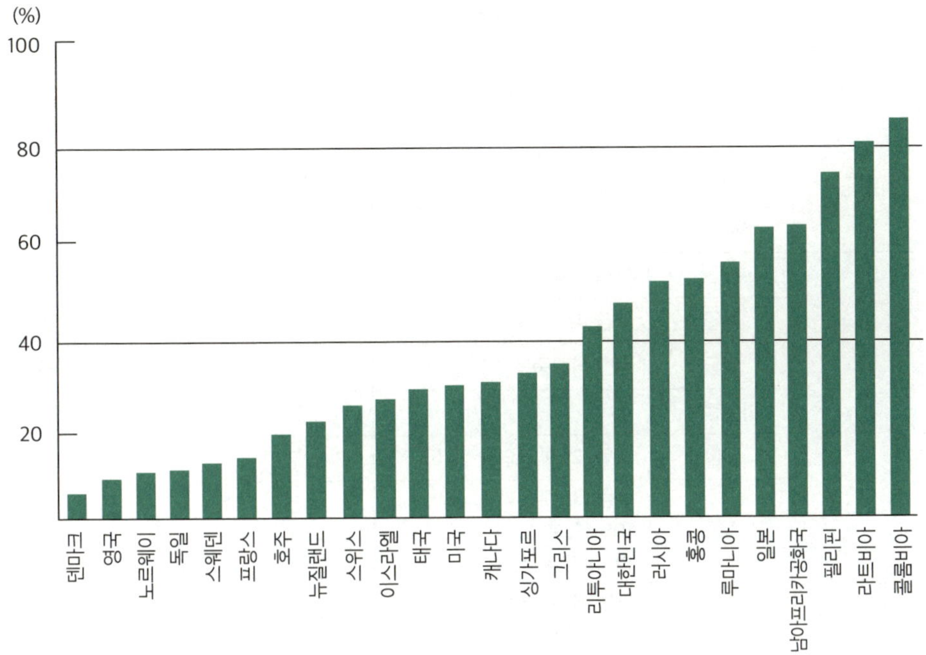

<그림 11-2> 국가별 사교육 참여 현황(8학년 학생의 주 1회 참여율)

* 일부 국가 현황만 제시함.

출처: Baker & LeTendre (2005; 김안나 옮김, 2015: 104~105).

계가 있지만 전반적인 국가별, 그리고 지역별 사교육 활용의 경향성을 파악하는 데에는 유용한 정보가 될 수 있다. 제시된 국가들의 초등교육 등록률은 대부분 높지만, 중학교 등록률은 아시아 지역의 개발도상국가와 아프리카 지역에서 여전히 낮은 편이다. 그리고 1인당 국민총소득Gross National Income: GNI[3]은 사교육이 얼마나 보편적으로 확산되었는가를 보여주는 지표의 하나로, 국민소득 수준이 매우 낮음에도 불구하고 사교육이 활성화되었다는 것은 그 국가에서 사교육이 필수재적 성격을 띤다는 것을 의미하며, 공교육제도가

3 세계은행이 발표한 2011년 순위.

<표 11-4> 세계 여러 나라의 사교육 참여율(%)과 GNI 순위

대륙	국가	대상별 참여율(%)	평균 참여율(%)		1인당 GNI 순위
			국가	대륙	
북아메리카	미국	2~6학년: 35, 7학년: 32 10~12학년: 35~40	34.8	29.4	18
	캐나다	24	24		31
서유럽	프랑스	파리 지역: 75	75	48.2	37
	독일	룩셈부르크: 23	23		29
	영국	런던 공립중등: 50	43		33
	아일랜드	45	45		39
아시아 개발국가	일본	초등: 25.9, 공립 중등: 53.5	39.7	60.6	35
	홍콩	초등: 36, 7~9학년: 28 10~11학년: 33.6 12~13학년: 48.1	36.4		17
	대한민국	초등: 84.6, 중등: 71 고등: 51.6	69.1		48
	싱가포르	초·중등: 97	97		10
오세아니아	호주	20	20	20	28
아시아 개발도상국가	중국	초등: 73.8, 중등: 65.6 고등: 53.5	64.3	43.7	118
	북한	대도시 20~30으로 추정	25		-
	베트남	초등: 31, 저중등: 56 고중등: 77	54.7		162
	캄보디아	초등: 41.3, 9학년: 68.4 도시: 60.5, 시골: 26.4	49.2		175
	인도	중등: 74, 사립학교: 100 공립: 63, 정부보조학교: 61	74.5		153
	방글라데시	초등: 31, 전체: 11	11		182
	파키스탄	도시: 62, 시골: 11	36.5		163
	터키	고등: 35	35		79
동유럽	루마니아	12학년(도시: 58, 시골: 32)	45	66.3	82
	아제르바이잔	도시: 95, 시골: 87.8	91.4		105
	조지아	도시:81.2, 시골: 76.9	79.1		136

대륙	국가	대상별 참여율(%)	평균 참여율(%)		1인당 GNI 순위
			국가	대륙	
동유럽	보스니아-헤르체고비나	도시: 57.7, 시골: 56.9	57.3	66.3	107
	크로아티아	도시: 61.6, 시골: 50.1	55.9		72
	리투아니아	도시: 69.7, 시골: 54.9	62.3		73
	몽골리아	도시: 71.6, 시골: 69.8	70.7		151
	폴란드	도시: 70.1, 시골: 59.9	65		71
	슬로바키아	도시: 58.2, 시골: 54.7	56.5		65
	우크라이나	도시: 82, 시골: 77.7	79.9		123
아프리카	이집트	초등: 69, 중등: 81	75	71.5	127
	모리셔스	86.6	-		87
	케냐	87.7	-		183
	말라위	79.7	-		206
	나미비아	44.7	-		123
	잠비아	55.1	-		187

출처: 백일우·이병식(2015: 320-321).

부실한 상황에서 사교육이 공교육을 대신하여 활용되고 있음을 알려준다. 사교육 참여율은 대륙에 따라 아프리카, 동유럽, 아시아 지역의 개발국가, 서유럽, 아시아 지역의 개발도상국가, 북아메리카, 오세아니아의 순서로 높게 나타나고 있고, 국가별로는 싱가포르, 아제르바이잔, 케냐의 순이다.

4. 사교육 확대의 원인: 국가 간 차이와 유사성

그동안 사교육 관련 연구들은 사교육 실태조사와 대책에 관한 연구에 치우쳐 있었고, 사교육과 관련한 정책 제안이나 대책 관련 논의가 많았음에도 불구하고 이를 뒷받침할 사교육 유발의 원인에 대한 실증적 연구가 많지 않았다. 특히 국제비교 연구의 부족으로 사교육 확대 현상의 원인을 일반화하여 설명할 수 있는 이론화가 부족했다. 그러나 앞서 살펴본 바와 같이 사교육은 전 세계적으로 확대되고 있고, 그 이유는 무엇보다도 학교교육의 결과가 아이들의 장래에 미치는 영향력이 더욱 커지고 있기 때문이다(Baker, Akiba, LeTendre, & Wiseman, 2001; Grubb, 2005). 각국의 사회문화적 특성, 경제 수준과 공교육의 여건, 교육정책 등에 따라 사교육의 양상은 달라질 수 있지만, 이러한 차이에도 불구하고 사교육을 확대시킨 근본적인 원인은 현대사회에서 학교교육의 중요성이 커졌다는 점에 있다. 학력이 중시되는 사회에서 좋은 성적을 받아 좋은 학교에 진학하고 명문대학의 학위를 취득하는 것은 개인의 직업적·사회적 성공에 직결되기 때문에 학교교육을 잘 받는 것이 무엇보다 중요하며, 따라서 학교성적을 올리기 위해 어느 국가에서든 사교육이 확대되고 있는 것이다. 이렇게 볼 때 사교육의 확대는 학교가 실패하고 있다는 증거라기보다는 역설적으로 학교교육의 중요성이 더욱 커지고 있다는 반증이라 하겠다.

기회균등과 능력주의를 구현하기 위해 학교보다 효율적인 제도를 찾지 못하는 한 현대사회에서 사회적 선별장치로서 학교의 역할은 유지될 것이고, 사교육에 대한 수요도 계속 확대될 가능성이 높다. 학력과 노동시장 간의 강한 연계는 라트비아, 슬로바키아, 필리핀, 남아프리카, 루마니아 같은 소득 수준이 낮은 국가에서 사교육 참여율을 높이는 요인으로 작용하고 있다. 학교가 미래의 직업지위를 결정하는 주요 통로라는 인식이 확산되면서, 취학기회와 학교의 교육조건이 미비한 이들 국가에서 부실한 학교교육을 받는 셈치고 사교육을 이용하려는 개인들이 늘고 있기 때문이다. 이것은 학교교육의 가치가 학교에서 제공하는 교육의 질을 능가하여 평가받고 있다는 것을 의미한다

(Baker & LeTendre, 2005; 김안나 옮김, 2015). 게다가 세계가 지식기반 사회, 고숙련·고임금 경제체제로 전환됨에 따라 출신학교의 평판과 이수한 교육의 질이 사회적 지위를 결정하는 신직업주의new vocationalism가 더욱 강화되고 있는 시대적 흐름에서, 학교로부터 배제되는 것은 장차 직업세계에서 배제되는 것과 같다. 따라서 사교육을 활용할 유인은 더욱 커지고 있다(Grubb & Lazerson, 2004). 학업성취도와 고등교육 및 노동시장에서의 기회가 견고하게 연결되어 있는 우리나라는 특히 사교육이 성행할 뿐 아니라 성적이 우수한 학생들이 사교육을 많이 받는 국가 중 하나이다.

그런데 이 부분에서 국가 간의 차이가 나타난다. 국가 수준에서 사교육을 받는 동기를 조사한 결과를 보면, 빈곤국들은 물론 선진국의 경우에도 대부분 공부를 잘하는 학생들보다는 그렇지 못한 학생들이 학교 수업을 잘 따라가기 위해 사교육을 받는 경우가 많았다. 학교 수업을 잘 받는다는 것은 부족한 점을 보충해서 잘 배우기 위한 교육의 내재적 목적뿐만 아니라, 성적을 올려 학교에서 수월한 지위를 차지함으로써 장래 경제적 안정과 행복을 누리기 위한 외재적·수단적 목적도 포함한다. 이와 같은 사교육의 목적을 보완전략remedial strategy과 강화전략enrichment strategy으로 구분할 수 있는데, 전자가 개인적 차원에서 부족한 점을 보충하기 위한 것이라면, 후자는 남과의 경쟁에서 뒤처지지 않으려는 집단적 성격이 강하다(Baker, Akiba, LeTendre, & Wiseman, 2001).

〈그림 11-3〉은 TIMSS 연구에 참여한 국가의 중학교 2학년(8학년)에 해당하는 학생들이 사교육을 어떤 목적으로 주로 활용하고 있는지 조사한 결과를 요약한 것이다. 국가 평균을 사용한 분석이기 때문에 이들 국가의 모든 학생들이 보충학습을 위해서 사교육을 받는다거나 남들과의 경쟁을 위한 강화전략으로 사교육을 받는다는 것을 의미하지는 않는다. 이 분석에서 입시경쟁이 치열한 것으로 알려진 홍콩이나 일본은 두 가지 동기가 혼재된 경우로 나타

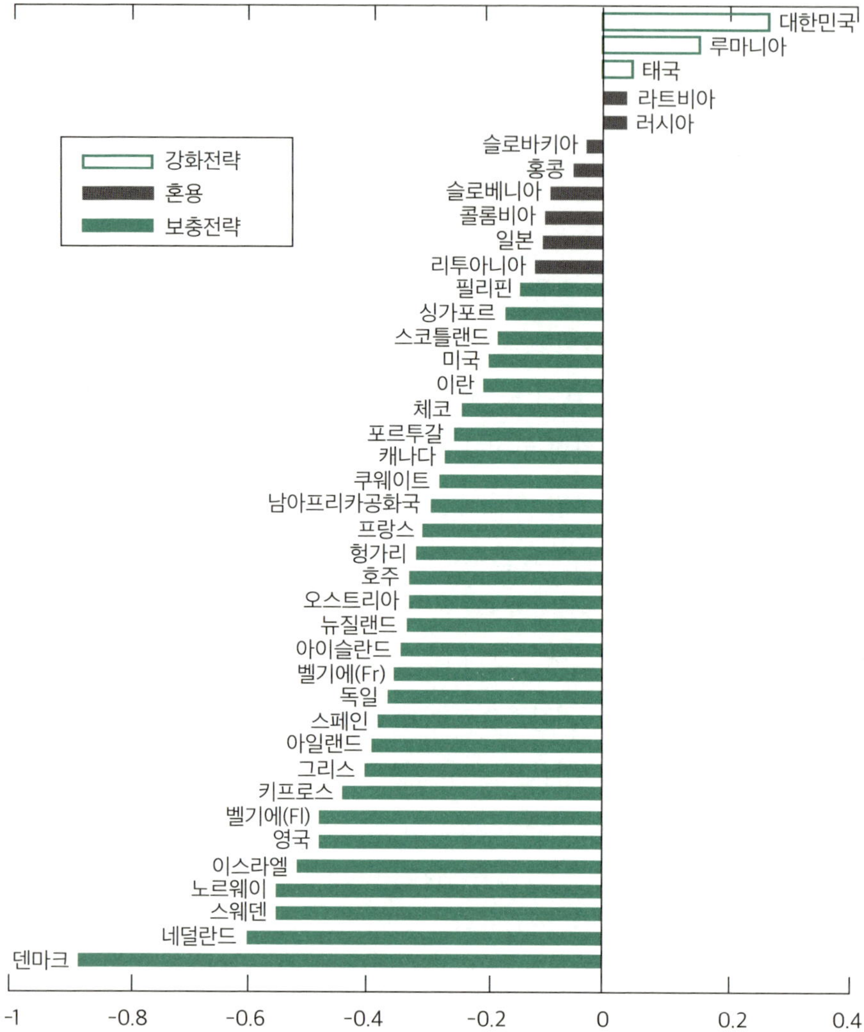

<그림 11-3> 사교육을 활용하는 동기의 국가별 차이

* 단위: 수학 성적이 사교육 참여에 미치는 영향의 로짓계수.

출처: Baker & LeTendre (2005; 김안나 옮김, 2015: 106).

나고 있고, 우리나라의 경우엔 앞서도 살펴보았듯이 공부를 잘하는 학생들이 남들보다 앞서가기 위한 강화전략으로서 사교육을 활용한다는 사실이 확인되고 있다.

그렇다면 일부 국가에서 강화전략으로 사교육을 활용하는 경향이 두드러지게 나타나는 이유는 무엇일까? 국가 수준에서 나타나는 사교육 활용동기의 차이를 공교육제도의 특성과 관련하여 볼 때, 상위권 학생들 간에 경쟁을 유리하게 하려는 목적으로 사교육을 활용하는 경향은 대체로 학교에서의 평가와 입학자 선발이 시험성적에 의해 결정되고, 대학 간의 차이가 입시성적이라는 비교적 단일한 기준에 따라 수직적으로 서열화되어 있는 국가들에서 보여진다. 시험성적을 기초로 대학입학과 같이 부담이 큰 중요한 결정이 내려지는 상황에서 우수한 학생들이 사교육을 더 많이 활용한다는 것이다. 우리와 상황이 비슷한 국가로 대만, 일본, 싱가포르 등을 꼽을 수 있는데, 이들 국가들은 전통적으로 입시경쟁이 치열한 국가들로 수학능력시험과 같은 대학진학을 결정하는 고위험부담시험high-risk test을 치러야 하는 국가들이다. 이들 국가에서 강화전략으로 사교육을 활용하려는 경향은 시간이 지남에 따라 더욱 심화되고 있어서, 2003년 TIMSS 자료를 활용한 분석 결과에 따르면 대만, 일본, 싱가포르는 우리나라와 함께 사교육을 강화전략으로 활용하는 경향이 강한 국가들로 분류되었다(이종재 · 박현정 · 이희숙, 2009).

반면 공교육제도가 잘 갖춰져 있고 취학률이 높지만 교육체제가 수평적으로 다원화되어 있는 국가들의 경우 사교육 참여율은 상대적으로 낮고, 사교육 참여의 동기 또한 강화전략보다는 보충전략을 취하는 비율이 높다. 전통적으로 인문교육과 직업교육이 분리된 중등교육 시스템을 바탕으로 고등교육의 엘리트주의를 추구해왔던 영국이나 독일 같은 유럽 국가의 경우가 여기에 해당한다. 유럽에서도 이제는 인문계와 실업계를 통합한 종합 중등학교제도가 보편화되고 대학 진학의 기회가 확대되었지만, 오랫동안 유지되어온 후원적인 사회이동sponsored mobility의 규범은 개인의 교육과 직업포부에 여전히 영향을 미치고 있다. 후원적인 사회이동이란 터너(Turner, 1960)가 영국

사회의 중등교육체제를 통한 사회이동 방식을 미국과 비교하기 위해 사용한 개념으로, 사회이동의 기회가 모두에게 개방되어 있는 경쟁적인 사회이동contest mobility 방식과 달리, 사회의 엘리트 계층이 정한 기준에 따라 지배계층이 충원되는 사회이동의 규범을 의미한다.

한 국가의 계급질서와 사회이동에 관한 사회문화적 규범이 중등교육체제의 특성에 반영되듯이, 사교육 문화 또한 사회규범의 영향을 받아 개인들의 사교육 선택행위가 달라질 수 있다. 이것은 사회정책과 제도에 반영되어 있는 국가의 가치와 규범이 조직학습을 통해 사회 구성원에게 전수되고 사회화되기 때문이다. 이와 같은 맥락에서 복지국가의 사교육 참여율이 낮은 현상도 설명이 가능하다. 유럽 국가들 중에서도 핀란드, 덴마크, 노르웨이, 스웨덴과 같은 북유럽의 국가들은 사교육 참여율이 낮은데, 이들의 공통점은 국가의 복지 수준이 높다는 것이다. 서로 연관이 적을 것 같은 복지제도와 사교육 수요 간의 관계는 제도의 상보성institutional complementarity이라는 개념으로 설명할 수 있는데, 이것은 마치 사회마다 계층 간 사회이동의 규범이 그 사회의 중등교육 시스템을 통한 사회적 선발방식에 자연스럽게 투영되듯이, 사교육 제도의 구성논리가 복지제도의 구성논리에 동화되는 경향을 가질 수 있음을 의미한다(Hall & Gingerich, 2004).

학령기 이후의 삶이 개인의 책임에 맡겨진 사회라면 사회적 위험에 대한 준비, 즉 경쟁에서 앞서가기 위한 사교육 활용 문화가 사회 전반에서 강화될 수 있다. 반면에 복지국가에서는 공교육에 대한 국가의 투자 확대로 학교교육의 질이 담보될 경우 사교육 수요를 줄이는 직접적인 효과를 얻을 수 있을 뿐 아니라, 성인기의 불확실성을 국가와 개인이 분담하여 책임을 나누기 때문에 강화전략을 통한 집단적인 사교육 동조 현상도 심하지 않을 수 있다는 것이다. 우리나라와 같은 고학력사회에서 학력 등의 선발기제의 효용은 선발되지 못했을 때 치러야 하는 비용에 따라 달라지는데, 이러한 비용에는 경쟁에서 탈락했을 때 포기해야 하는 직업지위, 삶의 질 등 여러 중요한 가치들이 포함될 수 있다. 따라서 복지제도를 통해 선발에서 제외되어 잃게 되는 효용이 보완될 수 있다면 교육의 선발 기능에 의한 사교육 유발 효과는 약화될 것이다. 그러나 국가가 제공하는 복지 수준이 미흡하여, 노동시장에서 벌어들이는 소득이 개인의 유일한 생계수단이자 일생 동안 발생할 수 있는 각종 위험요소에 대한 유일한 대응책이라면 남들과의 교육경쟁에서 뒤처지지 않도록 사교육에 투자하는 것은 합리적인 대안일 것이다(김경년 · 김안나, 2015).

이러한 관점에서 사교육의 문제에 접근한다면 강화전략으로서의 사교육 활용은 국가 내에 제도적으로 내재되어 있다고 볼 수 있다(Leisering, 2002; Mayer & Schöepflin, 1989; Meyer, 1986; 1988; 2004). 즉 복지제도가 미흡하여 미래의 사회적 위험을 개인이 전적으로 부담해야 하는 사회에서는 이러한 불확실성에 대비하기 위한 자기의존성이 강해지고, 이와 같은 방식으로 사회 구성원 간에 집단적 동조현상이 일어날 수 있다. 반면에 장래의 불확실성에 대해 사회가 일정한 책임을 지는 복지국가적 성격이 강한 사회에서는 구성원 간 상호의존적인 사회문화가 형성되고 사교육에 집단적으로 동조하는 현상이 크지 않을 것이다(고형일 · 이두휴, 2013; 김경년 · 김안나 2015).

사교육 수요에 대한 국제비교 연구들의 시사점은, 각국의 사회문화적 특성, 경제 수준, 공교육의 여건과 관계없이 현재 세계적으로 사교육이 확대되고 있다는 사실과 더불어, 사교육 수요의 원인을 학교교육 내부의 문제에 국한해서 보기보다는 선발장치로서 학교의 사회적 기능, 노동시장의 특성, 복지제도 같은 학교를 둘러싼 여타 사회제도와의 관계 속에서 이해해야 한다는 것이다. 그동안 우리 정부가 내세운 사교육 수요 억제책들이 별반 효과를 거두지 못한 것 역시 우리 사회에서 학교가 영향력을 발휘하는 제도적인 맥락에 대한 고려 없이 근시안적 대책에만 몰두했기 때문이다. 학교교육의 결과가 사회적 지위 배분과 관련되어 있는 현대사회에서 사교육을 받을 유인은 어느 국가에든 존재한다. 그러나 보완전략으로서의 사교육은 공교육의 변화를 통해 학생 개인의 미진한 부분을 채워줄 경우 감소할 수 있지만, 집단적 차원의 강화전략은 학교교육의 수월성과 관계없이 교육의 사회적 지위배분 기능이 강화될수록 증폭될 것이다.

5. 사교육의 전망과 공교육에 대한 시사점

학교가 지식을 전수하고 학업성취라는 형식으로 이를 평가하는 역할을 담당하게 되면서 학교성적을 향상시키기 위한 학교 밖에서의 활동 또한 계속해서 증가해왔다. 집에서 숙제를 하거나 부모가 아이들의 교육에 관여하는 것이 일반화되었으며, 사교육은 이러한 과정이 다양한 방식으로 심화·발전된 것으로 볼 수 있다. 사교육을 받는 것은 능력주의 사회에서 학력을 통해 달성할 수 있는 사회적 보상을 최대화하기 위한 노력으로, 학력과 지위 달성 간의 연계가 강한 사회일수록 더욱 성행하고 있다. 그렇다면 사교육은 어디까지 팽창할 것이며 공교육에 어떤 영향을 미칠 것인가?

거의 대부분의 학생들이 사교육을 받고 있다고 할 만큼 사교육이 팽창한 우리나라의 경우 학교에서 학원숙제를 하는 아이들을 쉽게 볼 수 있을 뿐 아니라, 교사가 학생들이 이미 학원에서 배워왔다는 전제 아래 수업을 진행한다는 이야기를 공공연히 할 정도로 사교육의 영향이 심각하다. 이것은 그림자교육이라고 칭할 만큼 사교육이 공교육의 내용과 형식을 모방하면서 팽창되었지만, 동시에 확대된 사교육이 학교의 형식적인 교수활동 및 교육과정 운영에 영향을 미칠 수 있음을 의미한다. 일본의 경우에도 교사들이 할 일이 줄었고, 사교육이 학급에서 가르치는 방식에 영향을 주었을 뿐 아니라, 사교육에 대한 의존도 때문에 학교활동을 늘리기 위해 추진된 교육개혁들이 중단

되곤 했다(LeTendre, 1994). 아마도 사교육으로 교사들이 할 일이 준다기보다는 할 수 있는 일이 적어지고 있다는 표현이 더 적합할 것이다. 수업시간에 책상에 엎드려 잠을 자는 학생들과 이를 그대로 방치하는 교사의 모습은 2000년대 초반에 많이 등장했던 '교실붕괴' 담론을 연상시킨다. 학업성취에 대한 문화적 압력이 강한 한국사회에서 교실붕괴 담론은 이후 크게 확산되지는 않았지만, 공교육에 대한 불신과 사교육에 대한 의존도가 어떻게 서로 상승작용을 일으킬 수 있는지 보여준 사례라고 할 수 있다.

이러한 현상들은 사교육이 일반적인 예상을 뛰어넘어 훨씬 역동적인 방식으로 변화·발전하면서 공교육에 영향을 줄 가능성이 있음을 시사한다. 따라서 사교육이 만연한 현상을 공교육에 더해 교육을 좀 더 받는 것으로 기계적으로 해석하기보다는 교육제도 자체의 변화라는 관점에서 이해해야 한다(Baker, Akiba, LeTendre, & Wiseman, 2001). 사교육의 확대는 교육에 대한 공적 통제와 사적 교육활동 간의 경계를 느슨하게 만들고 있다. 일례로 '방과 후 학교' 프로그램이 사교육 참여를 줄이기 위한 방안의 하나로 제시되고 방과 후 학교의 사교육비 경감 효과를 분석하는 연구들도 수행되고 있지만, 실제 그 운영체계를 들여다보면 학교 밖의 민간자원에 의존하는 경우가 많다. 즉 학교 울타리 안에서 이루어지는 사교육활동이라는 점이다. 향후 더 많은 사적 교육 서비스가 도입되어 가정, 학교, 사적 교육자원들이 다양한 방식으로 결합된 새로운 제도적 배합이 생겨나면 교육의 지배구조에도 변화가 불가피할 것이다.

어떤 면에서는 사교육 제도가 세계적으로 확대되고 있다는 사실 자체가 사교육의 필요성과 긍정적인 효과를 증명하는 것일 수 있다. 그러나 지나친 교육경쟁이 가져올 부정적인 영향을 깨닫는 것은 중요하다. 무엇보다도 사교육 시장이 계속 팽창할 경우 계층 간 교육격차, 나아가 사회경제적 불평등을 심화시키는 원인이 될 수 있다는 사실을 간과해서는 안 된다. 학력은 사회적 지위와 권력의 불평등을 낳는다. 독일의 사회학자 막스 베버Max Weber는 재산property, 지위prestige, 권력power이 사회계층화의 세 가지 요소라고 보았는데, 한국사회에서 교육은 주택과 함께 이 세 가지 자원을 불평등하게 분배하는 핵심적인 요인이다. 서울 강남 지역 학생들의 명문대학 입학률이 높다는 것은 재산과 교육이 빚어내는 불평등 수준이 심각하다는 것을 보여준다. 강남에서 대학 진학률이 높은 것은 지역 내 학교들의 교육의 질이 우수해서라기보다는 사설학원의 효과라는 인식이 일반화되어 있다. 부유한 사람들이 자녀교육에 유리한 강남으로 이주하고, 그 결과 계층 간 교육격차가 발생한 것이라면, 이것은 성취적 불평등이 아닌 귀속적 불평등으로 보아야 한다(송호근, 2009). 자본주의 사회에서 건강, 지능, 용모와 같이 어느 정도 태어날 때부터 갖게 되는 귀속적 불평등은 어쩔 수 없더라도, 부모의 재력에 따라 기회의 불평등을 촉진하는 사교육과 같은 요인들을 약화시켜 성취적 지위 습득의 형평성을 높이는 방안을 마련하는 것은 중요한 일이다.

한편 지나치게 과열된 교육경쟁은 교육의 불평등을 초래할 뿐 아니라 경쟁에 유리한 계층의 자녀들에게도 부정적인 영향을 미칠 수 있다. 일본에서는 과열경쟁에 대한 대중적인 비판이 거세게 일면서 일부 비판적인 학부모들이 자녀를 등교시키지 않자 교육부가 수업일수를 줄인 사례가 있다(Fukuzawa & LeTendre, 2001). 그러나 우리나라의 주5일제 시행이나 대안학교의 사례에서 볼 수 있듯이, 이런 정책들이 사교육 경쟁을 완화시킬 수 있을지는 아직 불분명하다. 대안학교는 당초 입시 위주의 획일적인 교육에서 탈피하기 위한 대안으로 설립되었고 공교육에 적응하지 못하는 학생들이 주로 재학하는 곳이었으나, 최근 고액의 등록금을 받으며 해외대학 입학을 목표로 소규모 입시학원 같은 형태로 운영되는 미인가 대안학교들이 알려지면서 논란이 되고 있다.

결국 학업성취의 사회경제적 중요성이 줄어들지 않는 한 자녀의 학업성취를 지원하기 위한 사적 이해가 학교에 침투하는 것을 차단할 방법은 없다. 물론 이것이 특정 집단의 이해가 학교에 침투하는 것을 방치해도 된다는 의미는 아니다. 다만 공교육의 변화를 통해서 사교육 문제를 해결하는 것은 한계가 있다는 것이다. 공교육의 역할 자체가 사교육을 유발시키는 근본 원인이기 때문이다. 학력과 노동시장에서의 기회가 견고하게 연결되어 있는 우리나라에서 사교육이 성행하는 것은 어떻게 보면 당연한 일이다. 사교육 수요의 원인을 분석한 국제비교 연구들은 학력에 따른 임금격차와 소득불평등을 보정할 수 있는 제도적 개선이 이루어진다면 사회 구성원들이 경쟁적으로 학력을 추구하여 나타날 수 있는 사회적 비효율성을 줄일 수 있다는 점을 시사한다.

• 참고문헌 •

고형일 · 이두휴(2013), "글로벌라이제이션과 교육사회학 탐구영역의 변화", 『교육사회학연구』, 23(2), 1-28.

김경년 · 김안나(2015), "사교육, 교육만의 문제인가?: 복지국가의 위험분담과 사교육 선택의 대응 원리", 『교육사회학연구』, 25(1), 29-50.

김지하(2009), "학원교습시간 규제의 사교육 수요경감 효과 분석: 사교육비와 사교육 시간을 중심으로", 『교육행정학연구』, 27(4), 465-487.

김진영(2011), "대학서열과 임금격차 변화", 한국직업능력개발원 정책세미나 미간행 보고서.

백일우 · 박명희(2013), "세계 사교육 시장과 정책 동향 분석", 『비교교육연구』, 23(6), 1-34.

백일우 · 이병식(2015), 『세계의 사교육 동향과 국제비교』, 서울: 학지사.

송호근(2009), 『한국인의 평등주의, 그 마음의 습관』, 서울: 삼성경제연구소.

이삼호(2013), “사교육 투자의 유인과 해소 방안: 이론적 접근”, 『응용경제』, 15(1), 147-185.

이종재 · 김민조 · 고영준(2009), “한국 사교육의 전개과정과 양태”, 이종재 엮음(2009), 『사교육: 현상과 대응』, 파주: 교육과학사.

이종재 · 박현정 · 이희숙(2009), “사교육 수요의 유발 요인”, 이종재 엮음(2009), 『사교육: 현상과 대응』, 파주: 교육과학사.

장수명(2006), “대학서열의 경제적 수익”, 『한국교육』, 33(2), 75-107.

조호정 · 김동열(2012), “국내 가구의 교육비 지출 구조 분석: 40대 중산층이 교육비 부담 크다”, 『지속가능 성장을 위한 경제주평』, 502, 1-13.

통계청(2020), “2019년 초 · 중 · 고등학교 사교육비 조사 결과”, 미간행 보도자료.

한국교육개발원(2017), “한국교육개발원 교육여론조사”, 연구보고 RR 2017-23.

Akiba, Motoko., LeTendre, Gerald K., Baker, David P., & Goesling, Brian (2002), “Student victimization: National and school system effects on school violence in 37 nations”, *American Educational Research Journal*, 39(4), 829-54.

Baker, David P., Akiba, Motoko., LeTendre, Gerald K., & Wiseman, Alexander W. (2001), “Worldwide shadow education: Outside school learning, institutional quality of schooling and cross national mathematics achievement”, *Educational Evaluation and Policy Analysis*, 23(1), 1-17.

Baker, David P., & LeTendre, Gerald K. (2005), *National Differences, Global Similarities: World Culture and the Future of Schooling*, 김안나 옮김(2015), 『세계문화와 학교교육의 미래: 교육의 유사성과 차이에 대한 제도주의 관점과 해석』, 파주: 교육과학사.

Bray, Mark (1999), *The Shadow Education System: Private Tutoring and Its Implications for Planners*, Paris: UNESCO International Institute for Educational Planning.

_______(2013), "Benefits and tensions of shadow education: Comparative perspectives on the roles and impact of private supplementary tutoring in the lives of Hong Kong students", *Journal of International and Comparative Education*, 2(1), 18-30.

Fukuzawa, Rebecca E., & LeTendre, Gerard K. (2001), *Intense Years: How Japanese Adolescents Balance School, Family and Friends*, New York: Routledge.

Grubb, W. Norton (2005), *Alternatives to Universities: Education policy analysis*, Paris: OECD.

Grubb, W. Norton., & Lazerson, Marvin (2004), *The Educational Gospel: The Economic Power of Schooling*. Cambridge, MA: Harvard University Press.

Hall, Peter A., & Gingerich, Daniel W. (2004), "Varieties of capitalism and institutional complementaries in the macroeconomy: An empirical analysis (Discussion paper 04/5)", Cologne: Max Planck Institute for the Study of Societies.

Katsillis, John., & Rubinson, Richard (1990), "Cultural capital, student achievement and educational reproduction: The case of Greece", *American Sociological Review*, 55(2), 270-279.

Lee, Chong-jae., Park, Hyun-jeong., & Lee, Heesook (2009), "Shadow education systems", In Gary Sykes, Barbara Schneider, & David N. Plank (Eds.), *Handbook of Education Policy Research*, New York: Routledge.

Leisering, Lutz (2002), "Government and the life course", In Jeylan T. Mortimer

& Michael J. Shanahan (Eds.), *Handbook of the Life Course*, New York: Kluwer Academic/Plenum Press.

LeTendre, Gerald K. (1994), "Distribution tables and private tests: The failure of middle school reform in Japan", *International Journal of Educational Reform*, 3(2), 126-136.

Mayer, Karl U., & Schöpflin, Urs (1989), "The state and the life course", *Annual Review of Sociology*, 15, 187-209.

Meyer, John W. (1986), "The self and the life course: Institutionalization and its effects", In Aage B. Sørensen, Franz E. Weinert, & Lonnie R. Sherrod (Eds.), *Human Development and the Life Course: Multidisciplinary Perspectives*, Hillsdale, NJ: Erlbaum.

_______(1988), "Levels of analysis: The life course as a cultural construction", In Matilda W. Riley (Ed.), *Social Change and the Life Course, Volume 1: Social Structures & Human Lives*, Newbury Park, CA: Sage.

_______(2004), "World society, the welfare state and the life course: An institutionalist perspective", In Georg Krücken & Gili S. Drori (Eds.), *World Society: The Writings of John W. Meyer* (2009), Oxford: Oxford University Press.

Rohlen, Thomas P. (1983), *Japan's High Schools*, Berkeley, CA: University of California press.

Stevenson, David L., & Baker, David P. (1992), "Shadow education and allocation in formal schooling: Transition to university in Japan", *American Journal of Sociology*, 97(6), 1639-1657.

Stevenson, Herold W., Lummis, Max., & Lee, Shinying., & Stigler, James W. (1990), *Making the grade in mathematics: Elementary school mathematics in the United States, Taiwan and Japan*, Reston, VA: National Council of Teachers of mathematics.

Turner, Ralph H. (1960), "Sponsored and contest mobility and the school system", *American Sociological Review*, 25(5), 855-867.

12장

평생교육, 어디까지 와 있는가

우리는 주위에서 흔히 '평생학습시대', '평생교육원', '평생교육사'와 같은 개념들을 접하며 살아간다. 그렇다면 평생교육이란 무엇인가. 다음의 두 사례를 살펴보자.

서울 강북에 사는 네 가족의 가장 김현철 씨는 올 초 58세의 나이로 중견 기업에서 명예퇴직한 후 현재 정부에서 지원하는 소상공인 창업교육을 받고 있다. 건강이 허락하는 한 앞으로 10년 정도는 경제활동을 지속하고 싶은 소망을 안고 열심히 교육과정에 참여하고 있다. 그의 아내인 박연순 씨는 55세의 전업주부로 세 자녀를 키우며 바쁘게 사는 가운데 지역주민센터에서 실시하는 여러 가지 취미생활 프로그램을 즐겨왔으며, 남편의 명예퇴직 이후 창업에 대한 계획이 잡히면서 혹시나 도움이 될까 하는 마음에 백화점 문화센터를 다니며 바리스타 교육, 차뮬리에 교육 등을 수강하고 있다. 대학을 졸업하고 대기업에서 일하고 있는 부부의 큰딸 김지애 씨는 최근 직장에서 대리 승급을 하고 회사에서 실시하는 초급관리자 교육을 마치고 돌아왔다. 한편 본인의 취미생활을 위해 각종 동아리모임에 간헐적으로 참여하고 있고, 매주 1~2회 퇴근 후 요가 클래스에 다니고 있다. 향후에는 경력개발을 위해 대학원에 진학하여 MBA 과정을 밟을까 생각 중이다. 둘째인 대학생 김석훈 씨는 현재 군 복무 중이지만 대학 졸업 후에 취업에 도움이 될까 싶어 틈틈이 온라인으로 중국어 회화 강좌를 수강하고 있다. 그리고 막내딸 김미애 씨는 일반고등학교에 다니다가 적응에 어려움이 있어 대안학교로 옮겨 졸업한 후 대학 진학에 실패, 부모님의 바람대로 현재 재수학원을 다니고 있지만 사실은 자신의 미래에 대한 확신이 없어 심리적으로 매우 방황하고 있다. 다만 강아지를 돌보는 애견 미용사 같은 진로에 관심이 있어 공부 대신 시간이 나는 대로 관련 온라인 동영상 등을 보며 그 분야에 대한 지식과 기술을 쌓아가고 있다.

충남 보령군의 한 마을은 주민의 대다수가 70대 이후의 할머니들이다. 평생 농사를 생업으로 삼아 자식들을 키워 도시로 내보내고 혼자 남은 분들로, 농번기에는 아직도 농사일에 직간접으로 참여하지만 농한기에는 다양한 방식으로 교육활동에 참여하고 있다. 일부 어르신들은 지역 평생학습기관에서 실시하는 한글 프로그램에 참여해 한글을 배우고, 어떤 어르신들은 겨울 동안 군청에서 실시하는 노래교실에 참여해서 시간을 보낸다. 비교적 젊은 어른 몇 분은 번갈아가며 도시에서 새로 귀농하여 내려온 젊은 세대들에게 시간이 날 때마다 농사 지식을 나누고 가르쳐주고 있다.

1. 평생교육의 중요성

앞서 제시한 두 사례 중 첫 번째 사례는 우리가 도시에서 흔히 접할 수 있는 평범한 한 가정의 모습을 보여주며, 두 번째의 사례 역시 매우 일반적인 농촌 지역민들의 모습을 보여준다. 이 두 사례에 등장하는 사람들의 삶에는 다양한 평생교육의 형태들이 모두 등장하고 있다. 동기의 측면에서는 성인의 생애단계에서 나타나는 모든 평생교육에 관한 요구의 원천, 즉 일, 취미, 여가, 학력 등이 포함되어 있으며, 내용적으로는 개인의 취미와 여가 선용을 위한 평생교육, 직장 내 직업능력개발을 위한 평생교육, 정부가 주도하는 직업능력개발을 위한 평생교육, 성인의 학습공동체를 통한 평생교육, 온라인 콘텐츠를 중심으로 이루어지는 평생교육 등이 다 언급되었다. 또 개념적으로 보면 안드라고지, 자기주도학습, 직장 내 인력개발, 성인경력개발에 대한 논의점이 다각적으로 드러나고 있다. 이와 같이 현대사회에서 평생교육은 성인 초기까지 이어지는 학교교육보다 훨씬 더 오랫동안 우리의 삶의 여정에 자리 잡고 있다.

그렇다면 평생교육이 이처럼 우리의 삶에 깊숙이 자리 잡게 된 배경은 무엇일까? 또한 교육학의 모든 영역을 통틀어 가장 늦게 등장한 평생교육이 앞으로도 우리 삶에 영향을 미칠 것으로 전망되는 배경은 무엇인가? 우선 사회적 요인으로는 과학기술의 발달과 그에 따른 지식의 폭발, 경제와 고용구조의 변화, 사회의 변화 등이 논의될 수 있다. 첫째, 과학기술의 발달은 인류의 삶 전반에 엄청난 변화를 가져왔고, 이는 현재도 진행 중이다. 컴퓨터의 등장 및 인터넷의 발달, 그리고 최근에 떠오르는 과학기술인 인공지능AI의 발전이 향후 인류의 삶에 가져올 변화는 무궁무진하다. 과거 국제적인 IT 기업 IBM은 인류가 2020년에 이르렀을 때는 매 11~12시간마다 지식의 양이 배가 될 것이라고 예측한 바 있다. 예전에는 일단 학교교육을 마치면 굳이 더 교육받아야 할 필요성을 느끼지 못했지만, 현재는 학교교육이 이후의 삶에 필요한 최소한의 토대만을 제공할 뿐이고, 학령기 이후의 삶의 다방면에서 지속적인 교육적 요구가 생겨나고 있다.

둘째, 4차 산업혁명의 대두와 이에 따른 경제 및 고용구조의 변화는 개인의 직업과 삶에 엄청난 변화를 가져올 것으로 예측된다. 산업의 전체 구조가 변화하고 글로벌 환경에서 끊임없이 요동치는 경제 상황, 그리고 이에 따른 산업별·직업별 인력수요 예측의 어려움, 노동 인력에게 새롭게 요구되는 능력의 변화 등은 한 개인이 학교를 통해 배운 지식과 기술을 가지고 은퇴할 때까지 경제활동을 유지하기 어렵게 만들고 있다. 필연적으로 개인은 적어도 '일'의 영역에서는 부단한 자기계발을 하지 않으면 도태된다는 불안감을 갖게 되고, 그것을 해결하기 위한 방안으로 평생교육을 찾는다.

셋째, 과학기술과 산업의 발전은 전반적으로 인류에게 경제적인 윤택함과 생활의 편리함을 안겨주었지만, 동시에 사회의 여러 가지 면에서 갈등과 격차를 야기해왔다. 부의 격차에 따른 사회갈등이 심화되고 있고, 정치적 신념의 차이는 서로 견해가 다른 집단 간의 반목을 낳고 있으며, 인종이나 성에 따른 차별과 갈등은 여전히 나아지지 않고 있다. 평생교육은 태동과 함께 사회문제 해결에 관심을 가져왔고, 앞으로도 사회불평등과 갈등 해소에 기여할 수 있는 교육체제로서 간주될 가능성이 높다. 예를 들면 서구사회에서 문해교육과 소수인종을 위한 성인교육 등은 오랫동안 평생교육의 매우 큰 영역을 차지해왔고, 우리나라의 경우에도 노인들을 위한 문해교육과 결혼 이주여성의 정착 및 자활을 돕는 프로그램 등이 계속 늘어나고 있다.

평생교육의 탄생과 발전을 설명하는 주요한 개인적 요인으로는 평균수명의 연장과 삶의 질 개선, 교육기회에 대한 요구 등을 꼽을 수 있다. 첫째, 평생교육의 개념이 본격적으로 논의되기 시작한 1960년대 이래 인류의 평균수명은 획기적으로 연장되어왔고, 이제는 100세 시대라는 말을 자연스럽게 받아들이는 시점에 와 있다. 예전이나 지금이나 학령기는 시기적으로 큰 차이가 없으니, 결국에는 학교를 졸업한 이후의 성인기부터 노년기까지의 삶이 수십 년 더 연장되는 셈이다. 이렇게 연장된 삶은 보다 많은 경제력을 필요로 한다. 현재 미국에서 베이비부머 세대는 그 이전 세대보다 더 늦게 은퇴하는 추세이며, 이는 그들이 이전 세대보다 더 건강하기 때문이기도 하지만, 경제력을 유지하기 위한 목적도 크다. 우리나라에서도 이미 평균수명의 연장으로 인한 인구의 고령화와 노인 인구의 빈곤문제는 주요한 사회이슈로 떠오르고 있다. 이들에게 평생교육은 고용 가능성을 유지하고 증진하는 데 도움을 주는 역할을 하고 있다.

둘째, 먹고 사는 것에 생애 대부분의 시간과 에너지를 쓰던 전세대와 달리 현세대는 더 많은 물질적 풍요를 누리고 있고, 따라서 생존을 위한 경제생활뿐만 아니라 삶의 다른 국면에도 지대한 관심을 가지고 있다. 개인의 다양한 욕구와 관심은 여러 형태의 문화활동의 활성화와 사회참여 증대를 가져왔고, 이것을 가능하게 하는 주요 기제로서 평생교육이 자리 잡고 있다.

셋째, 평생교육은 출발부터 학교교육이 가진 한계에 대한 비판을 의식해왔다. 다시 말해 1960년대 이반 일리치Ivan Illich나 파울로 프레이리Paulo Freire 같은 비판적 교육사회학자들이 지적한 제도교육의 구조적·체제적 한계에 대한 문제제기가 평생교육의 개념을 태동케 하는 데 기여했다. 그로부터 60년 이상의 시간이 흐른 현재의 학교교육은 감당하기 버거울 정도로 급변하는 외부환경이 가하는 압력을 견뎌내야 하는 위기에 놓여 있다. 학교교육이 지나치게 형식화되어 융통성을 잃어버리고, 정형화된 교육과정에 연연하다 보니 사회의 변화에 따라 다양화된 개인의 교육적 요구를 충족시키지 못할 뿐만 아니라, 학령기 이후 오랫동안 이어지는 성인기와 노년기에 새롭게 발생하는 교육적 요구 또한 수용할 수 없게 되었다. 이에 평생교육은 학교교육이 가진 한계를 극복할 수 있는 매우 적절하고 효과적인 대응책으로 부각되고 있다.

지금까지 논의한 평생교육을 태동시킨 사회적·개인적 변화와 교육적 요구에 대한 이해를 전제로, 이 장에서는 평생교육의 정의 및 관련 개념을 고찰하고, 평생교육 분야의 주요 이론들을 살펴본 후에, 이를 근거로 한국 평생교육과 관련해 제기되고 있는 쟁점들을 정리해보고자 한다.

2. '평생교육'의 등장과 다양한 정의

평생교육은 태동부터 국제기구인 유네스코UNESCO와 깊은 관련성을 갖고 있다. 유네스코는 1940년대에 창립된 이후 줄곧 문해교육 등 성인 기초교육 문제에 관심을 가졌고, 이를 실현하는 이념적 틀로서 평생교육lifelong education의 용어와 개념이 도출되어 전략적으로 파급되었다(Schuetze, 2006). 1965년 유네스코의 '성인교육추진국제위원회'에서 당시 유네스코 성인교육국 국장이었던 폴 랑그랑Paul Lengrand이 "평생교육의 소개An introduction to lifelong education"라는 제목의 논문을 통해 전 생애에 걸친 교육의 통합을 가능하게 하는 평생교육의 개념을 소개하면서, 이를 보장받을 권리와 뒷받침하는 제도가 필요하다고 역설했다. 그 후 유네스코는 평생교육을 기본 사업으로 채택하여 활발한 정책과 사업을 추진했고, 그 과정에서 평생교육의 근간이 되는 기본 개념, 원리, 특성 등이 보고서, 제안서, 선언서 등의 형태로 발간되었다. 따라서 평생교육의 탄생과 개념적 발전의 발자취를 돌아보기 위해서는 유네스코의 관련 활동, 즉 현장의 교육운동을 반드시 살펴봐야 한다. 이는 평생교육이 탄생부터 매우 실천적인 성격을 가졌으며, 사회문제 해결을 위한 기본 철학 혹은 운동으로서의 성격을 내포했음을 의미한다.

유네스코의 교육연구원이었던 라빈드라 다베Ravindra H. Dave는 1976년 평생교육을 "개인적·사회적 삶의 질을 계속적으로 향상시키기 위하여 전 생애에 걸쳐 실시되는 다양한 형태(형식적·비형식적)의 학습활동"이라고 규정했으며, 따라서 사람들의 다양한 삶의 방식을 수용하려면 학습 내용·방법·교재 등에 있어 유연성과 다양성이 필요하다고 역설한 바 있다. 또한 평생교육은 학습자에게 성장을 위한 기회와 동기를 부여하여 자기주도적 학습을 도모할 뿐만 아니라, 궁극적으로 일부 집단이 아닌 모두에게 평등한 학습기회를 제공함으로써 학습을 통한 삶의 질 향상을 목표로 한다고 정의했다.

이외에도 평생교육의 정의와 개념을 언급한 다양한 선행문헌이 존재하나 결정적으로 질적인 차이는 없다. 종합적으로 볼 때 평생교육은 인간이 지속적인 성장을 위해 전 생애에 걸쳐 종적(유아부터 노년까지)·횡적(가정, 학교, 사회 등)으로 경험하게 되는 다양한 형태(형식, 비형식, 무형식)의 교육을 망라하는 개념으로, 필연적으로 통합성, 지속성, 유연성을 토대로 한다. 평생교육 개념을 바라보는 관점에 대해 좀 더 구체적으로 살펴보면, 첫째, 원칙적으로 평생교육은 교육의 통합과 확대라는 관점으로 이해할 수 있다. 기본적으로 모든 평생교육 학자들이 이와 같은 광의의 평생교육 개념에 동의한다.

둘째, 일부는 더 나아가, 평생교육을 교육 자체를 보는 새로운 관점으로 접근하려 하고, 혹은 그래야 한다고 주장한다. 평생교육의 철학과 이상 아래 현재의 교육의 틀을 새로 짜보자는 발상이다(윤여각 외, 2010; 이희수, 2007; 한숭희, 2009). 이는 평생교육이 현재의 교육이 안고 있는 한계와 문제를 해결하는 패러다임이 될 수 있다는 확신에 기인한 것으로서, 평생교육의 근원이 국제기구를 통한 사회문제 해결에 기여하는 교육운동 및 교육실천의 형태였다는 것과 같은 맥락에 있는 관점으로 볼 수 있다. 이러한 경향은 특히 한국의 평생교육에서 더 자주 관찰된다. 실제로 한국에서는 유네스코 등에서 사용한 '평생교육', '평생학습'이라는 교육실천적 용어와 개념을 주로 사용하는데, 가령 이 분야 학문의 교육 프로그램 명칭이 대개 '평생교육' 전공으로 통일적으로 쓰이는 것을 통해서도 알 수 있다. 다른 국가에서는 관련 학문 프로그램이 평생교육보다는 성인교육adult education, 성인계속교육adult and continuing education, 인적자원개발Human Resource Development: HRD 등으로 명명되고 있다.

셋째, 평생교육이라는 용어가 가장 일반적으로 사용되는 맥락은 초등·중등·고등 단계에서의 정규 커리큘럼을 제외한 교육활동, 그리고 학령기 이후의 성인기에 제공되는 형식·비형식 교육활동을 지칭하는 것으로 쓰이는 경우이다. 이는 앞선 두 개념보다는 협의의 개념으로, 이것이 현실에서는 가장 일반적으로 받아들여지는 평생교육에 대한 이해이며, 한국의 평생교육법(2007년 개정)도 이처럼 "평생교육이란 학교의 정규교육과정을 제외한" 것이라고 명시하고 있다. 어쩌면 이러한 이해가 평생교육의 가장 초보적인 단계라고 볼 수 있으며, 차후에 교육의 단계와 장場에서의 종적·횡적 실제의 통합을 의미하는 첫 번째 관점으로 발전될 수 있고, 그 이후에 최종적으로 기존의 교육 패러다임 자체를 바꾸는 두 번째 관점에까지 이를 수 있을 것이다.

3. 평생교육 관련 개념

평생교육에 대한 각기 다른 이해를 토대로 국가에 따라, 기관에 따라, 상황에 따라, 학자에 따라 평생교육이라는 용어 대신 강조점이 조금씩 다른 다음과 같은 용어들을 사용하기도 한다.

- **성인교육**adult education: 성인교육은 전통적인 학교교육 이후의 성인집단을 대상으로 하는 모든 형태의 교육을 포함하는 것으로, 일찍이 서구를 중심으로 사용되어온 용어이다. 성인은 평생교육의 대상이 되는 가장

핵심적인 집단으로, 이들을 위한 정부의 직업준비교육 및 직업훈련, 직장 내 직무교육, 대학의 학위 프로그램을 제외한 각종 교육 프로그램, 기타 학교 외의 공공기관(예: 도서관, 지역주민센터) 혹은 사설기관(예: YMCA, NGOs, NPOs)에서 제공하는 취미, 여가선용, 사회참여, 직업능력 향상 등 다양한 목적의 프로그램이 이에 해당한다. 평생교육과 관련된 여러 용어나 개념 중에서 성인교육이 가장 포괄적이고 기본적인 개념이라고 볼 수 있다.

- **계속/추가교육**continuing education or further education: 계속교육 및 추가교육은 성인교육의 한 형태에 해당하는 것으로, 일정 단계의 학교교육을 마친 성인이 2차적 교육기회를 갖기 위해 학교로 돌아오는 현상, 즉 학교교육의 계속성을 일컫는다. 학위 취득이 목적일 수도 있고, 학위가 아닌 자격증이나 수료증을 취득하는 것이 목적일 수도 있다.
- **회귀교육**recurrent education: 회귀교육은 1960년대에 OECD를 중심으로 주로 사용된 용어로, 직업세계의 변화와 더불어 교육에 대한 요구가 계속적으로 생겨난 상황에서 성인이 직업생활을 하다가 교육의 장으로 돌아오고, 또 이를 마치고 교육의 장에서 다시 직업생활로 돌아가는 형태의 교육경험을 의미했다.
- **지역사회교육**community education: 지역사회교육은 교육이 이루어지는 장을 중심으로 평생교육을 규정하는 개념이다. 한 지역 내에서 지역공동체 의식을 고무하고 지역주민의 삶의 질을 개선하기 위한 목적으로 이루어지는 다양한 형태의 교육을 의미한다. 특히 전통적으로는 한 지역 내의 학교를 중심으로 이루어지는 주민 대상 비형식교육 프로그램이 주를 이루었으나, 도시화·산업화와 더불어 지역사회의 공동체 의식이 약화되면서 현재는 그 본질이 다소 변화하고 있다(오혁진, 2006).
- **사회교육**social education: 사회교육은 평생교육의 용어와 개념이 본격적

으로 사용되기 전에, 한국과 일본에서 협의의 평생교육의 의미로 주로 사용되어오던 용어로, 학교에서 이루어지는 정규교육을 제외한 다양한 형태의 조직적 교육활동을 의미했다. 한국의 상황에서 사회교육은 평생교육의 전신前身으로, 사회교육법이 평생교육법으로, 사회교육전문요원 제도가 평생교육사 제도로 대치된 바 있다.

- **생애교육**career education: 생애교육은 '일'과 관련된 능력의 개발과 신장에 초점을 둔 모든 형태의 교육을 의미한다. 따라서 학령기 아동을 위한 직업진로, 성인 초기의 직업탐색, 성인 중기 이후의 직업능력개발 및 직업전환에 도움을 주기 위해 마련된 모든 형태의 교육을 포함한다.
- **인적자원개발**human resource development: 다른 관련 용어들에 비해 인적자원개발은 비교적 최근에 성인교육 분야에서 사용되기 시작한 용어이다. 초기의 인적자원개발은 조직단위에서 이루어지는 각종 교육훈련 활동을 지칭했다. 주로 조직 내 직원들의 업무능력 향상을 위해 이루어지는 개인 차원의 교육이나 훈련, 경력개발, 그리고 조직차원의 수행 문제 해결을 위한 조직개발 등을 의미했으나, 최근에는 학문의 영역 자체가 확장되어 지역, 국가 혹은 전 지구적인 차원에서 인간의 잠재력을 최대한 실현시키기 위해 행해지는 활동까지 포괄하는 용어와 학문 분야로 발전했다(McLean & McLean, 2001). 이에 따라 인적자원개발은 평생교육의 다양한 영역에서 그 개념과 방법 등이 차용되고 있다. 예를 들어 저개발국의 각종 개발사업 및 국제기구의 활동에서 직업훈련, 여성능력개발, 조직개발 등을 포함하는 인적자원개발식의 접근법intervention이 자주 활용되고 있다는 보고도 있다(Kim, 2012).

한편 평생교육과 유사개념은 아니지만 평생교육을 설명함에 있어 반드시 구분 지어야 할 것은 형식교육, 비형식교육, 무형식교육과 같은 교육의 형태에 대한 개념들이다. 형식교육formal education은 학교를 중심으로 이루어지는 체계적인 정규교육으로 학위나 자격을 인정받는 교육이다. 이에 비해 비형식교육informal education은 일정한 목적을 가지고 개발된 교육과정으로 학교교육에 비해 비교적 단기로 진행되며, 학교보다는(학교의 정규교육과정 제외) 광범위한 사회집단, 조직, 단체 혹은 개인에 의해 다양한 관심과 목적을 가지고 개발된다. 마지막으로 무형식교육nonformal education은 형식의 유무와 정도의 차원에서 가장 덜 구조화된 교육으로, 계획하지 않고 일어나는 우연적 경험과 학습까지를 포함하는 것이다. 예를 들어 동료들과의 사적 모임에서 누군가 새로운 업무기술에 대해 자세히 설명하여 그 자리에 있던 사람들이 우연히도 그 기술에 대한 상당한 지식을 얻게 되었다면 이는 무형식교육 경험이라고 볼 수 있다.

4. 평생교육 관련 이론

평생교육의 현상을 설명하는 주요 교육이론으로는 성인학습이론을 꼽을 수 있다. 성인기에 이루어지는 교육과 학습은 학령기 아동을 대상으로 하는 교육 및 학습과 다른 특성을 나타내는데, 이는 결정적으로 학습자로서의 '성인'이 지닌 특성 때문이다. 말콤 노울즈Malcolm S. Knowles는 아동교육학을 의미하는 페다고지Pedagogy와 대비되는 개념으로 성인교육학, 즉 안드라고지Andragogy를 주창하고 본격적으로 학습자로서의 성인의 특성과, 그들을 위한 교육에 대하여 논의했다. 노울즈 이후에는 성인학습자의 특성 자체보다 성인기에 주로 이루어지는 독특한 학습의 형태를 중심으로 이론이 발달했는데, 대표적인 예가 자기주도학습, 전환학습, 의식화교육, 경험학습 등이다. 한편으로는 성인 이후의 삶에서 매우 중요한 '일'과 관련된 교육과 학습경험을 설명하는 이론들이 발전했는데, 특히 일터를 비롯한 조직에서의 학습과 관련된 주제를 다루는 이론들로 학습전이론, 학습조직론 등이 있다.

1) 안드라고지

1960년대 이후 노울즈에 의해 본격적으로 연구된 안드라고지Andragogy는 일련의 가정으로 구성되는 모델(Knowles, 1980)로 받아들여지기도 하고, 혹은 실천의 원리(Brookfield, 1986)로 받아들여진다. 안드라고지를 철학으로 보든, 이론으로 보든, 관점으로 보든 중요한 것은 이것이 그 이전까지의 교육의 이론과 실제에서 도외시되어왔던, 성인이 가진 학습자로서의 특성에 본격적으로 주목한 논의라는 점이다(Merriam & Baumgartner, 2020). 안드라고지에서 성인학습의 기본 원리가 제시되었고, 이를 기반으로 성인을 대상으로 한 보다 효과적인 교수·학습 과정에 대한 논의가 본격화되었다.

안드라고지는 여섯 가지 차원에서 아동교육 중심의 페다고지와 비교되는 전제를 가지고 있다. 안드라고지의 원리와 이에 따른 성인기 학습이 지향해야 할 모습을 학습자의 학습욕구, 학습자의 자아개념, 학습자의 경험, 학습에 대한 준비성, 학습에 대한 지향성, 학습자의 학습동기의 차원에서 설명하면 다음과 같다(Knowles, Holton, & Swanson, 2015: 43-47).

- **학습자의 학습욕구**: 성인은 자신의 삶으로부터 도출된 자발적 학습욕구를 지니고 있고, 그것을 구체적으로 학습활동과 연결시킬 수 있다. 따라서 교사나 어른들에 의해 선택되어 주어지는 학습내용을 수동적으로 받아들이는 경향이 있는 아동과는 다르다.
- **학습자의 자아개념**: 속도와 시기에는 차이가 있으나, 성인들은 성숙 과정을 거치면서 자기주도성도 함께 발달한다. 아직 자아개념이 온전히

발달하지 않은 아동들이 학습활동에서 의존적일 수밖에 없는 것에 비해, 성인들은 보다 성숙된 자아개념을 토대로 자신의 학습을 주도적으로 이끌고자 하는 심리적 욕구와 능력을 가지고 있다.

- **학습자의 경험**: 성인은 개개인의 삶의 역사를 통해 쌓아온 충분한 경험을 가지고 있다. 그들이 가진 경험은 그것 자체로 충분한 학습자원일 뿐만 아니라, 그들은 그것을 자신과 타인의 성장을 위해 활용할 수 있는 능력도 있다. 아동기의 교육에서는 직접 혹은 교육자료를 통해 경험을 쌓는 것이 주요한 목적이 되지만, 성인교육에서는 경험을 학습에 어떻게 활용할 것인가가 중요하다.
- **학습준비도**: 성인들은 실제 삶에서 해결해야 할 문제에 자주 맞닥뜨리는데, 이러한 문제들은 특히 그들이 사회적 역할을 수행하는 데 필요한 발달과업과 관련이 있다. 따라서 성인들은 삶의 과정 속에서 자연스럽게 학습에 대한 준비를 갖춰가게 되는 것이다. 반면에 아동들은 개인의 학습동기가 적절하게 고려되지 않는 환경 속에서 통일된 단계별 학습을 하게 될 가능성이 높다.
- **학습지향성**: 성인에게 학습이란 현실세계에서 해결해야 하는 삶의 다양한 문제들을 즉각적으로 해결해나가는 과정이다. 그들은 자신이 가진 문제를 해결하는 데 도움이 되는 직접적인 지식과 기술을 필요로 한다. 반면 아동기의 학습은 미래의 삶을 준비하는 과정이며, 그것을 위한 토대를 마련해주는 것이 교육내용이다. 따라서 학교교육의 내용은 매우 체계적이며, 논리적인 구조를 가질 필요가 있다.
- **학습동기**: 성인들은 자신에 대한 만족감, 자존감, 삶의 질을 높이고자 하는 강한 내적 동기를 가지고 있고, 그것이 학습의 주요 동기가 된다. 성적, 교사의 인정, 부모의 압력 등에 의해 학습에 대한 동기를 얻게 되는 아동에 비해, 성인들은 그러한 외적 동기에 상대적으로 덜 민감하다.

노울즈는 이러한 전제에 입각하여 성인교육의 모습이 어떠해야 하는지 밝힘으로써 성인을 위한 프로그램 구안, 평가, 교수방법에 지대한 영향을 미쳤다. 특히 노울즈의 안드라고지 개념은 성인교육을 현장에서 실천하는 교수자들에게는 학습자를 이해하는 데 유용한 지식을 제공하는 것으로 평가받고 있다. 그럼에도 불구하고 성인기의 학습이라는 현상을 구체적으로 설명하기 위한 변인을 밝히고, 그것들의 관계 속에서 형성되는 규칙 등을 설명하는 종합적인 이론으로서는 부족한 것이 사실이다. 즉 안드라고지는 성인의 학습 그 자체가 아닌 성인학습자의 특성을 설명한 것이라고 하는 지적이나(Merriam & Baumgartner, 2020), 학습이 일어나는 상황적 여건context을 고려하지 못한다는 비판을 받기도 한다(Jarvis, 1987).

2) 자기주도학습론

노울즈는 안드라고지를 주창하면서 성인기 학습의 주요 특성으로 자기주도학습self-directed learning을 언급했다. 그 이후 자기주도학습은 성인학습을 실천하는 주요한 학습전략으로 받아들여지고 있다(한숭희, 2004). 자기주도학습론은 인본주의 철학에 기초하여, 개인적 성장과 자율성에 대한 믿음을 바탕으로 하며(Merriam & Baumgartner, 2020), 그 시작은 1971년 알렌 터프Allen Tough가 제시한 자기계획학습self-planned learning이다. 초기의 자기주도학습론은 학습에 있어서 자기주도성을 기술하는 것으로부터 출발하여 점차 보다 상세한 개념적 모델로 발전했다. 자기주도학습이란 말 그대로 누가 학습을 주도하느냐에 관한 개념으로서 학습의 전체 과정, 특히 학습요구를 진단하고, 목표를 설정하고, 학습자원을 구하고 선택하고, 학습전략을 세우고, 그에 따라 학습을 실행하고, 평가하는 과정을 학습자 자신이 통제한다는 의미이다(Knowles, 1975). 물론 그 통제의 정도에 따라 논쟁의 여지는 있으나, 중요한 것은 학습자 자신의 주체성, 능동성, 자율성을 강조한다는 점이다(최운실·송성숙·최라영·조미경·이주석, 2018).

자기주도학습을 설명하는 모델에는 여러 유형이 있는데, 미리엄과 바움가트너(Merriam & Baumgartner, 2020)의 요약을 토대로 몇 가지 모델을 살펴보면 다음과 같다. 먼저 자기주도성을 교수·학습 과정에서 어떻게 활용할 것인가에 초점을 맞춘 모델의 하나로, 그로우(Grow, 1991)는 자기주도학습이 구체적으로 어떻게 이루어지는가를 설명하는 이론적 단계staged self-directed learning model를 설명했다. 그로우에 따르면 학습자는 의존적 학습자에서 관심 있는 학습자, 참여적 학습자로 발전하며, 마지막 단계에서 온전히 자기주도적 학습자가 된다. 따라서 교수자 혹은 학습 촉진자는 학습자의 자기주도성의 단계에 맞게 적절한 역할을 수행하면서 효과적인 학습방법을 선택해야 한다. 예를 들면 가장 낮은 단계의 자기주도성을 가진 학습자, 즉 의존적 학습자에게 교수자는 권위자로서 무엇이 필요한지를 구체적으로 제시해주는 코치와 같은 역할을 해야 하는 반면, 자기주도성이 높은 4단계의 학습자에게는 보다 높은 수준의 자율성을 허용하면서 단지 상담자 정도의 역할만을 수행하면 된다.

반면 일부 학자들은 자기주도학습을 이끌어내는 요인이 무엇이며, 그 요인들이 어떻게 상호작용하는가를 설명하고자 했다. 스피어(Spear, 1988)는 자기주도학습이 학습기회, 과거의 혹은 새로운 지식, 우연적 발생이라는 세 가지 요인의 조합으로 구성된다고 보았고, 브라켓과 하임스트라(Brockett & Hiemstra, 1991)는 교수·학습 방법과 학습자의 성격적 특성의 상호작용에 의해 이루어진다고 보았다. 한편 집합적 구성주의에 기반한 개리슨(Garrison, 1997)의 자기주도학습 모델은 개인의 동기, 인지적 책무성, 상황적 통제 등의 변인을 포함하는 다차원적 상호작용 모델로 제시되었다.

자기주도학습론이 성인교육에 미친 영향력은 몇 가지로 요약된다. 먼저 자기주도성을 학습자가 가진 내재적 특성으로 보고 접근하는 논의들도 많은데, 그 결과 자기주도성의 정도를 평가하는 OCLIOddi Continuing Learning Inventory나 SDLRSSelf-Direct Learning Readiness Scale 등의 도구들이 개발되어 현장에서 활용되고 있다. 한편 성인의 전문성 개발 영역에서 자기주도성의 중요성이 밝혀지고(Beavers, 2009; Murad, Coto-Yglesias, Varkey, Prokop, & Murad, 2010), 성인의 직업생활에서 자기주도성의 역할이나 학습조직에서의 자기주도성 등의 관련성도 밝혀지고 있다(Cho, 2002; Ellinger, 2004). 또한 자기주도학습론은 학령기의 교육에 그 개념이 차용되어 학교교육 목표의 하나로도 흔히 언급되고 있으며, 4차 산업혁명 등 변화하는 사회환경 속에서 더욱 중요한 교육개념으로 자리 잡을 것으로 보인다.

3) 전환학습론

안드라고지나 자기주도학습이 '학습자의 특성'에 초점을 맞춘 반면, 전환학습transformational learning은 학습의 결과로 나타나는 변화의 양상에 집중한다. 개인적 차원에서의 변화를 다루는 이론도 있는 반면, 사회문화적 변화를 논의하는 접근도 있다. 우선 개인적 차원의 변화를 논의한 메지로우(Mezirow, 2009)는 개인학습의 인지적 과정과 그것에 의한 근본적인 변화를 강조한다. 그는 성인이 어떻게 자신의 경험에 의미를 부여해가는가에 관심을 갖고, 대부분의 의미 부여는 문화적으로 형성되는 것임을 지적했다. 어떤 사람이 새로운 경험을 했을 때 그것이 사회문화적으로 형성된 개인의 인지관점에 의해 적절히 해석되지 않는 경우 딜레마를 겪게 되고, 이러한 딜레마를 해결하기 위한 비판적 통찰 및 반성적 담론의 과정이 이어지며, 그 결과 그의 인지관점에 "전환transformation"이 일어남으로써 비로소 현실을 비판적으로 해석할 수 있는 인지적 능력이 생긴다는 것이다. 따라서 메지로우의 전환학습에서는 경험, 비판적 사고, 반성적 담론, 행위(실천) 등의 요소가 중요하게 다루어지며, 교육에서는 이러한 과정을 통해 성인이 사회환경에 의해 왜곡된 자신의 관점을 수정(전환)하여 삶의 변화를 가져올 수 있도록 독려해야 할 필요가 있다고 본다.

달로즈(Daloz, 2012)는 인간의 인지적 발달과 전인성whole person을 강조하면서, 교육의 목적을 전체적이고 직관적인 전환holistic and intuitive transformation을 통한 개인의 성장으로 보았다. 달로즈에게 성인의 발달은 문화적 예민성을 가지고 자신의 성장 과정을 인지하면서 자신에게 익숙한 세계를 개편하는 과정이다. 스토리텔링은 이것을 가능하게 하는 유용한 방법으로 여겨진다. 한편 보이드(Boyd, 2016)는 심리학에 기초하여 대화, 상징, 이미지를 중요시하면서 학습에 있어서의 정서적 · 영성적 측면을 포함시켰다. 그에게 전환이란 자신 안에 있는 무의식성을 이해함으로써 보다 나은 개인으로 통합되는 내면의 여정이자 근본적인 변화의 과정이다.

한편 개인 차원의 전환에 관심을 가졌던 달로즈(Daloz, 2012), 보이드(Boyd, 2016), 메지로우(Mezirow, 2009)와 달리 프레이리(Freire, 2018)는 사회 차원의 전환 혹은 변화에 관심을 기울였다. 따라서 프레이리의 이론은 성인학습론에서 개인적 차원의 전환학습과 구별되기도 한다. 브라질의 민중교육자였던 프레이리에 따르면 전통적 교육은 은행예금식 교육banking concept of education과 같다(Freire, 2018). 성인학습자와 교사는 마치 은행의 고객과 직원의 관계처럼 지식을 돈처럼 아무런 비판 없이 주고받는 관계로, 무엇이 진리이며 그것이 어떻게 형성되는지에 대한 탐구가 결여되어 있다고 본 것이다. 교육의 목표가 사람들을 해방시키는 것, 자유롭게 하는 것이라고 믿었던 프레이리가 주장하는 대안은 문제제기식 교육problem posing education이다. 문제제기식 교육에서는 교사와 성인학습자가가 동등하게 대화를 통해 현실을 검토하고 그 과정에서 학습자는 스스로 억압의 요소들을 깨닫는 의식화 과정

conscientization을 거치며, 점차 사회 변화에 적극적으로 참여하게 된다. 메지로우에게 성인교육의 목표가 의식화 과정을 통한 개인의 변화와 전환이라면, 프레이리에게 교육의 궁극적 목표는 의식화 과정을 통한 현실의 변화, 전환, 결국 모든 억압적 요소로부터의 해방인 것이다.

메지로우의 전환학습과 프레이리의 의식화교육은 비판적 교육학자 및 사회학자들에 의해 널리 차용되어왔다. 이외에도 전환학습에 있어 정서적 혹은 영성적 측면에 관심을 가지고 있는 학자들도 있으며(예: Tisdell, 2003), 전환학습에서의 기술의 사용(예: 온라인 대화: Hamlin, 2015; Wang, 2013), 일터에서의 전환적 학습(Choy, 2009) 등 다양한 연구주제들이 평생교육 혹은 관련 분야에서 소개되고 있다.

4) 경험학습론

모든 단계의 학습에 있어 경험은 매우 중요한 요소로 인정받는다. 특히 성인학습에서의 경험은 아동기나 청소년기의 경험과 달리 그 양과 질에 있어 학습에 중대한 차이를 가져올 수 있기 때문에 특별히 더 의미 있게 다루어진다. 아동기 학습에서 경험을 강조한 학자가 진보주의를 대표하는 듀이라면, 성인교육에서 경험의 중요성을 강조하고 이론적으로 발전시킨 것은 데이비드 콜브David A. Kolb이다. 콜브는 학습의 기본적 전제로서, 첫째, 학습은 결과가 아닌 과정이고, 둘째, 지속적으로 일어나고, 셋째, 반성적 사고, 행위, 감정과 같은 요소들의 상호작용을 포함하고, 넷째, 부분적이 아닌 전체적으로 발생하고, 다섯째, 학습자와 환경과의 상호작용 과정이며, 여섯째, 본질적으로 구성적constructive이라고 보았다(Kolb, 1984). 구체적으로 경험학습experiential learning은 구체적 경험, 성찰적 관찰, 추상적 개념화, 능동적 실험과 같은 네 가지 단계를 거쳐 순차적으로 반복되는 과정이다. 즉 학습자는 구체적 경험

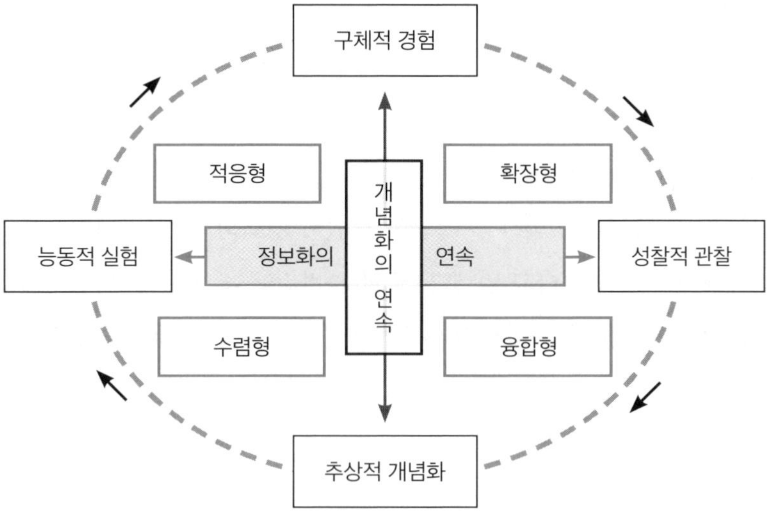

<그림 12-1> 콜브의 경험학습 과정

출처: Kolb (1984).

단계에서 직접 새로운 경험을 쌓고, 그다음 단계인 성찰적 관찰 단계에서 자신의 경험을 다양한 관점에서 성찰한 후에, 이를 기반으로 통합적 아이디어와 개념을 창출하는 추상적 개념화 단계에 들어선다. 그리고 마지막 단계에서 학습자는 자신의 아이디어와 개념을 현실에 적용하는 능동적 실험자가 된다. 또한 콜브는 이 네 가지 학습단계에서 독특하게 나타나는 학습유형에 따라 학습자를 적응형, 확장형, 융합형, 수렴형 등의 네 가지 유형으로 구분했다(〈그림 12-1〉 참조). 이와 같은 콜브의 이론에 입각한 학습 스타일 검사지도 개발되어 성인의 학습 스타일을 진단하는 도구로 사용되고 있다.

미리엄과 바움가트너(Merriam & Baumgartner, 2020)에 따르면, 콜브의 경험학습은 인간 경험의 감정적 측면과 상황적 측면을 도외시했다는 비판을 받았다. 따라서 그 이후의 학자들은 경험학습을 설명하는 데 상황적·감정적 요소를 가미하기도 했다. 보드와 워커(Boud & Walker, 1991)는 개인의 경험에 영향을 미치는 상황적 요소에 주목하면서, 특히 감정의 중요성을 강조했다. 그들은 경험학습의 단계를 경험의 반추, 경험이 일으킨 감정에의 주목, 경험의 연합·통합, 타당성, 적절성 등을 통해 평가하는 단계로 구분해서 보았다. 어셔와 브라이언트, 존슨(Usher, Bryant, & Johnson, 1997) 등의 학자들은 사회학적 관점에서 경험의 문화적·역사적 측면을 보면서 경험의 의미는 지속적으로 변화하며, 재해석될 수 있다고 말했다. 또한 자비스(Jarvis, 1987)는 학습자를 신체와 정신, 자아, 생애 역사 등을 고려하여 전인적으로 파악해야 한다고 하면서, 전인적 인간이 새로운 경험에 맞닥뜨린 상황에서 그것을 수용할 수 없을 때 학습이 일어나며, 이때의 학습은 감정feeling과 사고thinking, 행위doing의 모든 차원을 포함하는 것이고, 학습의 결과는 개인에게 일어나는 변화라고 주장했다(Merriam & Baumgartner, 2020). 구체적인 영역에서의 차이에도 불구하고, 지금까지 살펴본 모든 경험학습 학자들은 경험이라는 것이 성인교육에서 매우 중대한 가치를 가진 학습자원이라는 점에는 확실히 의견을 모으고 있다.

5) 학습전이론

학습전이transfer of learning는 교육훈련 분야에서 자주 논의되는 개념으로서, 학습전이론은 성인학습자가 교육과정을 통해 습득한 지식, 기술, 행동, 인지적 전략 등의 내용을 실제 업무에 얼마나 효과적이고 지속적으로 적용하는가에 대한 이론이다(Broad, 2005). 일터에서의 성인학습은 학습 그 자체보다는 학습의 업무 활용을 통한 수행 향상이 궁극적인 목적이기 때문에(Swanson & Holton, 2009) 어떤 상황에서 그러한 학습전이가 잘 일어나는가, 어떤 변인들이 학습전이에 영향을 미치는가에 대한 연구들이 있어왔다.

학습전이가 일어나는 상황을 설명하는 이론에는 동일요소설, 자극일반화설, 인지이론 등이 있다. 먼저 동일요소설identical element theory로, 1901년 미국의 심리학자 에드워드 손다이크Edward L. Thorndike와 로버트 우드워스Robert S. Woodworth는 두 가지 과업에 포함된 내용, 방법, 목적, 태도 등에 유사성이 많을 때 혹은 동일요소의 숫자가 많을 때 학습이 촉진되어 전이가 잘 일어난다고 설명했다. 또 옴로드(Ormrod, 2018)는 선행지식이 새로운 문제 상황에 적용될 때 학습의 전이가 일어난다고 보았다. 반면 자극일반화설stimulus generalization theory은 하나의 자극에 대한 반응이 강화될 때, 같은 물리적 형태를 가진 새로운 자극에도 쉽게 반응하는 일반화의 기술이 생긴다고 본다. 따라서 유사한 자극에 대한 반응을 강화하고 훈련함으로써 일반화 기술을 발전시킬 때 높은 학습전이 결과가 나타난다는 것이다. 전이에 대한 인지이론cognitive theory은 정보처리론에 기반하여 정보의 저장과 인출retrieval을 통해 전이를 설명한다. 학습전이는 학습자가 학습한 내용을 얼마나 쉽게 인출할 수 있는가에 달려 있으므로, 학습자에게 그것을 잘할 수 있는 인지기술을 가르칠 필요가 있다고 본다.

어떤 변인들이 학습(혹은 훈련) 전이에 영향을 미치는가를 보여주는 대표적인 모델은 볼드윈과 포드(Baldwin & Ford, 1988)가 개발한 전이 과정 모델이다(〈그림 12-2〉 참조). 이 모델에서 볼 수 있듯이 학습 혹은 훈련의 전이에 영향을 미치는 요인은 학습자의 특성, 훈련의 설계, 업무환경 등이며, 일반적인 이해와 달리 교육훈련 프로그램을 얼마나 잘 디자인하는가 하는 것은 학습과 기억의 유지에는 직접적인 영향을 미치지만 궁극적으로 학습의 일반화와 지식의 보유 여부에는 간접적인 영향만을 미칠 뿐이다. 반면 개인의 능력, 성격, 동기 등과 같은 학습자의 특성, 훈련 전이에 대한 업무현장에서의 지지, 학습한 훈련의 사용기회 등과 같은 업무환경 요인은 학습과 기억의 유지뿐만 아니라 학습의 일반화와 지식의 보유에까지 직접적인 영향을 미친다. 다시 말해 볼드윈과 포드의 학습전이 모델은 효과적인 학습의 전이에는 교수·학습적인 요인보다 다른 요인들이 더 중요할 수도 있다는 것을 보여줌으로써 성

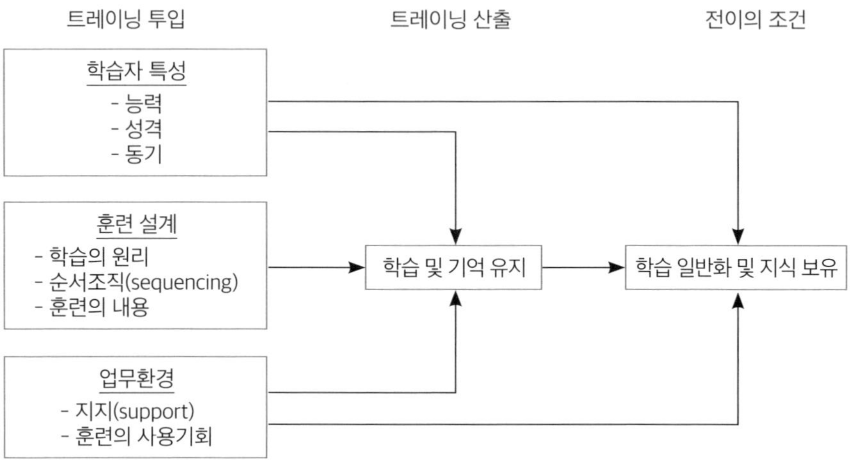

<그림 12-2> 전이 과정 모델

출처: Baldwin & Ford (1988: 65).

인학습의 행정가 및 교수자들에게 의미 있는 시사점을 제시한다.

6) 학습조직론

초기의 평생교육에서는 '개인'의 학습에 초점을 맞추었다. 물론 학자에 따라 개인이 학습하는 내용은 사회문화적·체제적으로 형성되는 것이라고 주장하기도 하나, 기본적으로 학습의 당사자는 개인이다. 그러나 학습조직론은 조직 내의 개인뿐만 아니라 조직 자체도 집합적으로 학습을 한다는 신선한 아이디어를 던지고, 이와 관련된 조직의 특성, 이것을 가능하게 하는 원리 등을 추구했다. 이론적 체계가 확립된 논의로 볼 수는 없지만, 공동체를 중심으로 한 평생교육(송영선·이희수, 2011), 평생교육기관의 학습조직화(배을규·김미선·김대영, 2011) 등 평생교육 영역에서도 빈번이 차용되는 논의이므로 짚고 넘어갈 필요가 있다.

학습조직learning organization이란 지식을 창조·습득·전이하는 능력을 가진 조직, 그리고 새로운 지식과 통찰을 반성적으로 고찰함으로써 기존의 방식을 개선해나갈 수 있는 능력을 가진 조직을 의미하며, 다음의 다섯 가지 원리를 통해 구축된다(Senge, 2006). 첫째, 시스템적 사고systems thinking이다. 학습조직은 조직의 문제나 이슈를 종합적으로 조망할 수 있는 사고체계를 갖추는 것이 그 근간을 이룬다. 이때 시스템적 사고는 드러난 현상이 아닌, 그 아래 숨겨진 근본원인을 인지하고 그것을 해결하려는 노력을 가능하게 한다. 둘째, 개인적 수준에서의 통달personal mastery이다. 조직은 적극적으로 학습하고, 지식을 쌓고, 계속해서 성장하려는 욕구를 가지고 있는 조직 내 구성원들에 의해서만 학습조직으로 발전할 수 있다. 셋째, 지적 모델mental model이다. 지적 모델은 우리를 둘러싼 세상을 이해하는 방식과 행위의 방식에 영향을 미치는 기본적인 추정과 관련되어 있다. 기존에 받아들여지는 것을 비판적으로 사고하고, 새로운 것에 열린 자세로 임하는 지적 모델은 학습조직 건설에 중요한 요인이다. 넷째, 공유된 비전shared vision이다. 조직이 나아가야 할 방향에 대한 동의와 공유는 조직원의 열의와 헌신을 가져온다. 다섯째, 팀단위에서의 학습team learning이다. 팀학습은 구성원들이 모두 개인적 통달 수준에 도달하고 조직의 비전을 공유할 때 가능해진다. 자신의 목적을 추구하지 않고, 대화를 통해 함께 전체 조직의 잠재성을 확장할 때 팀단위에서의 학습이 활성화될 수 있다.

평생교육에 대한 학습조직론의 기여는, 급변하는 환경 속에서 조직이 살아남기 위해서는 조직 내 개인뿐만 아니라 조직단위에서도 지속적인 학습이 있어야 한다는 것을 지적한 점이다. 학습조직을 건설하기 위한 기본 원리들은 평생교육의 현장에서 학습공동체learning community 개발 및 학습사회learning society 등과 관련된 논의에 유용한 틀framework을 제공하고 있다.

5. 한국 평생교육에 대한 질문들: 무엇을 짚어보아야 하는가

지금까지 살펴본 평생교육의 이념과 이론을 토대로 하여, 현재의 우리나라 평생교육을 살펴보자. 2007년 개정된 평생교육법에 의하면 "평생교육이란 학교의 정규교육과정을 제외한 학력보완 교육, 성인 문자해득 교육, 직업능력 향상 교육, 인문교양 교육, 문화예술 교육, 시민참여 교육 등을 포함하는 모든 형태의 조직적인 교육활동"으로 정의된다. 현재 중앙정부에서 평생교육의 추진을 전담하는 기관은 국가평생교육진흥원으로, 평생교육 정책의 집행, 프로그램 개발 및 지원, 관련 종사자 양성, 종합정보시스템 구축, 평생학습계좌제, 학점은행제, 독학학위제의 평생학습에 대한 인정 기능을 수행하고 있다(국가평생교육원 홈페이지 참조: www.nile.or.kr). 우리나라에서 실시되고 있는 평생교육의 유형은 〈표 12-1〉과 같이 다양한 방식으로 분류해볼 수 있다. 중요한 것은 어디에서 무엇이 가르쳐지고 배워지고 있는가 하는 점이 아니라, 모든 평생교육의 실천활동들이 얼마나 본래의 철학과 이론을 반영하고 있는가 하는 점이다. 우리나라 평생교육의 주요 현황과 특성을 통해 짚어보아야 할 쟁점들을 살펴보면 다음과 같다.

첫째, 우리나라 성인의 평생학습 참여율은 2018년 현재 42.8%로, 2008년 26.4%에서 지난 10여 년간 엄청난 양적 성장을 해왔다(한국교육개발원, 2019). 그러나 이러한 양적인 팽창 속에서도 평생교육은 기관별, 지역별, 형태별로 큰 차이가 없고 매우 유사하다는 점을 발견할 수 있다(감미아 · 이지연, 2013; 노일경, 2011). 특히 정부나 지방자치단체에서 실시하는 대부분의 프로그램들은 더욱 그러하다. 평생교육은 그 출발부터 개별성과 다양성을 기본원리로 삼았음에도 불구하고, 현재 한국 평생교육의 모습에서는 다양성 혹은 차별성보다는 유행성이 더 발견된다. 비슷한 패턴의 내용과 프로그램이 여기저기서 공통적으로 진행되고 있다. 그럼 과연 한국 평생교육은 개인이 가진 개별성을

<표 12-1> 평생교육의 유형

기준	예
목적(요구)에 따라	일로부터의 요구, 발달단계에 따른 요구, 특정 문제 해결의 요구, 대중의 요구 등
대상에 따라	청소년, 성인, 여성, 부모, 노인, 직장인, 구직자, 이주자 등
내용에 따라	일반교양, 직업관련, 대학전공, 여성 관련 등
실시기관에 따라	학교 형태, 사내대학, 원격교육, 사업장 부설, 시민단체 부설, 대학 부설, 언론기관 부설, 정부사업 등
법에 따라*	성인 문자해득, 학력보완, 직업능력 향상, 문화예술, 인문교양, 시민참여 등

* 국가법령정보센터(www.law.go.kr), 「평생교육법」에 따른 분류.

존중하고, 성인학습자들의 자기주도성을 키우는 방향으로 나아가고 있는가? 개개인이 학습자로서 주도적으로 이끌고 있는 평생학습의 모습인가, 아니면 평생교육자와 평생교육사가 이끄는 평생교육의 모습인가?

둘째, 국가주도의 법제화와 추진체계 구축의 결과, 독학학위제, 학점은행제, 평생학습계좌제 등의 제도는 학교교육으로부터의 소외를 완충할 수 있는 제도로 인정받고 자리 잡았다. 그러나 이를 평생교육의 수평적·수직적 확대·통합·연계라는 차원에서 점검해볼 필요가 있다. 이러한 제도들은 평생교육 본래의 이념대로, 평생에 걸친 교육과 삶의 통합성 및 연계성을 구현하는 제도로서 충분한 것인가? 혹시 정규체제 외에 다른 트랙을 더 얹어놓은 것에 불과한 것은 아닌지 성찰할 필요가 있다. 어쩌면 궁극적인 통합·연계의 단계로 나아가기 위한 중간단계일지도 모른다. 그렇다면 궁극적인 단계에서의 평생교육의 모습은 어떠해야 하는지 보다 혁신적인 아이디어가 필요하다. 제도화와 관官주도가 평생교육을 규정하는 또 하나의 자기 굴레가 될 여지는 없는가?

셋째, 참여자나 교육내용을 중심으로 볼 때 평생교육이 사회갈등 해소와 통합에 얼마나 기여하고 있는지 성찰할 필요가 있다. 예를 들어 성별 평생교육 프로그램 참여율을 보면 지속적으로 일관된 특징이 보인다. 즉 인문교육, 문화예술교육의 경우 여성 학습자가 다수이며, 직업능력향상교육의 경우 남성 학습자가 다수인 것으로 나타난다(한국교육개발원, 2019). 또한 개인의 소득수준이나 교육 수준도 평생교육 참여율과 정적 관련성을 가지고 있는 것으로 나타난다(김현성 · 김진숙, 2018; 최돈민 · 이세정 · 김세화, 2008). 다시 말해 저소득층이나 저학력층은 평생교육 참여에 대한 흥미나 경험이 높지 않다는 것이다. 결과적으로 어쩌면 평생교육은 교육의 기회균등에 이바지하거나 사회통합에 기여하기보다는 그 반대의 방향으로 전개되고 있는 것은 아닌지 경계할 필요가 있다. 현재 평생교육에서 다루는 내용들은 개인에게 전환학습의 기회로 작동하고 있는가? 우리 사회가 공동체로서 같은 방향을 바라보고 나아가도록 평생교육이 동참하고 있는가? 과연 평생교육을 통해 구성원들이 비전을 공유하고 개인적으로 성장하며, 그 결과 공동체로서 학습사회를 구현할 수 있을 것인가?

넷째, 평생교육을 통한 변화와 실천에 대한 진지한 평가가 필요하다. 현재의 평생교육은 과정과 활동 그 자체에 의미를 부여하고, 그 양에서 의미를 찾는 듯하다. 평생교육기관의 성과평가 혹은 평생교육 연구는 참가자들의 경험의 양에 나타난 특성에 집중하는 경향이 있다(허영주, 2015). 즉 교육과 학습의 경험이 그들의 삶의 현장에 가져온 변화와 실천에 대한 탐색이 부족하다(현영섭 · 김우철 · 김현진, 2016). 평생교육에서는 학습전이가 일어나고 있는가? 평생교육이 이루어지고 있는 우리의 환경은 학습전이를 고무하는 환경인가, 혹은 방해하는 환경인가? 성인의 삶의 문제해결에 평생교육은 의미 있는 기여를 하고 본질적인 전환의 계기를 던져주는가?

평생교육은 학교교육에 대한 비판으로부터 출발하여 지금까지 발전해왔다. 제도화된 학교교육이 야기해온 문제와 갈등을 평생교육이 어느 정도로 수용하고 보완 및 해결하고 있는지 점검해보아야 할 것이다. 앞서 한국 평생교육의 쟁점으로서 내놓은 질문들에 대하여 학자 및 연구자, 정책 수립가 및 행정가, 평생교육 현장 실천가들의 숙의가 필요하다.

• 참고문헌 •

감미아 · 이지연(2013), "공공도서관과 지역사회기관의 문화프로그램 비교 연구", 『한국비블리아학회지』, 24(4), 197-215,

김현성 · 김진숙(2018), "저소득층의 평생교육 참여 실태와 요구분석", 『문화기술의 융합』, 4(2), 89-96.

노일경(2011), "대학 평생교육원 프로그램 차별성 구축의 쟁점 분석", 『평생학습사회』, 7(2), 21-39.

배을규 · 김미선 · 김대영(2011), "공공도서관의 학습조직화 수준이 구성원의 조직몰입에 미치는 영향", 『역량개발학습연구』, 6(3), 1-22.

송영선 · 이희수(2011), "학습조직 모델에 터(실은 대)한 우리나라 평생학습도시 재구조화 전략", 『평생교육학연구』, 17(3), 165-191.

윤여각 · 김현섭 · 이화진 · 박현숙 · 이부영 · 양도길 · 김지연 · 최윤정 · 김혜정 · 이승훈 · 지희숙(2010), 『평생교육의 눈으로 학교 읽기: 학교의 재구조화와 재개념화』, 서울: 한국방송통신대학교출판문화원.

오혁진(2006), "지역공동체 평생교육의 개념과 성격에 관한 고찰", 『평생교육학연구』, 12(1), 53-80.

이희수(2007), "HRD 패러다임 논쟁사에 나타난 평생교육과 HRD의 관계: 경쟁자인가, 협력자인가?", 『평생교육학연구』, 13(1), 77-102.

최돈민 · 이세정 · 김세화(2008), "한국 성인의 평생교육 참여에 영향을 미치는 요인

탐색”,『평생교육학연구』, 14(4), 29-55.

최운실 · 송성숙 · 최라영 · 조미경 · 이주석(2018),『평생교육론』, 고양: 공동체.

한숭희(2004),『평생교육론: 평생학습사회의 교육학』, 서울: 학지사.

_______(2009),『학습사회를 위한 평생교육론』, 서울: 학지사

허영주(2015), “평생교육 평가방식의 문제와 홀리스틱 평가관의 도입”,『한국홀리스틱융합교육학회』, 19(4), 193-212.

현영섭 · 김우철 · 김현진(2016), “평생학습 성과연구동향: 2006년-2015년 국내학술지 게재 논문을 대상으로”,『평생학습사회』, 12(1), 85-115.

Baldwin, Timothy T., & Ford, J. Kevin (1988), “Transfer of training: A review and directions for future research”, *Personnel Psychology*, 41(1), 63-105.

Beavers, Amy (2009), “Teachers as learners: Implications of adult education for professional development”, *Journal of College Teaching & Learning*, 6(7), 25-30.

Boud, David., & Walker, David (1991), *Experience and Learning: Reflection at Work*, Victoria: Deakin University Press.

Boyd, Robert D. (Ed.). (2016), *Spirituality in the Workplace: A Philosophical and Social Justice Perspective*, New Directions for Adult and Continuing Education, No. 152, San Francisco, CA: Jossey-Bass.

Broad, Mary L. (2005), *Beyond Transfer of Training: Engaging Systems to Improvement Performance*, San Francisco, CA: Pfeiffer.

Brockett, Ralph G., & Hiemstra, Roger (1991), *Self-direction in Adult Learning: Perspectives on Theory, Research, and Practice*. New York: Routledge.

Brookfield, Stephen (1986), *Understanding and Facilitating Adult Learning*, San Francisco, CA: Jossey-Bass.

Cho, Daeyeon (2002), "The connection between self-directed learning and the learning organization", *Human Resource Development Quarterly*, 13(4), 467-470.

Choy, Sarojni (2009), "Transformational learning in the workplace", *Journal of Transformative Education*, 7(1), 1-34.

Daloz, Laurent A. (2012), *Mentor: Guiding the Journey of Adult Learners* (2nd ed.), San Francisco, CA: Jossey-Bass.

Ellinger, Andrea D. (2004), "The concept of self-directed learning and its implications for HRD", *Advances in Developing Human Resources*, 6(2), 158-177.

Freire, Paulo (2018), *Pedagogy of the Oppressed* (50th anniversary ed.), New York: Bloomsbury.

Garrison, D. Randy (1997), "Self-directed learning: Toward a comprehensive model", *Adult Education Quarterly*, 48(1), 18-33.

Grow, Gerald (1991), "Teaching learners to be self-directed: A stage approach", *Adult Education Quarterly*, 44(2), 109-114.

Hamlin, Michael D. (2015), "Technology in transformative learning environments", In Colleen Halupa (Ed.), *Transformative Curriculum Design in Health Sciences Education*. Hershey, PA: IGI Global.

Jarvis, Peter (1987), *Adult Learning in the Social Context*, London: Croom Helm.

Kim, Namhee (2012), "Toward the use of human resource development for societal development: Issues, challenges, and opportunities", *Advances in Developing Human Resources*, 14(3), 342-354.

Knowles, Malcolm S. (1975), *Self-directed Learning*, New York: Association

Press.

Knowles, Malcolm S. (1980), *The Modern Practice of Adult Education: Andragogy Versus Pedagogy* (2nd ed.), New York: Cambridge Books.

Knowles, Malcolm S., Holton III, Elwood F., & Swanson, Richard A. (2015), *The Adult Learner: The Definitive Classic in Adult Education and Human Resource Development* (8th ed.), New York: Routledge.

Kolb, David A. (1984), *Experiential Learning Experience as a Source of Learning and Development*, New York: Prentice Hall.

McLean, Gary N., & McLean, Laird (2001), "If we can't define HRD in one country, how can we define it in an international context?", *Human Resource Development International*, 4(3), 313-326.

Merriam, Sharan B., & Baumgartner, Lisa M. (2020), *Learning in Adulthood: A Comprehensive Guide* (4th ed.), San Francisco, CA: Jossey-Bass.

Mezirow, Jack (2009), *Transformative Learning Theory*, In Jack Mezirow, Edward W. Taylor, & Associates (Eds.), *Transformative Learning in Practice*, San Francisco, CA: Jossey-Bass.

Murad, Mohammad H., Coto-Yglesias, Fernando., Varkey, Prathibha., Prokop, Larry J., & Murad, Angela L. (2010), "The effectiveness of self-directed learning in health professions education: A systematic review", *Medical Education*, 44(11), 1057-1068.

Ormrod, Jeanne E. (2018), *Human Learning* (8th ed.), New York: Pearson.

Schuetze, Hans G. (2006), "International concepts and agendas of lifelong learning", *Compare*, 36(3), 289-306.

Senge, Peter M. (2006), *The Fifth discipline: The Art and Practice of the Learning Organization*. New York: Doubleday Currency.

Spear, George E. (1988), "Beyond the organizing circumstance: A search for methodology for the study of self-directed learning", In Huey B. Long & Associates (Eds.), *Self-directed Learning: Application and Theory*, Athens, GA: Department of Adult Education, University of Georgia.

Swanson, Richard A., & Holton, Elwood F. (2009), *Foundations of Human Resource Development* (2nd ed.), San Francisco, CA: Berrett-Koehler.

Tisdell, Elizabeth J. (2003), *Exploring Spirituality and Culture in Adult and Higher Education*, San francisco, CA: Jossey-bass.

Usher, Robin., Bryant, Ian., & Johnston, Rennie (1997), *Adult Education and the Post-modern Challenge: Learning Beyond the Limits*, New York: Routledge.

Wang, Victor (2013), "Transformative learning and technology in adult and vocational education", *International Journal of Information and Communication Technology Education*, 9(1), 26-37.

찾아보기

인명

내용

교육쟁점으로 풀어쓴

교육학개론

펴낸날 1판 1쇄 2020년 7월 30일
2쇄 2021년 8월 30일
지은이 황규호 · 한유경 · 김안나 · 서경혜 · 김남희
오인수 · 정제영 · 이선복 · 조경원 · 김경희
펴낸이 이승아
펴낸곳 이화여자대학교출판문화원
주소 서울특별시 서대문구 이화여대길 52 (우03760)
등록 1954년 7월 6일 제9-61호
전화 02) 3277-2965(편집), 362-6076(마케팅)
팩스 02) 312-4312
전자우편 press@ewha.ac.kr
홈페이지 www.ewhapress.com
책임편집 이지예
디자인 정혜진
찍은곳 (주)한영문화사

ISBN 979-11-5890-379-4 93370
값 23,000원

이 도서의 국립중앙도서관 출판예정도서목록(CIP)은 서지정보유통지원시스템 홈페이지
(http://seoji.nl.go.kr)와 국가자료공동목록시스템(http://www.nl.go.kr/kolisnet)에서
이용하실 수 있습니다. (CIP제어번호: CIP2020027265)